全球化逆潮

GLOBALIZATION AND ITS DISCONTENTS

[美] 约瑟夫·E. 斯蒂格利茨 著
Joseph E. Stiglitz 诺贝尔经济学奖得主
李杨 唐克 章添香 等译

机械工业出版社
China Machine Press

图书在版编目（CIP）数据

全球化逆潮 /（美）约瑟夫·E. 斯蒂格利茨（Joseph E. Stiglitz）著；章添香等译 . —北京：机械工业出版社，2019.4（2024.1 重印）

书名原文：Globalization and Its Discontents: Anti-Globalization in the Era of Trump

ISBN 978-7-111-62473-8

I. 全… II. ①约… ②章… III. 世界经济 – 经济发展 – 研究 IV. F113.4

中国版本图书馆 CIP 数据核字（2019）第 065282 号

北京市版权局著作权合同登记　图字：01-2018-7093 号。

Joseph E. Stiglitz. Globalization and Its Discontents: Anti-Globalization in the Era of Trump, Revisited Edition.

Copyright © 2018 by Joseph E. Stiglitz .

Simplified Chinese Translation Copyright © 2018 by China Machine Press.

Simplified Chinese translation rights arranged with W. W. Norton & Company, Inc. through Bardon-Chinese Media Agency. This edition is authorized for sale in the Chinese mainland (excluding Hong Kong SAR, Macao SAR and Taiwan).

No part of this book may be reproduced or transmitted in any form or by any means, electronic or mechanical, including photocopying, recording or any information storage and retrieval system, without permission, in writing, from the publisher.

All rights reserved.

本书中文简体字版由 W. W. Norton & Company, Inc. 通过 Bardon-Chinese Media Agency 授权机械工业出版社在中国大陆地区（不包括香港、澳门特别行政区及台湾地区）独家出版发行。未经出版者书面许可，不得以任何方式抄袭、复制或节录本书中的任何部分。

全球化逆潮

出版发行：机械工业出版社（北京市西城区百万庄大街 22 号　邮政编码：100037）
责任编辑：宋　燕
责任校对：李秋荣
印　　刷：北京捷迅佳彩印刷有限公司
版　　次：2024 年 1 月第 1 版第 7 次印刷
开　　本：147mm×210mm　1/32
印　　张：14.5
书　　号：ISBN 978-7-111-62473-8
定　　价：99.00 元

客服电话：(010) 88361066　68326294

版权所有·侵权必究
封底无防伪标均为盗版

感谢我的父母,他们告诉我要关心别人,理智行事,同时也感谢安雅整理此书,并做了很多工作。

目录

GLOBALIZATION AND ITS DISCONTENTS

译者序

前言

致谢

第一部分
全球化及其新的不满

第1章 全球化的失败	4
过分吹嘘的贸易全球化	4
一些基本的贸易原则	11
贸易协定的作用	18
第2章 全球化的多重维度	24
投资	25
财政天堂和税收竞争：正在偷取你的税金	31
知识产权：谁拥有你的基因	32
移民	35
未能使全球化造福全球	37

第3章　新保护主义 42

新保护主义的全球增长 43

为什么新保护主义会失败 45

特朗普的政策将如何损害那些正在挣扎的人 50

贸易战即将打响 52

恶作剧：贸易冲突 55

重新谈判贸易协定 58

应对新保护主义的策略 59

结语 61

第4章　全球化能否被拯救：共享繁荣的公平全球化议程 63

改革后的全球化的原则 66

接下来的路：我们该怎么走 69

结束语 78

| 第二部分 |
全球化及其不满

第5章　全球机构的承诺 84

第6章　未兑现的承诺 102

埃塞俄比亚，权力政治与贫穷间的斗争 104

第7章　自由选择 132

优先权和战略 157

第8章　东亚危机：国际货币基金组织的政策如何将世界带到崩溃的边缘 165

国际货币基金组织/美国财政部的政策是如何引发这次危机的 174

第一轮失误　　　　　　　　　　　　　　　　179

　　第二轮失误：装模作样的重建　　　　　　　187

　　最令人忧伤的失误：甘冒社会和政治动乱的
　　　风险　　　　　　　　　　　　　　　　192

　　复苏：这是对国际货币基金组织政策的辩护吗　194

　　冰释失误　　　　　　　　　　　　　　　　201

　　一个可替代的战略　　　　　　　　　　　　203

第9章　谁失去了俄罗斯　　　　　　　　　　　205

　　转型的挑战和机会　　　　　　　　　　　　208

　　"改革"的故事　　　　　　　　　　　　　　212

　　失败的转型　　　　　　　　　　　　　　　221

　　误导的政策如何导致转型的失败　　　　　　224

第10章　不公平的公平贸易法和其他危害　　　234

　　应该做些什么事　　　　　　　　　　　　　238

　　美国的利益和俄罗斯的改革　　　　　　　　238

　　俄罗斯的教训　　　　　　　　　　　　　　244

第11章　建立市场经济的颇佳之路　　　　　　246

　　未来之路　　　　　　　　　　　　　　　　253

　　民主的责任与失败　　　　　　　　　　　　257

第12章　国际货币基金组织的其他议程　　　　259

　　国际货币基金组织的新议程　　　　　　　　270

第13章　未来之路　　　　　　　　　　　　　277

　　改革国际货币基金组织和全球金融体系　　　290

　　改革世界银行和发展援助　　　　　　　　　300

改革世界贸易组织和平衡贸易议程	303
以更人性化的态度对待全球化	305

2017 版后记   311

注释   357

| 译者序 |
GLOBALIZATION AND ITS DISCONTENTS

近年来，全球范围内的逆全球化运动不断兴起。世界主要经济体在2008年国际金融危机后陆续推出贸易保护主义措施，严重阻碍了贸易和投资的自由化，致使多边贸易体制步履维艰，以致陷入停滞。以鲜明的保护主义纲领当选的特朗普总统所奉行的"美国优先"政策极具孤立主义色彩。不仅如此，英国脱欧也使欧洲一体化推进步履维艰，难民问题迟迟未果，欧盟成员间分歧重大。德国、法国、意大利等国极右民粹主义势力抬头，参与国际合作的意愿减退。全球化面临新的挑战。

作为当代国际经济学界一位赫赫有名的经济学家，约瑟夫·斯蒂格利茨在信息经济学、货币理论、企业理论、劳动经济学、金融学、公共经济学、财政学等多门学科和领域中都有开拓性贡献。他不仅担任过克林顿政府的总统经济顾问委员会主席，还担任过世界银行的副总裁和首席经济学家，具有丰富的政策制定经验，也非常清楚地了解全球经济政策的制定过程。本书可以看作是约瑟夫·斯蒂格利茨为其在华盛顿的工作岁月写下的一本回忆录。作为国际货币基金组织的一贯批评者，在本书中，约瑟夫·斯蒂格利茨依然对国际货币基金组织在金融危机时期的政策强烈抨击，"75年前凯恩斯已经说过，全球货币储备存在问题，他认为创立国际货币基金组织应该会有所作为，但是国际货币基金组织没有发挥作用。"虽然 1997 年亚洲金融危机后提出过改革全球金融体系的很多倡议，但一旦经济恢复，改革议题就被束之高阁。与此同时，约瑟夫·斯蒂格利茨是认可全球化的，他认为"全球化潜在的优势是无穷的"，但是不能否认全球化进程中出现的负面影响。他指出，"全球化的根本问题在于游戏的规则是由发达国家制定的，而发达国家却按照自身利益制定了这些规则，更准确地说，是为了确保金融寡头和大公司的特殊利益。经济的全球化已经超越了政治的全球化。"

然而，在以往的著作中，约瑟夫·斯蒂格利茨只是解释了为什么发展中国家对全球化表现出不满，而在当前的逆全球化浪潮中，似乎发达国家的不满情绪更甚。本书的第一部分，作者在发展中国家对全球化不满的基础上加入了发达国家对全球化的不满，同时详细解释了为什么特朗普的新贸易保护主义只会适得其反，并描述了能够实现全球化将让所有人受益承诺的替代政策。在本书的最后一部分，作者明确回答了全球化进展的结果如何，谁将会受益；同时关注了后特朗普世界可能出现的新全球化。

在机械工业出版社的大力支持下，我们有机会将约瑟夫·斯蒂格利茨的这本巨著翻译成中文，在此表示衷心的谢意，同时也感谢所有帮助过我们的朋友们。虽然对某些专业术语、词汇或短语的翻译要翻阅多本辞典、工具书，或者在互联网上检索和查阅，但是鉴于译者水平有限及时间仓促，本书翻译过程中出现错误和纰漏之处在所难免，还请学界前辈、同仁指正。

| 前 言 |

GLOBALIZATION AND ITS DISCONTENTS

2017年1月20日,唐纳德·特朗普当选美国总统,他的前任向全球经济秩序投掷了一枚手榴弹——出台了管理货物、服务和资本跨境流动并试图确保经济稳定的相关措施。第二次世界大战(以下简称"二战")后,美国在建立这一体系方面发挥了举足轻重的作用。部分原因是这个制度在20世纪下半叶与上半叶明显不同,两次世界大战和大萧条给20世纪上半叶全球经济带来了破坏性的影响。虽然烟雾尚未散尽,但后特朗普时代几乎肯定会与之前不同。虽然3/4个世纪的努力都集中于创建一个更加一体化的世界,让极大降低货物成本的全球供应链成为必备条件,但特朗普提醒大家:边界很重要。

21世纪初,我写了《全球化及其不满》这本书(为方便起见,以下简称 *GAID*),来解释很多发展中国家对全球化的不满情绪,由于我在世界银行担任首席经济学家,这份工作使我可以密切地关注到这些国家。这些地方拥有世界人口的85%,却只拥有世界收入的39%。[1] 撒哈拉以南非洲的情况最为严重,称为被遗忘的地区,随着人口的迅速增长,这一地区的人口预计到2050年将达到21亿——接近现在美国人口的7倍;数百年来,这里丰富的人力资源和自然资源一直被掠夺,目前它的人均收入只有美国的2.5%。[2]

现在，新兴市场和发展中国家的全球化反对者队伍加入了来自发达工业国家中下层社会居民。特朗普利用了这种不满情绪，将其提炼并放大。特朗普明确指责美国签署"有史以来最糟糕的贸易协定"使美国锈带⊖工人受困于全球化。

表面上看，这是一个了不起的论断。美国和其他发达国家制定了全球化的规则，管理着治理全球化的国际组织。发展中国家的人们抱怨说，发达国家已经制定了这些规则，并以不利于发展中国家的方式管理这些国际组织。然而，特朗普总统在美国选民的巨大支持下声称，它所形成的贸易协定和其他机构对美国是不公平的。

虽然新兴市场和发达国家的民粹主义者在几年前就发表了公民对全球化的不满情绪，但是政治家承诺，全球化将使每个人都变得更好。同样，两个半世纪的经济研究（从18世纪末的亚当·斯密到19世纪早期的大卫·李嘉图）认为，全球化对所有国家都有益。[3] 如果他们所说的是正确的，那么我们怎么解释发达国家和发展中国家这么多人对全球化如此敌视呢？是否有可能不仅是政治家，而且经济学家也犯了错误呢？

偶尔会听到新自由主义经济学家的回应：那些经济学家相信市场越自由越好，因此主张"放开"贸易。正是因为它，人们的生活才更好，但是他们只是不知道，他们的不满是精神病学家的问题，而不是经济学家的问题。[4]

发达国家的一切都不太好

事实是，发达国家的大部分人口处境并没有那么好。特朗普当选总统表明，对全球化新的不满在美国已占据主流地位，部分原因在于美国做的事情比别人更大、更明显——包括比其他地方的发达国家更不平等。

⊖ 它是指以制造业为经济支柱的美国东北部，底特律、匹兹堡、克利夫兰和芝加哥等大工业城市所在的地区在20世纪七八十年代由于工业急剧衰落、工厂大量倒闭、失业率增加而使闲置的设备锈迹斑斑，被人们形象地称为"锈带"。

但是我所说的关于美国的大部分内容，将其以某种方式缩小后也都适用于除少数国家特别是斯堪的纳维亚地区以外的其他发达国家；在这里及第一部分的其他地方讨论新的不满时，我以美国为例。

发人深省的统计数字

描述美国正在发生的事情的数据令人清醒：大约 1/3 个世纪以来，大多数美国人的收入基本停滞不前。一个中产阶级的生活——有一份体面的工资和些许安全感的工作，拥有一个家庭并把孩子送上大学的能力，有一个合理舒适的退休生活，在这个国家的大部分地区已经越来越遥不可及。穷人的数量在增加，中产阶级数量在减少。有一类人境况很好，尤其是前 1% 甚至更多的人，这些前 1% 的人，是美国最富有的几十万人。

虽然进入上层社会似乎越来越困难，每个人都知道有人倒下了：但他们仍然努力向上走，压力越来越大，从而带来健康隐患。这种压力加上日益严重的不平等以及缺乏适当的健康"安全网"，已经产生了严重的后果：2015 年，美国白人中年男性的死亡率（死亡概率）正在增加，而世界其他地方正在下降。[5]（这并不是说美国黑人的预期寿命在增加，这些人的预期寿命仍远远落后于白人。）美国白人中年男性死亡率的上升并不是由于艾滋病流行、埃博拉病毒或其他某种病毒的传播，死亡率反映了社会压力——酗酒、毒品和自杀。2016 年，整个国家的预期寿命在下降。[6] 这种下降是令人震惊的：它们发生在极少数的情况下，例如，撒哈拉以南非洲或美国艾滋病的流行，或者苏联解体等事件。

不仅仅是美国的中产阶级处于困境。我在世界银行的前同事，经济学家布兰科·米兰诺维克（Branko Milanovic）研究了全球不同阶层人民的收入分配在过去 1/4 个世纪的表现，他发现，欧洲和美国的中产阶级和工人阶级经历了几乎停滞不前的局面。还有一些人似乎境况更差，包括处于全球收入分配底层的人（例如，非洲和印度的贫穷农民）。正如我在 *GAID* 中解释的那样，他们一直是"不公平"的全球化规则的受害者。

毫不奇怪，在过去的 1/4 个世纪中，有一些人表现出色：他们是全球化的最大受益者，占全球人口的 1%，即千万富豪和亿万富翁，还有印度和中国的新中产阶级。[7]

因此，全球情况是这样的：在全球大多数国家，不平等程度越来越高，那些遵循美国经济模式的国家通常比遵循其他模式的国家情况更差，尽管其结果并不像美国那样糟糕。我们不仅需要重视顶层和底层人民之间的差距，还要看到大多数人都处于水深火热之中。被认为是最好的经济模式——"自由化"和"全球化"的自由市场经济，并没有为大多数人提供福利，即使是在美国这个似乎最自由化、最全球化和最市场化的国家里也是如此。

这就出现了三个问题：这些结果在多大程度上是全球化的后果？它们在多大程度上是不可避免的？如果是由于全球化，在何种程度上它们是因为全球化的规则设计不当，以及在何种程度上它们是因为个别国家在给定的规则下没有管理好全球化的影响所导致的呢？

GAID 的原版和修订版都给出了明确的答案：即使存在诸如技术变革和经济结构变化等其他的重要因素，全球化也发挥了核心作用。这些不利结果并非不可避免——它们是政策的结果。全球化管理不善。部分管理全球化的规则应在一定程度上被指责，比如，这些规则对发展中国家不公平，并且放任资本流动的不稳定性。但即使有了这些规则，发达国家本来可以阻止已经出现的情况，原来只有发展中国家有很多全球化的受害者，现在发达国家也有了。

因此，对那些吹嘘全球化是好事的经济学家和政治家是否正确的问题的简短回答是：他们有一部分是错误的，有一部分是正确的。如果管理得当，全球化可以让所有人受益。但通常情况下会管理不善，所以全球化让一部分甚至可能是大多数公民的情况更糟糕。

全球经济秩序的好处

在开始讨论全球化出了什么问题前，我们应该谈谈它的好处。鉴于本书的标题以及世界各地激发它的情绪，我应关注全球化的弊端及出现的问题。但我们也不应该忽视全球化的好处。尽管存在种种不满，有很多真实存在的不平等现象，但全世界从二战后的全球经济秩序中受益匪浅，而全球化是全球经济秩序的一部分。我之前提到过这些好处，它为创造有史以来最快的全球经济增长率做出了贡献，尤其是新兴市场的成功，数亿人摆脱了贫困——仅在中国就有8亿多人[8]，并创造了一个新的全球中产阶级。

在很多方面，20世纪下半叶都比上半叶取得了巨大进步。20世纪上半叶有数百万人死于两次毁灭性的世界大战。这种改善的部分原因可归功于与全球经济秩序相关的经济成就，美国在其中发挥了关键作用。现代经济学表明，法治是发达国家成功的重要因素。法治在一个国家内具有经济利益的理由同样适用于国际社会，即基于规则的制度比丛林法则要好得多。

今天当回顾我对全球化的批评时，距离我在世界银行和国际货币基金组织所卷入的争论长达20年之久，我觉得我应该更多地庆祝成功。联合国成功地减少了冲突，保护了儿童和难民，有效地抵御了全球疾病，包括艾滋病毒/艾滋病、禽流感和埃博拉病毒。通过国际组织的努力，许多国家的人们预期寿命有所提高。使用氯氟碳化合物气体导致的致癌臭氧洞正在修复。这些是在相对较短的时间内取得的显著成就，我们应该承认这些成就并认识到全球化在其中发挥了关键作用。正确阅读 GAID 的方法是，考虑到全球化的重要性以及二战后建立的全球秩序，我们必须尽可能地使该体系公平和有效。GAID 是出于相信我们可以改进全球化的信念而写的；我们确实必须改进它。

贸易全球化的管理不善

我们如何管理全球化最重要的一个方面——货物和服务的跨国界自由流动，有时被称为"贸易全球化"。它更全面地说明了全球化的管理不善。

贸易协定：对谁不公平

全球贸易大幅增长，自1980年以来比全球经济增长速度大约快50%。[9] 在这段时期，美国进口额占GDP的比例从10%上升到15%。[10] 贸易增长的部分原因是运输成本降低，但更为重要的是规则的改变，降低了税率（对进口产品征收的税收）和减少了其他人为的贸易壁垒。这些改变通常是通过签署贸易协定实现的，协定各方的贸易壁垒都有所减少。

特朗普声称在谈判这些协定时美国的贸易谈判代表被欺骗了，这是完全错误的。美国的贸易谈判代表获得了他们想要的大部分东西。任何人如果像我一样多年来长期观察贸易谈判，都会认为特朗普的指控是可笑的。问题在于贸易谈判代表们想要什么：从整个美国的角度来看，他们想要的东西是错误的。他们要求的基本上是美国公司想要的。美国公司不考虑环境和劳动保护问题，希望获得廉价劳动力。这些公司也喜欢这样的事实：威胁把工厂迁到国外削弱了工人的议价能力。由于劳动力成本下降，他们的利润增加了。他们感到高兴的是，贸易协定有助于确保发展中国家的投资产权，这使得他们把工厂迁至这些廉价劳动力国家的威胁更可信。当他们起草有关知识产权的条款时，他们并没有考虑什么是对美国的科学发展有利的，更不用说对世界发展有利了。他们只考虑什么可以增加美国大公司的利润，尤其是大型药品和娱乐公司，即使这样做增加了美国消费者支付的价格，甚至会导致整体创新速度放缓[11]。

贸易全球化：通过牺牲他人的利益让一些人受益

因此，贸易全球化的真正问题很简单：即使全球化如它的支持者所宣称的那样，对整个国家有利（从总体上说，国民收入增加），但这对一个国家的每个人来说未必都有利。贸易协定是不公平的，这些协定有利于美国和其他发达国家，发展中国家的抱怨是合理的。无论在发达国家还是在发展中国家，这些协定都有利于公司，不利于工人，所以美国的工人们也抱怨全球化。

每个国家都有全球化的赢家和输家。顶端的人们获得了超过100%的收益，这意味着其他人，尤其是非熟练工人的情况更糟。那些境况已经很好的人得到了收益，那些境况已经很差的人遭受了损失。我将在第一部分全球化新的不满中解释这一切是如何形成的。

每个人都可以成为赢家吗

如果全球化的倡导者对收益的多少估计正确，那么原则上可以从赢家中拿出一些收益，与输家分享，这样每个人的境况都可以更好。

但直截了当地说，赢家作为一个群体是自私的：在全球化快速发展的时代，政治更多地掌握在赢家手中，特别是在美国，金钱在决定政治结果上有很大的影响力。两大主要政党都在其执政时进行了减税[12]（如在1997年、2001年和2003年）——针对顶层人民减税，而他们是从全球化中受益最大的群体。

如果美国和其他发达国家的全球化倡导者更加开明，并且富有远见，他们就会认识到全球化对工人和女性的威胁，并会对此做点事情——正如他们已经认识到了肆无忌惮的金融市场放松管制会对经济稳定构成威胁。他们应该知道在民主国家里，年复一年的政策使得人口中的重要群体境况恶化，在政治上不会持续地得到这类群体的支持。

破坏社区

全球化不仅加剧了个人之间已有的极高的不平等程度，[13]而且严重地削弱了许多社区的作用。

在罗纳德·里根担任总统之前的几十年里，当一家公司成长时，高管和工人们的境况一起变好，他们一起生活和工作的社区也随之繁荣起来。[14]但越来越多的不平等使管理阶层、工人和他们生活的社区分裂。随着经济隔离的迅速发展，越来越多的决策者与普通工人住在不同的社区。[15]他们不必忍受住在垂死的社区的后果，他们可以假装他们不存在。公司经常让管理者在不同的地点轮岗，使管理者能够更好地了解公司，但却让他们远离他们生活的社区。社区对管理者来说重要是因为他或她的同事们，与 100 年前截然不同，那时商界领袖住在企业所在的社区，社区是其领导力的一部分。对社区的关爱部分是出于真正的社会责任感（一种贵族责任），部分出于开明的利己主义（功能良好的社区会让工人更快乐，更有生产力）。

全球化加剧了已经发生的趋势。通过外包这种方式，差距变得越来越大，工人和管理者甚至不必生活在同一个国家。在这个新时代，劳动力被商品化，购买劳动力就像购买煤炭一样；哪里的劳动力便宜就雇用哪里的劳动力，从不考虑这样做的后果。

一些社区繁荣起来，即那些工人们受过良好教育和生活水平高的社区；但其他人，特别是那些依赖制造业的工人，生活水平却下降了。我从小生活的印第安纳州加里，这个钢铁城后来成为"焦土"的一部分。它的历史代表了全球化的历史。美国钢铁公司在 1906 年建立的（以其董事会主席的名字命名）世界上最大的综合钢厂，在 20 世纪 50 年代中期达到辉煌，那时我还在成长阶段。今天的钢铁厂生产的钢铁数量与过去相同，但雇用的劳动力只有过去的 1/6。由于不能提供足够数量的体面工作，这个城市就衰落了，受过良好教育的人们也纷纷离开。[16]（全球化的最终讽刺之处在于，一个印度钢铁公司最终挽救了该地区一家濒临倒闭的工厂。）

2015 年当我参加第五十五高中的同学聚会时，我意识到全球化、去工业化以及美国未能充分应对这些问题意味着什么。20 世纪 50 年代当我还是一名学生时，加里霍勒斯曼高中的学生来自社会各个阶层，有钢铁厂高管和当地商人的孩子，也有普通熟练或非熟练钢铁工人的孩子。学校以及它所代表的很多梦想，由种族融合带来的经济一体化的社会现在已经被废弃了。[17] 有人想在毕业时获得一份钢铁厂的工作，但美国经济正在经历一次短暂下滑。许多人渴望上大学，美国曾根据《退伍军人权利法案》（GI 法案）为所有参加二战的人们提供了大学教育，但到越南战争时期，为士兵提供大学教育便没有这么慷慨了，多少有些辛酸。他们看到别人超过他们进入上层社会，他们有一种感觉，这个体制是不公平的和被操纵着的。甚至在特朗普出现在政治舞台之前，很明显他们是潜在的煽动者的牺牲品。有一小群拥有崇高教育事业的老师，他们是少数看起来不生气、不抱怨的人。在加里的老同学们的处境印证了多年来统计数据所表明的情况。

全球化不满中的共同观点

重读 $GAID$，可以发现大约 20 年前我的分析中，似乎已对今天全球化带来的问题给出了答案——我们如何将看似有利的情况与广泛的不满情绪结合起来。虽然在 $GAID$ 中我关注的是发展中国家，但我所说的大部分内容同样适用于发达国家。$GAID$ 中有 8 个共同的观点：

1. 虽然全球化有利，但利益比倡导者声称的要少。倡导者使用了简化的模型，这些模型并没能恰当地衡量收益或成本。对某些国家而言，在一些情况下，如果不采取特定行动，成本甚至可能超过收益，而且全球化的倡导者通常没有采取任何措施来抵制这些不利影响。如果全球化管理不善，就会导致经济增长率下降，增加经济的不稳定性，使大部分人的情况更糟糕。

2. 由于全球化被过分夸大，当现实与承诺的情形不同（当失业增加而不是就业岗位增多）时，人们对全球化、精英阶层以及支持它的机构的信心都会减少。

3. 全球化对收入和财富具有巨大的分配效应——除非使用补偿措施来共享收益，否则大多数人的情况会变得更糟，但这些措施很少被采用。

4. 我们必须看到全球化的失败部分是由于全球化治理缺乏产生的，就全球化的关键决策制定过程而言，哪个群体的呼吁被听到了，就会做出有利于哪个群体的决策。[18]这意味着如果我们希望有运转良好的全球化机制，我们就必须对全球化治理进行改革，比如给新兴经济体增加话语权。例如 $GAID$ 中提到的，由于有且只有一个国家——美国在国际货币基金组织中具有有效的否决权,这种情况就产生了扭曲的影响。

5. 但是治理的问题更严重:美国的立场反映了一小部分群体的特殊利益和特定意识形态,即金融和公司利益。因此全球化在很大程度上由大型发达国家的大型跨国公司和金融机构运作,并服务于它们。它们是全球化的赢家。在它们试图获取最大化收益的同时,也带来了很多损害。即使作为整体而言美国是赢家,但美国和其他发达国家的许多工人可能成为输家。

6. 美国所采取的立场通常反映了这些群体的利益,但在某些情况下,它反映的是不完全符合利益的意识形态信仰集合。对放松管制和自由化的热情是引发全球金融危机的主要因素,即使这些政策的倡导者也付出了巨大的代价。

7. 全球化可以并且已经对国家内部和国家间的权力分配产生了巨大影响。一些国家(贫穷的发展中国家)可以有效地依赖别人的善意,没有采取可以而且应该采取的行动防止这些权力关系的变化。由于全球化导致了更多的不平等,一些在政治中金钱发挥很大作用的国家,例如美国,全球化的赢家越来越有能力改写全球化,以牺牲他人利益为代价来使自己受益。这是一个恶性循环——只有"新保护主义"的兴起与流行才能将其打破。

8. 全球化给政府抵消全球化对许多底层人产生的不利影响带来了较大的负担。与此同时,它降低了政府处理问题的能力;在为公司和个人提供低税收的国家间,全球化开启了一场彻底的竞争。如果这还不够糟糕,那么富裕的人们和公司还会利用全球化来避税,即使是那些以拥有强烈责任感为荣的优秀公民企业也无法抗拒。像苹果这样聪明的企业可以避免数十亿美元的税收。未能阻止利用全球化避税本身就是全球化管理不善的体现,也是全球化规则背后权力关系的一个例证。达成限制全球化避税的国际协定不比达成国际贸易协定更困难。由于全球贸易协定符合公司的利益,所以我们达成了这些协定;由于避税符合跨国公司的利益，所以我们没能达成限制避税的协定。在美国，公司税收收入占 GDP 的比重从 20 世纪 50 年代的 5% 下降到今天的 2%。

即使面临所有这些制约因素，即使全球化规则还不够理想，全球化也应该能被管理得更好，尤其是发达国家应承担起管理全球化的责任。本可以用防止大部分人受到全球化不利影响的方式来管理全球化，这些方式可能会同时带来更多的经济增长、稳定和平等。大多数发达国家（包括美国）都没有这样做，并且出于同样的原因，全球化的规则被"扭曲"了。改变全球化导致工资降低的企业对"纠正"这个问题不感兴趣：他们喜欢更低的工资，而且他们不喜欢为防止工人收入遭受重大损失而必须征收的税收。

如果人们理解了以上这 8 个观点，就会理解对全球化的不满，甚至对应该做什么有了一些想法。但是这些分析也给一些问题提供了思路，为什么很难做出改变，做出让全球化造福全球的改变：公司的力量创造了只服务于它们不服务于别人的全球化，它们不会轻易且自愿地放弃自己的权力。

全球化的失败并非不可避免

这里我想强调一个基本的观点：全球化的失败并非不可避免。这些失败大部分[19]不是经济科学的失败。不利影响是可预测的，并能被预测到。经济学家解释说，如果没有政府的援助，贸易自由化实际上会导致发达国家非技术工人变得更糟。

当然，一些经济学家忘记了他们作为分析师的角色，而成为全球化的喝彩者，他们强调全球化潜在的好处，却对缺点避而不谈。太多的经济学家使用简化的模型，导致他们高估了收益，低估了成本。当然，政客们支持那些说他们想听的话的经济学家。

但是，经济学文献仍然提出了明确的警告。问题在于我们的政治家，他们正在响应资金的提供者：金融界和公司，尤其是美国的金融界和公司，他们正通过两个政党推动一种自私自利的全球化形式。这被称为

"自由贸易",但实际上却是管理的贸易——为企业和金融利益进行的管理。在这些协定下,知识自由流动的程度低,短期资本流动更自由。发达国家允许对富农进行农业补贴,但却忽视了帮助贫穷的发展中国家赶上发达国家的补贴。

所以问题不是全球化本身,而是我们管理它的方式。全球化的故事本来可以有不同的写法,而且在一些地方正是如此。斯堪的纳维亚地区的国家认识到,作为小国必须是开放的,只有融入全球化才能生存下去。但他们也明白,单靠市场力量可能会导致赢家和输家;如果失败者人数众多,反对全球化的力量就会增强。所以,他们创建了一个体系来提供一点点保护。这表明,没有保护主义就可能有社会保护。[20] 他们实施的政策减少了市场收入、税收和转移后收入间的不平等:这表明,不平等不仅是经济规律的结果,而且是各国为响应包括全球化在内的经济力量所采取的各项政策的结果,正是这些政策将国家区分开来。

因此,斯堪的纳维亚地区的国家享有世界上最高的生活水平和共同繁荣。[21] 当然,这些国家是相对较小的国家,具有一定的同质性(尽管挪威移民仍占挪威总人口的 15%,瑞典为 17%),但是它们用来实现这些结果的政策在其他地方仍然适用。问题不是政策,而是政治。这些国家明白他们的人民的共同利益。其他国家,特别是美国,似乎没有明白。它们的经验表明,不平等是一个选择问题,而且如果全球化具有不利影响,那么这些影响就不是不可避免的或不可改变的。在美国和大多数其他发达国家中引发了对全球化的不满,这是错误的选择。[22] 如果国内政策更加关注全球化的影响和国内日益加剧的不平等,那么各国可以采取政策,这样就不会产生如此多的输家。如果全球化在全球范围内得到更好的管理,结果也会更好。事实上,其倡导者宣称的积极成果本来是可以实现的。但是,那种本该发挥作用的全球化与 *GAID* 中描述的国际货币基金组织和世界银行强加给发展中国家的早期全球化明显不同。这一系列政策被称为"华盛顿共识",因为它在 20 世纪 80 年代诞生于华盛顿特区的第 15 街（美国财政部所在地）和第 19 街（国际货币基金组织所在地）之间。[23] 虽然它应该是构成良好发展政策的共识，事实上，这不是在发展中国家中（那些依据这些政策的结果而生存的国家）形成的共识。这只是强制执行这些政策的人的共识，而不是那些经历了大部分影响的人，尤其是负面影响的人的共识。

例如，这些政策限制了政府在帮助企业适应全球化方面的援助，这些援助被称为产业政策。[24] 它们禁止在金融市场采取干预措施，这使得扩大出口部门的公司更有可能获得信贷。它们没有注意到银行过度冒险的危险。毕竟，有人认为，私人公司比政府更了解。同样的道理，这些政策的支持者主张将市场开放给波动的短期资本流动，这种流动在东亚危机期间严重地破坏了世界经济秩序，由于热钱突然流失而使这些国家陷入严重的衰退和萧条。强调教育，但只是小学教育，而不是那种可以消除发达国家和发展中国家之间知识差距的教育。它们很少或根本不关注不平等，其影响已被证明是全球化本身可持续性的主要政治障碍。[25]

虽然"华盛顿共识"政策针对的是发展中国家，但同样的经济哲学主导了发达国家精英阶层对全球化的反应。2017 年 1 月，在达沃斯，当这些精英们最终不得不面对日益高涨的反全球化浪潮和日益加剧的不平等时，政策反应仍然显著地集中于降低企业所得税和放松管制，附加一剂更好的再培训。他们对"涓滴"经济学的信念毫不动摇：处理不满情绪的最佳方式是让经济增长得更快，最好的办法是对富人放松管制和减税。只要我们让经济增长得更快，那么锈带地区下岗工人的不满问题就会得到解决。

全球化对发达国家和发展中国家影响的主要差异

虽然这 8 个观点与发达国家和发展中国家都有关系，但在全球化的影响上存在两个根本性的差异，即它如何影响像美国这样的国家，以及它如何影响一个非洲小国。首先，正如我所指出的那样，游戏规则主要由美国和其他发达国家制定。这意味着全球化应该对这些国家有利，或者至少对其中的某些有影响力的群体有利。相比之下，发展中国家也许面临不可能的选择：要么同意全球化的条款，因为它们已经被设定好；要么被排斥、被驱逐出境。甚至，后者通常也不是一个真正的选择：许多发展中国家都有大量的债务。它们实际上是被关在债务人的监狱里。债权人可以以履行国家功能所需要的资金为条件，要求他们所希望的。对于非洲的一些发展中国家来说，无论它们如何处理内部事务，全球化充其量都是模棱两可的好处。

对于一些最贫穷的国家来说，正如 GAID 指出的那样，正被管理的全球化可能是一项原始交易。例如，美国的棉花补贴显著地拉低了全球的棉花价格，将印度和非洲那些已濒临饥荒的国家进一步推向饥饿的边缘。关税结构旨在鼓励非洲国家生产原材料，而不是生产附加值更高的产品，而这些被设定为发达国家分内的工作。[26]

第二个是发达国家拥有资源和能力来确保几乎所有国家都能从中受益。发展中国家通常没有能力提高税收，以获得必要的收入来补偿那些受全球化伤害的人。它们的机构的能力也有限；例如，发达国家拥有更强大的金融机构，可以为出口行业提供融资，这些出口行业因贸易协定而受益，从而使其更有利于创造新的就业机会，即使进口竞争行业的就业机会被摧毁。

全球化在 21 世纪的变化

我在新千禧年伊始就写了 GAID。我们生活在一个瞬息万变的世界。过去的 1/4 个世纪，我们遭遇了阿根廷危机、俄罗斯危机、东亚危机、全球金融危机和欧元危机。我们在伊拉克、叙利亚和阿富汗发生过战争。许多国家已经开始意识到气候变化的后果。全球化和市场经济的信心一直不稳定。经济学家对世界的看法甚至出现了大幅波动。虽然 1/4 个世纪前的标准模型是基于理性家庭和企业在竞争性市场中以达到效率和稳定性的方式进行互动，但每个基本假设都受到质疑：企业和家庭往往以一种非理性的方式行事；[27] 市场通常不是竞争性的；而且结果通常不是有效率的或稳定的。

毫不奇怪，今天的全球化与我在写 GAID 时存在不同之处。在后面的部分中，我将描述这些变化如何影响发展中国家。在这里，我想提供一个简单的概述和简单的信息：虽然全球化在过去 1/4 个世纪发生了变化，例如，新兴市场发出更多的声音，但这些变化并不像人们希望的那样。发达国家的企业和经济利益仍占主导地位。发展中国家的工人和发达国家的工人之间的冲突并不多，而是世界各地的工人和企业利益之间的冲突多。因此，世界正在经历的对全球化的强烈反应不应该成为一个惊喜。全球化可以是一个正和博弈，发达国家和发展中国家的工人都会获益。事实上，发达国家的企业和金融利益一直是最大的赢家。但特朗普和其他保护主义者提出的"改革"是负和博弈：每个人都有可能失败，包括特朗普和他所支持的发达国家的工人。还有其他改革全球化的方式，可以确保所有或至少大部分公民受益。但是，如果这些改革是实现共同繁荣和包容性增长的更广泛的渐进式改革的一部分，那么这些改革就会取得成功。

历史背景

在 GAID 中，我尝试着将在其出版时存在的全球化植入历史背景。[28] 在柏林墙倒塌之前，发展中国家人民的灵魂和忠诚都在共产主义与西方之间斗争。这一斗争阻止了美国滥用其巨大的经济实力。冷战的结束使得美国在全球化形成的过程中具有自由统治的地位。它可以利用这种力量来反映其价值观和原则——通过支持对人权做出承诺的政府，提供援助以消除贫困，建立社会保护体系，并确保年轻人获得教育机会。它是这样做的，但只是在很有限的范围内；它同时试图改变国际商业规则，以巩固发达国家的优势，尤其是其企业和金融利益。比尔·克林顿（Bill Clinton）以"工作，工作，工作"和"笨蛋，这是经济的问题"为纲领当选。他决定将贸易政策的重点放在推动美国经济利益方面，但这最终意味着美国公司的利益。在这样做时，美国失去了重新定义全球化的重要机会。

新千年的全球化

柏林墙倒塌后，一系列风暴来袭前，只有10年的相对平静。首先，1999年12月，西雅图出现了反全球化抗议活动，这些抗议活动集中针对新一轮贸易谈判。他们把担忧贸易协定对就业的影响、对发展中国家施加的不公平以及对环境的担忧聚在一起。抗议者觉得他们知道谈判的方向：达成另一个有利于实现发达国家企业利益的贸易协定。抗议者赢得了当天的胜利：谈判没有开始。在 *GAID* 出版前不久，全球反恐战争于2001年"9·11袭击事件"开始。显而易见，在全球化时代，不仅好东西更容易跨越国界，坏事情也是如此。在接下来团结一致的时刻，开启了新一轮的贸易谈判，即发展回合谈判，以承诺纠正之前贸易协定的不平衡，这些贸易协定都不利于发展中国家。正如我在后面讨论的那样，这种团结精神是短暂的；美国和欧洲违背了改革贸易规则的承诺——帮助欠发达国家成长，14年后，发展回合被正式放弃。届时，更大的新兴市场表明它们可以站到美国的位置；而且美国还没有学会如何在这个新世界进行谈判——它无法驯服特殊的农业利益，正如我所指出的那样，这些利益足够强大，足以确保为自己继续提供大量的补贴。但真正的风暴发生在2008年的全球金融危机，全球化使美国能够在世界各地出售不良抵押贷款，而全球化意味着来自美国的经济危机能在世界各地迅速传播，给数亿人带来巨大的痛苦。具有讽刺意味的是，随着美国力图通过其强有力的货币政策（量化宽松）寻求复苏，其他国家变得更加不稳定：流动性飙升导致新兴市场资产价格泡沫，汇率上涨导致出口下降和进口激增。

特朗普的崛起

所有这些让中性的全球化变成了一个坏名词，或者至少引起了人们对世界大部分地区全球化的怀疑。但几乎可以肯定的是，没有什么能像特朗普那样破坏对全球化的信心。[29] 特朗普和他的支持者似乎在向全世界说，如果我们不能在全球化的博弈中取胜，我们会撤回我们的承诺。美国认为它创造了服务于其利益的全球化，但当事实似乎并非如此时，这就决定着这些规则必须改变，否则就不需要全球化。

但 21 世纪的世界与第二次世界大战后的那个时代截然不同，那时许多发展中国家甚至没有自由。21 世纪的前 10 年，美国在越南、阿富汗和伊拉克的战争中已经显示出军事力量的极限。美国甚至不能确定赢得了对小型贫穷国家的胜利。它的软实力——道德价值和文化所产生的影响力，因其进行伊拉克战争的方式、它在本国对待穷人的方式、在国际贸易谈判中表现出的虚伪以及在选举中的金钱权力而被削弱。再一次，选举一位如此罔顾事实的总统（完全不担忧说谎），只是将问题变得更严重了。总之，随着软实力的削弱，经济实力的新的全球平衡以及军事力量的极限如此明显，美国不可能单方面地重写全球化规则。

例如，特朗普曾抱怨《北美自由贸易协定》(NAFTA)等贸易协定允许加拿大、墨西哥和美国之间的货物自由流通。这些将会有所变化，在近 1/4 个世纪前达成的协定或更多协定将被更新（NAFTA 于 1994 年生效），但它们将会是相互商定的变化。美国有权退出协定，通常只有在国会同意的情况下才能退出，但与获得新的协定相去甚远。许多贸易协定（例如与韩国的贸易协定）不仅在美国，在其他签字国也遭到强烈反对。任何扰乱签署国内部和签署国之间利益和成本平衡的重大改变都将使协定死亡：公民现在认识到，没有协定比坏协定好。

因此，后特朗普世界的全球化可能会是什么样子——这种不确定性本身会阻碍贸易和经济一体化。特朗普很可能不会履行他的一些竞选承诺，因为他们中的许多人不太需要国会的支持，而其他的则被法庭驳回。在上任几个月内，他对自己的承诺嗤之以鼻。对中国进口征收 45% 关税的承诺很快就被遗忘了，取而代之的是前几届政府对中国出售低于成本的货物征收的标准税。即使就《北美自由贸易协定》开始谈判，政府也没有提出如何扭转与墨西哥的贸易逆差的建议。事实上，第 3 章解释说，特朗普的政策可能会增加美国的整体贸易逆差。美国的选民已经习惯竞选言论与随后的行动之间存在差距；但由于特朗普的竞选言论过分夸大，所以差距也是如此之大。即便如此,由于特朗普已经证明边界很重要,企业现在在建立全球供应链时会更谨慎。

即使没有特朗普,全球化也很可能发生变化。2015 年发展回合的贸易谈判瓦解,意味着在可预见的将来,不会再有全球协定。反对美国驱动的跨太平洋(跨太平洋伙伴关系或 TPP)和跨大西洋(跨大西洋贸易和投资伙伴关系,或 TTIP)的贸易协定表明,推动已经成为历史的企业驱动型协定将会越来越难。[30] 另一方面,发展中国家和新兴市场之间的南南协定正在扩大:特朗普的"美国优先"言论激发了一股早已开始的潮流。例如,自 2011 年以来,太平洋联盟将秘鲁、墨西哥、哥伦比亚和智利联合在一起,在美国大选之后大幅提升了它的关联性。亚洲还有一些地区协定正在推进。

新的全球经济

GAID 中,我讨论了南北之间的一些不平等。过去 15 年来的一些变化只会加剧不公平的感觉。首先是对气候变化认识的提高——温室气体浓度的增加,大部分来自发达国家,[31] 其中大部分费用由发展中国家承担。美国拒绝接受任何公平分担责任的协定,以及包括特朗普在内的许多美国人,甚至声称这是一个骗局,在这个领域引起了强烈的不满。[32]

第二个变化是东亚危机不可预见的后果和国际货币基金组织管理不善的后果。世界各国,特别是东亚国家,都说"永远不会再来"。它们理解全球化的好处,但它们也意识到,开放使它们面临无法控制的风险。为了管理这些风险,它们需要储备(通常是美元)以应对不时之需,尤其是像 1997 年金融危机这样的风暴。虽然储备已增加了数万亿美元,但它们知道,它们没有足够的储备来渡过这样的风暴。

真正具有讽刺意味的是,这些政策主要由美国财政部负责,这给东亚国家造成如此巨大的代价,但美国财政部一直是最大的受益者。各国通常以美国的短期债券形式来持有储备,这意味着它们正在向美国贷款。然而,它们的贷款利率很低(在全球危机之后的几年中,接近于零利率,这意味着实际上考虑到通货膨胀,他们获得的收益是负的),但通常从美国借款的利率要高得多。实际上,这些发展中国家的资金大量转移到美国。发展中国家和新兴市场因此付出了高昂的代价来避免丧失主权。

有一个现成的解决方案:建立全球储备体系。中国、俄罗斯和法国支持这样一个体系,联合国都已投票研究。[33] 但美国反对这样一个体系,甚至反对它的可行性。毕竟,在目前的安排下,美国可以以接近零的利率从其他国家借钱,而且它们也喜欢这样做。鉴于美国的反对,该体系没有建成。[34]

第三个变化是知识产权和与之相关的支付日益重要。随着世界更多地转向知识经济,这些租金增加了,而且由于北方持有大部分专利,大量的资金从南方流向北方。再次,全球经济体系看起来好像是为了使资金以其他方式流动而设计的,而不是资金从富国流向穷国来帮助它们成长,这似乎是在藐视地心引力。

第四个变化是作为东亚成功基础的出口导向型制造业增长模式可能即将结束。即使中国的所有制造业岗位都移到非洲,但考虑到非洲未来几十年的劳动力预计将大幅增加,它也仅仅能为新增加的劳动力提供一部分的就业机会。[35] 没有工作,特别是在欧洲,移民压力将继续有增无减。

至少从全球化管理的角度来看,也许最大的变化(特朗普之前正在发生的变化)是新兴市场日益增长的经济力量。它们在全球国内生产总值中所占的份额大大增加。例如,中国在1/3个世纪内每年增长近10%,每7年增长一倍。全球金融危机后的一些年份里,欧洲和美国的表现尤其糟糕。

全球体系再平衡

随着新兴市场在全球化和金融机构(第二次世界大战结束时建立的世界银行和国际货币基金组织等)的声音与经济现实之间的脱节越来越大,再平衡的需求变得更加明显。

当然，也有一些变化，例如，对国际货币基金组织和世界银行投票权的小幅调整，不过似乎没有明显的效果。全球金融危机显然表明，全球问题需要在全球范围内解决，而不仅仅是富裕国家俱乐部七国集团（G7）。二十国集团（G20）带来了中国、印度、土耳其、沙特阿拉伯、阿根廷和其他8个新兴市场，并成为全球重要的会议。但随着全球金融危机的消退，全球经济发展方向的分歧阻碍了重新定义全球化的进展。也许最重要的成就是在气候变化方面，《巴黎协定》由195个缔约方签署并于2016年11月4日生效。特朗普总统宣布美国退出[36]《巴黎协定》后，协定的力量得到了证明。世界其他地区坚定地声援支持该协定，美国境内的许多企业和州重申了实现其雄心的承诺。特朗普到处被嘲笑。罗马市政厅展出了一个巨大的横幅："地球优先"（取笑特朗普的口号"美国优先"）；法国总统伊曼纽尔·马克龙提出了"让我们的星球再次伟大"的口号（嘲弄特朗普的口号"让美国再次伟大"）。

毫不奇怪，鉴于全球化再平衡的进展缓慢，新兴市场发出与其经济实力相称的声音时，这些国家已经把事务掌握在自己手中，它们建立了自己的机构，有时是在美国的无效反对之下，努力保持其影响力。美国很难适应它的相对经济实力减弱的世界——我怀疑特朗普的问题只会越来越严重。

为了给发展中国家和新兴市场增加发言权而重新平衡全球化并非易事。这需要合作，但只要美国坚持"美国优先"的地位，就难以达成。

推进的三种方式

发展中国家和发达国家都对全球化表示不满。那么，问题就是全球化因此将何去何从？

增强华盛顿共识

一种方法是"华盛顿共识"的某些改变：全球化的结构继续延续，

其中依然由发达国家的大型公司和金融机构制定规则并为其服务,这将增强在很多发展中国家都失败的"华盛顿共识"政策。我出版了 GAID 来解释为什么这不是世界应该走的路。尽管如此,在我写该书的时候,我非常害怕这是世界未来的走向。

如果世界采取了这种方法,我认为我明白事情会如何发展。在 GAID 中,我将国际货币基金组织的政策描述为就像从 5 万英尺[①]的高空向下投掷炸弹一样。人们无法看到底层人民遭受的痛苦。国际货币基金组织着重关注像失业率这样冰冷的数字,但 10% 的失业率背后是数百万没有工作的家庭。对于那些家庭来说,导致失业率达到 8% 的政策变化会造成一个差异化的世界,这种人的差异在统计数据的微小变化中根本无法捕捉到。但是,全球化倡导者所想的与实际发生的事情之间的脱节甚至更大。他们有一个理论认为,全球化将导致更快的经济增长,但他们甚至没有关于全球化如何影响普通人的统计数字。

无法实现全球化的可持续

在我出版 GAID 时,对我来说,正在构建的全球化是不可持续的。正如我所描述的那样,随后几年发生的事情只会让事情变得更糟。

不管怎样,在国家层面,政治并没有起到促进全球化可持续发展的作用。右翼人士是全球化最有力的拥护者,他们不愿意推行保护那些受全球化伤害的人的政策。相反,他们甚至拒绝援助那些因全球化而失去工作的人。

更令人惊讶的是左翼的行为,比如美国的民主党人。他们应该是全球化流离失所的工人利益的捍卫者,如果这些利益没有得到保护,他们应该反对全球化。然而,在实践中,他们被全球化利益的论据所俘获,也许有些人被来自金融部门的竞选捐款吸引,从而支持他们的全球化观点,也许是有些人甚至开始相信"涓滴"经济学。最后,随着他们的许

---

① 1 英尺 =0.3048 米。

多"基地",或者应该是他们的基础,成为幻想变得明显起来,事情发生了转变。伯尼·桑德斯(Bernie Sanders)最有力地改变了自己的立场,在他身后不仅有很多工人,而且还有很大一部分是年轻人;甚至最终,即使是希拉里·克林顿(Hillary Clinton)也被迫远离丈夫的全球化政策。她甚至出来反对 TPP。

新保护主义

我的一位前任,美国经济顾问委员会主席曾经说过:那种不可持续的东西不会持续下去。虽然我担心很少关注普通工人的全球化是不可持续的,而且会受到保护主义的攻击,但这次攻击比我预料的来得更快,更有活力,而且唐纳德·特朗普以明显的保护主义纲领成功当选。

退回保护主义是应对全球化挑战的第二种方式。这种"新保护主义"(实际上与旧式保护主义有点不同)需要在墨西哥和美国之间建立一堵隔离墙,以阻止跨界移民(不必介意此类移民已经暴跌[37]),针对中国征收45%的关税,以及苛责那些将生产从美国转移出去的公司。

特朗普试图让美国和其他发达国家的工人与发展中国家和新兴市场的工人发生冲突。他认为中国、墨西哥和其他地方的低薪工人有效地"窃取"了美国的就业机会。真正的冲突在其他地方:一方面是工人和消费者(99%),无论是发达国家还是发展中国家;另一方面是公司利益。

新保护主义的前景并不比第一个办法(增强"华盛顿共识")好。特朗普和其他反全球化者似乎不愿意全盘破坏全球化,新保护主义政策只会降低他们自称会提供帮助的人的生活水平。新的不满者完全有理由不高兴。但特朗普和其他任何地方的新保护主义者"贩卖的蛇油"只会加剧那些已经受苦的人的困境。在第 3 章,我解释了为什么会这样。

增强"华盛顿共识"是由它所服务的特殊利益所激发的政策,但对这些政策效力的信念得到了"市场原教旨主义"意识形态的支持,即自由、无管制的市场是组织社会的最佳方式(具有讽刺意味的是,到里根和撒切尔时代这些观念已经变得时髦时，经济理论早已显示出这些理论的局限性。实际推行的政策明显不同于人们所认为的自由市场意识形态，贸易协定不是自由贸易协定，而是有管理的贸易协定，甚至相信小政府的银行家们也热烈赞同万亿美元的银行救助计划。)[38]

相反，对这种保护主义的信念并不是基于对公司利益或对未来的现实分析，而是对过去的简单怀旧，这种怀旧似乎对大量选民具有巨大的吸引力。

怀念一个永远不会回去的世界

一些美国人，特别是那些没有做好的美国人，对二战后的美国统治时期持有怀旧情绪，当时他们的制造业工作似乎很安全，工资很高，而且他们可以达到中产阶级的生活方式，这超越了他们、他们的父母或祖父母在移民到美国时梦寐以求的任何事情。现在，许多家庭甚至在父母都工作的情况下也难以维持生计。那时，单一的经济来源便可以舒适地养家糊口。特朗普回忆说，正是这个漫长的时期再也没有回来，他承诺将它以及伴随着它的信心和社会结构带回来。但那不会发生。时间的箭头不能调头。

有很多原因，我们不能将我们的世界重新塑造成美国主导的《天才小麻烦》的时代，让美国再次大行其道。二战后的这段时期在很多方面都不同寻常。这场战争将各界人士聚集在一起，共同对抗敌人。社会凝聚力和团结程度达到前所未有的水平。剥削那些为了国家而冒生命危险的人似乎是不对的。在美国和许多欧洲国家，战后时期是一个快速增长但共同繁荣的时期：每个人都看到他们的收入在增长，但底层的人看到他们的收入增长速度要快于上层的人。

特朗普承诺使制造业回归。这是将被打破的许多承诺之一。在战争结束时，我们正在完成从农业到制造业的转变。在19世纪，大约70%的工人从事农业。例如，在美国，只有不到3%的劳动力生产了甚至比肥胖社会消费还多的食物。现在，发达国家正在完成从制造业向服务业经济的转型。当然，就像农业仍然在我们的经济中发挥作用一样，制造业仍然存在一部分。但它不会雇用像以前那么多的人，100多年前失去的农业工作将回归，但制造业的工作将不再回归。

二战后的时期还有其他特点，特别是在美国。高薪制造业岗位中白人男性的比例几乎总是高于女性和有色人种，并将他们置于工人社会金字塔的顶端。即使解放奴隶将近一个世纪，妇女获得选举权接近1/4个世纪，情况仍然如此。一旦减少了歧视，在许多领域（包括大学毕业生，随后获得进一步提高），女性的表现优于男性。大量在旧秩序中可能成为"阿尔法男"的男人（通常是凭借不劳而获的社会优势），发现自己被超越。对他们来说，就好像他们正在以他们期望的方式攀登生命的阶梯，突然之间，有人被给了绿灯并超越了他们。

一些研究表明，对于那些对"美好的旧时代"[39]的渴望，如果不是那些被压迫者的视角，那么在特权者的眼中是好的，在白人男性的不满中起了一定的作用。难怪他们呼吁让这个国家回归，并且被政治家们承诺恢复的那个旧秩序所吸引，这是他们无法实现的承诺。

第三种方式：共享繁荣的公平全球化

如果以新的幌子回到过去的老贸易保护主义将无法奏效；如果增强"华盛顿共识"不起作用，将会发生什么？第三种方法分为两个部分：①管理每个国家内部的全球化结果，以确保减少损失；②不受公司和金融利益主导，以对发展中国家较公平的方式改写全球化规则。

通过包容性全球化使全球化为每个国家服务

GAID 强烈批评全球化进程，但它的批评是从特朗普的相反视角开始的。正如我所指出的那样，他错误地认为我们的贸易谈判者被诓骗。现实情况是，对于任何从全球社会正义角度来看全球化的人来说，是贫穷国家和普通工人得到了棒子短的那一端。新兴市场的伟大成就是，即使在这种"不公平"的全球化的情况下，它们也设法使全球化为它们和

它们的大部分人服务。这就是全球中产阶级出现在中国、印度甚至一些非洲国家的原因。[40] 对于那些关心这些地区长期稳定的人来说，没有什么比这更好的消息了。全球经济并非零和博弈，其收益并非来自美国或欧洲的付出。如果其他国家蓬勃发展，发达国家整体对货物和服务的需求可能会增加，国内生产总值也会增加。

但也有失败者：发达国家的工人，特别是那些技能较低的工人，以及贫穷国家中那些最贫穷的近乎自给的农民，他们的经济作物（如棉花）由于美国的补贴而降低了价格，这使撒哈拉以南非洲和印度的数百万人进一步陷入贫困。这些农民也以另一种方式受到美国和欧洲的影响：发达国家的大规模污染（温室气体排放）导致了非洲和印度的荒漠化，进一步降低了他们的收入。

在全球层面，全球化还有其他一些运作不佳的方式。自由化时代开启以来，世界就被反复发生的危机烙上标记，更糟的是 2008 年。美国监管机构的失败加上美国金融体系的过度贪婪和完全缺乏道德标准[41] 使全球陷入危机。自危机以来，世界一直在努力对金融部门施加一套规则以防止再次发生这样的危机。现在比 2008 年好很多，但很少有人认为问题已经"解决"了。

使全球化为所有人服务的国内政策

大多数国家，尤其是小国家，开始考虑全球化的影响，但它们并不是从如何改变全球规则这个宏大的问题开始的。它们从一个更温和的问题开始：鉴于给定的游戏规则和它们自身经济的特定状况，它们该如何设计它们的经济政策。

发达国家必须采取两套核心政策：一个是制定总体经济框架，允许些许共同繁荣，并对受到全球化伤害的人进行社会保护，因为无论我们的经济体系运行得多好，都会有一些人被落在后面。那些脱离成功阶梯的人不应该陷入经济的深渊。所需要的就是一个进步的议程，它承认市场、国家和社会各自扮演的角色。即认识到市场往往效果不佳，即使它们效率很高，它所造成的收入分配在社会上往往是不可接受的。这个进步的议程要意识到市场不是存在于真空之中，而是必须进行组织的。

在过去的1/3个世纪里，"游戏规则"发生了显著变化。早前我描述了华盛顿共识政策。这个观点是，通过剥夺限制经济的规制的方式释放市场，通过降低税率激励个人和企业，市场的力量就会释放出来。经济将会增长，即使顶层的人获得了更大的份额，每个人（甚至底层的人）都会富有起来。更好的做法是获得一个大蛋糕中较小的份额，而不是小蛋糕中较大的份额。目前，世界各个尝试过这个方案的国家的结果是：惨淡的失败。不平等增长甚至超过预期，但增长放缓，结果在一些像美国这样的国家中，绝大多数人的收入几乎停滞不前。新规则造成过度的金融自由化和短期主义，公司高管将重点放在季度报酬和自己的报酬上，而不是放在托付给他们的公司的长期福利上。现在博弈的规则必须为21世纪再次改写。

我们从过去1/3个世纪失败的经验中学到了很多：需要抑制公司治理（首席执行官获得公司收入越来越大份额的能力）、金融部门（包括掠夺性借贷、市场操纵、2008年危机中变得尤为明显的信用卡滥用行为）以及市场势力的滥用。工人的生产力不断提高，但工人的工资上涨幅度并没有跟上，部分原因是工人的谈判能力减弱，部分原因是劳动立法发生了变化，部分原因是全球化。世界已经改变，不再有终生的工作，但是社会保障制度并没有跟上。

本书最重要的目的是，指出管理全球化的规则需要重写，但不是以勒庞和特朗普倡导的保护主义方式。为更好地解释这一点，我在这里转向斯堪的纳维亚地区的国家。这些国家太小，不足以支配全球化规则，正如特朗普错误地认为他能做到。为了管理全球化，他们必须转向国内，根据包容性增长的开放原则来制定政策，确保全球化的好处得到充分分享，这样就没有人或至少没有显著的群体落在后面。[42]

在过去的1/3个世纪里，全球化的失败和承诺还有一个含义：政治家们不会仅仅承诺帮助那些落在后面的人,还会为他们提供一个安全网,或许只是提供一些工作培训。那些将全球化视为危及他们未来的工人不仅需要一个安全网,他们还需要在"溺水"时有能够抓住的东西。而且即使是这样的老旧承诺也不再可信。他们所需要的是真实的承诺:经济和社会制度应当为所有人服务,即便工人由于贸易、技术进步或经济结构发生变化而失去工作,经济和社会制度仍正常运行,只有这样才会使大部分人放心。

在第4章,我从美国这样一个发达国家的视角来阐述可替代的全球化的概况。

本书的结构

《全球化逆潮》由三部分组成。首先,我描述了"全球化及其新的不满",即在发展中国家反对全球化的不满中加入了发达国家对全球化的不满。我详细解释了为什么全球化的好处少于它的倡导者所宣称的,以及为什么全球化让许多人变得更糟,为什么对全球化有这么多的愤怒。然后,我解释了为什么特朗普的新保护主义只会让事情变得更糟,并描述能够实现全球化将让所有人受益的替代政策。

第二部分是原版的再次印刷,基本上没有改变。正如我所指出的那样,原文着重介绍了发展中国家的不满情绪。要理解今天的全球化,人们必须了解我们如何到了今天这一步,在很大程度上,正是在全球化发展的早期关键阶段,也就是人们对全球化表示乐观时,我写了 *GAID*,这有助于我们理解今天的全球化。[43]

最后一部分是后记,接着 *GAID* 结束的地方:它描述了随后15年全球化争论的演变,以及当今的全球情况与当时有何不同。当 *GAID* 首次出版时,有许多有关全球化如何进展的争论。人们有一种天然的好奇心:结果如何?从长远来看谁赢了?谁输了?后面的部分回答了这些问题,并且关注了后特朗普世界可能出现的新全球化。

致 谢

GLOBALIZATION AND ITS DISCONTENTS

《全球化及其不满》的致谢提及了当时帮助我形成全球化想法的许多人。过去 15 年里，我一直在参与全球化大辩论。从这些讨论的参与者那里我学到了很多东西，其中包括那些把我引入其中的政治领导人，以下是感谢清单。

2009 年，为应对世界面临的金融危机，联合国大会主席米格尔·德斯科托·布罗克曼请我主持国际货币与金融体系改革国际专家委员会，审查全球危机的原因，可能采取哪些措施控制这一危机，以及为防止危机再次发生应该采取何种措施。该委员会提供了一个独特的机会，特别是了解金融全球化运作的机会，其中一些见解反映在本书的讨论中。[1] 我深深感谢专员和所有帮助委员会工作的人员。

全球金融危机（有时称为北大西洋危机，因为它主要是美国和欧洲的危机）促使人们重新思考全球化以及资本主义制度的其他方面。全球化导致美国金融体系管理失败的后果迅速向世界其他地区蔓延。其中最重要的结果是成立了新经济思维研究所（INET），在那里我领导了一个专注于金融传导的工作组。我不仅要感谢他们让经济学家聚集在一起讨论这些问题的经济支持，还要感谢智囊团的支持，其中包括 Rob Johnson（从 INET 创始之初就领导 INET），George Soros，Andy Haldane（首席经济学家及英国银行货币分析和统计首席执行官），Stefano Battiston（苏黎世大学）[2]，Mauro Gallegati（安科纳的马尔凯理工大学），Domenico Delli Gatti（米兰的天主教大学），Tarik Roukny（麻省理工学院媒体实验室）和 Anton Korinek（约翰霍普金斯大学）。

政策对话倡议（IPD）进行了第三次努力，这是我从世界银行回到学术界之后成立的一个小型智囊团，鼓励对发展战略和全球化进行反思，并将一些见解转化为政策上的改变，汇集发达国家和发展中国家的学术和政策经济学家。我特别感谢 Stephany Griffith-Jones（IPD 金融市场项目主管）和 José Antonio Ocampo（前主管联合国经济和社会事务的副秘书长，现在已离开哥伦比亚大学，担任哥伦比亚中央银行董事），与我共同讨论我们的会议议程"看得见的手的时代：2008 年世界金融危机的教训"。[3]

毫不奇怪，对全球化的不满和焦虑导致许多其他委员会试图理解并改革它。21 世纪初，Juan Somavía 旗下的国际劳工组织（ILO）成立了全球化社会影响世界委员会。这个非同寻常的委员会成员来自发达国家和发展中国家的政府、企业和劳工等，这进一步加深了我对全球化多元化的理解。[4]

另一个全球化委员会的审议工作刚开始，它是由 INET 与迈克尔·斯宾塞（Michael Spence）（2001 年诺贝尔经济学奖获得者）和我共同创立的。即使在早期，我也应该感谢 Spence 和 Andrew Sheng 的见解，Andrew 在世界银行与我一起工作后，成为香港证券及期货事务监察委员会（SFC）主席和中国银行监管委员会首席顾问。

还有其他一些国际委员会，它们的审议形成了我的想法，且我在其中担任联合主席。首先是经济表现和社会进步衡量委员会（由巴黎政治研究所的 Jean-Paul Fitoussi 与哈佛大学的 Amartya Sen 共同担任首席顾问）及其在 OECD（发达国家官方智囊团）衡量经济表现和社会进步高级别专家组的继任者。虽然其审议侧重于衡量问题，通过定义如日益增加的不安全感等不是由 GDP 衡量的事物，我们发现了全球化可能同时增加 GDP 并减少社会大部分人福利的一些原因。[5] 第二组围绕一个我在本书很少提到的主题进行讨论，即全球变暖问题。我与 Nick Stern（目前在伦敦经济学院）共同参与了碳定价高级委员会的工作，确定碳定价对实现在 2015 年 12 月 6 日《巴黎协定》中阐述的实现减少气候变化雄心的重要性。[6]

全球化较黑暗面之一是它为个人和公司避免纳税提供机会。我曾在国际公司税改革独立委员会（ICRICT）工作，试图确保跨国公司公平交税，特别是在发展中国家。该委员会由 José Antonio Ocampo 担任主席，成员之一是 Oxfam（我担任名誉顾问），负责人是 Winnie Byanyima，我从他们那里学到了很多东西。

《巴拿马文件》显示了全球化更加黑暗的一面，当巴拿马作为回应要求我担任一个委员会联合主席来指导他们怎样进行最好的改革以成为好的全球公民时，我认为这一方面会让我深入了解全球避税系统，另一方面也为我提供了一个概述处理该问题框架的机会。但当巴拿马在透明度方面甚至拒绝透明化时，Mark Pieth 和我提出辞职并独自撰写我们的报告。[7] 我深深地感谢 Mark 对这些问题的法律和经济见解，此外我认为我应该感谢巴拿马，特别是其副主席 Isabel Saint Malo，他们为我提供了深入研究全球化这些方面的机会。正如本书所阐述的那样，我非常感谢这些委员会的所有成员，他们积极参与并且同我分享他们的观点，这有助于形成我的想法。

在 21 世纪初，许多政治领导人深深地致力于使我们的全球体系更好地发挥作用，我作为首席经济学家在世界银行工作，撰写 *GAID*，这给我特别的机会与他们互动，并从发达国家和发展中国家领导人的角度来看全球化。在使我学到这么多东西的人中，我应该特别提及其中一些：英国首相戈登·布朗试图指导 G20 制定应对大萧条的共同对策时，我曾多次与他互动；法国总理尼古拉斯·萨科齐，他在法国主持 G20 峰会时试图推动建立一个更稳定的全球金融体系；澳大利亚总理陆克文

(2007～2013.10)、乔治·帕潘德里欧(希腊总理,2009～2011);里根·多拉各斯(智利总理,2000～2006)、克里斯蒂娜·费尔南德斯·德基什内尔(阿根廷总统,2007～2015)、内斯托尔·基什内尔(阿根廷总统,2003～2007)、曼莫汉·辛格(印度总理,2004～2014)、朱镕基(中国国务院总理,1998～2003)、温家宝(中国国务院总理,2003～2013)和李克强(中国国务院总理,2013年至今)、凯马尔·德维斯福(前联合国开发计划署署长,2005～2009,土耳其经济事务部部长,2001～2002)和费尔南多·恩里克·卡多佐(巴西总统,1995～2002)。最近,我通过与一些人积极讨论获益,这其中包括加拿大现任外交部部长克里斯蒂亚·弗里兰德(前任加拿大贸易部长)、4名美国贸易代表(相当于美国的贸易部长)(未经同意)、米奇坎特和夏琳巴尔舍夫斯基(两人都曾在克林顿政府任职)、罗伯特·佐利克(后来成为世界银行行长)和迈克尔·弗罗曼(奥巴马的贸易代表)。

奥巴马政府中,我最感谢的人是 Jason Furman,在我担任经济顾问委员会(CEA)主席期间他曾与我一起工作过,后来他担任了奥巴马的 CEA 主席。他最担心的是美国经济的变化,全球化在其中不可避免地发挥了重要作用。

我十分感谢瑞典前贸易部长 Leif Pagrotsky 和奥斯陆大学的 Kalle Moene,他们提供了北欧模式的见解,以及它们如何在不经历其他许多国家遭遇的不利影响下维持开放型经济。

作为世界银行首席经济学家,我有幸得到了一系列首席经济学家的支持,他们广泛地分享我的观点:Nick Stern(伦敦政治经济学院)、Francois Bourgignon(巴黎经济学院)、林毅夫(北京大学,新结构经济学中心创始人)和 Kaushik Basu(康奈尔大学)。Stern 成立了一个顾问委员会,由他的继任者继续工作,该委员会定期提供重新评估全球化发展的机会。这些人以及顾问委员会的其他成员,包括诺贝尔经济学奖得主 Angus Deaton(普林斯顿大学)和 Amartya Sen(哈佛大学)都以不同的方式为我对全球化的理解做出了巨大贡献。

正如我在后面特别指出的那样,过去20年是世界银行的姐妹机构国际货币基金组织快速变革的时期,我特别感谢与Christine Lagarde和Dominique Strauss-Kahn(分别为2007～2011年的现任和前任总裁)的讨论;Olivier Blanchard(前任首席经济学家,曾要求我与他一起在国际货币基金组织举行两次会议以吸取全球金融危机的教训)[8];Tharman Shanmugaratnam,2016年5月12日至8月22日任新加坡财政部长,自2011年起担任副总理,2011～2015年担任被称作国际货币与金融委员会的国际货币基金组织政策委员会主席;Jonathan Ostry,担任研究副主任,并在该研究中引致重新思考不平等和资本控制的地位发挥了重要作用;Sergio Chodos,国际货币基金组织执行董事,尤其擅长债务重组问题;朱民,2011～2016年担任副总裁,现任清华大学国家金融研究院院长。

鉴于对全球化的所有担忧,经常召开会议以加深对当前事物的理解并不令人惊讶,很多会议都是每年召开一次,此外同参与者的互动也让我对全球化有了深刻的认知,其中包括每年1月在瑞士达沃斯举办的世界经济论坛,每年3月在北京举办的中国发展论坛,每年9月在联合国大会举行的会议,每年春季和秋季举办的一年一度的世界银行和国际货币基金组织会议。

全球化,正如《全球化及其不满》和本续篇所表明的那样,有很多维度,在过去20年中,我都受益于与同事和合作者的讨论和他们的见解。在贸易全球化过程中,我应该特别感谢Andrew Charlton(现在是Alpha Beta Advisors的主管),他曾与我共同合作《公平贸易》一书。[9]

提到在贸易谈判中发挥越来越重要作用的投资协定,我要感谢罗斯福研究所的Todd Tucker、哥伦比亚的Lisa Sachs Johnson和Karl P. Sauvant,联合国贸易与发展会议的Richard Kozul-Wright,波士顿大学的Kevin Gallagher以及全球贸易观察的董事兼创始人Lori Wallach。

知识产权是全球化争论的焦点之一。在这里，我应该再次强调我对合作者 Dean Baker（经济和政策研究中心的负责人），Arjun Jayadev（普梅吉大学和马萨诸塞州波士顿大学），Claude Henry（巴黎科学大学和哥伦比亚大学）[10]，Ugo Pagano（锡耶纳大学）和 Giovanni Dosi（意大利圣安娜高等学校）等的感谢[11]。

我谈到的第三个问题是主权债务危机及其解决方案。在这里（和本书的其他许多领域一样），我需要特别感谢哥伦比亚的 Martin Guzman，他曾编辑过一本书[12]，并且共同撰写了多篇关于这个主题的论文；我们与国际治理创新中心进行了广泛的合作，其中包括 Domenico Lombardi（全球经济计划主任）和保罗·马丁（Paul Martin）（加拿大总理，2003～2006年），他们对全球化的这方面表现出特别的兴趣；Mike Soto-Class（波多黎各新经济中心的创始人兼总裁，CNE）以及 CNE 的其他成员及其增长委员会，他们努力遏制该岛债务危机对经济的影响。Brad Setser（曾在美国财政部工作，现在在外交关系委员会工作）也提供了重要见解。

与特朗普的看法相反，非洲可能是全球化的影响最不明确的地方，而不是美国。在过去15年里，我一直与埃塞俄比亚保持密切的联系，埃塞俄比亚是我在1997年成为世界银行首席经济学家时访问过的非洲大陆的第一个国家，也是我离开前的最后一个国家。南非亦是如此。我特别感谢梅莱斯·泽纳维（Meles Zenawi），从1991年推翻了专制的门格斯图政权直到1995年他一直担任该国总统，并从1995年一直担任该国总理直到2012年去世，他花了几天的时间与我讨论该国的经济历史和总的发展战略，并帮助我看清那里的现状。南非非常幸运地拥有一支强大的经济团队，他们中有很多我比较熟的人以及与我分享对全球化的见解的人——特别是特雷弗·曼纽尔（Trevor Manuel）（1996～2009年任财政部长）；普拉温·戈登（Pravin Gordhan）（2009～2014年任财政部长），罗伯·戴维斯（Rob Davies）（2009年至今的贸易部长）和易卜拉欣·帕特尔（Ebrahim Patel）（2009年起任经济发展部长）。[13]

当我试图更好地理解全球化对非洲的持续影响时，往往在小国能够最好地看到整体情况，2015 年对纳米比亚的访问尤其具有启发性。我感谢一直以来同财政部长卡尔·舒特威（Calle Schlettwein）（从 2015 年起担任财政部长，之前担任贸易部长）宝贵的交流；感谢自 2015 年起担任纳米比亚总统的哈格·根哥布（Hage Gottfried Geingob）以及 2010 年以来成为高级法院一员的 David Smuts。

我特别感谢我的哥伦比亚同事 Akbar Noman[14]，他曾与我在世界银行一同工作，感谢他让我对撒哈拉以南非洲地区的理解产生的影响。

正如我在《欧元》一书中所解释的那样，全球化带来的许多问题随着欧洲经济一体化的进一步发展而出现。希腊危机提供了一个特别的机会去观察当经济一体化出现问题时会发生什么。我要感谢许多对那次危机深有见解的人，这其中包括雅尼斯·瓦鲁法基斯（Yanis Varoufakis）（希腊经济学家、学者和政治家，2015 年 1 月至 7 月担任希腊财政部长），Jamie Galbraith（得克萨斯大学）和 Richard Parker（哈佛肯尼迪学院）。

早些时候，我感谢政策对话倡议（IPD）对于债务危机如何改变了我们对全球化认识的理解。IPD 的工作已进入全球化的各个领域，包括贸易和投资协定、知识产权和主权债务。我希望我们赞助的 30 多个研究以及会议进程能够多多少少地帮助创造更好的全球化。如果我前面没有提到其他一些在我对全球化的思考方面特别有影响力的人，包括那些领导 IPD 的一些工作团队或积极参与其中的人，那确实是我工作的疏忽。其中包括哈佛大学的 Dani Rodrik，伦敦证券交易所（前欧洲复兴开发银行（EBRD）的首席经济学家）的 Erik Berglöf，现任非洲开发银行的首席经济学家 Célestin Monga，与我合著一本关于全球治理的书的 Narcís Serra[15]，联合国经济和社会事务部经济发展助理秘书长、联合国粮食及农业组织（FAO）经济和社会发展助理总干事和协调员 Jomo Kwame Sundaram，曾任 IPD 执行主任、现任联合国经济和社会事务部（UNDESA）发展筹资办公室（FfDO）政策分析和发展处处长的 Shari

Spiegel。

IPD是哥伦比亚大学几个组织中唯一专注于全球化的组织,我从全球思想委员会、CGT(我担任创始主席)和全球经济治理中心的同事中获益匪浅,全球经济治理中心的主席是JanŠvejnar,我特别感谢他。CGT的一个项目是与伦敦证券交易所的Mary Kaldor联合举办的一次关于安全和全球化的会议。[16]会议中的一些想法反映在以下的讨论中。

近20年来,哥伦比亚大学,特别是其商学院,及其国际和公共事务学院以及经济系,通过激励同事和学生为我提供了一个知识分子的家园,我从中受益匪浅。它的智力活跃性在本书涉及的领域尤其明显。

在过去几年中,我一直与罗斯福研究所进行特别的合作,罗斯福研究所是富兰克林·德拉诺·罗斯福总统图书馆的一个智囊团,致力于推进他和他妻子的理念和理想。我们一直特别关注不平等的扩大以及全球化在不平等加剧中所起的作用。非常感谢Ford基金会,Bernard L.Schwartz和Mac Arthur对基金会这方面工作的支持,以及Ford基金会总裁Darren Walker的鼓励和愿景,还要感谢罗斯福研究所总裁兼首席执行官Felicia Wong提供的知识;感谢研究与政策副总裁Nell Abernathy和该研究所的许多其他研究员。

同样,我非常感谢我的共同作者和哥伦比亚的同事Bruce Greenwald对我关于全球化理解的影响,我曾与他一起教授全球化研究生课程17年。

像这样的一本书的制作需要很多人的巨大努力。Norton的团队再次与我一起工作,从项目开始与Drake McFeeley的讨论,到编辑者Jeff Shreve,再到修改者Fred Wiemer。我的英国编辑Stuart Proffitt再次提供了富有洞察力的评论。

在我的办公室,我感谢Debarati Ghosh和Eamon Kircher-Allen提供的编辑帮助,感谢Paul Bouscasse,Matthieu Teachout和Andrew Kosenko的研究帮助,感谢Gabriela Plump管理IPD,感谢Caleb

Oldham 的行政支持，以及 Sarah Thomas 的全面管理。

17 年前，当我离开世界银行时，我有一个粗略的手稿来描述我对全球化的一些反思。我的妻子，Anya Schiffrin，现任哥伦比亚大学国际和公共事务学院技术、媒体和传播项目主管，帮助我将这份手稿转化为全球畅销书，在这个过程中她以多种方式激励和教导我。她一直是我的知识伴侣和灵魂伴侣，对此我永远心存感激。

GLOBALIZATION AND
ITS DISCONTENTS

| 第一部分 |
全球化及其新的不满

①

当我在 21 世纪初编写《全球化及其不满》（GAID）时，我写的是关于发展中世界的不满情绪。但是现在对全球化的不满已经遍布全球。就在我写 GAID 时，全球化的一个显著方面就是反全球化抗议活动和民间社会抗议的全球化。2002 年，抗议者主要担心全球化对环境会造成什么影响，如何影响最贫穷国家的最贫困人口，或者如何干扰救生药物的获取。当时有充足的抗议空间。但最近不满的不仅仅是学生活动和环保主义者，而是整个发达国家的中产阶级和工人阶级，他们通过投票的方式表达了他们的不满。还有一些民粹主义领导人——美国的特朗普、英国的法拉格、法国的勒庞、荷兰的维尔德斯，名单还在不断增加，在不断地发表和发扬这种不满。

中产阶级和工人阶级中很多人都对此感到不快。市场经济并没有为他们工作。但是他们不是对市场经济，也不是对资本主义，而是对今天的市场经济的某个方面——全球化表达愤怒。民意调查显示，贸易是大部分美国人不满的主要原因之一。2016 年大选前进行的一项仔细研究中，59% 的受访者表示他们赞成进行贸易改革，这意味着某种形式的保护主义。[1] 在欧洲也有类似的看法。这些不满的公民已将他们的观点转化为政治行动。英国投票决定脱离欧盟，特朗普以反全球化为纲领，承诺让制造业工作重返美国，与墨西哥建立壁垒，并对中国征收 45% 的关税，从而当选美国总统。[2]

在这里，我解释了为什么发达国家对全球化有这样的不满。控诉包括几个"详情清单"：

- 全球化导致不平等日益加剧，包括剥削中产阶级，即使它不是导致这种不平等的唯一或最重要的力量。
- 全球化导致危机频繁发生，这些危机成为全球化时代的标志——由 2008 年起源于美国的危机迅速扩大成为全球性的危机。
- 全球化促成强大的跨国公司（MNC）的发展，在某些方面它们与民族国家一样强大，其中一些反过来又导致环境恶化。
- 当今全球化的知识产权规则导致药品价格上涨、获得知识的机会减少,这又对大型跨国公司比对小公司更有利。特定的跨国公司推动有关政策,在增加利润和市场支配力的同时,可能会更普遍地对社会利益造成不利影响,而且由于其巨大的权力,跨国公司通常会成功地践踏隐私权、个人拥有自己的数据的权利,甚至消费者知道自己所吃的食物是否含有转基因生物(GMOs)的权利。[3]

- 当前管理的全球化被证明对这些罪名都有责任。但我认为以后还有其他方式来管理、塑造和回应全球化,从而避免这些严重的不良影响。

尽管特朗普和其他保护主义者倡导的政策存在严重缺陷——它们很可能使那些遭受严重损失的人变得更糟,但理解为什么他们的信息有这种共鸣很重要。随着利益被夸大、成本被低估,全球化也被夸大了。增长的收益较小,失业和不平等增加的幅度较大。我们可以让全球化造福全球,但这不仅需要重写全球化规则,还需要使市场经济整体为普通公民工作。如果市场经济主要是为 1% 的人工作,全球化也将如此。

第 1 章描述了全球化在贸易中被过分吹嘘的问题,第 2 章在其他维度讲述全球化,不仅是向海外开放货物市场,还有金融市场全球一体化和跨国公司的发展。将各点连接起来,表明全球化在剥削中产阶级中的角色。该章揭示对被管理的全球化批判的大量真相。第 3 章解释了为什么特朗普和其他保护主义者提供的方法会失败。最后,第 4 章介绍了如何改善对全球化的不满情绪——我们如何重建全球化,让大多数公民受益。

| 第 1 章 |

全球化的失败

发达国家对全球化的不满显而易见。正如我在前言中提到的，社会上的大部分人觉得他们的生活并没有随之改善，而且事实也确实如此：在很多国家，比如美国，大多数人的收入甚至经历了近 25 年的停滞。在这里，我解释了全球化所扮演的角色。它不是唯一的力量，但它的确是一股强大的力量，即使没有技术变化（没有进步），也能够促使雇主用机器全球化代替非熟练工人，而且足以导致大量非熟练工人的情况变得更糟。

全球化并非仅仅是贸易，它也是关于资本、人力和思想跨越国界的流动。但是由于贸易是当前争议的焦点，而且它是如此有力地阐明了当下的问题，因此我从讨论贸易问题开始。

过分吹嘘的贸易全球化

经济学家们关于自由贸易的价值观念是如此根深蒂固，以至于任何一个表示怀疑的经济学家都将面临失去其"会员卡"的风险，且作为一名名副其实的经济学家，他的信誉也将有所损失。我的论文导师保罗·萨缪尔森（Paul Samuelson）最早的贡献之一就是为了证明贸易自由化对国家整体是有利的，即总体国民收入增加了。[1] 该观点也扩充了大卫·李嘉图（David Ricardo）关于贸易收益的早期论点，即每个国家在其具备比较优势的领域增加产量，从而产生贸易收益；当然该观点也扩充了亚当·斯密的贸易理论，即当每个国家都从事其所长时，贸易收益就会增加，以便它能进入良性循环。[2]

一个善意的谎言：贸易创造就业机会

在我提及贸易的好处时，大多数政治家都不理解，而那些理解它的人又认为它极其复杂，这就是问题所在。所以，有时在一些经济学家的帮助下，他们指出了他们所认为的善意谎言——贸易创造了就业机会。而当事实背道而驰时，他们就失去了信誉，全球化也是如此。贸易政策的目标不是增加就业，而是通过提高生产率来提高生活水平。保持充分就业的经济形势是货币政策（美国的美联储、英国的英格兰银行）[3] 和财政政策（税收和支出的设置）的责任。

如果出口正如美国贸易代表（USTR——美国"贸易部长"，他的工作是设计和销售贸易政策）所宣称的那样能够创造就业机会，那么进口就会破坏就业机会。从长远来看，贸易大体上是平衡的，也就是说，平均而言，出口随着进口的增加而扩大。发达国家出口货物使用的劳动力比进口使用的劳动力少，比如进口的纺织品和服装就需要大量劳动力，其出口的飞机等先进产品所需劳动力就较少。但这意味着，如果美国将出口和进口额同时扩大1亿美元，新的进口带来的岗位流失会超过由于新的出口创造的就业机会。

因此，如果按净值计算，贸易本身是破坏就业机会的。但如果货币政策和财政政策能起到作用，该问题便迎刃而解：经济扩张能创造新的就业机会，以弥补失去的就业岗位。新的出口行业的就业岗位工资高于同类进口竞争行业的就业岗位。贸易提高了生产率，也正是这种生产率的提高促进了生活水平的提高。

因此，标准理论认识到，低价进口贸易的开放将导致进口竞争行业的就业岗位流失；但它假设出口领域将制造新的就业机会，并使经济能够保持充分就业。[4]但事实并非总是如此。

真实的故事：比承诺更小的利益

低增长，失业增加

全球化被视为导致失业的事实可能是反全球化最重要的缘由。显而易见，这是错误的。有时，工作流失速度超过了就业创造速度，在这种情况下，全球化就会与失业水平上升联系在一起。让从事纺织业或服装业等低收入的人群失业会降低GDP，这不利于经济增长。失业问题在已有的高失业率上显得尤为突出。

正如我在本书中指出的那样，在发展中国家，情况往往如此，但在像美国这样的发达国家，也同样如此。当货币政策和财政政策没有发挥应有的作用时，就业机会就会很稀缺。当经济陷入衰退时，这种情况就会发生，但通常情况下衰退是暂时的，那些在经济衰退中失业的人在经济复苏中得到新的工作（尽管薪水通常较低）。但是，一些欧洲国家长期以来一直饱受失业率居高不下的困扰。

2008年全球金融危机后的经济大萧条在欧洲逐步演变为欧元危机，无论从效率来看还是从稳定性来看，它都削弱了人们对市场的信心。这场危机发生的时候，大西洋两岸的国家都在为制造业岗位的流失而苦苦挣扎。危机加剧了这个问题：大量失业。这场危机的缓慢复苏意味着，例如，美国对中国加入WTO后从中国进口激增而引起的就业岗位流失问题尤其敏感。[5]不仅是与这些进口商品竞争的行业中的就业岗位有所流失，而且随着这种情况的发生，社区中的工作岗位也受到影响，因为房价下跌，对非贸易商品和服务的需求（比如理发、餐馆膳食、汽车维修、法律服务，这些都是在当地购买的）[6]也减少了。随着房地产价格的下跌，以房地产作为抵押贷款的小型企业受到了冲击。这些社区的银行也受到冲击，他们的应对方式就是削减贷款，这就造成了恶性循环。

风险增加

全球化的提倡者也忽略了全球化的其他问题。这些"错误"大部分都是使用过度简化的经济模型来指导政策的结果。例如,过度简化的模型假设市场运作良好,失业问题从来没有出现过。因此,他们忽略了反全球化的一个重要原因。与教科书的演绎不同,过度简化的模型导致一些经济学家忽视了许多市场问题,而前者却在假设完全信息与完全竞争。在这些虚构的世界里,市场运转得如此之好,以至于政府根本没有理由干预经济。例如,既没有泡沫也没有衰退。但很显然,将任何严肃的政策分析建立在假设偏离现实的模型上都是荒谬的。[7]

2008年的金融危机引发了一系列问题,即全球化如何增加企业和个人面临的风险。事实上,发展中国家面临的大部分宏观经济风险来自国外,比如出口价格突然下降,进口价格突然上涨,或全球利率突然上升。更糟糕的是,个人和企业无法为这些风险提供保险,社会也无法分担风险。这些缺点具有深远的影响。当消费者不得不承担由此带来的风险时,他们的境况会变得更糟糕。工人们也可能面临更大的不安全感。而没有保险保护的公司,可能会将生产转移至平均回报和生产率更低的更安全的生产活动。其结果是,在不完美的风险市场中,所有人都可能因全球化而变得更糟糕。[8]

一个特定的风险将关系到国家的能源安全。热心的全球化支持者在二战后的时代假装声称国界并不重要,正是因为它们不重要,各国不应该介意在能源上依赖他国(食物或其他必需品)。但边界确实很重要,对于那些已经忘记的人来说,特朗普已经非常明确地进行了提醒。

墨西哥曾严重依赖美国的天然气。美国、加拿大和墨西哥三国签署的北美自由贸易协定(NAFTA)保证了墨西哥天然气跨越边境的自由流通。但特朗普以其非理性的立场来反对墨西哥,他计划建造一座造价昂贵的壁垒,一些墨西哥人担心他会采取一些措施来切断天然气的供应;至少这可能是一个重要的讨价还价的筹码,因为他试图迫使墨西哥为他构思不良的壁垒付出代价。

德国也认为，随着柏林墙的倒塌，与东部的边界并不重要。因此，它严重依赖俄罗斯的天然气，以经济和政治后果为代价的依赖。如果俄罗斯突然关闭天然气，可能对德国经济造成灾难性的影响。这种情况并不只是一种遥远的可能性，也不是经济学家的噩梦。俄罗斯在 2014 年就曾切断了对乌克兰的天然气供应。德国可能会认为这样做不符合俄罗斯的经济利益，但俄罗斯（以及其领导人弗拉基米尔·普京（Vladimir Putin））可能还有其他担忧。当然，经济学家的假设是，人类总是且到处都是理性的，这显然是错误的。

市场不恰当地来"定价"天然气供应中断的社会成本，因此，为寻找最便宜的能源，德国公司考虑转向俄罗斯。对风险定价的失败是市场失灵的一个例子，短期内后果严重，但从长远来看，给全球变暖的风险"定价"失败也会带来同样的后果。[9]

不完全竞争

标准模型还假设了完全竞争，认为所有公司都力量微弱，但事实上许多交易都是由比许多国家更大的企业巨头进行的，而且它们往往具有明显的市场力量。沃尔玛可能会利用其在中国的市场力量来压低生产者价格，然后，当它进入印度或南非等其他国家时，利用这种市场力量的好处是它可以通过低价收购商品有效地驱逐小型生产商。[10] 在不完全竞争的情况下，关于明确贸易需求的标准结果并不成立。[11] 然而，政策分析人士倾向于忽视这些影响，担心这会打开潘多拉的特殊利益索赔盒。[12]

动态比较优势

也许全球化支持者所犯的最大错误就是他们对长期的关注太少（对于我们经济中的大多数公司来说也是如此）。他们不禁质疑，当下经济的比较优势是什么？中国的廉价劳动力意味着它在劳动密集型制造业中具有相对优势。因此，公司将生产从美国转移到中国。

在过去，这种转变是缓慢发生的。中国根本不具备最初的技术能力：劳动力可能很便宜，但不足以弥补技术差距。但中国邀请了美国公司，这些公司能够将它们的先进技术与中国的廉价但却训练有素和纪律严明的劳动力结合在一起。当然，通过进入中国潜在的巨大市场，在中国设立商店的外国公司将更加具有吸引力。

接下来发生的事情改变了全球化的进程：中国和东亚其他国家学到了技术，而且学得很快。随之而来的是他们提高了自己的技术能力，这意味着即使他们的工资开始上涨，他们在劳动密集型产业方面仍然具有比较优势。

在制造业和其他经济领域，企业通过实际生产来学习如何提高生产率。但也相应地产生了关于该命题令人排斥的逆向说法：如果企业不生产，它们就会迅速落后。当美国将保温杯的生产转移到中国时，中国的技术工人学会了如何以更低的成本生产出更好的保温杯。因此，当美国停止生产时，它就会迅速落后。

从本质上讲，全球化的倡导者忘记了"溢出效应"：在一家公司习得的方法会蔓延到该地区的另一家公司。[13] 这些溢出效应还有助于解释"集群"，即当今硅谷的高新技术密集型企业或者在20世纪初期俄亥俄州和密歇根州的新兴制造企业。

历史证明一切：二三十年后，在生产转移到中国之后，再将制造业带回美国或欧洲将不仅仅是口头之言。总的来说，美国确实拥有高水平的技术和熟练的工人，而在许多具体的领域，我们既没有技术也缺乏娴熟的技术人员。当然，美国和欧洲也可以学习，他们可以培训一批新的工人。但这需要齐心协力而非任何一家公司力所能及。更可能的是，如果生产回归，它将基于新的和不同的技术，特别是机器人的使用。这些是发达国家可能具有比较优势的领域。但问题的关键在于，利用新技术使生产回归并不会使旧的制造业就业岗位复苏；事实上，它不太可能创造更多的就业机会，而被创造的就业岗位将主要集中于高科技领域，以及在不同领域工作岗位流失的地方。这并不意味着发达国家放弃试图恢复制造业的就业机会，只是他们应该对结果的期望更现实一些。[14] 把制造业的就业机会带回美国，不可能是任何"让美国再次伟大"[15] 议程的核心，甚至不能成为恢复共同繁荣的民族主义议程。

汇率的影响：货币操纵还是市场力量

改变竞争优势的一个关键因素是汇率，它决定了一种货币对另一种货币的相对价值。相对于人民币而言，美元相对较高的价值使美国企业在与中国企业竞争时显得尤为困难。因此，中国的商品在美国可以卖得很便宜。

有几个因素导致美元的高估。第一，也是最重要的，是美国的宏观经济。从里根和 1981 年的减税开始，美国就出现了巨额财政赤字，也就是说，政府支出超过收入而且这并没有被国内私人储蓄的增加所抵消。[16] 因此，为了弥补赤字的增加，美国不得不向国外借款，也就是说，有大量资金流入美国，以弥补美国在投资和国民储蓄总额之间的不足。但资本流入的另一面就是贸易差额——进口超过出口。

这是国际宏观经济学的一个基本原理：经常账户赤字（不仅包括货物进出口的差额，而且还包括服务进出口的差额[17]）等于国内投资和储蓄的差额。我将在这一章反复提及。尽管经济学家在很多问题上争议不断，但他们普遍承认这个基本原理。

在 1/3 世纪的时间里以及现代全球化的整个时期，美国宏观经济政策创造并维持了巨额贸易逆差和强势美元。[18] 美元走强让美国制造业失去了竞争力，尤其是在先进技术可以向中国自由流动的情况下。[19]

第二，中国通过管理汇率将其保持在略低于其应有的水平上，从而扩大了出口，为其迅速增长的人口提供了就业机会，使中国能够迅速实现工业化并且提高了人民的生活水平。实际上，所有国家都致力于实行影响汇率的政策。当美国为了应对大衰退而降低利率时，它帮助美国经济的主要途径之一就是形成了更低的汇率、增加出口和减少进口。这是一种以邻为壑的政策，以欧洲为代价帮助美国实现经济复苏。[20] 具有讽刺意味的是，当特朗普开始指责中国操纵汇率时，中国已经采取了相反的做法，实际上是干预提高汇率，让人民币升值，以应对从 2014～2017 年年初资金的流出，事实上中国损失了大约 1 万亿美元的外汇储备[21]，这使得汇率走势极低。[22]

在任何一个国家，汇率都不只是市场运行的结果。决定一国汇率变动的最重要因素是中央银行设定的利率，而不是市场。美国已经在世界各地试图说服各国政府，要它们不要干预汇率，而应由市场力量来决定汇率。实际上，这意味着它应该由美联储（美国的中央银行）来决定，而不是由它们自己的中央银行来决定。

一些基本的贸易原则

但最重要的一点是，任何一个国家的汇率，即使是中国的汇率，对美国整体贸易逆差的影响都很小。总体贸易逆差是由国内储蓄和投资的平衡决定的，而这几乎不受任何特定国家汇率的影响。人民币的价值影响着双边贸易逆差——中国的进出口差额。但这本身无关紧要。如果美国从中国进口的服装或鞋减少（因为人民币升值），它将从其他发展中国家进口更多，比如孟加拉国或越南；它不会在自己的边界内生产更多的东西。

双边贸易赤字只是物物交换的经济问题。货币之所以是如此重要的发明，是因为它避免了物物交换，它允许多边交换。我们从中国买的东西比卖的多。但中国可能会从澳大利亚买的比卖给澳大利亚的多。澳大利亚从美国买的可能比卖给美国的更多。如果这3个贸易账户中的每一个都必须单独平衡的话，我们的处境将会更加糟糕。

也许有些人认为，因为美国在任何方面比其他国家都要好，就只应该出口：根据定义，在这个逻辑中，如果有人在削弱美国公司的力量，他们一定是在玩不公平的游戏。这就是亚当·斯密在两百多年前就已经提出的重商主义理论。一个国家的公民受益于消费，享受劳动成果。他们只向其他国家出售它生产的东西是没有意义的。我们的出口是为了进口。一个国家出口其擅长生产的商品，进口它相对不擅长生产的商品。相对来说，在某件事上做得比较差并不需要自责，这只是意味着别人可以做得更好一点。这不是一个"不公平的游戏"。我们不需要出口或阻止进口，以保持充分就业。正如我们之前所强调的，保持经济充分就业的任务是货币当局（美国联邦储备委员会）和财政政策的责任。这不是贸易政策的责任。

着手廉价劳动力问题和低劳资环境标准

同样的谬论也出现在对贸易伙伴低工资的抱怨上。美国如何竞争？当然，在竞争激烈的市场中，工资低的原因是生产率低，这就导致了生活水平的降低。很不幸的是，工资和生产力都很低，但这并不是不公平的。这些低工资的经济体也可能会抱怨，他们怎么能和美国的技术竞争呢？或者是一个联邦储备利率接近于零的经济体？比较优势理论描述的是，当各国在做不同的事情时，其相对生产力存在差异的情况下，贸易带来的好处：我们生产飞机的效率相对较高，我们的贸易伙伴在制造服装方面相对更有效率。[23] 我们贸易伙伴的生产率可能会很低，因此工资也会低得多。很明显，在与穷国进行贸易的情况下，在相对生产率方面明显存在巨大的差异，因此贸易带来了巨大的收益。

这种比较优势原则同样适用于不同国家决定如何花费它们所得的任何收入，或者它们如何组织经济的各个部分。例如，它们可以花更多的钱在预防性医疗上（就像我们的欧洲贸易伙伴所做的那样），这样在急救室治疗上就花费少了。[24]

然而，在一些重要的情况下也存在巨大的市场扭曲，这意味着观察到的贸易模式可能不符合潜在的比较优势。最明显的是，政府可以向企业提供补贴。这听起来很简单，实际上，除了直接补贴外，它相当复杂。一些人抱怨说，当一个国家（如美国）将利率设定为零利率，或者把银行的利率降下来，这样他们实际上就可以向他们的客户收取较低的利率，这是一种补贴。

因此，当企业对环境造成损害时，也会产生真实的社会成本，而不向公司征收它应征收的费用实际上是一种补贴。为应对气候变化，2015年《巴黎协定》要求各国减少温室气体排放。许多国家将通过对碳排放征收费用来履行它们的承诺。这种排放存在巨大的社会成本——气候变化带来的成本。不收取这些费用就像可以让企业免费获得劳动力一样，也是一项补贴。许多国家担心，如果某些国家（如美国）拒绝征收这样的费用，它会扭曲贸易模式。美国可能会生产一种排放密集型的好产品，比如钢铁，不是因为它的效率更高，而是因为隐性补贴。由于缺乏环境法规或温室气体排放的费用而产生的贸易优势是"不公平的"，或者至少是扭曲的。

我也注意到，竞争的不完美性会导致扭曲的贸易模式，尤其令人担忧的是劳动力市场的市场力量。在劳动力市场，企业可以利用市场力量向员工提供不合格的工作条件来剥削他们。

过去 1/4 个世纪的贸易协定包括了一些旨在处理这些扭曲的条款。当一个国家提供补贴时，其贸易伙伴可以征收"反补贴税"来抵消其影响。一些人认为，这一规定延伸到隐性补贴，比如不征收环境损害费用，包括不征收碳价税。[25] 最近的协定还包括有关劳工和环境标准的规定，尽管有证据表明，即便是有限的条件也常常得不到有效的执行。[26]

然而，重要的是要认识到，大多数双边贸易赤字与这些扭曲几乎没有任何关系。因此，美国对荷兰仍有贸易顺差（2016 年约为 240 亿美元）。但这并不意味着美国对荷兰采取了一些不公平的贸易政策，这种不平衡不能归咎于美国的劳工法或环境法比荷兰更糟糕。

回到基本的宏观经济基础上也很重要：这些对整体贸易赤字都不重要，这是国内储蓄与投资失衡的问题。

赢家和输家：贸易的分配后果

一些对全球化的不满源于这样的事实，那就是它没有实现其承诺的就业或增长。更明显的是，就业岗位被摧毁。全球化时代的增长速度远远落后于几十年前。但真正的不满源于这样一个事实：许多人实际上是由于全球化而变得生活窘迫。公司获得了超过 100% 的收益，所有的增长，还有一些已经属于其他人的经济蛋糕使得全球化对他们更有吸引力，但对社会其他人的吸引力却小得多。

事实上，诚实的学者总是指出全球化中会有赢家和输家。当全球化运行良好时，为全球化而争论的标准理论就会消失，赢家能获得足够的利益从而能够去补偿输家，这样每个人的生活都会变得更好。但该理论认为，他们可以补偿输家，而不是他们愿意补偿输家。但通常他们并没有去补偿输家。而且因为他们没有，很多人甚至是大多数公民的生活可能会变得更糟糕。这些都是令人不快的事实，在全球化的鼎盛时期没有得到广泛的解释，当时的倡导者似乎声称每个人都会是赢家。

在完全自由的贸易和运转良好的市场中，世界各地的非熟练工人将得到同样的工资[27]——向自由贸易的方向发展，导致发达国家的非熟练工人工资下降。[28] 理由很简单：货物贸易是生产要素流动的替代品，是非熟练和熟练的劳动力和资本生产货物。如果美国从中国进口更多的非熟练劳动密集型产品，那么在美国生产这些货物的需求就会减少，这就降低了美国对非熟练劳动力的需求，从而降低了非熟练劳动力的工资水平。

全球化的倡导者从来没有强调过这些见解，实际上从未提到过。这是故意的欺骗、无知，还是因为许多政客，甚至是民主党人，继续相信涓滴经济学？自从肯尼迪总统宣称"水涨船高"[29]以来，涓滴经济学的观点一直就没有理论或证据支持。20世纪的最后1/4个世纪只是提供了更多反对这个观点的证据。[30]

较弱的议价能力

工人的工资由于另一种能力的降低而降低：他们的议价能力削弱了。当然，这已经被对工会的打击以及始于美国里根总统和英国玛格丽特·撒切尔首相的劳工立法变化严重地削弱了。[31] 但现在公司有了另一个工具。他们可能会威胁将工厂转移到其他地方，比如中国或墨西哥，那里的劳动力成本较低。然后，贸易协定赋予了他们将货物带回美国的权利。以墨西哥为例，没有关税，而中国也通常是非常低的关税。工人们被迫接受更低的工资和更糟糕的工作条件。工会没有办法阻止这种工作的外包和工资的降低，他们的权力因此变小了，他们的会员也减少了，这就陷入了恶性循环。

然后，没有人站出来为针对美国劳动人民所发生的事情大声疾呼。

这曾经也是民主党的作用。但随着选举成本的增加（2016 年选举中，每一个政党不得不花费大约 10 亿美元），民主党不得不越来越向其资金来源靠近——银行家和硅谷的新技术企业家，并且越来越远离他们的传统基础。甚至当我为克林顿政府服务时，当我或 Robert Reich（劳工部长）公然反对税收体系的递减（非常富有的人比那些不是很富裕的人实际支付的比例小得多）或毫无根据的补贴我们的银行和企业时，我们嘲笑地称这一切是为了公司的福利，我们被认为是在煽动阶级斗争。[32]

当然，许多政客根本不在乎涓滴经济学是否奏效：只要他们的选民或者支持他们政治事业的人足够多，认为他们过得很好，这才是最重要的。只有前 1% 的人过得很好。

鉴于此，我们的政客不愿考虑他们的政策对普通美国人的影响；他们不想听到那些经济学家的警告，即美国和欧洲的中产阶级将面临巨大的潜在后果。[33] 他们只听他们想听的。

管理贸易下的利益平衡

20 世纪末和 21 世纪初出现的全球化并非以"自由贸易"为基础，而是以有管理的贸易为基础，为美国和其他发达国家的特殊公司利益而管理，在这些利益之间取得平衡，尽管这些协定很少考虑到其他人的利益——无论是发达国家的还是其他国家的工人。

公共政策学院的学生牢记的教训之一是，新的法律应该有一个与实际情况相反的名称。因此，自由贸易协定实际上不是关于自由贸易的。如果是自由贸易，它将是短短的几页——每个国家都放弃了它的关税、非关税壁垒和补贴。最新的贸易协定《跨太平洋伙伴关系协定》（见前言）长达 6000 多页。有一次一位南美总统问我，他是否应该与美国签署一项所谓的自由贸易协定。我建议他提出一个真正的自由贸易协定：如果他这样做，几乎可以肯定，美国会拒绝。例如，美国向来会拒绝取消农业补贴。[34]

要想看到这些"有管理的贸易"协定代表了发达国家特殊利益的平

衡，可以想象国会对其他规则的反应。正如我已经指出的那样，几乎无法想象国会会支持一个真正的自由贸易协定，取消明显的农业补贴和对化石燃料更为隐蔽的补贴（其中一些隐藏在税收制度中）。1994年完成的乌拉圭回合贸易谈判中，美国要求并在取消对纺织品的保护方面拖延了10年。考虑到企业部门的短视，10年是无限的。当然，10年期满后，该行业希望延长其保护期。

技术还是全球化

全球化的拥护者认为，全球化只是造成日益加剧的不平等和非熟练工人收入下降的几种力量之一。人们没有公正地把它当作是造成不平等的唯一或主要因素来看待。[35] 技术变革更为重要——技术的进步已经使锈带的工作变得过时，并减少了对非熟练工人的需求。市场经济中，降低工资是必然结果。

制造业中的大部分失业实际上是由技术造成的。即使没有全球化，制造业生产率的提高远远超过了需求的增长，也会导致制造业工作岗位的大量减少。根据一些估算，我们可以用这种方法解释美国制造业65%～80%的失业情况。[36]

同样，特朗普在煤炭开采领域失去了很多工作机会，这一次是指责监管规定。但真正的原因很简单：技术的进步导致天然气供应的大量增加，使得煤炭缺乏竞争力。美国向欧洲出口煤炭，压低了那里的煤炭价格和产量。如果欧洲人有美国人所认为的那种"保护主义"心态，他们当然会阻止美国煤炭出口（像大多数保护主义者一样，特朗普几乎不会想到如果每个人都像他那样行动会发生什么。）[37]

因为某些政客将全球化视为恶棍，导致部分但只是部分普通公民对技术进步和全球化的看法各不相同。反对技术变革是老生常谈。没有人想被贴上那个标签。此外，对于个人来说，很难想象他们会采取什么行动来阻止技术进步，不存在像19世纪的勒德分子运动那样采取粉碎机器的激进行动。

此外，乐观的美国人和其他发达国家的工人认为，他们能够对技术进步做出反应。他们把它看作是生活水平的提高，这与他们喜欢新产品之间具有明显的联系。此外，拥抱进步是美国身份的一部分。创新和适应的能力是这个国家成功的一部分。其他国家的许多人也有类似的感觉。

然而，全球化是由国内外的政治家塑造的。因此，我们很容易就能想出一个办法来阻止进口：实施贸易限制。那些"其他国家"从事的是不公平竞争。在我担任经济顾问委员会主席时，我经常听到商界人士的申辩，他们坚决赞成竞争，反对补贴他人。但在他们解释当时和他们所在行业的竞争是如何不公平和具有破坏性的时候，他们声称政府的一些帮助（有时是以补贴的形式，常常是通过保护他们免受国外"不公平"竞争的影响）将会带来巨大的好处，不是对他们个人，而是对他们的工人和社区。当那些看起来比自己更具有竞争力的人是外国人时，他们说他们从事不正当竞争的理由是不可抗拒的：另一种说法是认为根本就是违规的。

简而言之，人们认为，至少他们的一些痛苦是由于全球化造成的——我们的政治制度塑造了全球化的方式。他们觉得他们不必忍受它，他们也不应该忍受它。

此外，不管是不是真的，对于那些收入停滞不前的中产阶级来说，说他们的痛苦只有一部分是全球化造成的，或者说中产阶级的衰落大部分都是由技术变革造成的，这对他们来说不算什么安慰，只会增强他们尽其所能来维持他们生活水平的决心。

有些政客愿意表达他们的愤怒，告诉其他人他们想听到什么：美国能够而且应该利用其经济力量；靠自己的力量，加上保护主义，美国会比现在更加强大。他们的工作会得到恢复，他们的工资会恢复到多年来所没有的高水平。这就是承诺，第3章表明这些承诺将不可避免地被打破。

一个思想实验

简而言之，即使全球化只是中产阶级衰落的一部分原因，如果公民认为这是他们可以做的事情，就会自然地采取行动。这也许不能"解决"

他们的问题，但可以使事情变得更好。

事实上，技术和全球化是不可分割地联系在一起的。没有通信和运输的进步，就不可能实现我们今天的全球化，我们的外包也不可能达到今天的这种程度。

尽管如此，进行一次思想实验还是很有启发性的。如果技术没有变化，那么会发生什么，但全球化已经迅速地向前发展，取消了对货物、服务和企业流动的障碍。我已经提到的标准理论给出了一个明确的答案。非熟练工人的工资会直线下降，向新兴市场的水平趋同。当然，市场永远不会像经济学家的模型那样完美运转，所以下跌不会是瞬间发生的。然而，相信市场和全球化的所有人当中没有一个人能够提供一个令人信服的理由来解释为什么这些工资不会下降。[38]

贸易协定的作用

对全球化的不满集中在像《北美自由贸易协定》这样的贸易协定上。特朗普尽其所能地利用对全球化的不满，称《北美自由贸易协定》是"有史以来最糟糕的协定"，指责美国的贸易谈判代表，尽管该协定是由他自己政党的前总统布什谈判达成的。[39]在谈判中，墨西哥将关税平均下调10个百分点，美国只被允许保留4个百分点的玉米补贴，在某些情况下，这确实损害了墨西哥最贫穷的农民，也就是玉米种植者的利益。美国的玉米种植者从华盛顿而不是土壤中获得相当大的收入。墨西哥农民也许能够与美国农民竞争，但与华盛顿竞争是很难的，他们无法与这种补贴相抗衡。[40]

今天，美国和墨西哥的经济相互交织。尽管美国在工厂迁往墨西哥时失去了一些工作机会，但也创造了新的工作机会；新的与出口有关的工作通常比失去的工作报酬高。据估计，美国有500万~600万个工作岗位依赖于对墨西哥的出口。[41]

尽管美国对墨西哥的贸易逆差（美国对墨西哥的出口与进口之间的差距）很大，在2016年是630亿美元，但是与对中国的贸易逆差（3470

亿美元）相比还是比较小的，与对德国的贸易逆差（650 亿美元）大致相同。[42] 德国还没有像墨西哥那样经历过特朗普的愤怒，这个事实从未得到充分的解释。

无论如何，正如我已经解释过的，我们不应该关注两个国家之间的赤字或盈余，而应该将重点放在多边贸易赤字上。美国对墨西哥有贸易逆差，但如果包括服务，则对加拿大是贸易顺差。[43] 出售教育、健康或旅游服务就像出售汽车一样能创造就业机会。特朗普政府中的一些人似乎迷恋销售货物而不是服务。这样做没有经济基础。美国对加拿大有盈余，并不表示美国一直与加拿大有"不公平的贸易"，或者说《北美自由贸易协定》是不公平的。

主权丧失了吗

贸易协定的确意味着一个国家放弃某些权利——自由贸易协定意味着该国放弃征收关税的权利。但这是一种对等的行为：另一个国家也达成了类似的协定。通过这种互惠关系，这种轻微的主权损失所带来的好处相对于成本来说可能是巨大的。这就意味着，当一方或另一方对协定有争议时，双方同意尊重争端解决机制的结果。世界上还远远没有一个国际政府，但这些都是建立国际法治的一小步。如果没有这样一种国际法治，就会出现弱肉强食的情况。[44]

经济学家们早就注意到法治对经济增长和效率的重要性——没有一点法治，现代市场经济将不复存在。[45] 随着世界全球化的日益深入，必须建立国际法治。到目前为止，我们做得还远远不够。但我们的国际贸易协定是朝着正确的方向迈出了第一步。这对小国来说尤其重要。美国、欧盟和中国或许能够抨击它，因为每个国家都在努力为本国的出口商做得更好，但却不允许进口。世界的其他地区（约占全球 GDP 的 38%）将尤其受到连带损害。有趣的是，随着特朗普宣布美国从全球化和全球法治中退出，中国已经成为它的捍卫者。[46] 中国完全有理由这样做：没有全球化，中国就不可能取得显著的增长。它明确表示将捍卫一个基于规则的体系，这对发展中国家和新兴市场非常重要。尽管特朗普对这种谈判非常热爱，这也不仅仅是为了达成对自己有利的交易。

1995年成立的世界贸易组织在建立一个以规则为基础的全球制度发展的方向上迈出了关键的一步。它不仅规定了一系列原则，包括最惠国待遇原则，确保各国不相互歧视，[47]而且还规定了一个解决争端的国际法庭。它的执行机制是有限的。例如，如果一个国家违反了它的义务，例如，如果美国对中国征收45%的关税，那么受害国就可以对这个违法的国家征收同等数额的关税。当然，违约国可以选择继续征收关税，但会有后果。迄今为止，该系统已被证明非常有效。例如，它阻止或至少是限制了贸易战。在2008年危机后，人们相当担心，各国会试图通过以邻为壑的政策，将需求从进口转向本国经济，就像在大萧条时期发生的那样。[48]但这并没有发生，世界贸易组织通常会得到肯定。

特朗普已经宣布，他打算颠覆这一体制，而且他不会尊重不利的裁决。如果他照他说的做，美国将付出很大的代价。如果它引发贸易战，整个世界都将付出高昂的代价。

其他的目标

贸易协定和其他经济协定都是关于贸易的，但它们也涉及其他目标。它们往往是一种外交政策的工具，试图把各国联系在一起。当美国在2000年与约旦签署自由贸易协定时，没有人认为这将对美国的增长产生任何重大影响。目的在于它能帮助美国在中东最亲密的盟友之一。当奥巴马支持《跨太平洋伙伴关系协定》时，他经常基于扩大美国在亚洲的影响力而这样做。他在2015年1月20日的国情咨文演讲中说，"但就在我们发言的时候，中国希望为这个世界上发展最快的地区制定规则。这将使我们的工人和我们的企业处于不利地位。为什么我们要让这种情况发生？我们应该制定这些规则。"尽管他谈到《跨太平洋伙伴关系协定》对美国经济的影响，但很明显，他认为《跨太平洋伙伴关系协定》是提升美国在亚洲和太平洋地区（相对于中国）政治利益的一个工具。[49]但在暗示美国将起草规则时，他没有说明在美国国内谁会这样做。在美国贸易代表办公室采用的秘密程序中，实际上是公司坐在谈判桌前的，而不是那些关心健康或环境的普通公民或民间社会团体。因此,出现的协定符合企业的利益,对整个美国经济的好处可以忽略不计,这也就不足为奇了。[50]

贸易协定中这些与贸易无关的目标往往与更传统的目标一致。《北美自由贸易协定》旨在增加墨西哥和美国的收入;附加的好处之一是,墨西哥的高收入将减少移民压力。正如我所指出的那样,尽管《北美自由贸易协定》在墨西哥移民问题上可能只起了很小的作用,但这种情况实际上已经发生。[51]

另一方面,如果贸易协定设计得不好,可能会适得其反。因此,2004年美国与摩洛哥达成的协定,再次旨在帮助中东和北非的一个较发达的国家,实际上产生了不利的影响:协定中对获得非专利药品的限制,对艾滋病患者如此重要,在摩洛哥引起了大规模的抗议。

新贸易协定:一场彻底的规章制度竞赛

全球化和我写 *GAID* 时一样,管理不善,脾气暴躁,从那时起在许多方面变得更加糟糕。直到21世纪,贸易协定使一个国家在一个部门的生产者与另一个部门的生产者相互竞争;该协定将要求降低一个国家一种货物的关税,以换取降低另一个国家另一种货物的关税。消费者无疑是赢家。但过去15年的新贸易协定并非如此。由于关税很低,贸易协定的重点一直放在规章制度上。现在,一个国家的生产商说,如果政府只取消一些规定,例如有关污染物排放或安全的规定,他们可以在另一个国家销售更多的产品。两国的生产者可以很容易地达成一致:让我们摆脱我们两国的规定;贸易部长们(就美国而言,即美国的贸易谈判代表)也会很快同意这一点——这些部委通常被生产商的利益所"俘虏"。但是,当关税和价格降低时,两国的消费者都获利了,在这种情况下,两国的公民都因重要的保护性法规的削弱而蒙受损失,但企业却因此获利。在追求他们自己、企业所希望的那种世界方面,国际贸易成为他们的盟友,但他们却无法得到这样的世界。因为在国内并且在每个国家的立法机关中,社会都在权衡这些规则的成本和收益。最近的贸易协定(回到

《北美自由贸易协定》）中的规定旨在使新的规章很难（如果不是不可能的话）实施，无论有什么样的社会效益。[52]

由于只有生产商参与国际"讨价还价"的谈判，因此只考虑了法规的成本。奥巴马政府倡导的《跨太平洋伙伴关系协定》，后来在他的最初行动中被特朗普阻止，就是一个很好的例子。奥巴马称赞该协定是有史以来最大的贸易协定，涵盖全球 GDP 的 40% 和全球贸易的 1/3，涉及环太平洋地区的 12 个国家。然而，它的经济影响是由政府自己估计的，经过 15 年的充分实施，达到了 GDP 的 0.15%，也就是说，其增长的影响是微不足道的。[53] 其他一些比较独立的研究认为，即使是这么少的数字也是一种严重的夸张。[54]（这并没有阻止奥巴马和《跨太平洋伙伴关系协定》的其他支持者用语言来宣传它，这将是就业和经济增长的一大福音。）但真正的目标可能是外交政策：美国和中国的角色。

这些公司对他们的要求提供了一个站不住脚的理由。他们说，协调的规制很重要，不同的规制与贸易的非关税壁垒一样。但事实上，他们想要的并不是协调本身，而是消除或者至少是削弱规制。在大多数行业，我们根本不需要对规制进行充分的协调。事实上，美国不同的州就有不同的法规。在欧洲，制定规制的责任应该分配给尽可能低级别的政府——离人民最近的级别，这被称为权力下放原则。[55]

例如，不需要制定规制来确定冰淇淋中重奶油的百分比。如果不同的国家希望对此加以规范，那就应该由它们来决定。当然，消费者应该有权知道他们所购买的产品的百分比。因此，在这种情况下，重要的是对信息的规制。

不同的国家可能会对不同的成本和收益进行不同的权衡。一些国家可能并不在意他们的公民在一次事故中被玻璃碎片扎伤；美国人可能会觉得这特别令人不快，因此制定了规制，要求防碎挡风玻璃。就像汽车可以用不同的颜色来分类一样，它们也可以用不同种类的挡风玻璃来分类。由于缺乏协调而产生的额外成本微不足道。

我们应该要求实现使全球系统发挥作用所需的最低程度的协调，而不是要求达到使公司利润最大化的最低程度的规制。

虽然最近的贸易协定旨在降低对未来规制的期望，并在可能的情况下，以协调为幌子设计规制的恢复，但有一个更广泛、更令人反感的议程：开发一个全球化的体系，使各国能够以各种方式相互竞争，以吸引业务（降低工资、加强规制和减少税收）。当然，公司喜欢这种竞争。全球化已成为一场彻底的竞赛，在这场竞赛中，公司是唯一的赢家，发达国家和发展中国家的其他社会成员都是输家。

但公司并不是在真空中运营的。它们有股东和高管，尽其所能，它们也无法将自己与正在发生的事情隔离开来。如果我们的环境受到污染，气候变化加剧，他们也会受到影响，尽管影响可能没有社会中其他成员那样严重，因为富人通常更有能力找到办法，将自己与问题隔离。如果我们的民主和社会受到民粹主义极端分子的破坏，就像现在这样，甚至连他们、他们的家人、他们的子孙后代都会受到影响。

| 第 2 章 |

全球化的多重维度

  贸易全球化是有问题的，但其他影响资本、人力和知识跨国界流动的全球化形式也同样令人怀疑。在这些领域，支持全球化的论点都很简单：比如自由资本市场将确保资本流向最有效率的地方。但通常，放开资本市场不会导致更高的产出和更快的增长。相反，如果管理不善，它可能造成更大的不稳定和更严重的不平等。

  在对待金融全球化的问题上，美国和其他发达国家一样都很虚伪：即使美国政府一直向其他国家宣传金融全球化的好处，说服它们对美国的大银行开放，哪怕对当地银行存在明显的竞争优势，但直到1994年，美国才允许美国的银行在任何地方随意开设分行。[1]

  在所有这些领域，对全球化的批评与对贸易全球化的批评都是平行的，包括发达国家的获益是以发展中国家和新兴国家利益损失为代价的。原版 GAID 在很大程度上从发展中国家的角度讨论了这些问题。然而，《全球化逆潮》的这一部分是关于全球化新的不满——像美国这样的发达国家对全球化的不满。但这里的论点也是平行的：全球化的倡导者高估了收益，低估了成本，并且很少关注全球化对人们的影响，公司获得了不成比例的收益份额，而普通公民承担了不成比例的成本，以至于很多人在某些情况下甚至大多数情况下的生活境遇变得更加糟糕。

在接下来的部分，我们将描述投资和思想等其他领域的不平衡和全球化管理不善如何造成对全球化新的不满。

投资

一些相同的原则管理着与贸易相关的投资。

外商直接投资

比如，一家美国公司在中国的投资被称为外商直接投资。不同的公司有不同的能力。如果一家美国公司在制造土方设备方面具有相对优势，那么它不仅能够在美国，还能在其他地方做到这一点。同样，如果一家外国公司在制造某种电子设备方面具有比较优势，它在其他国家也应该能够同样做到。

作为这些能力基础的知识越来越多地由公司创造并在公司内部持有，无论公司在哪里运营，它都能在公司内部自由流动。[2] 因此，允许公司跨境投资是允许知识跨越国界移动的一部分。

破坏法律规则

特朗普强有力地说明了对通过政府干预影响跨境投资考虑不足的危险。美国公司应该被迫在美国投资吗？当然，他正试图这样做——以不合适的呼吁或者政府合约损失威胁的方式。这令人深感不安，因为这意味着对法律规则的废除，正如我刚才指出的那样，这是我们民主基础的一部分，对经济增长和福祉至关重要。

当一个政府认为个人或公司正在做的事情伤害到其他人时，当需要企业或个人做出不同的事情时，它就会产生激励，比如通过税收体系去做它所想做的事而不做它不想做的事；通过法规以禁止反社会的行为。但招惹个别公司是专制者和煽动者的方式。

外溢性

有人可能会说，国家受益于其他国家对该国的投资。在运行良好的市场经济中，激励企业这样做是为了追求利润，而且私人和社会投资的回报应该是一致的。这就是亚当·斯密和他的"看不见的手原理"的基本观点，即企业在追求自身利益的情况下，做出符合社会利益的事情。

然而，在过去1/3个世纪里，我们了解到亚当·斯密常常是错误的，即使许多保守派似乎以回归到18世纪亚当·斯密写这本书的时候的角度去了解。[3] 例如，当企业产生污染时，私人利润将会超过社会回报。当失业率很高时——证据本身证明市场并非以其应该的方式工作，社会对就业创造投资的回报超过了私人的回报。在这种情况下，政府应进一步鼓励投资，比如通过投资税收抵免的方式——有效减少那些从事就业创造企业的纳税义务（这与全面减税明显不同[4]）。当特定地区的失业率特别高时，可能需要针对受灾地区提供此类激励措施。

不过，总的来说，投资者是美国人还是外国人，只要他们支付美国应得的利润就没有区别。确实，试图迫使美国公司回国投资，为他们提供了将其总部设在国外的动力；它将给予外国公司超过美国公司的利益，而不是通过政府的威胁来限制。

互惠主义

特朗普的"新保护主义"投资观点和贸易观点如出一辙，从来没有考虑如果其他人采取类似的行为，也就是说，如果他们也阻碍他们的公司向国外投资，最终将会发生什么事。美国的外来投资有很多，2016年新的外国直接投资额约3730亿美元。[5] 外国公司在美国生产的原因有很多种，例如通过贴近客户生产，他们可以降低运输成本。如果这些外国政府不鼓励它们的公司在美国投资，就会减缓就业机会的增加。简而言之，就像新保护主义贸易政策降低生活水平而不会实现他们承诺的创造就业机会一样，新保护主义投资政策也是如此。

降低美国货物的竞争力

当然,特朗普真正关心的是外包,美国公司选择在国外生产是因为这样做更便宜。但这意味着如果美国公司不允许外包,它们的产品价格将不得不提高;它们将处于竞争劣势。对美国来说,为了抵消这种情况,特朗普可能提高关税——违反世界贸易组织的规则,使美国承担高昂的罚金。但只有通过提供补贴,他才能抵消企业在出口市场上的劣势,这同样违反了国际贸易规则。简而言之,特朗普和其他新保护主义者如果通盘地考虑他们所要求的全部后果,就会意识到最终结果与他们想要的完全相反。[6]

短期资本

我刚刚描述的真实投资与可以瞬间流入和流出一个国家的短期资金流动之间存在巨大的差异。深受美国银行喜爱的短期资本自由流动确实是它们利润的来源,但它同样是世界其他地区问题的来源。当资金流入一个国家时,该国的汇率升值,其出口企业发现它不可能参与竞争,且许多企业的产品要与较便宜的进口商品竞争。此外,企业无法以今天还在但明天就消失的资金为基础建立工厂。不可避免的是,随着资金流出,汇率骤降,各国将陷入危机,经济毁灭随之而来。无论是资金流入还是资金流出,就业都会受到破坏性的影响,而不是金融全球化倡导者声称的那种双赢的局面,短期流动资本的双方都会变得今不如昔。

1997～1998年的东亚危机(见第8章)是由于情绪突然改变以及对东亚信心的丧失所致,这说明了危险。在危机发生的前几年,当允许资本流动时,资金流入了这些国家。但非理性的繁荣从1997年5月开始变成了恐惧,资本流出了。韩国、马来西亚、泰国和印度尼西亚陷入了严重的危机。

即便是美国和欧洲的发达国家都无法免受资本流动的困扰。2008～2016年,美元兑欧元汇率在1.60至1.04之间波动。这些波动不是由于通货膨胀或生产率差异的突然变化造成的,而是由于金融市场情绪变幻无常，导致资金流动发生变化，而这些资金流动改变了美元相对于欧元的需求，从而改变了汇率。全球化的口号是应该由市场决定汇率。但是，想象一下自己是一家处于印第安纳州制造出口到欧洲的光学设备的小公司，假设以美元为单位制订产品的价格，由于汇率波动，欧洲的价格可能上涨 50%。这家小公司很难保留其客户，而且它无法提高生产力足以抵消汇率变化的影响。

那些将巨额资金跨境移动的投机商和金融家并没有考虑这家公司以及他们的行为（通过汇率）对它和它的工人的影响。他们只考虑他们从这些投机的移动中获得的短期利润。这些影响是"外部性"的另一个例子。正如追逐利润时，企业可能污染空气或水，银行家用有毒抵押品污染全球资本市场一样，参与这些投机性跨境活动的企业并没有考虑到会给其他企业带来巨大成本。[7] 这些存在的巨大外部性是不受约束的全球化的主要成本之一，并为我将描述的干预类型提供了基本原理。

短期资本鼓励短期主义并缩短长期需求

短期资本还有一个基本问题：它鼓励短期思维，这种问题有时被称为短期主义。大多数公司的管理人员在短期任职期间（通常为 5 年左右）自然关注公司在任期内的表现。这也引起了短期思考。"激励"补偿计划使事情变得更糟。基于公司的股票现在表现如何，经理们获得的回报越来越多，他们已经知道投资者是多么短视。股息和股票回购的增加推高了价格——即使这些支出是以增加长期利润的人力、技术和机械投资为代价的。因此，他们无情地追求短期利润，这部分地解释了大约 1980 年以来经济增长放缓的原因。[8]

在全球层面，这种短期主义会产生一些重大后果：在发展中国家，长期投资需求巨大。在全世界范围内，个人和机构（如主权财富基金和养老基金）的大量长期储蓄不是集中在明天，而是集中在未来几十年。然而，处于两者之间的"中介"（即将资金供应商与需求者相匹配）是短期金融市场。难怪全球经济运作不如其原本应该有的样子。[9]

通过投资协定重写市场经济规则

随着跨境投资和资本流动的增加,各国之间关于如何对待国外投资者的投资协定一直在增多。投资协定是基于防范资产国有化的观点被"出售"的,这种保护是双赢的:投资者获得了收益,随之而来的投资者信心增强意味着发展中国家也获得了收益。[10] 正如其他的许多说法一样,这些说法至多是欺骗性的,更准确地说,就是谎言,甚至不是用来推动贸易全球化的白色谎言。[11] 更何况,这些协定甚至没有必要真像他们说的那样征收资产:世界银行和大多数政府为投资者提供保险以防止被征收的风险。[12]

投资协定的捍卫者通过提出另一个理由进行回应:这些协定防止了对外国投资者的歧视。但如果是这样的话,这些协定可以简单地说外国投资者会得到"国民待遇",这意味着受到的待遇既不比国内公司好,也不比国内公司差。相反,大多数投资协定远不止于此;如果政府通过一项对公司利润有不利影响的法规,那么他们会给予外国公司起诉政府的权利,无论该法规有多么合理。外国企业受到的待遇比国内的企业更有利!

因此,一个著名的案例中,卷烟制造商菲利浦·莫里斯公司在2010年起诉乌拉圭,因为乌拉圭政府通过了一项法规,要求该公司披露香烟可能对健康造成的有害影响。[13] 该法规的效果达到了政府期望的目标——减少香烟的消费。但这意味着菲利浦·莫里斯公司的利润减少了,而它的回应是起诉。在私人仲裁中,它任命了三名法官中的一名(它任命的法官在任命第二名法官时起了关键作用)。仲裁偏向公司,而且费用非常昂贵。在乌拉圭的案件中,法官们自己得到了数十万美元的报酬,而乌拉圭的费用是700万美元。[14] 乌拉圭最终赢得了官司,作为判决的一部分,这些费用最终由菲利浦·莫里斯公司支付。但在仲裁期间,如果没有外部的财政援助,南美国家可能无法取得胜利:纽约市市长迈克尔·布隆伯格和其他富有的美国人帮助这个国家进行了自身防御。

加拿大已经失去了多个这样的投资者——国家诉讼,并在《北美自由贸易协定》下解决了其他问题,主要是环境问题。其他国家也因各种各样的投资协定被起诉,这些协定涉及从最低工资到限制、有毒废物倾倒到旨在实现种族和社会公正的法案。

这些投资协定的目的显然不是防止歧视外国公司。它们实际上是企业试图通过私下谈判达成的贸易协定,以有利于企业利益的方式书写经济游戏规则,而在普通的立法程序中,这种方式是不可能通过的。特别需要指出的是,他们的目的是阻止政府采取像通过法规那样会损害公司利润的行为。[15]不存在成本和收益的平衡——社会成本,比如石棉或吸烟。这完全是一个单方面的问题。这些规定产生了深远的影响。在没有这些规定的情况下,如果一家公司,如石棉或香烟的制造商销售的产品会给他人带来损害,它可能会被起诉。例如,在环境领域的"污染者付费"的原则——污染者必须为他们对环境造成的损害买单。这些投资协定逆转了这一点:有了这些规定,如果政府通过了一项新规定,因为发现一种产品会对健康或环境造成损害,该公司就可以起诉政府以收回其损失的利润。这样的协定包含一个原则,即利润和生命一样重要,即使法规挽救了生命,公司也必须为其失去的利润得到补偿。[16](有人可能会问,为什么各国同意这些交易?这些协定通常是秘密进行的,所以普通公民没有机会表达自己的观点,由于这些协定得到了发展,然后他们就面临着一个接一个的提议。如果协定没有签署,美国将威胁失去援助或其他报复性措施。而且,满怀希望的市民将注意力集中在工作和投资的承诺上,他们甚至从来没有注意到具体的条款,比如在这里讨论的那些条款。)

而投资协定可能在加剧工人问题方面发挥了作用。将公司设在美国和欧洲的一大优势就是它们的"法治"——它们给予财产权的保护,但是这些新的贸易协定,在它们的投资条款中,有效地鼓励了企业到国外投资,因为它们在那里享有比在国内更多的权利。

因此,虽然投资协定似乎只影响到法治薄弱的发展中国家,但它们也影响到发达国家,并助长了新的不满。它们是鼓励外包就业的模式中的重要组成部分,也是企业全球竞争的基础——低工资、低税收和低监管,所有这些都是为了提高企业的利润。有时效果是显而易见的,正如加拿大已经学会的那样。有时,就像在美国一样,这种影响更为微妙,而且会随着时间的推移而逐步实现。

财政天堂和税收竞争:正在偷取你的税金

在其他方面,全球化的成本甚至更明显,但收益较少。全球化使企业有可能避免他们应该支付的税收,公司造成世界各地的司法机构间竞相竞争以降低税收。公司享受一国受培训的劳动力、良好的基础设施和提供的法治的好处,但它们希望搭便车。它们不用承担公司的责任,甚至它们用所有的聪明才智来逃避纳税,但任何公司的首要责任都应该是支付其所应承担的税收。

世界各地都出现了"避税天堂"(个人和企业可以避免或逃避税收的地区),从新加坡到巴拿马、开曼群岛、卢森堡、爱尔兰和海峡群岛。我们往往认为这些是"离岸金融中心",但美国(如内华达州、特拉华州)的管辖区域、英国金融市场中心伦敦,这些都以罪恶的活动为基础蓬勃发展。如果没有大量的解密资料和令人印象深刻的调查报告,我们可能无法窥知这些避税天堂活动的全貌——运营成功,同时能保守机密。例如,LuxLeaks 表明爱尔兰和卢森堡在欧洲的逃税避税活动中所发挥的作用,《巴拿马文件》也表明,在全球,不仅是逃税和避税,其他反社会活动也十分活跃,其利润也流向这些避税天堂。[17]冰岛总理因此受到《巴拿马文件》的牵连(冰岛总理因此被迫辞职)。

2013 年举行的一次国会听证会上,欧洲官员得知一个令人震惊的全球化避税案例,苹果公司(可能是世界上最赚钱的公司)也曾与爱尔兰达成秘密协议,将其税率降到 0.005%。[18]

很明显,全球化提高了避税的机会,甚至使逃税更加容易。[19]企业可以容易地在低税收管辖范围内找到产品,并在世界其他任何地方销售。一家企业可以在低税率的司法管辖区注册知识产权,并声称其大部分利润源于知识产权;然后,甚至不是货物的生产国也可能获得大量税收。

企业具有在哪里生产和决定从哪里获利的自由,从而使税收竞争和彻底的竞赛变得更加糟糕。

没有什么是不可避免的。作为贸易和投资协定的一部分,确保公司公平地缴纳其全部税收的谈判是有可能的,并在各签署方之间公平地分配税收。但是,仅有的税收协定是为了避免双重征税(当两个司法管辖区试图对同一收入征税时发生),这种做法通常会导致不征税。正如我一再指出的那样,全球化是一个公司主导的议程,公司对保持公开避税的机会十分感兴趣。而且它们喜欢降税的竞赛全面彻底,因为这降低了它们的整体税率。

我们已经看到全球化是如何增加人们对政府援助的需要:大量工人需要帮助——以社会保护或再培训的形式。但当政府需要更多资金来应对全球化的影响时,全球化却使收入增加更加困难。全球化下的税收结合了中伤与侮辱——美国公司不必为在国外赚取的利润纳税,直到这些利润被"遣返"(带回家)。[20] 税法使它们能够操纵这些数字,这样它们就可以声称它们的大部分利润来自国外。就苹果而言,爱尔兰几百名工人理应对该公司的巨额利润承担责任。然后,他们想出了如何借钱来支付股息,而进行十分彻底的逃税:实际上,现在没有理由将利润汇回来。

作为将这场竞争进行到底的一部分,公司会威胁说,除非降低税率,否则要离开这个国家:这些跨国公司可没有爱国情怀。[21]

全球化的承诺已被破坏。在缺乏国际税收合作的情况下,税收负担必须转移到那些不能转移的国家——它们不能利用全球化转移到很少纳税或不纳税的地方。非熟练工人最不具备流动性,他们因此遭受到三重损失:较低的工资、转嫁给他们的税收负担,[22] 以及由于企业逃避支付其公平份额的税收时政府服务的削减。难怪许多工人对全球化缺乏热情。

知识产权:谁拥有你的基因

到目前为止,我已经讨论了全球化的两个关键方面:①货物和服务的跨国界流动;②资本的跨国界流动。但是还有两个方面:思想和人的流动。全球化支持者主要是推动货物和资本的自由流动,但在推动思想和人的自由流动方面的热情相对较小。

事实上,美国和其他发达国家的主要全球努力一直是限制思想的自由流动,或者至少确保那些利用发达国家产生的想法的人要向发达国家支付费用。第二次世界大战后的几年里,重点是如何加快资本从发达国家向发展中国家流动的速度,这一新的关注点正好起到相反的作用。高收入国家从低收入和中等收入国家获得的知识产权使用费非常高。2012 年仅美国就从其他国家获得 200 亿美元的收入,[23] 相当于美国通过其发展机构美国国际开发署给贫穷国家的经济援助(2012 财政年度约 182 亿美元)。[24]

毫不奇怪,当我们迈向知识经济时代,自从 *GAID* 在 2002 年首次出版,知识产权已变得越来越重要。争论的焦点不在于是否应该拥有知识产权,而在于如何设计那些产权。知识产权是一种社会建设,我们应通过保护创新成果来鼓励创新。但我们也要确保可能参与后续创新的那些人不会受到阻碍。我们希望能够设计游戏规则,这样中小公司就可以轻易地获得专利,而不仅仅是大公司才有专利。我们希望知识被建设性地使用,而不是以增加垄断力量的方式使用,这是另一种寻租手段,在整个经济中占有更大的份额。[25]

游戏的经济规则,无论是规制还是这里的知识产权,越来越多地在全球而不是在国内被制定。特别是通过所谓的贸易协定,实际上是超越贸易的协定。有人可能会问:为什么要在贸易协定中确定知识产权?尤其是已经有一个与知识产权有关的国际机构的情况下。世界知识产权组织已于 1967 年成立,总部设在日内瓦。此外,贸易部长们对研究和创新了解多少?答案很简单:他们知道的很少。在 WTO 框架下制定管理知识产权的条款的过程中,美国贸易代表办公室的确咨询了在白宫的科技政策办公室,但却很少注意它说什么。美国贸易代表办公室并不关注创新最大化,虽然这对科技进步很有好处。他们的目标是:最大限度地让对他们有很大影响力的美国大企业的利润最大化。贸易协定中涵盖知识产权的原因是，这些协定给发达国家政府以强有力的工具去行使自己的权利：实施贸易制裁的能力。

因此，全球化推动制定了关于知识产权的特别观点：对大公司有利就对创新和社会有利；知识产权保护越强越好；有一个适合所有国家的规则，既要为美国服务，也适合发展中国家迎头赶上。所有这三个命题都被证明是错误的，对发展中国家尤其有害。[26] 但越来越明显的是，美国和其他发达国家的普通公民也因这种以公司为主导的议程而受损。有时候以引人注目的方式，有时候不是。

例如，考虑一下知识产权保护越强越好的观点。但专利可能事关企业的生死。当全球正努力解码人类基因时，犹他州一家名叫 Myriad Genetics 的公司获得了两个特定基因（称为 BRCA 基因）的专利，并开发了一项测试以检测一个女人是否具有这些基因。如果一个女人有这些基因，那么她患乳腺癌的可能性就较高，因此可以从负担得起的精准测试中获益。与此同时，耶鲁大学开发了一个更好的测试，通过关注公众健康人群的慷慨解囊，可以以零成本或者低成本获取。Myriad 公司为了保持垄断而封锁了该检测；这家公司知道它正在收集的数据的价值。但是，许多妇女可能会因此死亡怎么办？这是一个利润至上的问题。一个包括美国公民自由联盟（ACLU）在内的团体提出了诉讼，[27] 最终在最高法院胜诉了（达成了与其他国家知识产权观点类似的决定）：自然存在的基因不能申请专利。

更广泛地说，最近贸易协定的一个关键问题已经涉及非专利药品和其他对提高要价有影响的条款。没有足够保险的美国人可能会发现，他们根本买不起他们生存所需的药品。在那些由公众付账的国家，更多的资金流向了制药公司，流向其他地方的资金就减少了。

毫不奇怪，以企业为驱动的知识产权议程以小公司为代价，使大公司受益，这就是为什么黑莓的前总裁——一家加拿大小公司开始反对 TPP 的知识产权条款，也是奥巴马努力推行却被中止的贸易协定。

从长远来看，普通公民将成为任何知识产权制度的输家，这使得后续的研究更加困难,也助长了像微软这样的市场力量,导致竞争减少,价格上涨。更高的价格降低了他们的实际收入,同时他们在劳动力市场上讨价还价的能力下降,也会导致收入降低。

移民

在欧洲和美国,移民——跨越国界的流动,已经证明是全球化中最具争议的方面,甚至比贸易更具有争议性。这主要是由于事实和认知之间的差距,或现实和特朗普式"另类事实"之间的差距。特朗普还曾描绘过一张墨西哥人成群结队地穿越边境的图片。事实上,近年来,从墨西哥到美国的移民净流量已经成为负数。[28] 很明显,特朗普和其他国家具有相同想法的人正在开发潜在的种族歧视和恐惧——一个由来已久的、把人们划分为"我们"与"他们"的传统。

在此,我只讨论这个问题的经济方面,这些问题本身很复杂,具有争议性。同全球化其他方面一样,它们对国民经济和收入分配也有影响。和全球化的其他方面一样,目前尚无经济模型能最好地分析移民的影响。标准的"完美市场"模型已被证明在经济学中有相当大的影响力,它很可能会再次提供不准确的指导。

在一个知识和货物自由跨越国界移动的世界里,每个人都拥有相同的技术,而各国仅在熟练和非熟练劳动力和资本等资源方面有所不同,并且对移民需求有限。[29] 正如我所指出的,非熟练工人的工资将被均等化。[30]

在现实世界中,贸易以可预测的方式改变了工资,但它不能使工资均等。部分原因是知识没有自由流动,部分原因是制度。例如,拥有良好的法律制度,可以使企业能够执行实际上可执行的合同。即使对好的机构有一个清晰的愿景,但创建它们并不容易。因此,在一些国家生活的人,不论他们的技术水平如何,都可能比其他国家的人享有更高的收入。因为有与公民身份(或更确切地说是居住权,但公民权就赋予了居住权)相关的保险。当然,人们都希望住在一个工资较高的地方,这就产生了移民压力。[31]

但通常情况下，收益是递减的。也就是说，如果更多的非熟练工人进入一个有非熟练工人保险的国家，非熟练工人的工资会下降，移民压力减小。有时，迁移十分频繁，市场充分调整得缓慢，造成失业率增长。在任何一种情况下，该国原来的非熟练居民都认为，他们承受着移民的成本：工资降低，或找工作更困难。

当然，在许多情况下，移民接受的是别人不愿意接受的工作。在其他情况下，移民具备那些在国内失业的人所不具备的技能。来自印度的熟练程序员并没有从失业的汽车工人那里抢走工作。事实上，技术工人移民支付的额外税收可能有助于负担流离失所工人的公共服务费用。但这总会招致怨恨，无论这种怨恨合理与否。当语言和文化有差异时，这些差异强化了反移民的经济理论。

然而，当我们考虑任何一类工人的移民成本时，我们也需要考虑社会其他群体的利益。以非熟练工人移民为例，非熟练工人较低的工资降低了非熟练工人生产的非贸易货物的成本。移民的税收以及他们为他们工作的人创造的利润有助于支付公共产品的成本。[32] 总之，即便由于有竞争力的非熟练移民工人的涌入，非熟练技术工人境况变得更糟，而其他群体会过得更好。因此，是否接受这类移民，不同的社会群体可能有不同的看法。如果我们仅仅基于该国现有居民的总体情况来考虑，我们可以简单地问："他们的情况变好了吗？"一个广泛的共识是，美国作为一个以移民为基础的国家，无疑其境况变好了。事实上，如果没有许多辛勤工作的移民来到这个国家寻求更美好的未来，这个国家就无法运转。

美国特朗普式的移民观是完全错误的。但是，在认识到整个国家更富裕的同时，我们必须同时认识到有些群体或者地区有可能因为移民而情况变得更糟，正如贸易一样，整个国家从移民那里得到的一些好处应该被引导来帮助那些受到不利影响的人。

美国以及许多其他国家都面临一个非法移民问题：如何处理那些没有证件的工人，包括那些入境的童工，他们知道没有其他的家，但他们的父母非法入境。这些年轻人，生活在"地狱"里，面临着追求美国梦的巨大障碍。对于无良雇主，剥削无证工人很容易，他们支付低于最低工资标准或提供安全和卫生都不达标的工作条件，因为这些工人不能诉诸法律保护制度，而且他们易受剥削的事实压低了工资，恶化了其他工人的工作条件。因此，必须找到一条实现这些工人完全公民权的途径。[33]

未能使全球化造福全球

在本章和前一章，我已经解释了为什么全球化的每个方面都会导致很多新的不满，包括美国和欧洲的一些发达国家。我们已经解释过了全球化中为何会有许多失败者，这些失败者可能占整个人口的大多数。

全球化的政治经济学

在标准的全球化叙述中，直到最近才承认全球化中存在很多失败者。而这些"危害"仅仅是对全球化意外的附带损害，它本应让每个人的情况更好。但我想说的是，这种叙述可能是虚构的。

在贸易领域，曾有出口商在进口竞争部门与保护主义者奋勇抗争，确保在普惠全球人民的贸易中真正发挥一国的比较优势。这是开明改革者与既得利益者的斗争，其中贸易部门（美国是美国贸易代表办公室）属于坚定的改革者。但在超过25年的时间里，我曾密切关注着这些斗争，它们看起来不像是一场正义与邪恶之间的战斗。事实上，美国贸易代表办公室是否知道美国未被扭曲的比较优势是什么还尚不明确。美国是一个棉花出口大国，但如果没有大规模补贴，这个国家根本就不可能出口棉花。一些农产品受益于隐性补贴，包括水资源。例如，如果没有大规模的工程支持，水稻甚至不可能生长在加利福尼亚北部的萨克拉门托河谷。另一个例子是（正如欧洲指出的）受益于美国国防部的飞机出口商。[34] 美国汽车业也接受了大笔资金的帮助。美国的高科技/互联网行业从政府研究项目起步，甚至是第一个浏览器的发布也主要由美国政府资助。[35]

最近贸易谈判中的一大争端是过度使用非专利药品。美国在药品方面做得如此好的一个原因是政府对该行业的研究提供了大量的政府支持。美国贸易谈判代表在该领域的作用可能是象征性的。这跟在美国创造就业机会无关：美国公司的药品生产地大多在美国以外，贸易协定中没有任何条文鼓励美国生产。这也跟增加美国税收无关：药物公司往往以超强的避税能力而著称。该协定可以被用来确保药物公司支付知识产权，这是美国贸易代表办公室所努力争取的。但对此他们沉默了。美国贸易代表办公室只是增加药物公司的资金，这不利于美国的工人，并给消费者和纳税人带来相当大的消费成本（因为美国政府从药品标签中能获得10%的收入，[36] 而美国贸易代表的贸易协定抬高了药品价格）。[37] 这些条款的解释很简单，这是该行业政治影响力的见证，而关键的国会议员威胁称，将投票反对任何不能满足制药行业要求的贸易协定。[38]

我认为，另一种说法是把我此前所述的"附带损害"置于贸易自由化计划的核心。亚当·斯密在他 1776 年的《国富论》中提出了另一种解释：

> 同一行业的人即使是为了娱乐和消遣，也很少聚集在一起，但他们的交流往往会针对公众的阴谋或想方设法提高价格。
>
> 大师们总是在某种程度上心照不宣，但却保持一贯、统一与联合，而不是把劳动力工资提高到实际工资之上[……]。大师们有时也会选择特定的组合，甚至把劳动力的工资降低到低于当前的水平。这些举措都是在缄默中秘密进行的。

这些言辞提醒我们，当我们的商业领袖们聚集在一起敦促一个特定的政策（正如全球化一样）时，认为他们没有考虑到影响劳动力成本的后果是愚蠢的。全球化提供了一个强大的间接手段来完成这个长期追求的目标。因此，降低工资并不是"偶然的"和不幸的附带后果——它正是目标本身。除了开拓新市场外，雇主们从外包到廉价的外国劳动力以及从国内降低工资中受益匪浅。因此，全球化的拥护者并没有希望像沃尔玛这样的零售商那样努力利用自己的比较优势，以尽可能低的价格寻找资源售卖它们的产品，而制造商则希望尽可能将他们的大部分产品外包给国外的低成本生产商。简而言之，贸易协定并不是要扩大美国货物生产，在这方面美国具有"天然"的比较优势。

正是因为深信上述道理的正确性，企业领导人才会不懈努力，通过改变工会的规则来削弱工人的议价能力，以及通过阻止共和党与商界的紧密联系，来减少向因贸易而流离失所的工人提供的援助，并且一再否决支持这种援助的规定，或在给予这种援助时，限制其规模和范围。工人们如果知道政府会帮助他们，他们失业时讨价还价的能力会进而增长。[39]

因此，最近贸易协定另一个有争议的方面涉及之前提到的投资协定，有时嵌在贸易协定中的章节（例如，《北美自由贸易协定》第 11 章），有时是两个国家之间的明确协定。我注意到，尽管协定只是以保护产权的概念来销售，确保一国不会没收外国公司的资产，但它们的作用不仅限于此。例如，它们对规章制度产生了令人恐惧的影响。这些协定在跨国公司领导人的议程中占有重要地位，而且随着被没收风险的消失，他们寻求的正是这些更广泛的利益。奥巴马政府早期，有人曾重新设计这些协定，以满足跨国公司和关心健康、环境或受到影响的其他重要领域的诉求。我注意到，以解决企业关注的方式改写这些规定很容易，如歧视外资企业，而不抑制必要的监管，其中包括一个比现行公司法官任命中发挥核心作用的仲裁制度更公平的争端解决制度。但商界领袖们却毫不在意，这清楚地表明，他们的真正意图确实是阻碍了环境、健康、安全和经济法规。

简而言之，我们所得到的全球化不利于工人，有利于跨国公司，这正是企业所希望的那种全球化。一旦人们理解了谁在制定游戏规则，就会发现这并不意外，也不会感到惊讶。

左翼的失败

右翼反对全球化带来的伤害，与这些大公司对右翼政党的影响一致：他们还计划精简政府。为帮助那些受全球化影响的人，将不得不提高税收，他们对此深为厌恶。

令人困惑的是，为什么左翼党同时相信市场和社会公平，并没有采取更积极的立场反对这种不平衡的全球化。大西洋两岸有太多人屈从于市场意识形态——毫无疑问地受到来自易获取的资金的影响，而这些资金往往来自受益于这些意识形态的人们。这就造成他们几乎盲目地遵循右翼的全球化议程。这似乎是一个全国性的共识，至少在精英阶层是这样，但这是在许多落后阶层的人被排除在外而达成的共识。比较进步的人们要求贸易援助。他们担心那些正发生在中间阶层身上的事情会发生在他们自己身上。他们有时甚至会低声谈论底层阶级到底发生了什么变化，但他们谈论的声音很低，以免中间阶层认为他们过于关注穷人。

似乎没有人捍卫工人阶级的利益，这就产生了真空。但自然厌恶真空。所以煽动者和潜在的独裁者，以及新贸易保护主义（例如美国的特朗普、法国的勒庞等）冲进来填补了这些真空。如果建立的政党支持全球化而不给予补偿，使人口中的大部分人的生活状况更加糟糕，我们就应该寄希望于在全球化中受损的人群，寻找其他办法来捍卫他们的利益。[40] 最后，正如我已经解释过的，问题的根源是技术、是全球化还是其他并不重要：如果大量的人遭受损失并且远远落在后面，正如我们在发达国家看到的情况那样，已经失去工作或工资下降的人们将支持那些同情他们的困境并承诺要对此做出改变的人。而且，如果诊断需要归咎于外人，像虐待"我们"的和利用"我们"的外国人，这就尤其具有吸引力。事实上，这种区分"我们"与"他们"是煽动者传统手段的一部分。

有趣的是，一些政治分析人士认为，反全球化政党所倡导的政策甚至并不重要。选民，尤其是在政府被指责多年的国家，并不真正期望政府能够解决社会问题。他们相信政府有它们的利益，该做关键决定的时候它会做出正确的决定。那些与精英阶层紧密联系并收到大量来自银行和其他公司资金支持的政党，已经丧失了他们的信誉。全球化的承诺和现实之间的差距也是信誉缺失的一部分。

如果要保持全球化，它的倡导者不仅必须能解释为什么特朗普、勒庞和其他人所主张的保护主义只会使他们的生活状况更加糟糕，还需要解释将如何以所有人受益的方式改革全球化。但要做到这一点，我们必须理解全球化及其管理为什么已经失败了。

市场本身不会确保全球化将增加国家蛋糕的大小，全球化本身也不会。例如，如果工作机会的减少超过就业创造，因为金融市场功能失调了，而且不能给那些想利用全球化机遇的人提供他们要求的资金。甚至当全球化增加了国家蛋糕的规模时，市场本身并不能确保不会存在大量的生活状况变得更糟的人。而且如果全球化管理得不好，也没有被很好地管理，失败者的损失就会更大。

在这种情况下，为避免全球化的冲击，政府必须出台推动经济走向充分就业的宏观经济政策，调整政策以帮助工人和企业适应新的环境，提供社会保障政策以保护他们免受在调整过程中可能面临的生活水准的下降。我将在第4章讨论这些政策。但首先，我会仔细看看现有的选择：后面将讨论"新保护主义"，这正在全世界范围内被特朗普、勒庞以及其他国家的政客们利用"新的不满"所推崇。

| 第 3 章 |

新保护主义

全球化所承诺的与所传递的东西之间的差距让许多人感到愤怒,并导致人们对精英阶层(政界、媒体和学术界)越来越不信任。有些批评是错误的,也有一些是正确的。经济理论的确解释了全球化会损害发达国家非熟练工人的利益。这种隐瞒并不是来自学者,而是来自那些从全球化中受益的政界人士和金融界人士,但他们不想正视自己的阴暗面,也不想做任何对其有负面影响的事情。

最让人担心的是附带伤害:因为一些精英(比如全球化的拥护者)的言论被证明是错误的,特朗普阵营的一些人声称,任何人都可以形成自己的理论,对事实做出自己的断言。甚至每个人都可以选择他的"另类事实"。

我们可能无法确切地知道某件事情,但我们知道事情的某一点。我们可能并不确切地知道特朗普就职典礼的人数,但我们几乎可以确定他所说的数字是错误的。[1] 所有的科学发现都是试探性的,只有信心达到一定程度,反驳是公开的——科学是对真理的公开追求。但是,这个复杂的信息并没有打开通往一个所有信仰都是平等的世界的大门。有些可能被自信程度达到 100% 的证据驳倒。

当然，具有讽刺意味的是，在过去的两个半世纪，科学和技术的进步使得人们的生活水平急剧提高成为可能——这些如果没有启蒙运动和科学方法根本不可能，对这些特朗普和他的拥护者抨击得如此激烈、有效。

我们把目前人们的生活水平视为理所当然，以至于我们忘记了几个世纪以来人们的生活水平是停滞不前的。直到 18 世纪中后期，不到 250 年以前，人们的生活水平才开始提高。发生了什么？对于这个问题的答案，历史学家和经济学家达成广泛的共识：与 17 世纪和 18 世纪启蒙运动联系在一起的科技革命，是现代理性框架的起源。新的思维框架不仅带来了进步的思想，使改变成为可能，而且带来了我们如何去认识"真理"的科学方法。"从那时起，科技取得了巨大的进步，也带来了好处，现在的生活水平在当时是无法想象的。"随着医学的进步，人们的预期寿命大大提高。[2]

像特朗普这样质疑科学的煽动者，以及我们如何将现实与虚构区分开来，威胁着我们持续进步的基础。

新保护主义的全球增长

在美国和很多国家，高水平的不平等和低水平的机会平等造成一种景象：经济和政治体系并不是为社会上大多数人的利益服务；体系是不公平的；不能相信民主选举产生的政府能够服务于选举他们的人的利益；所谓的"精英"（包括学者）的智慧和知识是不可信的；媒体尤其应该受到质疑。

在不同的国家，将引发这些怀疑事件确切地展开各不相同，尽管仍有许多国家对民主制度和适当监管的市场持有坚定的信心，但在令人不安的很多国家中，特朗普之类的政客们一直表现得很好。[3]

2008 年金融危机后的这种不信任感增强并非偶然。这场危机是由金融部门的过度行为造成的。但是，美国政府（以及其他国家发生的事情并没有太大的不同）任命了应该对这场危机负责的人来解决这场危机。[4]

毫不奇怪，他们把银行家的利益放在了社会利益的前面——优先于那些失去工作和家庭的人。他们错误地宣称，拯救普通公民的唯一方法就是拯救银行家。"复苏"关注的是银行家，而非普通民众：在所谓的复苏的前3年里，95%的收益都流向了前1%的富人；[5]这发生在一个代表了工人阶层利益的民主政府中。

经济和政治体系似乎被操纵了。反对建立的焦点问题就是全球化建立的信念。人们对全球化的不信任由来已久。1992年的总统竞选中，一名民主党候选人罗斯·佩罗（Ross Perot）批评《北美自由贸易协定》，称其会夺走美国人的工作机会：将存在"巨大的吮吸声"。即使全球化只是许多人发现自己的痛苦的一部分，选举政策也意味着他们可以通过选举政客改变全球化的规则来解决他们的痛苦。

保护主义和本土主义煽动者在世界各地兴起，并取得了相当大的成功，包括获得美国总统职位。他们现在有能力用保护主义政策来跟进他们的保护主义言论。

倾听原因

尽管那些精英，包括那些声称对全球化要求过高的经济学家，显然没有所有问题的答案，但他们可以用一定程度的信心解释为什么某些政策可能会失败。特朗普可能不想听到他提出的保护主义政策几乎肯定行不通的原因。这或许就是为什么特朗普决定不让任何经济学家进入他的内阁，转而依赖那些据称知道事情如何运作的商人。但是商人知道如何做生意并达成交易，像特朗普这样的人，知道如何利用别人的优势。他们的商业经验并不能让他们知道一个复杂的系统是如何运作的。[6]

谈及特朗普将会从几乎所有的经济学家那里听到什么之前（他询问为什么新保护主义很可能会失败），我应该停下来注意过度全球化产生的重要教训之一：作为公务员的经济学家当然有责任告诉他们建议的替代政策的后果。但他们的责任更大：他们必须理解和解释他们的模型以及我们的知识的局限性，说出我们所知道的和我们不知道的。最后，经济学家们可能要决定，分配效应被放大或者放大了综合效应。但如果不解释潜在的大规模分配效应、对某些地区就业的潜在影响、不完全风险市场的后果和竞争的不完善，对动态比较优势的影响，那就错了。当经济学家们过度吹嘘——全球化已经被过度销售，他们就会把自己的声誉和他们作为公职人员的福祉置于危险之中。

当政客们过分吹嘘时（即使他们相信他们所说的只是善意的谎言，以确保他们所知道的是好的政策），他们甘愿以他们的信誉和民主政治进程来冒险。

美国将为特朗普和他的保护主义煽动的全球化付出代价。在追求他的美国优先政策时，特朗普实际上是把美国排在他自我崇拜的需求背后，而不是追求一套让美国人自己感兴趣的政策。接下来，我解释了为什么这种新保护主义会失败，它甚至会使那些被全球化抛在后面的特朗普支持者的困境更加恶化。

为什么新保护主义会失败

在美国，在特朗普抵达捕捉并点燃反全球化情绪的现场前，大众对全球化的主要担忧是极其盲目的、没有管理的进步，以及企业利益凌驾于社会福祉之上。我和大多数其他对全球化持批评态度的人所关心的是改革全球化，使其更好地服务于所有公民。这几乎是不可想象的，钟摆将会向另一个方向摆得更远，反全球化的力量如此盛行，以至于可能会存在全球化盲目的、没有管理的倒退的威胁。

然而，特朗普对全球化的争论进行了重新定义，主张双边贸易协定，并威胁说，除非我们得到"更好的协定"，否则他将对墨西哥（20%）和中国（45%）征收高额关税。[7]他甚至得到许多亿万富翁及其公司的大力支持，尤其是那些与进口竞争的公司。即使包括出口商在内的其他公司也会蒙受损失，政府所做的每一件事都有应有的后果，而且有许多公司（及其所有者）将从保护主义中获益。当然，那些受到帮助的企业很少会要求保护主义，理由是政府的帮助会增加它们的利润。他们总是声称自己是无私的企业家，代表他们的员工要求政府援助，以保护他们免受不公平的竞争,即便在其他论坛上他们竭尽所能地反对像工会化和规章制度这些确保基本工作条件从而真正使他们的工人有所不同的措施。

特朗普运用一个零和博弈的视角来看待贸易,在这个博弈中,一个国家收益的百分比是以另一个国家的损失为代价的。然而,贸易并不是一场零和博弈,发展中国家从来都不是唯一的赢家、唯一的受益者,因为它们制成品出口的增加不仅创造了就业机会,而且通过工业化推动了它们的经济和社会转型。它们的增长刺激了发达国家对货物的需求,它们的廉价产品提高了人们的生活水平。我们本应期望发达国家也有所收获。毕竟,是美国和它在欧洲的合作伙伴制定了这个游戏规则。它们不会制定一个它们会输的游戏规则。问题在于,发达国家中有输家,而企业赢家对分享收益毫无兴趣:它们喜欢让自己的员工失去所有的议价能力。

把时钟拨回去行不通

新保护主义试图让时间倒流,但这是处理新的不满的错误解决方案,无论如何都不可能做到。

制造业的辉煌时代已经结束

无论特朗普承诺什么,美国制造业的工作岗位都不会回流。制造业的全球就业正在下降,这是我们在提高生产率方面取得成就的标志,其下降速度比需求增长的速度更快。这意味着,如果每个国家在全球就业中的份额保持不变,美国制造业的就业人数将会减少。然而,事实上,美国的份额可能会下降。因此,随着全球制造业就业人数的减少,美国制造业就业人数将减少。

在制造复杂的制成品方面,新兴市场已成为一个日益有效的竞争对手。即使是高端的制造业岗位也越来越不稳定。像韩国这样的国家不仅学到了知识,还学会了如何学习:在某些领域,它们加入到创新者的行列。

虽然国外的竞争力越来越强,但一些发达国家,特别是美国,在某些方面已经变得不那么具有竞争力了。社会疾病(酗酒、肥胖、毒品类成瘾和自杀)的增加与生产力下降相对应。

制造业出口导向的增长模式，认为经济增长和发展的最佳方式是采取促进出口的政策，特别是在制造业方面，已经有了良好的运行——给发展中国家大量的人口带来了巨大利益。这一模式是东亚国家成功的基础，东亚国家的增长如此迅速，以至于被广泛描述为"奇迹"。[8] "但随着全球制造业就业岗位的萎缩，出口导向型模式可能正走向终结，而未充分利用这一优势的发展中国家（如非洲的发展中国家），在一定程度上，必须从其他地方寻找增长战略。"

没有办法回到这些早期的时代，就像没有办法把技术进步的精灵放回瓶子里一样，我们不想放弃我们的智能手机、电脑或廉价的服装。的确，如果我们更好地管理全球化，能更好地、公平地分享全球化的成果，我们的处境将与今天不同。我们可能不会谈论新保护主义。但是历史在继续，每一代人的任务都是用他们手中的牌去玩。

正如我在第1章提及的，即便一些制造业生产回流（也有可能），生产很可能需要机器人和其他自动化设备，这需要不同的技能，而不是那些在一二十年前失去工作的工人。回归的公司很可能也会回到不同的地方。几十年前从新英格兰搬到美国南部的纺织业，那里的劳动力很便宜，现在已经从那里转移到其他地方，比如中国。随着中国劳动力工资的上涨，这个行业又转移到其他劳动力更便宜的国家，如孟加拉国、斯里兰卡、越南和其他地方。但由于缺乏熟练劳动力的重要性日益降低，非熟练劳动力的工资将不再是重点。学校和环境的质量成为最重要的领域，而目前美国在这方面并不擅长。[9]

美国已经成为一个多元化的经济体：制造业只占就业的8%，服务业占80%。[10] 所有关于制造业的言论似乎都忘记了这一点。现在有更多的人受雇于运动队和俱乐部，而不是采矿。美国从旅游、电信、金融服务、教育和卫生等服务部门获得了大量的外国收入。对制造业和煤炭开采的迷恋反映出一个国家的思维定式。据估计，美国太阳能产业的就业岗位已经是煤炭开采行业的2倍。[11]

要看到对制造业的痴迷是荒谬的，回想一下一个世纪前美国经济可能面临的挑战。那些回头看的人会担心农业就业的下降。过去有70%的劳动力从事农业或为农民提供服务。一个没有农业生产的经济体是无法想象的。但是农业就业的下降是个好消息：生产力的提高意味着需要更少的工人来生产我们赖以生存的食物。发达国家控制了后果：制造业创造了新的就业机会。现在，有一个平行的过程正在进行：从制造业向服务业过渡。政府应该促进这种转变，比如对工人再培训，而不是试图让过去的结果无果而终。[12]

全球权力的分散

从另一个角度来看，特朗普和他的支持者回顾过去：第二次世界大战后美国成为唯一的超级大国。这场血腥的战火摧毁了欧洲，使美国处于主导地位，它可以有效地自行编写游戏的国际规则。在战争后的几十年里，美国与其欧洲盟国一起，依然可以这么做，以使它们能够利用发展中国家的方式，这些国家最近一直是它们的殖民地。事实上，对一些欧洲国家来说，它比殖民主义更有效：它们获得了大量的经济回报，而没有假装承担帝国责任的负担。

第二次世界大战后的这段时期是不寻常的，但过去的200年是历史上的异常现象。自18世纪以来，中国和印度的人均收入和欧洲及北美的人均收入差距拉大。1820年，中国和印度占全球GDP的45%左右。由于殖民主义、不公平的贸易协定以及许多其他因素，这一比例下降到10%以下。正是在这个软弱的时刻，西方国家开始书写游戏规则，规范基于规则的国际秩序。毫不奇怪，这些规则通常是从它们的角度出发，以促进它们的利益。[13]然而，随着新兴市场的崛起和殖民主义的终结，目前历史正在进行异常迅速地纠正：中国现在是世界上较大的经济体，无论在购买力平价⊖上，还是货物贸易[14]和总储蓄上，其中货物贸易和总储蓄占50%以上。[15]我们现在不能回到全球化的规则仅由少数几个国家或一个国家为了自己的利益来制定的世界，特别是为它们的公司所制

⊖ 经济学家用来比较各国生活成本的标准方法，考虑不同货物在不同国家有不同的价格。

定的时代。我们生活在一个多元化的世界。

那些回顾过去1/3个世纪全球经济发生了什么变化的人经常想当然地认为这是"正确的"。从那时起，事情就变得"不平衡"了，事实上，全球经济已经"失衡"了200年：亚洲和非洲的经济经历了两个世纪的殖民主义、新殖民主义和经济殖民主义。

在殖民时期结束时，西方列强发现，通过让发展中国家负债累累，它们可以获得许多殖民主义的经济优势。前殖民地受到华盛顿共识的影响，这一系列政策基于西方利益和自由市场意识形态，为企业利益提供了良好的服务。[16]西方国家可以继续从非洲获取资源，并实施一系列导致其工业化的政策。[17]他们的债务以及如果违约可能发生的威胁，使得西方国家对发展中国家施加了这些苛刻的条件。

但有一组国家采取了不同的路线——没有屈从于华盛顿共识或新殖民主义模式。[18]东亚国家利用了历史上的特殊时期，进行了特殊的开端。来自美国和欧洲的公司发现：这些国家的工人比西方的工人更有纪律（而且相对于他们的生产力来说，薪水更低）。即使他们的效率不高，工资差别也足以弥补效率的差异。东亚成为世界的工厂。简单地说，这意味着西方工人的地位正在下降。东亚出口导向型的增长模式给亿万人民带来了越来越高的生活水平，其中许多人在以前似乎注定要过着贫穷的生活。[19]

之后，其他国家以不同的方式效仿了这一模式，包括印度，甚至是埃塞俄比亚（参见后面的讨论）。所有这些发展中国家也从全球化中受益，这也促进了它们的增长。它们没有获得发达国家那么多的利益，因为它们可能没有发达国家的企业和金融利益制定的规则，但它们仍然受益匪浅。

美国和其他发达国家制定的全球化有许多意想不到的结果。没有人会想到在中国约有8亿人脱贫。西方列强也不想让它们在全球GDP中的份额缩减。

特别是2008年金融危机后，地缘政治和地缘经济实力的全球平衡发生了变化。美国依然强大，但它不能自行制定游戏规则。特朗普可能对这个世界有着怀旧之情，但它不会再回来了。[20]

特朗普的政策将如何损害那些正在挣扎的人

GAID 自出版以来所发生的事情已经非常清楚地表明，全球化的好处远远不是他们所吹捧的那样。但这并不意味着特朗普的答案，一种大规模的倒退——一种新的保护主义和快速地去全球化，实际上会改善那些他假装为之说话的人的困境。事实恰恰相反。这有几个原因。

历史因素

首先，历史很重要。我们之前讲过，全球化过程中，失业往往会随着工作破坏快于工作创造而增加。这不仅是全球化的故事，同时也是经济对任何重大变化进行调整的故事。而去全球化——保护主义就是这样的变化。正如全球化进程本身一样，去全球化也同样如此：工作破坏（在失去竞争优势的部门中）的速度往往快于受益部门创造就业机会的速度。全球供应链已经建立，供应链上的每个国家都在其拥有最大比较优势的地方做出贡献，从而降低了生产总成本，而且"不创造"不可能一蹴而就，这样做会带来巨大的成本。

看看美国的汽车行业。如今，它严重依赖于从墨西哥和其他地方进口的汽车零部件。如果这些零部件在美国生产，美国汽车的价格就必须提高。但这会降低美国汽车的竞争力。当然，美国可以通过提高对日本和德国汽车的关税来应对。但这将在全球贸易战争中开辟新的战线，甚至特朗普"将军"可能认为他可以同时指挥更多的战线。更高的关税并不能帮助通用汽车在海外销售更多的美国汽车。高额关税只会让美国汽车工业失去竞争力。

贸易逆差由宏观经济决定，而特朗普会使贸易逆差变得更糟

最重要的是，正如我们在第 1 章中解释的那样，特朗普真正抱怨的贸易赤字不是贸易政策造成的，而是由宏观经济造成的。这是我们在经济学导论课程中教授的内容，但他似乎并没有掌握。[21] 贸易赤字等于国内储蓄和国内投资的差额。

假设特朗普成功地实施了他的保护主义议程,之后会怎样?答案很简单:由于这对于国家储蓄或投资可能没有什么影响,贸易逆差将不会改变,而美元会调整以确保达成这样的结果。[22] 如果美国不能从中国和墨西哥进口那么多商品,则将从其他国家进口更多的商品。美元走强将使这些国家更具"竞争力"。这并不是说它们在操纵它们的汇率。这正是特朗普以一种意想不到的后果对美国贸易政策的胡作非为。

但真实情况更糟糕,因为特朗普呼吁对富人减税,增加基础设施投资,这样贸易赤字实际上会增加。当本书出版时,还不清楚他在竞选中最初承诺的内容会在多大程度上付诸实施。即使他在国会中只获得了一小部分议程,它仍然会增加国家的财政赤字,也就是说,政府的储蓄将变得更加消极,因此国民储蓄(政府、家庭和公司储蓄的总和)将会减少。随着国民储蓄的减少和国内投资的增加,我们的贸易赤字将会增加,这是由美元升值导致的。

特朗普终于掌握了美元在贸易赤字方面的作用,并且认为他可以压低美元(就像他之前的很多政治家一样。其他人信任强势美元,相信他们可以提升美元,两者同样愚蠢。)有时候,财政部长甚至总统都可以这么做,很少会超过几天的时间,而且通常不会超过几分钟。

生活水平将会下降

尽管整体贸易赤字不会因特朗普的保护主义而改变,但由于贸易扭曲,美国人的生活水平将会下降。美国不能从成本最低的国家进口产品,而是从低成本的国家购买,出于某种原因,特朗普还没有表达自己的敌意。最后,汽车的高成本意味着美国人的生活水平降低了。美国从墨西哥、中国、日本、德国或其他任何地方购买的其他货物都是如此。事实上,美国的中产阶级和低收入人群(他们将大部分收入都花在进口货物上)在沃尔玛(Walmart)和塔吉特(Target)购买,而不是在古驰(Gucci)和布鲁明戴尔(Bloomingdale's)——遭受保护主义的地方主要集中在中国和墨西哥。[23]

保护主义将推高物价;通货膨胀的上升可能会导致美联储提高利率,

这将进一步产生两个影响：它将减缓经济，并将增强美元。

贸易战即将打响

如果特朗普得逞的话，他似乎下定决心要发动一场贸易战，除非他能被阻止。1930年美国通过《斯穆特－霍利关税法案》后，世界就曾面临过这样的贸易战。在第二次世界大战后建立一个基于全球规则的贸易体系的努力，很大程度上是为了避免另一场类似的贸易战，人们普遍认为这是导致大萧条的原因之一。它在很大程度上起到了作用：发生了小规模冲突，但没有爆发全面战争。[24] 特朗普似乎喜欢对抗，他可能会把世界推向崩溃的边缘。[25] 事实上，他的咆哮可能比他的咬伤更严重（他的言语可能比他的行动更严重），特别是因为共和党国会不太可能给他足够的权力来进行全面的战斗。几十年来，共和党一直在推动贸易自由化，一直以来，民主党人一直持怀疑态度。这将是一种高度的虚伪（这在政治领域并非闻所未闻），现在他们转而支持保护主义。每个人都将是这场战争的输家，包括美国本身，我很快就会解释。

互相制衡：总统权力的限制

关于总统究竟能做些什么，有相当多的争论。为了了解他能做什么，我们必须了解美国在其签署的贸易协定中承担的义务的性质。

世界贸易组织

最重要的贸易协定是美国是其成员的世界贸易组织。在世界贸易组织的框架下，一个国家以多种方式约束自己，例如，它的关税不会超过一定的水平（受约束的水平），并且不会歧视任何国家（被称为最惠国原则）。它也同意世界贸易组织对贸易争端的裁决。当一个国家违反世界贸易组织规定的义务时，受害国可以向世界贸易组织申诉，如果胜诉，则可以实施报复性关税或其他贸易制裁。这些目标可以很好地瞄准在经济上和政治上伤害最严重的国家。各国已经学会了如何做好这方面的工作。

总统不能独自退出世界贸易组织,他必须得到国会两院的多数支持,这是不太可能的。

《北美自由贸易协定》

《北美自由贸易协定》允许美国、加拿大和墨西哥之间的自由贸易,这是特朗普最诋毁的贸易协定,尽管在签署协定时,墨西哥做出的让步比美国要大得多。因为没有人真正考虑过解散的想法,所以谈判代表们在解散的过程中可能会更加模棱两可。但一些贸易经济学家认为,关键的一点是,所谓的"实施立法"(例如,规定对墨西哥和加拿大货物零关税的立法),仍然保留在美国的书中,直到被废除。因此,如果国会两院没有废除这项立法,无论《北美自由贸易协定》是否存在,零关税水平依然存在。

即使美国退出《北美自由贸易协定》,即使国会废除了这项立法,基于最惠国待遇条款,墨西哥也将面临"世界贸易组织的关税",其平均水平至多只有几个百分点。

因此,如果特朗普对墨西哥征收20%的关税,他必须得到国会两院的多数投票从而退出《北美自由贸易协定》和解除实施立法,然后再进行退出世界贸易组织的投票,或者征收这些关税至少违反了世界贸易组织的规定,其应充分认识到后果的严重性。几乎可以肯定的是,特朗普在对墨西哥进行威胁时,要么是妄想,要么是无知。

贸易战中,每个人都是输家

特朗普政府中的一些人(或许国会中也有),希望发动一场贸易战。民族主义者认为战争给他们提供了展示爱国主义和国家优越性的机会。"战前阵营"着眼于我们的"资产"和我们的对手,并充满信心地预测胜利。每一场战争都是这样开始的。在贸易方面,他们关注到中国更依赖于对美国的出口,而不是美国对中国的出口,所以他们有理由这样做。但实际上,事情更复杂。中国已经从依赖出口导向型增长转向内需驱动型增长。与美国的贸易战只会加快变革的步伐。美国经济仅占全球产出的24%[26];中国可以将其在美国销售的大部分产品卖给其他国家。这可能会压低这些市场的价格,损害美国的出口,并鼓励这些国家向美国出口更多的产品。[27] 中国对其庞大的经济有更多的调控措施,使其更容易适应变化。毫不奇怪,中国已经流露出信心:它相信它会赢得中美竞争的胜利,而且它已经警告了美国。

试想一下,贸易战会如何收场。第一次的影响将会是美国从中国购买的服装、电视及其他货物价格上涨45%。已经在受苦的特朗普选民突然看到他的生活水平直线下降。特朗普可能会反驳道:"我给了你一个公平的警告。我告诉过你我会这么做的。"但他们会自然地回答:"我们还以为你只是趾高气扬,哗众取宠呢。我们以为你会把这当作威胁,把我们的工作拿回来。""在下一阶段,工作岗位不会再回来了。"相反,沃尔玛开始从印度尼西亚和越南购买更多的服装。沃尔玛的价格将会上涨,因为沃尔玛不会从最低价的供应商那里采购产品;消费者的处境将会更糟,但无论如何,也不会增加就业岗位,也不会出现贸易逆差的真正变化。

但故事并没有在这里结束。中国对美国违反了世界贸易组织规则的关税会不开心。中国相信全球化和以规则为基础的体系,并希望向世界所有其他国家展示中国这个遵守规则的优秀公民与美国之间的区别,至少在特朗普的领导下,美国的承诺不值得他们写在纸上。

中国的航空市场是世界上增长最快的,它不打算从美国购买飞机,因此飞机的销售会突然崩溃。中国学生和游客纷纷涌向美国,帮助我们实现收支平衡,也给我们的大学提供急需的学费收入。他们怀着糟糕的心情(不是对美国总体而言,而是对特朗普领导的美国)可能集体决定不来美国。中国还没有足够的农副产品来满足13亿人口,而美国已经占了大部分的赤字。但中国可以在其他地方购买大量的粮食,而另一个主要的红色州集团(支持特朗普的州)可能会发现,在特朗普的统治下生活变得更加艰难。

最后,虽然美国和中国一直在讨论一项协定,为在对方国家相互投资提供保护,但该协定还远未签署。中国在治理一个行为不规范的公司方面仍然表现得很成熟,如果它认为一个公司的行为不规范,那么其经营许可允许会被推迟,建设进度会被放缓,遭遇的检查也会越来越频繁,反腐败的法律(据说普遍)将会被更有效的执行。美国公司在中国投资的巨额资金(它们利润的主要来源),在真正的战争中,政府通常会(暂时)扣押与其冲突的国家的资产。这将是微妙的。我猜想中国会严格遵守法治,但会采取任何行动来对美国采取的行动做出反应,同时充分利用其政策工具套中的多种政策工具来使美国公司处于劣势。

商业机构,尤其是那些从其在中国的活动中获得可观利润的大型企业将会非常不高兴,并给特朗普和国会施加巨大的压力,以结束这场贸易战。它们可能也会说中国是不公平的,但是它们的声音会特别响亮:我们必须通过约定聪明地回应,而不是战争。

恶作剧:贸易冲突

很难想象共和党控制的美国国会会发起全面的贸易战,或者退出WTO,或者允许特朗普这样做。更有可能的是,无论他是否夸大自己的保护主义言论,特朗普更有可能与墨西哥、中国、欧盟和其他国家发生贸易冲突,与全面战争相比,这种参与更为有限。

贸易法赋予总统启动某些诉讼的权利——当一个国家以低于成本(称为倾销)销售其产品或补贴它们时。美国是检察官、法官和陪审团,它已经写出不基于"公平贸易"原则的法律。相反,法律偏向于美国公司提起诉讼。在我担任经济顾问委员会主席期间,我经常参与并且通常反对这些行动。这些行动试图公然保护不具有竞争力的美国公司免受竞争,从而提高消费者的价格。但他们确实挽救了工作,尽管通常是以牺牲其他地方的工作为代价的,而且往往成本很高。委员会的立场是早些时候提到的,维持充分就业是美联储的工作,在我担任主席的那个时代,它做得很好,1997年失业率下降到4.7%。后来,它下降得更厉害。

倾销

倾销就是这些贸易冲突的一个例子。经济学的基本原理是，在竞争激烈的市场中，价格应该等于（边际）生产成本——生产额外单位的额外成本。在重工业中，主要成本是工厂建设，因此边际成本可能远低于平均成本。当钢铁短缺时，价格上涨超过平均成本；当有盈余时，价格下降低于平均成本。如果企业平均做出正确的预测，那么价格高于平均水平的时期与低于平均水平的时期相平衡，工厂则保持平衡，为资本提供足够的回报，以弥补行业风险。（也就是说，在考虑到基于风险的资本回报时，竞争应该会使利润降低为零）。但是，价格长期低于平均成本并没有什么错误或者说是不公平的。当然，如果生产者犯了错误并且制造了太多的生产能力，那么工厂就会亏损。消费者是这个错误的赢家，工厂老板是输家。在竞争激烈的市场中，除非工厂运行造成的全部损失大于关闭工厂的成本，否则就不会关闭工厂。在中国，由于历史因素的空前增长，今天的产能过剩可以很快地转化为短缺。城市的建设需要大量的钢材，数亿人将进入这些城市。因此，他们认为部分产能过剩只是暂时的，这并非不合理。

美国的倾销税不承认这些微妙之处，一个低于平均成本的公司在世界贸易组织规则下可以被指控倾销。当然，对于一家公司来说，永远低于平均成本是毫无意义的。它违背了合理性。

但还有另一种不那么良性的情况。一家公司可能会以低于成本的价格出售，以迫使其竞争对手出局，从而建立垄断地位，并以市场的力量来弥补损失。这种"倾销"被称为掠夺性定价。为了使它有利可图，进行掠夺，必须有很大的障碍才能进入（通常情况下，只要价格高于成本，就会有进入）。因此，将公司赶出市场是没有好处的，因为人们根本无法维持垄断地位。掠夺性定价违反了美国的竞争法，而一家被"不公平"地赶出的企业可以起诉。但法院对这种诉讼不以为然。为了赢得这样一个"不公平定价"的案例，投诉者有一个沉重的负担——不仅要证明价格低，还要低于成本，而且市场壁垒足够高，被告就有合理的机会收回损失。毫不奇怪，成功的案例很少。

虽然贸易和反垄断倾销（掠夺性定价）处理的是与公司以低于成本的价格进行销售类似的情况，但两者的标准却截然不同。如果反垄断标准适用于贸易案件，几乎没有任何案件会发现不公平的贸易惯例。相比之下，如果在美国的反垄断案件中使用的是贸易标准，那么就会有大量的人被认定为"掠夺"或倾销，而不是少数人。解释很简单：倾销条款是保护主义的，它们是为了保护美国工业而设计的。

贸易协定中还有一些其他条款，赋予美国以保护主义措施征收关税的权利。[28] 这些是特朗普和他的团队几乎肯定会利用的东西。它们可能令人无法容忍，但同时它们的范围也有限。中国将在 WTO 中挑战这些条款的适用，并有相当大的胜算。

非市场地位和"替代国"

有一项特别的规定可能受到中国的挑战，称为"非市场地位"。在一个社会主义国家，物价是可以"补偿"的，所以没有确定一个货物是否被倾销的基础。因此，我们设计了一个聪明的替代系统：寻找一个类似的国家（被称为替代国），询问在那个国家生产货物的成本是多少，当货物的价格低于这个数字时，就可以称之为倾销。这在某种程度上是聪明的，因为它是如此容易地被滥用。在一个著名的案例中，20 世纪 70 年代末，波兰仍然是一个社会主义国家的时候，美国声称加拿大是最类似波兰的市场经济。别介意收入和工资的巨大差距。波兰被指控倾销高尔夫球车。问题是，尽管一家加拿大公司曾经生产了高尔夫球车，但它现在没有生产了，也许是因为没有盈利。因此，美国计算了加拿大生产高尔夫球车的成本（如果有的话）。毫不奇怪，这个价格远远高于波兰生产高尔夫球车的价格，并且由此征收了巨额的关税。

中国在成为世界贸易组织成员时签署的协定规定，在 15 年后，中国将不再受制于这种特殊的"非市场地位"。"现在，欧洲和美国似乎正在努力摆脱这种承诺，而这个问题现在也在世界贸易组织内提起诉讼。"

以牙还牙

像特朗普这样的贸易保护主义者不记得其他国家也可以玩同样的游戏，而且有动机这么做。它们的公民对政府的期望也不会减少。特朗普的美国优先政策可能对美国政治的某些部分有利，但在全球范围内却表现得糟糕。[29]

中国（或其他任何一个美国采取保护主义措施的国家）可能不会等到世界贸易组织做出最后裁决后，因为它有理由对美国采取类似的行动。包括中国在内的新兴市场一直是个好学生：他们从美国学习到如何在全球规则体系的约束下采取保护主义行动，这一制度旨在限制保护主义。

有许多简单的案例：美国对汽车和银行业的救助带来了大量的补贴，这使得各国有权征收抵消的反补贴税，甚至是对那些从这些银行借款的人，他们的观点是，如果没有补贴，利率会低于他们本来的水平。几乎可以肯定的是，这将是以牙还牙。在这个部分去全球化的过程中，美国将获得得很少，世界将失去得很多。

希望在于，在特朗普政府就如何以及是否实施保护主义政策展开辩论之际，众议院中的成熟人士将会说服特朗普放弃贸易战争路线的愚蠢行为。甚至如果美国只是遵守世界贸易组织的规则（但是，这些规定允许在某些有限的情况下实施贸易限制），那些成熟的国家也会解释，其他国家也可以采取更积极的行动。

贸易战与真正的战争有一些共同之处：几乎常常是所有人——卷入战争的所有国家都有损失。即便是贸易战威胁也会对投资产生抑制作用，而且经济活动整体水平也会由此下降。早些时候，我提到了痛苦构建的全球供应链，贸易战会对这种供应链造成严重破坏。增加的成本及由此增加的风险将转移到消费者身上。

重新谈判贸易协定

特朗普对自己的谈判技巧显示出极大的信心。他说，美国必须重新谈判贸易协定。这样做有很多说法：像《北美自由贸易协定》这样的协定对经济不断变化的性质没有给予太多关注,即便基于1992年签署的协定可能是"正确的"这一事实,该协定在1/4个世纪后也可能需要更新。尽管面临所有的批评,正如这本书的出版,他还是没有阐明他所指的"好的"贸易协定的含义。基于对双边贸易赤字的痴迷(我以前解释过,根本不重要),他大概想做些事情以减少墨西哥对美国的贸易顺差,但不会减少美国对加拿大的贸易顺差。要看出他是怎么做到这一点的不那么容易。

还有一些小事情,如原产地规则的改变——被称为"《北美自由贸易协定》生产的货物"必须在一个《北美自由贸易协定》国家中生产的比例。退出TPP前,美国同意放松其来源——有效地允许拥有90%中国造零部件的汽车被称为日本车。美国汽车制造商想要走另一条路——让他们比日本或韩国的汽车更有优势,因为他们可能拥有更多的中国制造的零部件。这将改善与世界其他地区的贸易平衡,但甚至可能导致墨西哥和美国之间的双边贸易逆差扩大。

在前面,我讨论了在贸易协定中嵌入的投资协定(《北美自由贸易协定》中,它被称为"第11章"),我怀疑墨西哥和加拿大会欣然同意重谈或取消这些规定。问题在于,美国的大型跨国公司非常喜欢这些条款,因为它们认为这可能有助于防止监管和税收的增加,同时也提高了它们与工人讨价还价的能力,压低了工资。

简而言之,《北美自由贸易协定》不仅远不是有史以来最糟糕的贸易协定,而且无论如何,特朗普都将努力改善它。当然,《北美自由贸易协定》不包括新的商业领域,如高科技和数据,新的协定将处理这些领域。具有讽刺意味的是,美国的立场很可能与他所否决的TPP协定类似。

应对新保护主义的策略

特朗普的保护主义和美国优先政策,让全世界都注意到了:各国必须照顾好自己和它们的利益,边界问题、条约和美国不值得信任——它只会关注眼前的利益,做目光短浅的事情。特朗普的极端主义可能对美国的软实力产生特别不利的影响，因为它已经被削弱了（由于伊拉克战争及其发动战争的方式、关塔那摩以及在前言中讨论的其他因素）。

经济只会因为信任而发挥作用：如果每一项合同都必须引起诉讼，市场经济体系就会崩溃。幸运的是，特朗普表现出的那种商人性格是罕见的。事实上，对这些人的反应通常是回避和排斥。我们将我们的孩子培养得值得信赖；他们的诺言是他们的荣誉。我们赞美那些按照自己的理想生活的人，我们谴责那些违背诺言的人，即使他们侥幸逃脱了。

国际关系更加复杂。然而，大多数外交的基础是一个国家的领导人与另一个国家的领导人的会面，试图增进理解和信任。美国的外交努力是建立在增强对美国信任的基础之上的，以增强美国不会滥用其经济实力和军事实力的信心。特朗普的做法恰恰相反，他宣布我们可能不遵守我们的条约，重要的是权力，而美国将在（他认为是）自己短视的利益下行使这一权力。对于那些没有权力的国家，问题自然是，他们能做什么，应该做什么？一套规则正在转变：

　　1. 多样化。不要依赖任何一个国家，特别是不要过分依赖美国，无论是出口还是进口。例如，拉丁美洲将加强与欧洲、中国的关系。大多数国家已经有了合理的多样化。墨西哥是一个例外，2016 年 80% 的出口进入美国，墨西哥也高度依赖美国来满足其天然气需求。[30] 像墨西哥这样的国家一直认为：美国切断天然气供应将对美国造成伤害，甚至超过对墨西哥的伤害。但有一个潜在的理性假设。这一假设（当然适用于美国）现在正在遭到质疑。当然，美国将因其新保护主义政策而受到伤害。目前还不清楚是否有更多理智的头脑能够获胜。

　　2. 重塑没有美国的全球架构。新的多元化战略的一部分将包括一系列新的贸易协定。虽然美国在创建当前的全球架构方面发挥了关键作用，但它偶尔也会阻碍协定的达成。世界无法就所谓的"发展回合"贸易谈判达成共识的原因之一就是美国拒绝取消农业补贴，尤其是包括棉花方面的农业补贴。多哈回合谈判始于 2001 年，最终于 2015 年被放弃。美国还在阻止亚洲货币基金组织的创立方面发挥了重要作用，该组织将帮助抗击东亚危机；并且美国试图阻止亚洲基础设施投资银行。一些国家开始意识到，现在是攻击的时候了，将美国排除在外从而达成贸易协定或其协定并非不可行。各国可能会在普遍存在权力不平衡的协定中保持警惕——特朗普的领导存在企图通过权力运动来利用他人的风险。因此，各国可能会探索更多的南南协定，并加强现有的协定。智利、哥伦比亚、墨西哥和秘鲁创造了所谓的"太平洋联盟"。它们认为，美国的新保护主义是推动其进一步发展的必要条件。

3. 更多地依靠内部需求增长。所有跨境贸易都有风险，因为边界很重要。因此，各国应将经济转向内需。我们早些时候看到，市场没有正确定价"边境风险"。这种偏见可以被认为是在抵消市场失灵。内部需求增长的一个因素是改善收入分配——当收入向顶层倾斜时，内部需求将会疲软。

从一个致力于减少边界影响的世界——便利化货物、服务和资本跨国家更容易的流动，到一个边界很重要和新墙正在建设的世界，将会有很高的成本。上面描述的这种内向的政策将会付出代价。但是，因为在这个新的世界里，边界很重要，由于没考虑到这一点，并且过度依赖其他国家，任何国家都面临着严重的风险。

长期以来，经济学家们一直在谴责那些寻求能源或粮食安全的国家，它们试图依靠自己的供应来购买这些重要的物品，代价高昂且浪费。但是，在一个边界重要的世界里，那些遵循这个建议，允许自己在食物和能源上依赖他人的国家，可能会重新考虑它们的政策。因此，世界可能会因特朗普而本土化。但对整个世界来说，去全球化将会付出昂贵的代价，而且是一种美国本身不会从中受益的去全球化。

结语

第 1 章和第 2 章解释说，发达国家的人对全球化有许多合理的不满。但我认为,全球化的核心问题是,它反映了由跨国公司推动的议程。人们不应该期待一个由富豪统治的政府制定的"改革"议程,那些对全球化有最深刻理解的最负责任的个人来自跨国公司,尤其是其金融机构,将制定出一种对普通人来说适用的全球化改革。他们还没有。

美国是少数几个能够改变游戏规则的国家之一。我已经解释了为什么保护主义在美国行不通。其他走上保护主义路线的国家的情况可能更糟糕。

但改革全球化也有可替代的方案,它承诺改善所有人,至少是大多数公民的利益。下一章将阐述这种全球化是什么样子的。

| 第 4 章 |

全球化能否被拯救：共享繁荣的公平全球化议程

全球化能否被拯救？它是否可以以有利于发展中国家和发达国家大多数公民利益的方式进行管理？

这个问题并没有被很好地阐释：我们无法完全"非全球化"，无法仅仅依赖在自己国家内生产的东西。正如我们任何一个人都只依赖自己一样，这是不可思议的。

当我们问"全球化的未来是什么"时，我们真正要问的是：管理全球化的规则是什么？它到底是像我们过去 1/4 个世纪推进的不受约束的贸易类型，还是一个更富有规则的体系呢？那么又是谁来制定这些规则，它又是维护谁的利益？

在资本主义早期，我们看到了在没有约束下的市场的丑陋面貌，正如查尔斯·狄更斯的小说中描绘的，以及像厄普顿·辛克莱尔这样的新闻记者所记录的。渐渐地，我们学会了如何"调节"市场经济。例如，在理查德·米尔豪斯·尼克松执政期间，美国通过了强有力的环境法。有时候，为了遏制严重的滥用行为，甚至出现大衰退或大萧条，例如金融部门的滥用行为（通过了《格拉斯—斯蒂格尔法案》，1933年将投资和商业银行业务分开，以及2010年通过的《多德—弗兰克金融改革法案》）。我们痛苦地认识到，企业可以通过剥削他人来增加利润，而不是通过创造更好的产品或为客户提供更好的服务。作为回应，我们通过了反托拉斯法和消费者保护法。[1]

对我来说，似乎很清楚：现在我们需要学习如何调节全球化。盲目全球化的时代已经结束了，在那个时代，每个总统或总理都认为与他的合作伙伴签署新的允许货物和服务自由流动的自由贸易协定便是他们的伟大成就。我认为我们可以调节全球化，但是如果我们始终坚持一个过分乐观的观点，即市场始终都是高效的，并且如果我们认为收入分配脱离市场的过程必然可以被社会接受；如果我们拥有我们之前的那种全球化——不是基于自由市场原则，而是为发达国家的大公司和金融产业福祉进行管理的；如果我们假设家庭和企业可以自行适应体制的变化（例如我们当时将中国纳入全球贸易体系）；那么，调节全球化是不可能的。

全球化本身并不是目的，但如果它能够运作良好的话，它可能是通过利益公平分享来达到更高生活水平的一种手段。全球化的倡导者经常会混淆目标和手段，即便全球化似乎已明显地损害了大多数公民或至少其中一大部分公民的利益，他们仍继续鼓吹全球化。

潜在的问题：全球治理

在全球范围内，全球化之所以没有很好地发挥作用，无论是建立一个稳定的全球金融体系，还是建立一个对最贫穷国家公平的全球贸易体制，是因为这些都与治理、规则的制定和执行有关。我们生活在一个每个国家都相互高度依存的世界。当美联储降低利率时，可能导致资金涌入新兴市场，引发资产价格泡沫；当它提高利率时，便可能导致这些泡沫破裂。然而，我们没有办法鼓励一个国家做可能有益于他国的事情，或者充分防止一个国家（特别是像美国这样的大国）做有损于其他国家的事情。这不完全是丛林法则，但也不是一个公平或社会正义世界的特征。贫穷国家和其中的穷人只有微弱的力量来影响全球化。国家越穷，其影响就越小。因此，尽管我们之间存在相互依存关系，但仍没有全球性的政府来确保结果的公平和有效。有时，我们作为一个全球共同体而共同努力，就像我们处理臭氧层漏洞时那样。但我们通常不会，因为我们的全球治理体系并没有一个全球政府。

GAID 的一个核心信息是，全球化博弈规则的设定方式在国家之间和国家内部都会产生巨大的分配后果。全球化在一定程度上成为富人以牺牲穷人为代价而更加富有的手段。财政部长和央行行长就为全球金融体系做出关键决策；当他们做决策时，他们通常更多地考虑跨国企业、金融部门的公司、银行和对冲基金，而不是那些受政策影响的工人和其他公民。国际治理的孤立结构加剧了问题——财政部长和央行官员相互会面，但很少与处理金融部门不稳定所造成的劳动力市场后果的劳动部长会面。当然，更糟糕的是发达国家在制定规则的机构中（例如国际货币基金组织）的影响力不成比例。

不是经济阻碍了我们实现双赢的全球化，阻碍了我们重写全球经济的规则（我们基本上知道该怎么做），而是政治，一些国家的政治家以及与其合作的公司和金融精英的短视。这也许并不奇怪：我们对企业和金融部门的最大批评是，它们在各个领域都很短视，无法进行长期投资以促进长期增长；而由于政客们的选举周期为 2 年或 4 年，所以我们不能指望他们有什么长远的想法。

正如我已经提到的，世界正在迅速变化。仅 5 个金砖国家（巴西、俄罗斯、印度、中国和南非）现在比第二次世界大战结束时的所有发达国家都要大。所以美国再也不能统治了。宣布奉行"美国优先"的政策，将所有其他利益和原则置于次要地位，也无助于说服其他国家追随美国的领导。

如果像特朗普提议的那样，除非世界其他国家同意，否则美国将脱离全球经济，将会有其他国家挺身而出填补这一角色，并将出现一个新的全球化，在这个新的全球化中，美国将会发挥更小的作用。

一个替代的全球化是可能的

本书出版之际，我们正面临一个新的世界。美国奋斗了超过 3/4 个世纪来创建全球经济和政治秩序——一个以美国为中心的以规则为基础的体系。货物、服务和资本现在更容易跨越国界。没有人怀疑美国将它的利益放在首位，因为这是一种相对开明的利己主义，它考虑到了美国自己从和平、发展和稳定中获得的利益。只有其他国家认可了美国的这种利己主义，美国的领导才有可能。这是一个多边主义的世界，在这里，要试图将体系作为一个整体来理解和改进。

不幸的是，尽管美国追求开明的利己主义，但它并不像本来应该的那样开明。它并不完全自私，但也不完全无私。美国利用其领导力来创造一种全球化，推动美国和其他富裕国家的企业和金融利益；工人、消费者以及新兴市场和发展中国家的利益只是次要问题。这个（无可否认是有问题的）假设是，如果富国公司的利益得到很好的服务，所有国家都会受益。

一个可替代的世界是可能的，不是特朗普推动的新保护主义世界，也不是近几十年来的全球化世界，而是为发达国家各种既得利益而管理的全球化世界。我们可以有社会保护——帮助保护个人，尤其是最容易受伤的个人，避免他们面临的震荡，而不是保护主义，将我们部分或者完全与世界其他地方隔离。

改革后的全球化的原则

显然不可能在几页纸中总结出一套指导这种改革后的全球化的原则。以下 10 条为未来提供了指导方针，并间接地、很好地总结了对曾被管理的全球化的批判。

    1. 全球化本身不是目的，而是达到目的的手段。 其目的是提高世界各国人民的生活水平。例如，当为了在全球经济中竞争，公民被要求降低工资、接受工作保护和政府服务的削减时，目的和手段往往混淆不清。

    2. 存在跨国界的外部性时，就需要全球规则。 当一个国家的所作所为对其他国家产生重大影响时，我们需要规则和裁判，以防止国家之间的相互伤害,并鼓励各国采取有利于其他国家的行动。当然,事情通常不是黑白分明的;通常会有一些跨国界的外部因素。但是,全球治理是困难的,因此应当把重点放在跨国界外部性特别显著的领域。问题正如指出的那样,对这些领域关注的太少,就像税收和规制竞争——臭名昭著的完全彻底的竞争(财政天堂),以及那些存在明显不利外部因素的短期资本流动;以及过多地关注跨国界外部性不那么显著的领域,如规制协调。对发展中国家来说,短期资本流动的代价尤其巨大;它们可以采取各种措施来稳定资本流动,防止短期资金的流入或流出。[2]

3. **随着我们的关联越来越密切以及越来越多的人意识到这一点,全球行动将变得越来越重要**。例如,我们现在认识到所谓的全球公共产品的重要性——世界上每个人都会从中受益(全球安全、全球卫生和知识)或遭受痛苦,就像气候变化或全球大流行病那样。签证和护照无法分割二氧化碳:美国产生的污染很容易跨越国界,禽流感病毒或寨卡病毒也是如此。全球气候是典型的全球公共产品。我们分享同样的大气,温室气体增加导致全球气候变化:世界上没有人能保护自己。只有通过全球集体行动——共同合作,才能解决气候变化问题。同样,如果我们不采取一致行动遏制高传染性疾病,我们就有面临全球流行病的风险。

4. **治理很重要**。谁来制定规则并加以执行,即谁做出有关全球化的决定至关重要。善政必须以代表性、合法性、透明度和问责制等几项简单原则为基础。我们认为,只有从丛林法则走向国际法规则,全球化才能奏效。但它必须是一个"法的规则",不是由公司编写的,也不是为公司编写的。全球化失败的原因之一是如何做出决定。当政治家和政府不对其行为的后果负责时,他们显然就没有动力去做"正确"的事情。如果没有透明度,就不能追究他们的责任。

5. **政府和民间社会都必须参与全球化制度的调节中**。人们对市场和私营部门过于信任。[3] 私营部门本身造成了国家经济和全球社会面临的许多核心问题:不平等、环境退化和不稳定。

但私营部门本身不能解决这些问题。

6. **大型经济体不同于小型经济体**。像美国、中国和欧盟这样的经济体必须敏感地意识到它们所做的事情对其他国家的影响,而小国则不会。因此,当美国在2008年开始实行量化宽松政策时,它导致大量资本流入许多新兴市场,汇率急剧升值,出口产业竞争力下降,等等。简而言之,美国造成了全球性的浩劫。此外,在20世纪80年代早期,美联储大幅提高利率以抗击美国的通货膨胀,它引发了拉丁美洲债务危机。委内瑞拉的马杜罗、查韦斯和美国的特朗普对全球化后果之间的差异说明了这一点。

7. **一刀切的政策行不通,在对发达国家和发展中国家实行同样的政策和规则时,必须特别小心:发展中国家与发达国家不同**。他们更穷,他们需要缩小与发达国家之间资源和知识的差距。例如,我们的贸易法试图对知识产权制度做出相应的协调。适合发展中国家的知识产权制度或气候变化政策可能不适用于发达国家。

8. **游戏规则的变化是一把双刃剑**。变化的本身是昂贵且困难的,家庭和企业,尤其是底层的家庭和企业,可能需要在全球化变革中得到援助。人们对全球化所表示的反感更多的是因为没有考虑到全球化的分配后果,而不是其他的,尤其是当全球化的输家是中、下阶层,赢家是那些一直从中受益的上等阶层时。这样便出现了这样一种观点,即我们的整个体系是不公平的、被操纵的,而政府(毕竟是它制定的规则)是不可信任的。我们应该特别怀疑赢家是公司的改革——许多这种改革是负和的,普通公民的损失甚至超过公司的收益。政府需要特别注意处于经济金字塔底部的失败者,因为他们很难自己谋生。如果正如全球化倡导者所宣称的那样,全球化带来了净收益,那么就可以对赢家征税,帮助输家。如果赢家不能或不会这样做,那么就应该质疑这种改革是否可取。

9. **全球化的社会影响不仅限于经济,而且全球化的改革需要特别注意这些方面**。国际贸易协定中禁止穷人获得救命的非专利药品的规定实际上使制药公司的利润高于生命价值。[4]另一个例证是过度狂热的全球主义者试图阻止国家补贴其电影产业。好莱坞给美国政府施加了巨大的压力,要求其他国家不要提供这种帮助。每个国家都将文化视为国家认同的一部分,而电影是它们保持这种身份的方式之一。如果法国决定资助一部关于安德烈斯·吉德生平的艺术电影,那么《兰博》《变形金刚》或《速度与激情》不会受到重大损害。如果法国决定这样做是对其公共资金的合理利用,那么它应该被允许这样做,而不会违反世界贸易组织或其他贸易规则。

10. 改革的经济后果必须用反映经济现实的模型进行评估。 也就是说,不要想当然地认为市场是有竞争力的、高效的、稳定的。我们知道,竞争、信息和风险市场存在巨大的市场缺陷,失业现象普遍存在。试图估算任何一项改革(包括任何贸易协定)的成本和收益的模型可能会产生具有误导性的结果。例如,我们知道,不受监管和监管不足的金融市场可能极不稳定,对全球金融危机负有主要责任;对于不受监管和监管不足的跨境资本流动也是如此。引发东亚危机的巨额资金转移,已在全球引发危机。不受约束的全球化的拥护者片面地基于对完美信息和完美运作的金融市场模型的分析,其实完全是虚构的。(说实话:放松管制,尤其是对金融市场放松管制,并不是真正以经济模式为基础的;它的动机是贪婪,纯粹而简单。放松管制会使他们增加利润。放松管制只是特殊利益立法的另一个例子。)

此外,任何经济体系都是复杂的,不能用简单的模型来分析。全球规则具有全球性的后果,不能用忽视行为、贸易模式和价格引致变化的模型来分析。在危机爆发前,国际货币基金组织使用很多模型强调了风险分散的好处,因为基金分布在世界各地;但在危机爆发后,他们强调了传染效应的风险——正是因为他们在危机爆发前不久才大肆宣扬的跨境资本流动。[5]

接下来的路:我们该怎么走

上面所提出的10条原则为形成新政策提供了一些指导,这些新政策能让全球化发挥其应有的作用,或至少在未来能更好地发挥作用。但发达国家那些失去工作的工人则对这些原则不感兴趣，他们想要拿回自己的工作，想要更高的工资。那么今天我们该怎么办？

市场本身并不会给工人提供他们想要的东西，它没有平稳地将一个农业社会转向工业社会——大萧条就可以被看作这种转型过程的一次剧烈碰撞。随着国内人口的缓慢增长，发达国家正经历多元转型——从制造经济转向服务经济。全球地缘政治和地缘经济秩序也在迅速变化。市场不太可能平稳地完成所有这些转换。

本书出版恰逢金融危机爆发10年后，全球经济还没有完全恢复正常，经济增长依然乏力。在美国，虽然官方失业率仍然很低，但劳动力参与率是女性进入劳动力市场以来的最低水平。疲软的劳动力市场导致了高度的不平等。许多家庭担忧获得工作的机会会大幅下降，有的人反而认为机会上升的可能性更大。这种恐惧的氛围植入了特朗普如此无情地利用的保护主义的精髓。

今天对全球化不满的一个重要的原因是，没有节制的全球化使许多持续的严重问题变得更糟，最明显的是日益加剧的不平等。正如我所指出的，全球化的拥护者指出了技术或其他变革在我们社会中的作用：这没错，但这种说法并没有什么帮助。全球化的批评者们相信，问题是对此我们可以做些什么事。

因此，任何认真对待推进全球化的人（如果管理得当，全球化可能带来好处），都必须在更广泛的经济框架内看待全球化政策。现在需要的是更有力的政府行动：推动经济实现充分就业；调整政策，帮助工人、企业适应新环境；制定社会保障制度，保证他们在改革过程中不会因生活水平下降而遭受损失以及制定政策降低市场中的收入不平等。下面简要地介绍每个组成部分的核心要素。

降低市场收入的不平等

对全球化的不满主要来源是不平等、失业以及工资的停滞不前甚至下降。许多人发现很难找到工作，或者至少找不到他们期望的工作。第二次世界大战后，在美国和欧洲国家，加入中产阶级的想法很普遍，但对许多人来说，相对于日益增长的人口比例，中产阶级的生活似乎已经遥不可及。

我们的分析从一个调查开始——探究为什么不平等程度如此之高。因为美国是发达国家中不平等程度最高的国家，它提供了最好的案例，让我们来看看发生了什么。20世纪70年代中期之前，工人们的生产力和薪酬都在同步增长，而在此之后，生产率的增长仍在继续，尽管速度略有放缓，但是薪酬实际上却停滞不前。这并不是说，几乎一夜之间，经济技术就发生了变化。但是，真正快速发生变化的是游戏规则以及规则如何实施，特别是在英国的玛格丽特·撒切尔和美国的罗纳德·里根的执政下。从那时起便开始重新改写经济规则——有利于那些处于顶层的人，并损害其他人的利益。[6] 虽然长期以来，人们一直在讨论他们在放松管制和重组方面的作用，但更普遍的影响是剥夺了税收制度（如金融部门的规章制度），高层和企业的税收减少了，工会被削弱了。货币政策更多地关注通货膨胀而不是确保充分就业。

其中一个重要的后果便是，市场力量的集中度有了显著提高，特别是由于反垄断立法和执法跟不上市场结构变化导致的市场力量的增长。

像微软和谷歌这样的公司主宰了经济增长最快的部门。只有少数互联网供应商和电信公司可供消费者选择。随着经济转向服务型经济，地方服务垄断的重要性也在增加。其中一个重要的含义是：垄断企业的产品面临着向下倾斜的需求曲线；它们只能通过降低价格来卖出更多的产品。因此，即使它们的活动是非常有利可图的，它们也可能会限制投资，因为边际收益低于平均回报。这正是我们近年来所看到的。大公司坐拥大量现金，但不愿再投资，这削弱了整体经济的表现。

这些是为公司治理而重新改写的，首席执行官们将更多的公司收入用于自己的目的——留给工人的工资更少，留给公司未来的投资更少。而以前，公司负责人有责任关注所有利益相关者，公司经营的领域，工人和股东的长期利益，现在他们的职责被解释得更为狭窄，只是照顾股东，进一步解释说只是当下的股东而不是长期投资的股东。这鼓励了短期思维——忽视了对人、技术和资本长期投资的关注。

金融部门反映了这些变化，并帮助他们实现了这一点；2008年的金融危机的结果更引人注目。

当然，经济规则中重要的管理全球化，我们看到了它是如何为富有的公司工作的，因为它提高了它们压低工资的议价能力，但它并没有让其他人受益。

所有这一切的结果是，经济基础长期受到侵蚀，包括对经济投资的减少。财富相对于收入的比率可能上升，但这与土地价值或股票市场的增长有关。例如，企业越强大，它抑制工资的能力就越强。[7] 在包括美国在内的许多国家，资本与产出的比率似乎实际上在下降；实际投资并没有跟上步伐。

如果这种分析是正确的，那么解决办法就很简单：再次重写规则，这一次要抑制市场力量和杜绝滥用公司权力，使金融部门履行它应该履行的职能，并加强工会和工人的谈判权。[8]

美国和其他经济体对做这件事的意愿有限的一个原因就是，尽管我们有信奉平均主义，但那些处在顶层的人给他们的孩子带来了巨大的优势。我开玩笑地告诉我的学生，人生中最重要的决定就是选择正确的父母。减少优劣势的代际传递需要加强公共教育，包括普及学前教育和大学教育（与之形成对比的是，近年来，在美国，获得高等教育的机会对于中等教育者来说变得更加困难，而获得优质中小学的机会也越来越不平等。只要一个国家的教育由本地管理，地理隔离便会日益加剧，穷人生活在贫穷的社区，富有的人便一直生活在富人区）。[9]

任何试图减少上层利益代际传递的议程也都包括提升遗产税，但美国的共和党一直在推动相反的改革。

最后，提高市场收入均等的一个最重要的途径就是让经济发展更加牢固。低失业率带来的收益远远超过温和通胀的风险。这是将边缘化群体纳入经济的唯一行之有效的办法。牢固的宏观经济不仅导致失业减少，还增加了工资。如果美国经济在过去6年的时间里再牢固一些——和从大萧条中复苏的管理方式有所不同,那么可以说,反全球化情绪会变得弱一些。

有人说,美联储已经尽力了。我不同意。美联储的政策需要以增加信贷流动为导向,特别是对中小企业。金融部门的大多数新规都是为了防止金融部门做不该做的事情——防止滥用职权和防止不稳定(其中穷人和中产阶级都承担了不成比例的费用)。应该让金融部门做它应该做的事情,包括为那些被排除在外的人提供信贷,如年轻人和女性企业家。近年来,美国经济的另一个引人注目的方面是新兴企业的减少,这与美国作为一个为所有人提供机会的创业型经济的形象背道而驰。

但最重要的是,除货币政策外,还有许多其他方法可以确保经济更加牢固,这一点我将在本章后面部分进行讨论。

促进税后收入分配的公平

这部分比前面一部分所讨论的更为直接,美国又提供了最好的例子来说明不该做什么。本节从用累进税制取代现行税制开始。那些收入较高的人实际上比收入较低的人缴纳更低的税。其中一个原因是资本回报,特别是资本收益,其税率比工资税的税率更低。至少,资本应该与劳动征收同样税率的税。

在收入的底层,需要有一个更强的所得税抵免制度,[10] 作为工资的有效补充,以确保全职工作的人至少有一个适当的收入。

我们需要向公司和高收入人群征收合理的税收,如果政客们没有充分利用代表他们自身利益的税法的无数漏洞和特殊条款,他们将缴多少税。正如我前面提到的,全球化已经实现了,也在这里发挥着作用:它为个人和企业提供了充足的机会使得他们不缴纳应缴的税款。[11] 征税不仅是一个公平的问题:执行一个成功的政府计划的其他部分来应对全球化的负面影响将需要更多的税收。

帮助重构经济

我们必须承认未来制造业工人比例将低于今天工人的比例。无论我们谈到美国工人比例为13.4%,还是德国工人比例为23.7%,这都是正确的。[12] 正如我曾说过的，全球制造业的就业率正在下降，这是因为生产率进步的速度超过了产出增长的速度，发达国家在这个正在缩小的数字里占了很小的份额。发达国家可以放缓制造业就业率下降的速度，比如，对更多先进制造能力的投资。但充其量，这只是一个权宜之计。

相反，美国和其他发达国家需要结构转型——新经济将不得不以服务为基础，并将逐步转变为以知识为基础。正如我提到的，市场不善于处理这种转变。我们看到，美国农业向制造业的转变就是这样的。大萧条时就是农业的生产率提高，该部门的工资和产品价格大幅度下降。随着资产价值的下降，农业部门无力转变。实际上，第二次世界大战已经带来了这种转变：为了战争胜利，人们不得不移居到城市从事制造业，生产炸弹、坦克和其他战车。《退伍军人权利法案》为转型所需的教育提供了资金。

我的家乡，印第安纳州加里市，见证了这场转变的发生。我几年前回去拍了一部关于全球化的电影。我在这里生活的时候，这里只有现在一半的人口，它看起来像是一个战乱区，虽然不及战乱区的危险程度。事实上，加里的"成长"领域之一就是为电影业提供一个类似索马里的迷你地区。与其他国家有转型援助的地区相比：曼彻斯特（英格兰的旧纺织之都）是教育和文化中心（应该指出，这种转型最终从旧的美国汽车之都底特律开始）。

在制造业向服务业经济转型的过程中，就业增长的来源是教育和医疗两个服务部门，政府在其中扮演了重要的角色。对这些服务的需求不是基于普通的市场力量，而是基于我们作为一个社会人如何评估他们提供的服务，我们多关心那些关心我们的孩子、病人和老人的人。如果我们重视这些服务，重视我们的孩子如何接受教育，或者我们的老人如何得到照顾，我们可以征税并向这些服务支付高昂的价格，那么这些部门的工资将会上涨，并带来对教师、护士和护理人员的尊重。

我们也需要制定产业[13]和教育政策来促进结构转变，就像政府在之前的转变过程中发挥的核心作用一样。这一点在我们迈向知识经济时尤为重要——政府需要在创建学习型社会中发挥核心作用。[14]

虽然政府（当然有些不经意地）在农业向制造业的转变中发挥了核心作用，但是这一次，当需要如此强烈的时候，政府却擅离职守：保守派要求削减政府在教育和卫生方面的开支，并且苛责工作再培训计划。市场转型已经破坏了美国的大部分地区，但没有联邦政府的资源，这些地方不能自我调整，成为荒地。

提供社会保障

在经济调整方面无论我们做得多么好，都会有一些工人被抛在后面。会有那些五十多岁的人不能或不愿意接受新岗位的培训，他们常常认为他们自己不能胜任这些岗位。公正的社会必须拥有一定的社会保障体系。

过去一个世纪的重要见解之一是市场为许多风险提供的保险不完善。这就是为什么在美国和其他大多数国家，我们有社会保险——养老金、失业保险和老年人健康保险。我们需要制度来帮助那些失业的人，无论是因为全球化还是技术，工作再培训计划都很关键，它是结构转型的一部分；但对那些还没有成功找到工作的人来说，我们也需要建立社会保障体系。

正如我们在第 3 章中所解释的那样，反全球化倡导者——保护主义提供的答案是行不通的。我们需要的是"没有保护主义的保护"——借用另一本新书的名称。[15] 我们需要为受到不利影响的工人和社区提供更好的保护，可能是通过某种形式的抗震保险。

保证充分就业

然而，我们之前的分析清楚地表明，不仅要有工业、教育和再培训计划，还必须有更好的宏观经济政策。正如本章前面所论述的那样，我们需要保持经济接近充分就业，尤其是为了避免欧美近几十年来经历的高失业率（1982 年美国的失业率接近 11%，这是大萧条以来最高的失业率——在大萧条时期为 10%；欧洲一些国家，欧元危机期间失业率超过 25%，青年失业率超过 50%）。[16] 同时管理贸易赤字、财政赤字和保证充分就业显然很困难——超过了近年来美国政治进程的能力，但是是可以

做到的 [17]（其中美国尚未能做到这一点的主要原因之一是"赤字拜物教"，过度关注财政赤字。如果政府借钱，尤其是如果能够以 2008 年危机后的低利率进行借贷，并投资基础设施或研发，该国的资产负债表将有所改善——资产增加的价值超过负债增加的价值，现在的产出会增加，未来的产出也会增加。）

然而，保护主义并不能解决全球化带来的问题，它们会变得更糟，有许多政策可以系统地用于实现较低的财政和贸易赤字，维持经济充分就业，并减少贸易赤字的波动，贸易赤字会给制造业和其他贸易产品部门工人带来困难。以下是几个例子。

- 扩张性财政政策——用于人力、基础设施和技术投资的支出，并促进经济结构调整。2008 年金融危机清楚地表明了货币政策的局限性。对于像美国这样能够以低利率借贷（实际为负数）的国家来说，未能借入资金进行这些投资是失去了机会。
- 平衡预算的扩张——税收与支出同步增长。即使在无法低利率借贷的国家，扩张性财政政策也有其作用。通过增加支出和税收，使得经济增长。这就是所谓的平衡预算乘数，如果仔细选择税收和支出（例如对土地征税或对富人征税和增加教育支出），将对经济有非常大的推动作用。
- 鼓励国内储蓄，尤其是通过具有高储蓄率的退休计划"推动"个人未来储蓄。如果总需求得到维持，经济仍处于充分就业状态，那么效果就是以包括制造商在内的出口产业优势的方式改变经济结构。[18]
- 创建全球储备货币。美元在世界各地都有储备，这提升了美元的价值。全球储备体系会相应地降低美元的价值，这意味着在任何收入水平下，消费和投资都将转向国内，美国货物和服务出口将会增加。为了维持充分就业，政府支出可以减少。因此，财政和贸易平衡将会改善。[19]
- 为贸易单据实施"巴菲特"计划。正如我在本章前面提到的那样，汇率波动大部分来自不稳定的跨境资本流动。沃伦·巴菲特提出了一种巧妙的方式，在保持资本流动自由的同时，仍然依靠市场机制来实现贸易流动的稳定。[20]每当一家公司出口1美元的货物或服务时，它就会得到一笔贸易单据；每当一家公司想要进口1美元的货物时，就需要购买一笔贸易单据。贸易单据将会有一个市场。根据定义，这个系统将导致出口等于进口（该目标的改变可以用来确保贸易赤字保持在任何期望的范围内）。[21]

简而言之，如果政府能够利用其全部的工具，它可以顺利地从制造经济向服务经济转变，保持充分或接近充分的就业，并提高宏观稳定性。不过，重要的是将这些政府干预措施视为促进过渡战略的一部分，而不是阻止它。经济体系大幅度调整可能代价高昂，而且通常发展缓慢。这使不要屈从于意识形态变得特别重要，比如前面描述的"赤字拜物教"。[22]

正如我在前面第1章中指出的那样，全球化进程有时会对经济产生抑制作用，造成的就业破坏会远远超过其创造的就业机会。尽管抵消这些影响的方法有多种，但快速补救办法是实施临时的财政赤字。问题在于全球化的理论家们否认或忽视了全球化带来的短期不利影响，同时试图限制政府的应对能力。这不仅仅是全球化本身被指责：错误的确出现在对各国如何应对的限制上。

但是，今天国家面临的一些制约因素本身就是全球化的结果，或者无论如何都会受到全球化的深刻影响。在19世纪，军事赋予了欧洲列强在世界其他地方执行游戏规则的能力。当时还没有（现在仍然没有）规则来管理一个国家不能偿还欠款的情况。债权国决定事情的发生——往往只是派遣部队和接管国家。在20世纪和21世纪，富国已经想出如何以更微妙的方式来获得他们想要的东西。在涉及全球贸易规则时，它们具有讨价还价的能力：发展中国家和新兴市场迫切需要（或希望）进入发达国家的市场，他们需要跨国公司投资相关的技术。这种权力加上发展中国家与新兴国家之间缺乏团结导致制定了对富国有利的规则。

但即使是发达国家，它们也受全球化规则的束缚：资本市场完全自由化的承诺（允许金钱自由流入或流出国家，参见第 2 章）意味着任何违背金融市场意愿的国家可能会发生冲击，汇率受到打击，利率飙升。政治领导人可能会问自己：在这个猖獗的全球化环境下，真正做决定的地方是他们的首都？还是在华尔街？20 世纪 80 年代和 90 年代，路易斯·伊纳西奥·卢拉·达席尔瓦三次出任巴西总统，他是两次选举的主要候选人。但是他对华尔街来说太离谱了，所以他们拿出资金重创巴西。汇率下跌，选民们也像投资者一样恐慌，而华尔街的意愿已经完成。选民认为选举他太危险了。当然，尽管华尔街可能表现得好像拥有 50% 的选票，但事实并非如此，有时候选民会反对金融市场。2002 年，在第四次尝试中，卢拉成功了——在 8 年的任期内，他帮助巴西减缓贫困（贫困人口比率从 2002 年的 23% 下降到 2011 年的 11%），[23] 经济以每年 4% 的速度强劲增长。华尔街的恐惧毫无依据。

全球化限制了政府做事的其他方式。全球协定限制了各国可以为企业和行业提供帮助的类别，因为它们试图推进我所描述的应对全球化挑战核心的结构转型。[24]

但是在这些制约因素下，他们可以做很多事情来让全球化有效。本部分认为，为了解释莎士比亚的名言，"错误不在于全球化，而在于我们自身"，国内政策，就美国而言，它的税收和支出计划，货币政策和法律体系，往往旨在为企业带来好处，剩余的人受益只占 1%；旨在为全球化的赢家带来利益，并且很少来帮助输家。[25]

结束语

事情正在改变。正如我所指出的，中国现在正通过一些措施成为较大的经济体。中国是最大的贸易经济体。不仅游戏规则会不可避免地改变，规则制定体系也会改变。中国的影响力将会更大，美国的影响力将会削弱。奥巴马政府承认这一点，但他表示，尽管中国可能是最大的贸易国，尤其是亚洲最大，但美国应该继续为 21 世纪制定贸易规则，甚至是亚洲贸易规则。但实际上，中国已经在制定规则，仅在亚洲就与 15 个国家签署了贸易协定。

发达国家的公民可能会问自己，这些变化将如何影响他们？即使这些规则是由美国和其他发达国家制定的，他们的生活也不尽如人意。在某些方面，事情可能会变得更加糟糕：有些人担心中国致力于追求其"公司"利益但可能较少地关注西方的环境和劳工标准。西方的全球化规则至少在这里和那里对环境和劳动的关切做出让步。他们担心未来的全球化将更少地关注这些重要方面。在西方民主国家，民间社团在缓和商业化方面发挥了一定的作用，尽管远远没有达到人们的预期。

然而，随着发展中国家和新兴市场的成长，美国工人的前景可能会变得更好。他们希望从美国和欧洲购买更多的服务——去欧美留学、治病（那些能够负担得起的人），并在欧美城市和国家公园度假。新兴市场的增长也导致他们的工资增长速度超过发达国家，因此他们在劳动力成本方面的相对优势将会减弱。而且，技术进步意味着廉价的非熟练劳动力不如以前那么重要。当然，这并不能解决发达国家非熟练技术工人的问题。

我已在本书的这一部分讨论过，全球化最具讽刺之处是发达国家新的不满——按自身利益制定规则的国家。但正如我一再解释的那样，这些规则代表的不是美国和其他发达国家的普通公民的利益，而是代表大公司和金融集团的利益。当我 15 年前写 *GAID* 时，美国大多数公民并没有意识到这一点。在欧洲，很多人已经认识到这一点，这有助于解释这本书如何在美国以外的许多国家成为畅销书。事实上，在贸易问题上，法国和其他许多国家（现在也有）存在反全球化运动，其核心思想是另一个世界是可能的。我们可以根据我们的价值观重建我们的经济、社会，使其社会公正、保护环境甚至生活水平的日益提高。

15 年来，最大的变化是，美国和其他发达国家有新的社会不满者加入了反全球化行列。尽管如此，现在还是有区别的。许多新的社会不满者都是本土主义者，他们强调我们与他们之间的区别，他们并不关心社会公平和环境。

不要被经常使用"自由但公平的贸易"标语的人愚弄，这表明他们想要的只是一个公平的协定。我强调过，日常用语中，贸易协定并不公平，而是明显地倾向于美国和其他发达国家的利益。美国新的不满人士希望建立一个更加倾斜的管理贸易体制。

出于一个简单的原因，这些全球性规则对于那些对制定规则起到很大作用的发达国家来说效果不佳。这些国家的特殊利益，如金融部门，是有效地制定规则的国家。他们正在为自身制定规则，对工人的不利影响甚至可能不仅仅是附带损害（削弱工人的谈判能力，从而降低他们的工资），这是预期会发生的一部分，从 1% 的角度来看，这也是全球化带来的好处之一。

我曾多次写道，如果 1% 的富人过于狭隘地追求自己的利益，那么就有可能产生抵触情绪。目前在美国，在特朗普的领导下，短期内 1% 的企业再次获胜，通过减税和放松管制，让社会其他成员从中受益。但当新的不满者意识到他们被背叛了，实际上他们在特朗普的政策下处境更糟，他们可能会转向更极端的领导者。日益严重的不平等现象根本不具有政治性或社会可持续性。此外，1% 的财富依赖于健康的经济，而且随着 IMF 不断提醒世界，高度不平等的经济体表现更差。[26] 至少，过于主观化的策略忽视了不满，更糟糕的是，为了自身的目的而利用它，这是非常危险的，即使是 1%。[27]

如果 1% 的富人必须追求自己的自身利益，那么他至少应该是一个开明的利己主义者。[28] 开明的利己主义者意味着不仅要全球化得到缓和，还必须制定国内政策，以确保在经济向前发展时为落后的人留下些许社会保护和共同繁荣。

尽管全球化和我们对它的理解发生了变化，但我在 *GAID* 中强调的主题在今天看起来和我在 15 年前写的书里的主题十分相关。随着我们愈加相互依赖，我们更需要合作。在民主社会里，这意味着民主地共同合作。

治理很重要，因为经济和政治是不可能真正分开的。治理不善会导致规则无效。正如我多次写到的，市场并不存在于真空之中，它们必须结构化。游戏规则很重要。制定规则的人按照规则的内容来驱动规则实施。

现在我们对全球治理体系缺陷的认识更加普遍。全球治理一直朝 *GAID* 建议的理想方向发展。比如说，在后记里，我描述了国际货币基金组织发生的巨大变化。但是，现在全球化新的不满者，即发达国家新的不满者出现了。这些新的不满者与旧的不一样。旧的不满，即发展中国家的不满，可以确定全球化损害它们的确切内容，并且反对全球化：不平等，虚伪；与现代经济理论的见解不一致，民主赤字的根源。到目前为止，这是众所周知的。

正如我们所看到的那样，发达国家新的不满者发现全球化的进展以及他们福利的下降。从他们简单的角度来看，二者必定存在因果关系。如果是这样，扭转全球化势必会带来欧美国家中等收入工人福利的增加。这种"推理"已经被民粹主义者（也许更准确地说是极端主义者和本土主义者）所利用。我已经解释了为什么这是无稽之谈，为什么这些民粹主义者认为的这种去全球化不仅不可行，而且会使许多受到全球化损害的人的生活境况变得更加糟糕。

我列出了一组能够指导全球化改革的原则。但是，如果没有国家内部的改革，包括我在这里列出的一些政策，全球化改革并不能成功地实现那些落后国家的繁荣。

发达国家和发展中国家都是如此。全球化的影响必须从国内政策的角度来看。通过正确的国内政策，以共同繁荣为重点，全球化可以促进各国公平的可持续发展。

GLOBALIZATION AND
ITS DISCONTENTS

| 第二部分 |
全球化及其不满

2

| 第 5 章 |

全球机构的承诺

现如今,在世界经济秩序中代表性不明确的国际官员到处受到攻击。以往,当这些技术官僚召开会议讨论诸如优惠贷款和贸易配额等世界性议题时,外界的反应非常平静;而如今,昔日的平静已演变成激烈的巷战和规模庞大的示威游行。1999 年,世界贸易组织西雅图会议遭到反对者的抗议,这无疑令人震惊。也就是从这时起,反全球化运动越来越激烈,而且愤怒情绪不断蔓延。事实上,当前,国际货币基金组织(International Money Fund,IMF)、世界银行(World Bank)和世界贸易组织举行的每一次重要会议,都会出现冲突和骚乱。2001 年,在热那亚,一位抗议者在抗议活动中丧生,正是从那时起,反全球化战争造成越来越多的人阵亡。

对全球化机构所采取的政策和行动进行抗议已不是什么新鲜事儿。几十年来,如果能够证明对发展中国家强加的方案过于苛刻,这些发展中世界的人民就会对其进行抗议。只是在很大程度上,这些抗议活动长期不为西方世界所知。而目前,在发达国家也会发生这些抗议活动,这着实新鲜。1992 年,墨西哥、美国和加拿大三国签署的允许货物、服务和投资但不包括劳动力在三国之间自由流动的协定。

以前，只有少数人对诸如结构调整贷款（为帮助某些国家适应和应对危机而制定的方案）和香蕉配额（一些欧洲国家对它们前殖民地以外的国家强制实施的香蕉进口限制）等议题感兴趣。而现在，即便是一个仅有16岁的住在市郊的小伙子都对诸如《关税与贸易总协定》（General Agreement Tariffs and Trade，GATT）、《北美自由贸易协定》（North America Free Trade Agreement，NAFTA）等深奥的条款有深刻的见解。抗议活动引起了当权者的深思，甚至像法国总统雅克·希拉克㊀这样的保守政客都表示，对于那些最需要全球化承诺利益的人来说，全球化并不能使他们的生活变得更好。¹ 似乎对每个人来说都很明显，一定是什么地方出现了严重的错误。几乎在一夜之间，全球化就成为我们这个时代最紧迫的议题，无论是会议室、报刊专栏，还是学校，世界各个地方好像都在讨论它。

全球化力量曾经给我们带来很多好处，为什么现在却变得如此具有争议呢？很多国家在对外开放贸易时，其经济发展速度比不开放时的发展速度更快。当一个国家的经济增长由出口驱动时，国际贸易有助于该国的经济发展。出口增长是使许多亚洲国家富裕以及数以百万人经济状况改善的核心所在。因为全球化，世界上许多人的寿命较以前有了较大的提高，而且其生活质量比以前更好。西方世界的人民可能认为在耐克的低薪工作是一种剥削，但对于许多发展中国家的人民来说，在工厂里工作是比待在农村种植水稻更好的选择。

全球化降低了存在于许多发展中国家的那种被隔离的感觉，同时也为发展中国家人民提供了更好的接受知识的机会，这种机会甚至高于一个世纪以前世界上任何一个最富有的国家所能达到的程度。世界上不同地方的积极分子之间的联系，尤其是那些通过互联网通信进行的联系，给国际社会造成较大的压力。反全球化抗议本身就是这种全球连通性的结果，虽然有许多政府表示强烈反对，但最终还是达成了《国际地雷公

㊀ 1995～2007年担任法国总统。

约》。1997年，121个国家签署了该公约，该公约降低了儿童和其他无辜者因地雷而受伤的可能性。与此类似，一些组织有序的公共压力迫使国际社会豁免了一些最贫穷国家的债务。虽然全球化存在很多负面影响，但它同时也能使人受益。1992年，牙买加向美国开放了牛奶市场，虽然这可能会对当地奶制品生产者带来不利的影响，但它同时意味着一些贫穷的孩子能够买到更便宜的牛奶。新的外国企业可能会对受保护的国有企业造成伤害，但同时也能够引进新技术、进入新市场和创建新的企业。

作为全球化世界的另一面，虽然对外援助存在诸多缺陷，但还是给数以百万计的人民带来了利益，而且这些利益是在未被人注意的情况下实现的：菲律宾的游击队队员放下武器后，世界银行对其进行资助，为其提供就业机会；灌溉项目的实施使得那些幸运的农民因其农田得到灌溉而收入翻番；教育项目使农村地区的人们都具备一定的读写能力；在一些国家，艾滋病项目有助于控制这一致命疾病的传播。

很多人诋毁全球化是因为他们常常忽视了全球化的好处。如果说有什么不同的话，那就是全球化的提倡者们认为它的好处变得越来越不平衡。对这些提倡者来说，全球化（通常与接受已取得胜利的美国式资本主义联系在一起）是一种进步；如果发展中国家希望有效地实现增长和与贫困做斗争，就必须接受全球化。但是对大部分发展中国家来说，全球化并没有为其带来它承诺的经济利益。

贫富差距的持续扩大已使得第三世界中越来越多的人处于赤贫之中，他们每人每天的生活费用不足1美元。尽管在20世纪90年代不断地承诺要降低贫困，但是，贫困人口的实际数目增加了近1亿。[2] 而与此同时，世界总收入却以年均2.5%的速度保持增长。

在非洲，随着殖民地的独立，人们对其抱有较高的期望，但最终这些期望在很大程度上都没有实现。相反，随着收入的减少以及生活标准的不断下滑，非洲大陆陷入深深的困苦之中。过去几十年间在预期寿命方面所取得的来之不易的成就也开始呈现下滑趋势。虽然艾滋病的肆虐是预期寿命下降的主要原因，但贫困也是其原因之一。即使是那些放弃了计划经济的非洲国家，在成功地组建了相对诚实的政府、平衡了他们的财政预算、将通货膨胀降低到合适的水平后，却依然无法吸引私有投资者。如果没有这些私有投资，它们将不可能实现可持续的增长。

如果说全球化并没能在降低贫困方面取得成功，同样，它也没能成功地维持稳定。亚洲和拉美爆发的危机威胁到所有发展中国家的经济和稳定。对金融危机蔓延的恐惧波及全世界，新兴市场国家通货的崩溃意味着其他国家的货币也会随之下跌。1997年和1998年的亚洲金融危机似乎一度对整个世界经济造成威胁。

在俄罗斯和其他向市场经济转型的经济体中，全球化和实行市场经济并没有为其带来预期的效果。西方人告诉这些国家，新的经济体系将会给它们带来意想不到的繁荣。实际正好相反，新的经济体系给它们带来了意想不到的贫困：在许多方面，对于大部分人来说，事实证明市场经济比他们预计的情况还要糟糕。通过对比由国际经济组织策划的俄罗斯经济转型和由中国人自己策划的中国经济转型，我们可以发现两者的差距非常明显：1990年，中国国内生产总值仅相当于俄罗斯国内生产总值的60%，而到20世纪末期，这个数字正好相反，俄罗斯的国内生产总值仅相当于中国国内生产总值的60%。与此同时，俄罗斯的贫困人口出现了意想不到的增长，而中国的贫困人口则出现了意想不到的下降。

全球化的批评者谴责西方国家的虚伪，这些批评者是正确的。西方国家迫使贫穷国家取消贸易壁垒，但它们却保持自己的贸易壁垒，阻止发展中国家向它们出口农产品，并因此剥夺了这些发展中国家急需的出口收入。当然，这其中的罪魁祸首是美国，这正是我极为关注的问题。在担任美国经济顾问委员会主席时，我就与前任主席在委员会中形成两派，强烈地反对这一虚伪的做法。这种虚伪的做法不仅伤害到发展中国家，同时也使美国人付出了数十亿美元的代价：作为消费者，他们需要为购买的农产品支付更高的价格；同时作为纳税人，他们需要负担巨额的农业补贴。我的这些斗争大部分都是徒劳的。特殊的商业和金融利益处于绝对优势——当我到世界银行任职时，我非常清楚地看到发展中家的结局。

但是，甚至还没有对这些虚伪行为背负获罪感，西方国家就开始了推动全球化议程，以发展中世界的损失来确保它们自己能够获得不均衡的利益。更发达的工业化国家不仅拒绝向发展中国家的货物开放市场，比如，从纺织品到糖等许多货物都保持其配额，同时还坚持要求发展中国家对富裕国家开放市场。更发达的工业化国家不仅继续对农产品进行补贴，使发展中国家的农产品更难以与其竞争，同时坚持要求发展中国家削减其对工业产品的补贴。看看"贸易条件"——发达国家和欠发达国家对其生产的产品所获得的价格，在1995年最后一个（第八个）贸易协定之后的情况，对于一些最贫穷国家来说，相对于为其进口所支付的价格，其净效益是降低了它们的产品在世界上获得的价格。[1]结果，世界上一些最贫穷国家的情况的确变得更加糟糕。

西方银行受益于拉美和亚洲宽松的资本市场控制，但是这些地区却因为这些投机性热钱（它们往往是在一夜间流入和流出某个国家的资金，经常押宝似地赌某种通货是升值还是贬值）突然涌入某些国家后又突然回流而遭受损失。资金的突然流出将会造成通货的崩溃，从而削弱了银行体系。乌拉圭回合同样加强了知识产权保护。美国和其他西方国家的医药公司现在可以阻止印度和巴西医药公司"剽窃"它们的知识产权。但是发展中世界的医药公司正在为其国民生产他们能够消费得起的救命药，这些药的价格仅相当于西方医药公司出售价格的一小部分。因此，可以说乌拉圭回合所做出的决定是一把双刃剑：一方面，西方医药公司不断发展，提倡者宣称知识产权保护将为这些医药公司提供创新的动力；但是，在发展中世界，由于很少人能够买得起这些药品，因此销售利润

---

[1] 第八个协定是乌拉圭回合谈判的结果，该谈判被称为乌拉圭回合是因为它于1986年在乌拉圭的埃斯特角城开始的。此回合谈判于1993年12月15日在摩洛哥马拉喀什结束，当时117个参与方加入了这一贸易自由化协定。该协定最终由美国总统克林顿于1994年12月8日签署。世界贸易组织于1995年1月1日正式开始运作，到1995年7月已有超过100个参与方签署了该协定。该协定有一条规定了从关税与贸易总协定向世界贸易组织的转变。

的增长将会很少，进而使得激励效益受到限制。另一方面，由于发展中国家政府和个人不能持续支付如此高的医药费用，成千上万的人由于无力购买如此昂贵的救命药而被判了死刑。就拿艾滋病来说，由于国际义愤非常强烈，以至于医药公司最终不得不放弃以前的主张，甚至同意降低药品价格，并于2001年下半年开始以成本价格销售其药品。但这里依然存在潜在的问题——乌拉圭回合谈判所建立的知识产权制度实际上是不平衡的，它压倒性地反映了生产者的利益和观点，而忽视了消费者的利益和看法，无论是在发达国家还是在发展中国家，情况都一样。

不仅是贸易自由化，全球化的各个方面看起来都是好心办坏事。无论是在农业方面还是在基础设施方面，当那些由西方推荐、向西方委员会咨询后设计并由世界银行或其他国际组织资助的方案失败时，除非存在一定的债务减免形式，否则，发展中国家的贫穷人民依然还需还清贷款。

在很多情况下，如果全球化的利益并没有像其提倡者描述得那么多的话，加上环境的破坏、政治程序的腐败以及较快的转变进程没有给予这些发展中国家足够的文化适应时间，那么这些发展中国家将会付出更大的代价。金融危机在造成大量失业后，又会反过来带来长期的社会分裂问题，从拉美的城市暴乱到世界上其他国家和地区（比如印度尼西亚）的种族冲突等都能说明这一问题。

其实，这些都不是新问题——但在全球范围内，那些驱动全球化的政策遭遇到越来越强烈的反对，这的确是一项重大改变。几十年来，西方人几乎不了解非洲和世界其他地方发展中国家的贫穷危机。当那些发展中国家的劳动人民看到金融危机变得更加频繁并且贫困人口不断增加时，他们知道一定是哪儿出了错。但他们并没有办法来改变这些规则，或者影响制定这些规则的国际金融机构。那些评估民主进程的人看到了"制约性"（那些由国际金融机构强制性规定的、作为对其提供援助进行回报的条件）是如何破坏一个国家主权的。但是直到出现抗议者，才出现一丝改变的希望和释放抱怨的机会。一些抗议者走向极端；一些抗议者赞同针对发展中国家较高的保护主义壁垒将会使这些发展中国家的情况变得更糟。但抛开这些问题，正是贸易联合主义者、学者和环境主义者（他们都是普通公民）在布拉格、西雅图、华盛顿、热那亚等地的街道上进行游行，也正是他们提出要对发达世界的议程进行改革。

抗议者与美国财政部长及大部分发达工业国家的财政部长和贸易部长们看待全球化的视角不同，他们的观点差异如此之大，以至于人们怀疑抗议者和政策制定者是否在讨论同一问题，他们是否看到了相同的数据，当权者的观点是否被特别和特殊的利益所阻碍。

同时遭到诽谤和赞扬的全球化，其真相究竟是什么呢？从本质上讲，全球化是世界各国和人民更加紧密的一体化，它显著地降低了交通运输和通信成本，并且削减了货物、服务、资本、知识和跨国界（较小范围内的）的人力资源移动的人为壁垒。在全球化过程中，不断成立新的机构，这些机构与现有机构并存，并在世界范围内开展工作。在国际平民社会的竞技舞台上，新的群体，如同天主教的大赦运动减少了最贫穷国家的债务一般，加入诸如国际红十字会这样长期建立的组织中。被跨国公司强力推动的全球化，不仅使资本和货物进行跨国界流动，并且使技术也跨国界流动。全球化使得人们再次关注建立长期的国际政府间组织——联合国，其目标是维护世界和平；国际劳工组织（ILO），最初成立于1919年，它提出了"体面劳动"的口号，其目标是在世界范围内推进就业议题；世界卫生组织（WHO），它尤其关注改善发展中国家和地区的卫生条件。

全球化的许多方面，也有可能其大部分在任何地方都受到欢迎。当世界其他地方的知识和医疗条件能够得到满足时，没有人愿意眼睁睁地看到自己的孩子夭折。正式定义较为狭窄的全球化经济领域和国际机构成为争议的主题。这些国际机构制定规则，要求或推动诸如资本市场自由化（废除发展中国家制定的用以稳定那些不稳定的资金流入流出该国的规章制度）等内容。

要想理清哪里出了问题，有必要审视管理全球化的三个主要国际机构，这三个国际机构分别是：国际货币基金组织、世界银行和世界贸易组织。另外，还有许多其他的组织，它们也在国际经济体系中发挥着重要的作用，诸如作为世界银行小姐妹的大量区域性银行；诸多联合国下的组织，如联合国开发计划署（UNDP）、联合国贸易和发展会议（UNCTAD）。这些组织的观点常常与国际货币基金组织、世界银行明显不同。比如，国际劳工组织担心国际货币基金组织不太关注工人的权利，而亚洲开发银行（ADB）赞成"竞争性多元化"，认为应给发展中国家提供可选择的发展战略，包括"亚洲模式"。在此模式中，政府一方面依赖市场，另一方面又要采取积极的行动创建、重塑和引导市场，包括促进新技术等；同样，在此模式中，企业需要对他们员工的社会福利承担相当多的责任——这正是亚洲开发银行所倡导的，与那些总部设立在华盛顿的国际机构所推行的美国模式明显不同的地方。

本书中，我主要关注国际货币基金组织和世界银行，在很大程度上是因为过去20年来，它们一度处于主要经济议题的中心，包括金融危机和一些国家向市场经济转型。国际货币基金组织和世界银行都是第二次世界大战期间作为1944年7月在新罕布什尔州布雷顿森林召开的联合国货币与金融会议的产物，部分目的是为第二次世界大战毁坏后的欧洲重建筹集资金，并将世界从未来经济衰退中拯救出来。世界银行正确的名字应该是国际复兴开发银行，这更能够反映出其最初的使命。最后一个词"开发"几乎是作为一个事后产生的想法而加上去的。在当时，发展中世界的大部分国家依然是殖民地，它们对经济发展的微弱贡献或可以或可能采取的努力被认为是它们对欧洲宗主国的义务。

分配给国际货币基金组织的任务是保证全球经济稳定。20世纪30年代全球经济衰退的阴影都深深地印入那些参与布雷顿森林会议的人心中。大约75年前，资本主义面临迄今为止最严重的经济危机。大萧条笼罩了整个世界，并造成前所未有的失业增加。更糟糕的是，美国有1/4的工人失业。后来成为布雷顿森林体系的主要参与者的英国经济学家约翰·梅纳德·凯恩斯（John Maynard Keynes）对这一问题进行了简单的解释，并提出了一套对应的简单解决方案：经济衰退是因为缺乏有效总需求，而政府政策能够有助于刺激总需求。比如，在货币政策无效时，政府可以依赖财政政策，包括增加支出或者减少税收。以凯恩斯理论为基础的分析模型随后遭到的批评和提炼，能够让我们更深刻地理解为什么市场力量不能迅速地将经济调整到充分就业状态，这一基本经验到现在依然正确。

国际货币基金组织要承担避免再一次全球衰退的重任，为做到这一点，它通过要求那些在保持全球总需求中没能公平地承担相应份额的国家放任自身的经济衰退来对其进行施压；在必要的时候，它还向那些面临经济衰退和无力以它们自己的资源刺激总需求的国家提供贷款以保持流动性。

在国际货币基金组织最初的理念中，该组织是基于这样的认识：市场经常不能有效地发挥作用——它有可能造成大量的失业，并且，在这些国家经济复苏的过程中，不能帮助它们筹集到必需的资金。正如联合国成立的信仰是需要在全球层面集体行动以维持政治稳定一样，国际货币基金组织成立的信仰是在全球层面需要集体行动以维持经济稳定。国际货币基金组织是一个公共机构，其成立的资金是由世界上的纳税人提供的。记住这一点非常重要，因为国际货币基金组织既不向资助它的公民直接负责，也不向那些生活有可能受国际货币基金组织影响的人负责。相反，它向世界各国的财政部长和中央银行行长负责。他们通过一个很复杂的投票制度来维持自己的控制，该投票制度在很大程度上是基于第二次世界大战结束时各国的经济实力。国际货币基金组织成立后对投票制度进行了微小的调整，但主要发达国家仍占据主导地位，仅有一个国家具有有效的否决权，那就是美国（这一方面，与联合国相似，历史的时代错误地决定了谁拥有否决权——第二次世界大战获胜者，但最终，该否决权由5个国家分享）。

在国际货币基金组织成立之初，其认识发生了明显的改变。以前，国际货币基金组织认为市场经常不能有效地发挥作用，如今，它以意识形态的热忱支持市场是至高无上的；以前，国际货币基金组织曾认为一些国家需要国际压力来推行更为扩张的经济政策（比如增加支出、减少税收或者降低利率来刺激经济），而如今，只有那些国家实施诸如减少赤字、增加税收或提高利率等导致经济萎缩的政策时，它才提供资金支持。如果凯恩斯能够看到在他的下一代身上发生了什么，他可能会从坟墓中翻身起来。

20世纪80年代，这些国际组织发生了最具戏剧性的变化。当时，罗纳德·里根和玛格丽特·撒切尔分别在美国和英国鼓吹自由市场理念。国际货币基金组织和世界银行成为新的传教机构，通过它们，这些观点勉强地在贫穷国家推行，而这些贫穷国家往往非常急切地需要国际货币基金组织的贷款和赠予。虽然这些国家的政府官员（从更广泛的意义上说，是这些国家的人民）经常会怀疑这些政策，但如果必要的话，这些贫穷国家的财政部长们宁愿改变他们的信仰以获得他们需要的资金。20世纪80年代早期，世界银行内部的研究部门（它指导着世界银行的思想和方向）进行了人员调整，其思想得以进化。美国最著名的发展经济学家之一、哈佛大学教授霍利斯·钱纳里（他曾经对发展经济学及相关领域的研究做出基础性贡献）成为罗伯特·麦克纳马拉的密友和顾问。而麦克纳马拉在1968年担任世界银行的总裁。由于麦克纳马拉为其看到的整个第三世界国家的贫困情况所震动，因此将世界银行的努力方向放在消除第三世界的贫困上，并且由钱纳里组织了一批来自世界各地的一流经济学家和他一起工作。但当1981年威廉姆·克劳森开始担任世界银行总裁时，他聘请了另一位首席经济学家安妮·克鲁格（一位国际贸易专家，以在"寻租"⊖方面的研究而出名）。对于钱纳里和他的团队关注的发展中国家市场如何失灵以及政府应该如何改进市场和降低贫困这些问题，克鲁格认为政府是问题所在，自由市场是解决发展中国家问题的方法。在新的意识形态下，钱纳里所召集的经济学家有很大一部分离开了世界银行。

⊖ 特殊利益方如何利用关税和其他保护主义措施，以别人的代价来增加他们的收入。

虽然国际货币基金组织和世界银行的使命截然不同，但正是在这个时候它们的活动变得相互交错。在20世纪80年代，世界银行突破了只向项目（诸如修路和修水坝）发放贷款的做法，在得到国际货币基金组织授权的情况下，世界银行也开始以结构调整贷款的形式提供广泛的支持，但在国际货币基金组织批准时，会对这些国家强加某些条件。国际货币基金组织本应当关注危机；但是发展中国家一直需要帮助，因此，国际货币基金组织成为发展中世界大部分国家生活中永远离不开的一部分。

柏林墙的倒塌为国际货币基金组织提供了新的舞台：对苏联和东欧一些国家向市场经济转型进行管理。最近，危机变得越来越严重，即便是国际货币基金组织巨大的保险箱也显得资金不足，它要求世界银行提供数百亿美元的紧急支持，但严格地说，世界银行仅仅作为一个次级合作伙伴来执行国际货币基金组织所规定的方案指南。原则上，国际货币基金组织和世界银行有明显的分工。国际货币基金组织主要是处理某个国家的宏观经济问题，如预算赤字、货币政策、通货膨胀、贸易赤字和对外借贷等；而世界银行主要用来管理结构性议题，比如，国家政府如何运用其资金、国家的金融机构、劳动力市场和贸易政策等。但在这个问题上，国际货币基金组织采取了更为帝国主义化的观点，它认为，由于几乎所有的结构议题都有可能影响总体经济表现，进而影响到政府预算或者贸易赤字，因此它几乎将所有的问题都纳入其管辖范围。国际货币基金组织还经常对世界银行表示不耐烦，即使是在自由市场意识形态处于至高无上的年代，依然存在某些国家最适合采取何种政策的问题。国际货币基金组织知道答案（基本上，对每个国家来说答案都相同），但是却看不到对此问题进行讨论的需要，而且当世界银行就应该采取什么措施进行争论时，它经常发现自己犹如在真空状态下提供解答。

本来，这两个机构能够在发展和转型这些挑战性的议题上提供可选择的观点，并且在此过程中它们能够强化其民主进程。但这两个机构都是由七国集团（七个最重要的发达工业化国家政府）⊖尤其是它们的财政部长的集体意志所驱动，而他们常常最不希望做的事就是对可选的战略进行现场民主辩论。

很显然，在国际货币基金组织成立半个世纪后，它并没有完成其使命。它并没有按照其既定目标行事——为面临经济衰退的国家提供资金，帮助这些国家将其经济恢复到接近充分就业的水平。事实上，尽管在过去 50 年里我们对经济进程的理解已经得到了巨大的提升，但是世界范围内的危机变得更加频繁，其影响程度更深（除大萧条外）。据估算，差不多有 100 个国家经历过危机。³ 对其资本市场进行自由化的每个主要新兴市场至少经历了一次危机。但这并不是霉运的开始。国际货币基金组织所推行的许多政策，特别是早熟的资本市场自由化政策，造成了全球经济的不稳定。并且，一旦某个国家处于危机中，国际货币基金组织的资助和方案不仅不能稳定这种状况，而且在许多情况下，反而将情况变得更糟，尤其是对贫穷国家来说更是如此。国际货币基金组织并没有实现其促进全球经济稳定的最初使命；在其他承担的新使命中，如指导一些国家向市场经济转型方面同样不成功。

与国际货币基金组织管理国际金融及相关问题的工作相似，布雷顿森林协议同样要求建立第三个国际经济组织——世界贸易组织来管理国际贸易及相关问题。以邻为壑的贸易政策（一些国家通过提高关税以其邻国的代价来维持本国经济的政策）在很大程度上被指责扩散和加深了萧条。建立世界贸易组织不仅是要避免这种以邻为壑的贸易政策再次发生，同时要鼓励货物和服务自由流动。虽然关税与贸易总协定成功地降低了关税，但却很难实现最后的谅解。直到 1995 年，在第二次世界大战结束半个世纪或者说在大萧条过去 3/4 个世纪后，世界贸易组织成立了。但世界贸易组织与国际货币基金组织和世界银行明显不同，它本身并不

⊖ 这七个国家是美国、日本、德国、加拿大、意大利、法国和英国。目前，传统的七国集团与俄罗斯一起组成八国集团。

制定规则，只是为贸易谈判的进行提供谈判场所，并确保其协定协议得以实施。

建立国际经济组织的意图是好的，但是这些年来意图逐渐变味儿了。当初，国际货币基金组织崇尚凯恩斯主义，它强调市场失灵和政府在创造就业机会方面的作用，而在20世纪80年代这些看法逐渐被自由市场颂歌所替代，这只是新"华盛顿共识"的一部分。华盛顿共识是国际货币基金组织、世界银行和美国财政部之间就发展中国家"正确"的政策所达成的共识，这些发展中国家在促进经济发展和维持稳定方面选择了完全不同的方法。

华盛顿共识中所达成的许多想法是针对拉美国家的问题发展起来的，在拉美，政府在放松货币政策的同时失去了对预算的控制，从而造成恶性通货膨胀。在第二次世界大战后几十年内，在这些地区内许多国家实现了蓬勃发展但未能持续，据说是因为国家对经济的过度干预所造成的。不幸的是，有针对性地对拉美国家的问题而开发的想法随后被应用于其他国家，而这些国家与拉美国家具有完全不同的经济结构、优势和劣势。尽管当时在理论和经验上不存在强有力的机构保证这些政策能够促进增长，但像资本市场自由化这样的政策还是在拉美被广泛推广了。甚至当事实表明这些政策造成了不稳定时，这些政策仍到处加以实施，有时候，即使是在更不合适的情况下也是如此。

许多情况下，即使华盛顿共识的政策适用于拉美国家，它们也不适合处于发展和转型早期阶段的国家。大部分发达工业化国家，包括美国和日本，已经明智地选择保护它们的工业，直到它们变得足够强大可以与国外公司竞争为止，从而来增强其经济实力。而全方位保护主义对于那些尝试保护主义的国家并没有效果，同样，迅速实行贸易自由化也不起作用。强迫发展中国家开放其进口产品市场，将会造成与其自己生产的产品进行竞争，而在与那些来自其他国家更强大的同类产业进行竞争时，这些产业非常容易受到攻击，这将会在社会和经济上产生灾难性后果。工作被系统地摧毁了——发展中国家贫困农民生产的货物根本不能与那些来自欧洲和美国获得高额补贴的货物进行竞争,至少在这些国家的工业和农业部门发展到足够强大和能够创造新的就业机会之前是这样。更糟糕的是,国际货币基金组织对发展中国家的主张依然是维持紧缩的货币政策,造成其利率水平即使在最好的环境下也不可能创造就业机会。因为在安全网到位之前实施贸易自由化,那些失去工作的人就变得非常贫困。因此,自由化经常会导致这样的情况:自由化过程中承诺的经济增长并没有实现,但痛苦却一直在增加,甚至是那些并没有失去工作的人也遭受到不断增强的不安全感的打击。

另外一个例子是资本控制:直到 20 世纪 70 年代,欧盟国家一直都禁止资本自由流动。有些人或许会说,在发展中国家的银行体系难以发挥作用前,坚持要求它们冒险开放资本市场是不公平的。但如果抛开公平这一观念不管,就是糟糕的经济学。资本市场自由化后,热钱频繁地进出某个国家将会造成极大的破坏。较小的发展中国家就像海上的小船,由国际货币基金组织推行的快速资本市场自由化就像推动较小的发展中国家在广阔的大海上航行,如果没有将这些小船上的许多窟窿修补好、船长没有接受应有的培训、没有将救生衣放到甲板上,即使在最好的环境下,在大浪撞击后小船也很有可能倾覆。

国际货币基金组织赞同"错误"的经济理论,但是如果其活动范围限制在欧洲、美国及其他能够发展自己的发达工业化国家,也不会出现问题。但是,殖民地的解放和向市场经济转型为国际金融机构大范围地推广其原始使命提供了机会。当前,这些机构逐渐在世界经济中占据统治地位。不仅是那些需要国际货币基金组织援助的国家,就是那些寻求"批准印章"以便它们能够更好地进入国际资本市场的国家也要遵循它们的经济指令,这些指令反映了国际组织自由市场意识形态和理论。

对许多人来说,结果最终都是贫穷;对许多国家来说,结果最终是社会和政治混乱。国际货币基金组织几乎在所有领域都犯了错,主要涉及:发展、危机管理、一些国家向市场经济的转型。结构调整项目并没有带来稳定的增长，甚至对如玻利维亚这些遵循其限制和约束的国家也同样如此；许多国家由于过分的节俭制约了经济增长；成功的经济方案需要特别关注先后顺序（即改革发生的秩序）和步骤。比如，建立较为强大的金融机构之前，如果为了追求竞争而过快地开放市场，那么摧毁就业机会的速度就要快于创造就业机会的速度。在许多国家中，在先后顺序和步骤方面犯下的错误造成了失业和贫困的增加。[4] 1997年亚洲金融危机中，国际货币基金组织的政策恶化了印度尼西亚和泰国的危机。拉美的自由市场改革也只有一两个国家取得了成功——智利就是经常被引用的例子。但到目前为止，拉美地区其他的大部分国家不得不去弥补20世纪80年代早期所谓的成功的国际货币基金组织紧急援助后增长失去的10年；另外，还有许多国家目前仍然存在较高的失业率，比如阿根廷，自1995年以来其失业率一直保持在两位数，甚至在通货膨胀率下降时依然如此。2001年，阿根廷的经济崩溃了，这是过去几年内国际货币基金组织一系列政策失败中最近的一件事。最终，在连续7年的高失业率情况下，阿根廷的市民不得已发生了暴动，这毫不奇怪，奇怪的是他们竟然能够非常安静地忍耐这么长的时间。甚至是那些经济实现了有限增长的国家，我们也只看到发生在富人身上的利益，尤其是那些非常富有的人——前10%，而与此同时，贫困依然居高不下，在一些国家中，处于底层贫困人民的收入反而有所下降。

存在于国际货币基金组织和其他国际经济机构中潜在的问题是关于管理的：由谁来决定它们怎么做。由于这些组织不仅受富裕的工业化国家控制，同时也受这些国家的商业和金融利益所支配，因此这些机构的政策自然会反映这一点。倾向于这些机构的选择正说明了它们的问题，同时也经常造成其他的发展障碍。然而，目前看来，国际货币基金组织和世界银行几乎所有的活动（更准确地说是其所有的借贷行为）都发生在发展中国家，而且这些机构都是由发达工业化国家的代表们来领导的（根据惯例和不成文的规定，国际货币基金组织的负责人一般由欧洲人担任，而世界银行的负责人一般由美国人担任）。这些人都是关着门选举出来的，并且在发展中世界工作的经历从来没有成为考察这些候选人的先决条件。这些机构并不代表它们服务的国家。

另外还有一个问题就是谁代表这些国家的利益。国际货币基金组织反映的是财政部长和中央银行行长的声音。世界贸易组织反映的是贸易部长的声音。这些部长们都反映出其国内特定集团关注的问题——不仅是出口者希望看到新的市场对他们生产的产品开放市场，同样货物生产者也担心来自新进口产品的竞争。当然，这些集团希望尽可能地维持现在的贸易壁垒，并且尽可能地说服国会（或者他们的议会）争取到补贴。事实上，贸易壁垒提高了消费者支付的价格，而补贴加重了纳税人的负担，对这些问题的关注都不如对生产者利益的关注；同样，相对于那些必须克服的贸易壁垒，环境和劳工问题更是没有受到重视。财政部长和中央银行行长通常与金融界紧密地联系在一起，他们来自金融企业，在为政府服务期满之后（即在退休后），他们又会回到这些金融企业任职。罗伯特·鲁宾（Robert Rubin），在本书多处提到时任美国的财政部长，他来自最大的投资银行——高盛公司（Goldman Sachs），政府服务期满后（退休后），他又到花旗集团（Citigroup）任职，花旗集团控制着最大的商业银行——花旗银行。在此期间，国际货币基金组织的第二号人物——斯丹·费舍尔（Stan Fischer），直接从国际货币基金组织到花旗集团。这些人自然会运用金融界的视角来看待世界。因此这些机构的政策自然会反映那些决策者的观点和利益。本书以下的章节我们会多次看到这种情况，这并不令人惊讶，国际经济机构的政策常常与它们在发达工业国家的商业和金融利益联系在一起。

对于那些辛辛苦苦偿还国际货币基金组织贷款的发展中国家农民来说，对于那些由于国际货币基金组织的主张而使其承受高附加值税收的商人们来说，当前国际货币基金组织的运行体系仅是一种没有代表性的征税。随着印度尼西亚、摩洛哥及巴布亚新几内亚对贫困人口燃料和食物补贴的削减；随着泰国人看到由于国际货币基金组织强制的健康支出减少，艾滋病患者不断增加；随着许多发展中国家的家庭因为所谓的成本恢复方案不得不支付其子女的教育费用，从而不得不忍痛做出不送他们的儿女去学校读书的选择，国际货币基金组织庇护下的全球化国际体系正趋于清醒。

由于没有选择，没有方式表达他们的关注和迫切的改变要求，人民就选择了暴动。当然，街道不是讨论问题、阐明政策或伪造妥协的地方。但是抗议者也使得世界上所有的政府官员和经济学家开始考虑将华盛顿共识政策作为一个与真正实现增长和发展方式的选择方案。已经付诸实践的全球化并没有实现其提倡者承诺的目标，或者说其能够或应该达到的目标，关于这一点非常明显：不仅对普通公民来说是这样，对政策制定者来说同样如此；不仅在发展中国家是这样，在发达国家也是这样。在某些情况下，它甚至没有带来增长，即使实现了增长，其增长的利益也不能被所有人分享；华盛顿共识所制定的政策的净效益也经常使少数人以其他人的代价而受益，使得少数富人以穷人的代价而受益。在许多情况下，商业利益和价值取代了对环境、民主、人权和社会司法等问题的关注。

全球化本身并无好坏之分，它有能力产生巨大益处，比如对亚洲的国家来说，这些亚洲国家按照自己的条件来拥抱全球化，按照自己的步骤来实现全球化，尽管也经历了1997年金融危机造成的倒退，但最终结果仍然是取得了巨大的利益；但在很多其他国家，全球化并没有带来与此相当的利益。

19世纪美国的经验为今天的全球化提供了很好的借鉴——这一对比有助于阐明过去的成功和如今的失败。当时，随着交通和通信成本的下降以及本地市场的扩张，形成了新的民族经济，随着这些民族经济的形成，成立了民族企业，它们在全国范围内经营。但市场并不是毫无规律地发展，政府在经济演变过程中发挥关键作用。在法律宽泛地解释了允许联邦政府对州际的商业条款进行规制时，美国政府获得了广泛的经济空间。联邦政府开始规制金融体系，制定最低工资标准和工作条件，最后提供失业和福利系统以处理市场体系引起的问题。联邦政府同时也促进一些工业（例如1842年美国联邦政府在巴尔的摩和华盛顿之间铺设了第一条电话线）的发展，并鼓励发展其他产业，例如农业，不仅要帮助建立研究型大学，同时为农场主提供新技术培训等额外服务。联邦政府不仅在促进美国经济增长方面发挥着核心作用，虽然它没有从事一系列积极的再分配政策，但至少它制定了利益被广泛分享的方案——不仅包括扩大教育和改进农业生产率的方案，也包括给所有美国人提供最少机会的土地赠予。

如今，随着交通和运输成本的继续下降，货物、服务和资本流动的人为壁垒不断降低（虽然仍然存在严重的劳动力自由流动壁垒），我们拥有与民族经济形成早期进程相似的"全球化"进程。不幸的是，我们没有世界管理机构对每个国家的公民负责，用国家政府引导其国有化进程类似的方式来监视全球化进程。相反，我们的体系可以说是没有全球政府的全球管理，在这种情况下，少数机构（诸如世界银行、国际货币基金组织、世界贸易组织）和少量参与者（财政部长、商务部长和贸易部长，他们都与特定的金融和商业利益更紧密地联系在一起）控制着整个局面，但与此同时，那些受到他们决策影响的人们几乎没有发言权。现在是时候改变管理国际经济秩序规则了，需要重新考虑在国际层次中如何进行决策，按照谁的利益制定决策，更少地强调意识形态，同时更多地考虑哪些因素在发挥作用。我们所看到的东亚的成功发展能够在其他任何地方实践，这一点非常关键。全球继续不稳定的成本非常大，全球化能够被重塑，在其被重塑，在其能够恰当公正地运行时，便有可能帮助创建一个新的全球经济体系，在此全球经济体系下，增长不仅是持续的和稳定的，而且增长的成果能够被更公正、更平等地分享。

| 第 6 章 |

未兑现的承诺

1997年2月13日,我开始担任世界银行首席经济学家和高级副总裁。当我步入位于华盛顿特区19街那座雄伟、现代、闪闪发光的世界银行主楼时,首先映入我眼帘的是该组织的格言,即"我们的梦想是一个没有贫穷的世界"。在13层中庭的中央是一尊雕像,雕塑的是一个小男孩牵着一位年长的盲人,该雕像用以纪念对河盲症(盘尾丝虫病)的根治。在世界银行、世界卫生组织和其他组织共同努力根治这种疾病前,在非洲每年有成千上万的河盲症患者因这种本可预防的疾病而致盲。在街道的对面耸立着另一座金碧辉煌的大楼——国际货币基金组织的总部。在该栋大楼的大理石中庭,摆放着大量的花丛,它提醒世界各国来访的财政部长们:国际货币基金组织象征着财富和权力的中心。

民众往往会混淆世界银行和国际货币基金组织,实际上,它们在文化、风格和使命上有着明显的区别:世界银行致力于消除贫困,而国际货币基金组织致力于维护全球(经济)稳定。然而,为完成其使命,这两个机构都有经济学家队伍花3个星期深入发展中国家进行实地考察。世界银行已经尽力确保其职员有相当一部分永久居住在他们试图提供援助的国家；与世界银行不同，国际货币基金组织往往仅有一位"驻地代表"，而且他们的权力非常有限。国际货币基金组织的方案通常在华盛顿制定，并且由其代表团在短期内制定。在政策制定期间，国际货币基金组织的职员们舒适地住在各国首都的五星级酒店内，注视着财政部和中央银行提供的数字。这两个国际组织的差异不仅仅是象征意义上的：如果不到乡下去了解民情，人们是不会了解和热爱这个国家的，我们不应当只将失业看作是一个统计数字，一个经济的"伤亡人数"，一个与通货膨胀做斗争或确保西方银行得到偿付过程中的无辜受害者。这些失业者都是有家庭的，他们的生活受到局外人建议的经济政策的影响，有时甚至是毁灭性的。在国际货币基金组织的案例中，这些政策都是被强制实施的。现代高科技战争被认为是没有身体接触的战争：从 5 万英尺⊖的高空中投下炸弹，却能使人们根本"感觉"不到发生了什么。现代经济管理也与此类似：我们可以在豪华酒店内无情地强制推行某些政策，而如果我们对那些生活正在遭到破坏的人们有所了解的话，在推行这些政策时就会三思而后行。

在非洲、尼泊尔、棉兰老岛或者埃塞俄比亚的村庄中，那些在首都之外考察的人们看到的情况和得到的统计数据证实：贫富差距在进一步扩大，生活在绝对贫困线（每天生活费用低于 1 美元）下的人口数目仍在增加。甚至在那些河盲症得以根治的地方，尽管发达国家向发展中国家许以诸多美好的愿望和承诺，但人们仍忍受着贫困，而其中大部分地区曾是这些发达国家的殖民地。

心态不是一夜之间就可以改变的，无论在发达国家还是在发展中国家，情况都一样。虽然发达国家给予发展中国家自由（一般都是在发展中国家对自治没有任何准备的情况下），但并没有改变发达国家以往那种殖民地主人的观点。因此，这些发达国家依然保持着殖民思想——"白人的负担"，它们认为自己知道什么对于发展中国家来说是最好的。虽然控制着全球经济局势的美国并没有多少殖民地，但美国人的信用也受到了

⊖ 1 英尺 = 0.3048 米。

损害，这主要不是因为其"天定命运"的扩张主义，而是因为"冷战"。

在去世界银行任职的前一天晚上，我举行了我作为总统经济顾问委员会主席的最后一次记者招待会。在国内经济得到很好控制的情况下，我觉得，对于一个经济学家来说当时最大的挑战是日益严重的世界贫困问题。对于世界上大约 12 亿每天生活费用不足 1 美元的人们或者大约 28 亿（占世界总人口的 45%）每天生活费用不足 2 美元的人们来说，我们能够做些什么。我们将为实现"一个没有贫穷的世界"这一梦想做些什么？我将怎样着手实现一个更为现实的梦想——减少世界贫穷？我的任务主要包括三个方面的内容：认真思考什么战略对于促进增长和减少贫困是最有效的；与发展中国家政府一起推动这些战略的实施；在发达国家中，尽我所能关注发展中世界的利益和其关心的问题，要么是努力争取开放发达国家的市场，要么是提供更有力的援助。我深知这些任务的艰巨性，却从未想到发展中国家所面临的主要障碍是人为的、完全没有必要的，而这些障碍主要是街道对面我们的小姐妹——国际货币基金组织造成的。我并不期望国际金融机构或者支持这些金融机构的政府部门中的每个人都将消除贫困视为己任；但我认为应该对战略进行公开的辩论，这些战略在很多领域似乎都失败了，尤其是在"贫穷"这个领域来说更是如此。对此，我非常失望。

埃塞俄比亚，权力政治与贫穷间的斗争

在华盛顿工作 4 年后，我已习惯了官僚和政客间的奇异世界。但直到 1997 年 3 月，到世界银行任职还不到 1 个月时，我前往埃塞俄比亚（世界最贫穷的国家之一）才开始完全沉寂于国际货币基金组织的政治和数学这个令人震惊的世界。埃塞俄比亚人均年收入仅为 110 美元，而且该国遭受了持续的干旱和饥荒，并导致 200 万人丧生。我去拜访梅莱斯·泽纳维总理，他曾为反抗海尔·马里亚姆·门格斯图的血腥统治领导了 17 年的游击战争，最终梅莱斯的部队于 1991 年获得胜利。紧接着，新政府就开始了重建国家的艰苦工作。梅莱斯最早进入大学时主修医学，

但后来他知道要把国家从多个世纪以来的贫困中解脱出来,就一定需要经济转型,于是,他又接受了正式的经济学的教育。他所展现出来的经济学知识和创造力足以使他在我教授的任何大学班级里都能名列前茅。他对经济学原理理解的深度——当然,还有对他的国家所处环境的了解程度都超越了我在此后3年里所接触的许多国际经济官员。

梅莱斯实现了将这些知识与个人品质的完美结合:没人怀疑他的忠诚,在他的政府内几乎没有关于腐败的指控。他的政敌大多数来自长期处于资本统治地位的群体,他们在梅莱斯执政后失去了政治权力,挑起了梅莱斯关于其民主原则的承诺问题。然而,梅莱斯并不是一个旧式独裁者。他和他的政府总体上致力于地方政府的分权程序,拉近了政府与人民之间的距离,同时确保中央不会失去与独立地方政府之间的联系。新宪法甚至赋予每个地区以民主投票的方式决定是否退出中央政府的权利,从而保证位于首都的政治精英们(无论是谁)不会冒险忽视对全国各地区普通公民的关注,或者确保该国中某一部分人不能将其意愿强加给其他人。1993年,当厄立特里亚宣布独立时,政府实际上履行了其承诺。(但是,随后出现的事情表明埃塞俄比亚同其他地方一样,基本民主权利并不稳定。比如,在2000年春天,政府占领了埃塞俄比亚首都亚的斯亚贝巴的一所大学,关押了一些学生和教授。)

1997年,当我到埃塞俄比亚时,梅莱斯正忙于与国际货币基金组织进行激烈的争论,因为国际货币基金组织已经取消了对埃塞俄比亚的借贷方案。埃塞俄比亚的宏观经济(正是国际货币基金组织所关注的)好得不能再好了。不存在通货膨胀,实际上物价正在下降。自从梅莱斯成功取代了门格斯图后,该国的产出一直保持稳定增长。[1] 梅莱斯的成功表明,只要能够实施正确的政策,甚至一个贫穷的非洲国家也可以实现持续的经济增长。在经过多年的斗争和重建后,埃塞俄比亚又重新获得了国际援助。但梅莱斯与国际货币基金组织之间出了问题。存在风险的不只是国际货币基金组织通过其所谓的扩大的结构调整贷款计划(该借贷方案的补贴率很高,主要是帮助贫穷国家)提供的1.27亿美元的资金,而且还包括世界银行的钱。

国际货币基金组织在国际援助方面具有突出的作用。它应当审议每个受援国的宏观经济状况，并且保证该国能够按照它自己的方式生活。如果不是这样，就存在不可避免的麻烦。在短时间内，一国可以通过借贷来获得超过其支付能力的生活方式，但最终会有算账的一天，这时就存在危机。国际货币基金组织特别关注通货膨胀，那些政府支出远高于税收和外国援助的国家经常会面临通货膨胀的局面，如果它们依靠印钞票来弥补赤字，就更容易导致通货膨胀。当然，除通货膨胀外，还有其他衡量好的宏观经济政策的标准。"宏观"这个词是指"总体"行为，是增长、失业和通货膨胀的整体水平。某个国家可以实现较低的通货膨胀，但同时经济没有出现增长，而且失业率较高，对大多数经济学家来说，这样的国家会被列入一个具有灾难性经济框架的名单中。对大多数经济学家来说，通货膨胀本身不是结果，而是实现某种结果的方式：正是因为过高的通货膨胀经常导致低增长，而低增长又导致高失业率，因此，通货膨胀才如此不受欢迎。但是国际货币基金组织似乎经常混淆结果与方式，从而失去对最应该关注问题的观察力。像阿根廷这样的国家多年来一直维持两位数的失业率，然而，正是因为能够基本保持预算平衡，而且其通货膨胀似乎也在控制范围内，因此国际货币基金组织给予其"A"级的评价。

如果一个国家没有达到规定的最低标准，国际货币基金组织将会取消其援助；通常，当国际货币基金组织取消其援助时，其他捐赠者也会这样做。这不难理解，除非具备良好的宏观经济框架，否则世界银行和国际货币基金组织不会向这些国家提供贷款。如果这些国家出现巨额赤字和高速通货膨胀，那么就存在不能妥善支配这些资金的风险。如果政府不能成功地管理好其整体经济，那么对于外国援助资金的管理也将会很糟。但如果这些宏观经济指标——通货膨胀和增长是坚实的，如同在埃塞俄比亚那样，可以肯定其潜在的宏观经济框架一定非常不错。不仅仅是因为埃塞俄比亚确实有这样健全的宏观经济框架，而且世界银行有直接证据证明该政府的能力以及向穷人做出的承诺能够兑现。埃塞俄比亚制定了一项农村发展战略，对穷人尤其关注，尤其是那些生活在农村地区占总人口85%的人群。埃塞俄比亚政府大幅度削减了军费开支，这对于一个以军事手段获得政权的政府来说是非常了不起的，因为它知道如果将资金花费在购买武器上，就不能用于反贫困。的确，这正是国际社会应当给予援助的那种政府类型。但国际货币基金组织取消了给予埃塞俄比亚的援助计划，而无视埃塞俄比亚良好的宏观经济框架，仅仅是因为它对埃塞俄比亚的财政状况表示担忧。

埃塞俄比亚政府拥有两项收入来源：税收和外国援助。只要一个国家政府的收入等于支出，它就可以保持预算平衡。同其他许多发展中国家一样，埃塞俄比亚从外国援助中获得的收入占其总收入的一大部分，国际货币基金组织担心在这些援助耗竭后，埃塞俄比亚将会陷入困境。因此国际货币基金组织认为，如果能够将支出限制在其所征收的税收金额内，埃塞俄比亚的预算状况才可以被判定为是坚实的。

国际货币基金组织的逻辑存在的明显问题是，它意味着任何贫穷国家都不能将其从国际援助中得到的资金用于任何支出。比如，如果瑞典资助埃塞俄比亚一笔资金用于修建学校，该逻辑表明，埃塞俄比亚应该改变其用途，将其作为储备（所有国家都拥有或者应当拥有储备账户，这些账户保留一定的资金以备不时之需。黄金是传统的储备物，但如今已被硬通货及其他计息的关联产品所代替，最常用的储备方式就是拥有美国国债），但这并不是国际捐赠者给予援助的理由。在埃塞俄比亚，那些独立运作且不对国际货币基金组织表示感激的捐赠者希望看到建立新的学校和诊所，而埃塞俄比亚政府同样希望如此。梅莱斯强烈地表达了对该问题的看法：他告诉我，17年来，他从未如此艰难地战斗过，而在他成功地说服捐赠者为他们修建学校和诊所后，那些国际官员却告诉他不能这么做。

国际货币基金组织的观点不是植根于对计划的持续性保持长期关注。有时，这些国家使用援助资金建立学校和诊所；而当援助资金耗尽后，就没有资金来维持这些设施。捐赠者们已经意识到这一问题,并将该考虑纳入埃塞俄比亚和其他地方的援助项目中。但是,在埃塞俄比亚这一具体案例中,国际货币基金组织宣称的内容超越了对该问题的关注。国际货币基金组织认为,国际援助太不稳定,因此不能完全依赖它。在我看来,国际货币基金组织的这一立场毫无意义,这不仅仅是因为其荒谬的暗示。据我所知,国际援助要比税收收入稳定,因为税收收入会随经济状况的变化而有明显的差异。当返回华盛顿时,我请求工作人员核查统计数据,结果他们确认了国际援助要比税收收入稳定得多。根据国际货币基金组织有关税收来源稳定的推理,埃塞俄比亚和其他发展中国家都应当在其财政预算中计入外国援助,而不是税收收入。并且,如果税收收入和外国援助都不包括在预算中"收入"的那一栏,那么每个国家都会被认为是处于糟糕的状况之中。

国际货币基金组织的推理更有缺陷。对于税收收入的不稳定性,有许多合适的应对方法,比如留出额外的储备和保持支出的灵活性。如果各种来源的收入有所下降,并且没有可供提取的储备,那么政府就不得不准备削减支出。但是对于像埃塞俄比亚那样接受援助范围广泛的贫穷国家来说,其本身存在着内在的灵活性;如果埃塞俄比亚不能够获得资金来建立传统的学校,那么,它只是不会去建立学校。埃塞俄比亚的政府官员们明白问题的关键所在,他们能够理解为什么国际货币基金组织会关注税收收入或者外国援助下降后所发生的事情,并且他们已经设计出若干政策来处理这些可能发生的事情。但他们所不能理解,并且我也不能理解的是,为什么国际货币基金组织看不到他们立场的逻辑。更为重要的是:这是为世界上最贫穷的一部分人建立的学校和诊所。

除了对如何对待外国援助持有不同意见之外,对于国际货币基金组织与埃塞俄比亚间关于提前偿还贷款的争端,我也有不同看法。埃塞俄比亚动用了部分储备提前偿还了一家美国银行的贷款,这一交易具有完美的经济意义。不管抵押品(一架飞机)的质量如何,埃塞俄比亚对贷款支付的利息要比其储备的收益率高得多。在这种情况下,我也会建议埃塞俄比亚提前偿还贷款，而且就算日后出现需要资金的情况，政府也能够利用飞机做抵押而获得资金。但美国和国际货币基金组织却反对埃塞俄比亚提前偿还贷款，它们反对的不是这项政策的逻辑，而是认为埃塞俄比亚在没有得到国际货币基金组织批准的情况下就擅自行事。为什么一个主权国家在采取每项行动前都必须征求国际货币基金组织的批准呢？如果埃塞俄比亚的行为威胁到其偿还国际货币基金组织债务的能力，人们或许可以理解；但问题是，现在的情况却恰恰相反，因为这项金融决策非常明智，它提高了该国偿还债务的能力。²

多年来，位于华盛顿第19街的国际货币基金组织总部应该对其造成的后果负责，并应根据结果进行判断。在很大程度上，埃塞俄比亚自我制定政策的结果应该已经有力地证明，埃塞俄比亚政府有能力主宰自己的命运。但是，国际货币基金组织认为，那些从它手里接受资金的国家有义务向其汇报可能与之有密切关系的一切事情；如果不向其汇报的话，就有可能取消其借贷计划，而无视行动本身的合理性。对埃塞俄比亚来说，这些干扰或多或少带有新殖民主义的色彩；而对国际货币基金组织来说，这正是标准的运作程序。

国际货币基金组织与埃塞俄比亚的关系中，还存在其他的契合点，比如说，有关埃塞俄比亚金融市场自由化的问题。良好的资本市场是资本主义的特征，但是发达国家和发展中国家在金融市场方面的差距表现得最为突出。如果按资产规模来衡量，埃塞俄比亚全国整个银行系统的总资产规模甚至小于马里兰州的贝塞斯达国民银行的资产规模，而贝塞斯达仅仅是华盛顿的郊区（贝塞斯达是位于美国马里兰州蒙哥马利县的一个未成建制的自然聚集区，2000年的人口仅为55 277人）。国际货币基金组织不仅要求埃塞俄比亚向西方国家的竞争者开放金融市场，而且要求其将埃塞俄比亚国内最大的银行进行分割。可是在花旗银行和旅行者集团，或者汉诺威制造和汉华银行这样超大的金融机构组成的世界里，它们却宣称为了有效地竞争而不得不进行合并。的确，在这样的世界中，一家规模只有东北部贝塞斯达国民银行那么大的银行的确无法与花旗银行这样的全球金融巨头竞争。当全球金融机构进入某个国家市场时，它们就能够抑制该国国内的竞争。在诸如埃塞俄比亚这样的国家里，在吸引当地银行的储蓄，在对大型跨国公司进行贷款时，与向一些小型商业企业或农场主提供信贷相比，这些国际金融巨头会更为积极和慷慨。

国际货币基金组织不仅仅希望对外国竞争者开放银行系统，还希望通过建立一个出售埃塞俄比亚政府国债的拍卖市场来"强化"该金融体系，这场改革可能是许多国家所希望的，却完全不符合埃塞俄比亚的经济发展状况。另外，国际货币基金组织还希望埃塞俄比亚对其金融市场进行"私有化"改革，也就是说，允许市场力量自由决定利率水平，而直到20世纪70年代以后，美国和西方国家才做到这一点。当时，这些国家的市场以及必备的规制设施远比今天的埃塞俄比亚发达。国际货币基金组织混淆了目标与方式。健康银行体系的主要目标之一就是以优良的条件向那些能够偿还的机构或个人提供信贷。在很大程度上，对于埃塞俄比亚这样一个农业国家的农场主来说，能够以合理的条件取得贷款用来购买种子和化肥尤其重要。而提供这种贷款的任务并不轻松；即使在美国，在经济发展的关键阶段，只有当农业处于更重要的地位时，政府才在提供需要的贷款过程中发挥至关重要的作用。埃塞俄比亚的银行体系看起来非常有效，其银行存贷率的差额要远低于那些遵循国际货币基金组织建议的其他发展中国家。但国际货币基金组织对此依然不满，仅仅是因为它认为利率水平应该由国际市场力量来自由决定，而不管这些市场是不是竞争性的。对国际货币基金组织来说，自由化的金融体系本身就是目的。它对市场的信任显得非常幼稚，以至于它相信自由化的金融体系会降低贷款的支付利率，并因此而获得更多可利用的资金。国际货币基金组织对其教条主义立场的正确性是如此确信以至于它对实际经验毫无兴趣。

埃塞俄比亚以很好的理由拒绝了国际货币基金关于开放其金融体系的要求。它看到了其东非的一个邻国在答应国际货币基金组织的要求后国内所发生的事情。在那里，国际货币基金组织坚持要求金融市场自由化，它相信银行之间的竞争将会导致利率下降。但结果是灾难性的：在实施金融自由化后，当地和本土商业银行迅速增加，然而与此同时，银行立法和银行监管没有跟上，这就出现了可预见的后果——仅在1993年和1994年，在肯尼亚就有14家银行破产。结果，利率不但没有下降反而上升了。埃塞俄比亚政府对此非常警觉，这可以理解。由于埃塞俄比亚政府承诺提高其农业部门公民的生活水平，它担心金融市场自由化将会对其经济造成毁灭性影响。而那些以前能够设法取得贷款的农民发现现在他们无法购买种子和化肥，因为他们无法获得便宜的贷款或者被迫支付他们根本不能承受的高利率。埃塞俄比亚遭受过干旱的破坏，从而造成大面积的饥荒。因此，其领导人并不希望事情更加恶化。而埃塞俄比亚人则担心国际货币基金组织的建议会减少农民的收入，从而使目前已经非常悲惨的情况更加恶化。

在埃塞俄比亚不愿接受国际货币基金组织要求的情况下，国际货币基金组织认为，埃塞俄比亚对改革并不热衷，正如我在前面所提到的那样，国际货币基金组织取消了对其的援助贷款计划。但令人兴奋的是，我和世界银行其他的经济学家成功地说服了世界银行管理层向埃塞俄比亚提供更多的贷款，这非常有意义：埃塞俄比亚是一个迫切需要帮助的国家，而且它拥有一流的经济框架和一个承诺使该国贫民从痛苦中解脱出来的政府。虽然在几个月后，国际货币基金组织最终的立场变得温和，但世界银行还是贷出了3倍于国际货币基金组织的贷款金额。为了扭转局势，在同事们无私的帮助和支持下，我发动了一场决定性的战役——"知识界的院外游说"。在华盛顿，我和同事们召开会议鼓励那些在国际货币基金组织和世界银行的职员们重新审视不发达国家的金融部门自由化问题，以及对诸如埃塞俄比亚这样依赖外国援助的贫穷国家实施不必要的强制性预算节制的后果。我试图通过直接的渠道接触国际货币基金组织的高级管理人员，也通过在世界银行的同事间接地接近他们。那些在埃塞俄比亚工作的世界银行的同事也在说服国际货币基金组织工作人员的过程中付出了类似的努力。我利用了与克林顿当局的联系施加影响，并与美国派驻国际货币基金组织的代表交谈。总之，为了使国际货币基金组织的计划能够得以恢复，我做了自己能够做的一切。

最终，国际货币基金组织恢复了其对埃塞俄比亚的援助，很高兴我的努力帮助了埃塞俄比亚。然而我也了解到，这需要付出巨大的时间和精力，即使是从国际官员内部着手也是非常不容易的。这些组织并不透明，不仅只有少得可怜的信息能够从内部向外部传递，外部信息也许更加难以渗透到这些组织内部。这种不透明性也意味着信息难以从组织的底层向高层传递。

为埃塞俄比亚争取贷款所做的努力使我了解了很多国际货币基金组织的工作情况。非常明显，有证据表明国际货币基金组织要求埃塞俄比亚进行金融市场自由化和对埃塞俄比亚宏观经济状况的判断都是错误的，但国际货币基金组织还是按自己的方式行事。不管信息多么充分，也不管人们对它的政策多么不感兴趣，国际货币基金组织好像从来不听取别人的意见。本质的问题成为从属于程序的问题。埃塞俄比亚是否偿还贷款并不重要，重要的是埃塞俄比亚未能成功地与国际货币基金组织商议。在埃塞俄比亚所处的发展阶段，怎样最好地在国内推行金融市场自由化，依然是本质问题，并且应该征询专家们的看法。事实上，国际货币基金组织并没有要求外部专家共同判断明显具有争议的议题，这一事实恰恰与国际货币基金组织一贯的做法一致，国际货币基金组织一贯将自己塑造成唯一能够提供"合理"建议的专家。甚至像偿还贷款这样的事情都要向外部经济学家咨询，以判断这种行为是否合理。其实对于这类事情，只要埃塞俄比亚的行为是提高而不是削弱了对其贷款的偿付能力就可以了，国际货币基金组织提出的看法完全不正确。但这样做就是对国际货币基金组织的强烈侮辱，因为国际货币基金组织的诸多决策都是关着门制定的，几乎从来都没有对刚提出的议题进行公开的讨论，国际货币基金组织把自己暴露于对权力政治、特殊利益和其他隐蔽原因的怀疑之中，它们与影响到国际货币基金组织政策和行为的使命和其表述的目标毫不相关。

对于像国际货币基金组织这样一个规模适中的机构来说，要想了解世界上每个国家大量相关的经济情况非常困难。国际货币基金组织中有一些最优秀的经济学家被指派到美国工作,在担任总统经济顾问委员会主席时,我经常感觉到国际货币基金组织对美国经济的理解很有限,从而为美国制定了具有误导性的政策建议。比如说,国际货币基金组织经济学家认为,只要美国的失业率降到6%以下,美国的通货膨胀就会开始上升。总统经济顾问委员会的模型表明他们是错误的,但他们对我们的努力毫无兴趣。事实上,我们是正确的,美国的失业率下降到4%以下,但通货膨胀并没有上升。在对美国经济错误分析的基础上,国际货币基金组织的经济学家提出了误导性的政策建议:提高利率。幸运的是,联邦储备委员会并没有理睬他们的建议,但其他国家却不能如此轻松地忽视国际货币基金组织的建议。

对于国际货币基金组织来说,缺乏详尽的知识并不重要,因为它向来都倾向于采用"以不变应万变"的方法。当这种方法面对发展中国家和转型经济国家的挑战时,其问题就变得尖锐起来。国际货币基金组织并没有真正宣称他们是发展专家,因为正如我所说的,其原始使命是维持全球经济稳定,而不是降低发展中国家的贫困,但它却毫不犹豫地参与到有关发展的议题中,并且参与的程度较深。关于发展的问题非常复杂:在很多方面,发展中国家面临的困难要远大于发达国家,这是因为在发展中国家缺乏市场机制,而即使存在市场机制时,运行得也不完善。同时,信息及文化习俗等问题都有可能严重地影响到经济行为。

不幸的是,由于国际货币基金组织对宏观经济学家的培训并没有做充分的准备,以至于这些经济学家在不得不面对发展中国家出现的问题时,显得力不从心。有许多毕业生顺利进入国际货币基金组织的一些大学里,失业从来都没有出现在核心课程涉及的模型中。不仅如此,在标准的竞争模型(该竞争模型是国际货币基金组织市场原教旨主义的基础)中,需求总是等于供给。如果劳动力需求等于供给,那么就不存在非自愿性失业。显然,没有工作的人会选择不工作。按照这种解释,在大萧条时期出现的失业(当时有1/4的人没有工作)可能是对于闲暇的需求突然上升的结果。而心理学家感兴趣的是，为什么人们对闲暇的需求会突然变化，或者是那些本应该好好享受这种闲暇的人们为什么看起来如此不高兴。但是，根据标准模型，这些问题都超越了经济学的范畴。虽然这些模型可能会为学术界带来一些乐趣，但在解释诸如南非这样的国家问题时，它看起来尤其格格不入。在南非，自从种族隔离解除后，其失业率就一直超过25%，将其折磨得痛苦不堪。

当然，国际货币基金组织的经济学家不会忽视失业的存在。因为，在市场原教旨主义下，根据其假设，市场运行得非常完美。因此，在劳动力市场，与货物市场或者其他要素市场一样，需求必定等于供给，这样就不可能存在失业。这些问题并不是市场的问题，一定是其他地方的问题——贪得无厌的工会和政治家们通过要求和获得超额高工资来干预自由市场的运行。这里存在的政策暗示是：如果不存在失业，那么工资就会降低。

但即使国际货币基金组织宏观经济学家的典型培训能够更好地解决发展中国家的问题，国际货币基金组织的代表团也不太可能在亚的斯亚贝巴或其他发展中国家首都通过仅3个星期的考察就能够制定真正适合该国的发展政策。这些政策更应该由这些国家国内那些受过高等教育的、一流的经济学家来制定，因为这些经济学家更了解这个国家，且一直在为解决该国家的问题而孜孜不倦地工作。其他外部人可在分享其他国家的经验以及对发挥作用的经济力量提供可行性选择的解释方面发挥作用。但国际货币基金组织并不想仅仅扮演纯粹顾问的角色，而是要与其他有可能提出各自想法的人展开竞争。国际货币基金组织想在政策形成方面发挥核心作用，它能够这么做，主要是因为其地位是建立在市场原教旨主义意识形态之上的，这种市场原教旨主义并不要求考虑一个国家的特定环境和直接问题。国际货币基金组织的经济学家可能忽略了其制定的政策对该国可能产生的短期效应，而仅仅满足于从长期来看该国会变得更好；任何负面的短期影响只是一种阵痛，仅是整个过程中不可避免的一部分。利率的飞速上涨如今可能造成饥荒，自由市场能够产生效率，效率最终导致增长,而增长将造福于所有人。忍受和痛苦是获得长期增长所必须经受的一部分,情况证明当时该国已经驶入正确的轨道。在我看来,痛苦有时是必需的,但这不是它本身的优点。设计良好的政策经常能够避免许多痛苦,并且有些形式的痛苦是事与愿违的,比如,食物补贴突然削减可能会导致骚乱、城市暴力和社会结构的瓦解等。

国际货币基金组织在说服很多人相信,如果这些国家要在长期内取得成功,采取国际货币基金组织意识形态驱动的政策很必要在这方面做得很好。经济学家总是关注于稀缺的重要性,而国际货币基金组织也时常将自己视为稀缺的使者:每个国家都不能按照超越他们自己的方式而长期生存。当然,我们也不需要那些由具有博士学位的经济学家组成的老牌金融机构来告诉某个国家需要对支出加以限制。但国际货币基金组织的改革计划运行得很好,而不仅是确保各国按照它们自己的方式生存。

国际货币基金组织形式的方案存在着可替代的选择:这些替代方案能够将伤害限制在合理的水平,它们并不是建立在市场原教旨主义之上,但已产生了正面的效果。博茨瓦纳就是一个很好的例子,它位于埃塞俄比亚南部 2300 英里⊖,是一个仅有 150 万人口的小国,自独立以来,它已经成功地建立了稳定的民主政权。

1966 年,当博茨瓦纳完全独立时,它同埃塞俄比亚及其他非洲国家一样,都是处于赤贫的穷国,人均年收入仅有 100 美元。在很大程度上,它也是一个农业国家,该国水资源不足,且仅有少量的基础设施。但博茨瓦纳的发展非常成功。虽然当前该国正遭受艾滋病的侵袭,但在 1961~1997 年间,其年均增长率超过 7.5%。

博茨瓦纳拥有丰富的钻石资源,从而有助于其经济的发展。其他国家,诸如刚果共和国(前扎伊尔)、尼日利亚和塞拉利昂等都是资源丰富的国家,但它们却没有发展起来。因为在这些国家,丰富的资源助长了腐败,并产生了特权精英,他们忙于处理为控制国家的财富而进行的内部斗争。

⊖ 1 英里 =1609 米。

博茨瓦纳的成功在于它有能力保持政治一致性，这种政治一致性是建立在对国家统一广泛认识的基础之上的。对于政府和被管理者间生效的契约来说，这种政治一致性非常必要，它由政府和其他外部顾问联合起来共同达成，这些外部顾问主要来自一些公共机构和私有基金会，包括福特基金会。这些顾问帮助博茨瓦纳制定该国的前景规划方案。与国际货币基金组织仅仅与财政部和中央银行打交道不同，这些顾问在和政府一起工作时，他们都开诚布公地向公众解释他们的政策，以获取对该方案和政策的广泛支持。他们与博茨瓦纳高级政府官员，包括内阁部长和国会成员一起讨论方案，其讨论形式既有研讨会，也有面谈。

博茨瓦纳的成功部分是因为博茨瓦纳政府中的资深人士在挑选顾问时非常谨慎。当国际货币基金组织提出要为博茨瓦纳银行推荐一位副行长时，博茨瓦纳银行并没有立即接受，博茨瓦纳银行的行长飞赴华盛顿对他进行面试，事实证明他做了非常出色的工作。当然，没有哪项成功是毫无瑕疵的，博茨瓦纳也是这样。另外一次偶然的机会，博茨瓦纳银行允许国际货币基金组织为其挑选研究主任，结果证明这一行为非常不成功，至少在有些人看来是如此。

在处理发展中国家问题方面，国际货币基金组织和来自福特基金会及其他机构的顾问们所采取的方法不同，并且其产生的结果存在较大的不同。在发展中世界，国际货币基金组织几乎到处遭到谩骂；而博茨瓦纳和其顾问团之间却建立了亲密的关系，其标志性的表现就是博茨瓦纳授予斯蒂夫·刘易斯（Steve Lewis）该国最高奖章，在斯蒂夫·刘易斯担任博茨瓦纳的顾问时，他是威廉姆斯学院的发展经济学教授。

二十多年前，博茨瓦纳发生经济危机，作为其成功重要基础的政治一致性受到威胁。一方面是由于耕牛饲养受到干旱的威胁；另一方面，钻石行业出现的问题对该国的预算以及其外汇头寸造成压力。博茨瓦纳当前的确正在经受流动性危机，最初是由国际货币基金组织为应对危机所造成的，当时国际货币基金组织认为该危机能够通过弥补赤字以防止衰退和困难而得以缓解。然而，尽管这可能是凯恩斯推动建立国际货币基金组织的意图，但该机构如今却不再将自己看作赤字金融专家，而以承诺使经济达到充分就业的状态为己任。在面对经济低迷时，它反而采取了凯恩斯之前的那种财政约束的立场，只有在借贷国与国际货币基金组织就有关合适的经济政策达成一致意见时才对外贷款。然而这些合适的经济政策几乎总是继承紧缩性政策，从而导致经济衰退或者经济状况变得更糟。博茨瓦纳在承认它的两个主要行业部门（耕牛饲养和钻石）存在易变性时，就已经谨慎地保留了部分储备基金以应付这样的危机。但当它看到自己的储备不断减少时，它知道它不得不采取进一步的措施。博茨瓦纳勒紧裤腰带，同心协力地渡过了危机。但是因为博茨瓦纳能够更广泛地理解过去若干年制定的经济政策以及以一致性为基础的政策制定方法，所以，节俭并没有造成社会分裂，而其他遵循国际货币基金组织计划的国家，却经常出现社会分裂。据推测，如果国际货币基金组织做了它应当做的事情——在危机爆发时，及时向那些拥有良好经济政策的国家提供资金，而不是处处强加一些限制，这些国家就能够按照其自身的方式以较小的代价渡过危机（在博茨瓦纳爆发危机时，国际货币基金组织于 1981 年向其派出了使团。可笑的是，该使团发现他们难以向博茨瓦纳强加新的条件，因为博茨瓦纳早已做了许多国际货币基金组织有可能坚持要求做的事情）。从那时起，博茨瓦纳再也没有寻求国际货币基金组织的帮助。

在更早时期博茨瓦纳的成功中，独立于国际金融机构的外部顾问发挥着重要作用。如果最初博茨瓦纳与南非签署的钻石卡特尔协议得以继续的话，博茨瓦纳很可能不会发展得如此之好。在独立之后短期内，作为 1969 年在钻石方面的让步，卡特尔向博茨瓦纳支付了 2000 万美元。据报道，每年返回的利润高达 6000 万美元；换句话说，只需 4 个月，卡特尔就能收回成本！世界银行的一位出色且敬业并支持博茨瓦纳政府的律师，强烈要求重新进行合同谈判以争取一个更高的价格，这一举措使得矿产企业利益者大为惊慌。德比尔斯（De Beers，南非的钻石卡特尔）试图告诉人民：博茨瓦纳正变得贪婪起来。他们通过世界银行，动用其可以利用的政治力量来阻止这位律师。结果，他们成功地收到世界银行的一封信，使得该问题变得非常清楚：这位律师并不代表世界银行。对此，博茨瓦纳的反应是：这正是我们为什么要听从他的建议的原因。结果，第二大钻石矿的发现为博茨瓦纳就整体关系重新进行谈判提供了机会。到目前为止，新达成的协议能够很好地为博茨瓦纳的利益服务，并且使博茨瓦纳和德比尔斯能够保持良好的关系。

埃塞俄比亚和博茨瓦纳就是如今更为成功的国家所面临挑战的象征：这些国家的领导人致力于增进其人民的福利，但他们在其民主较为脆弱并且某些条件并不完善的情况下，却在殖民者留下的遗产中（没有多少机构和资源能够利用）试图为他们的人民创造一种新的生活。这两个国家同时也是发展中世界对比的象征：成功与失败的对比；富裕与贫穷的对比；希望与现实的对比；成为什么与有可能成为什么之间的对比。

20世纪60年代末，当第一次到肯尼亚时，我就明白了这一对比。这里曾是一个资源富饶、土地肥沃的国家，其中一些最有价值的土地仍由旧殖民者所拥有。当我到肯尼亚时，仍然存在殖民公仆，只是现在他们摇身变为顾问了。

在后来几年中，我对东非的发展进行了研究（我成为世界银行首席经济学家后，又对该地区进行了几次访问），20世纪60年代对于发展的渴望与随后发展的情况形成了非常鲜明的对比。初到肯尼亚时，那里广泛流传着自由（uhuru，斯瓦希里语，意为自由）和自助（ujama，斯瓦希里语，意为自助）的精神。但当我再次访问这里时，政府办公室中大量的职员都已是外语流利、训练有素的肯尼亚人；但肯尼亚的经济则是多年低迷。很多难题都是由肯尼亚人自己造成的，诸如看起来相当猖獗的腐败。但是，采纳国际货币基金组织的建议而造成的高利率及其他难题，至少部分地可以谴责为是外部人的行为所致。

乌干达在开始进行转型时，其国内经济形式可能要比其他国家更好。乌干达是一个咖啡资源相对富饶的国家，但是它缺少经过培训的本地管理者和领导者。英国在自己的军队中只允许两个非洲人晋升到军士长的职位。不幸的是,他们其中有一个名叫伊迪·阿明的乌干达人,伊迪·阿明最终成为乌干达军队的将军,并于1971年推翻了米尔顿·奥博特(Milton Obote)总理的政权(得益于第二次世界大战期间服役于英皇非洲步枪队,并参与了镇压肯尼亚毛毛起义的战争,阿明很享受自己所采用的那种英国式自信的特定措施)。阿明将肯尼亚整个国家变成一个屠宰场;阿明于1976年因为有人反对他将自己称为"终身总统"而杀了30多万人。这样一个实实在在精神变态的独裁者实施的恐怖统治直到1979年才结束,当时阿明的统治被乌干达的流亡者和来自邻国坦桑尼亚的力量所推翻。如今,该国正走上恢复之途,由一位魅力超凡的领导人约韦里·穆塞韦尼(Yoweri Museveni)来领导,他已经实施了主要的改革,并取得了显著的成就,减少了文盲和艾滋病。他对讨论政治哲学问题和发展战略问题同样感兴趣。

但是,国际货币基金组织对听取其"客户国家"关于发展战略或者财政约束之类主题的想法并不特别感兴趣。而且,国际货币基金组织对发展中国家的方法经常让人觉得有一种被殖民统治的感觉。一张照片可抵得上成百上千的文字,这张在1998年拍摄的照片表明,在全世界范围内,国际货币基金组织已经使自己铭记于成千上万人的心中,尤其是那些曾是殖民地的人民。国际货币基金组织的执行总裁(国际货币基金组织的领导者被称为执行总裁)米歇尔·康德苏(Michel Camdessus)曾是法国财政部官员,他个子矮小、穿着整洁,并自称为社会党党员。在这张照片中,他表情严肃地站着,将手臂搭在坐在那儿谦卑的印度尼西亚总统身上。这位倒霉的总统最终被迫将其国家的经济主权交给国际货币基金组织,以换取印度尼西亚所需要的援助。结果,具有讽刺意味的是,大量的金钱并没能帮助印度尼西亚,而是被召出去帮助"殖民权力"下的私有部门贷款者(在正式场合,"仪式"是签署一份协议书,一份由国际货币基金组织授权的有效协议,虽然它常常坚持说该协议书是该国政府的意向!)。

康德苏的拥护者声称该照片不公平,他们认为康德苏并没有意识到有人在拍照，并且对于这张照片的理解脱离了特定的背景。那正是问题的关键所在：这正是国际货币基金组织的官员所采取的姿态，在每天的交往中，他们远离摄像头和记者，无论是该组织的领导还是普通员工都是这样。对于那些发展中国家来说，这张照片引起了不小的轰动：自从殖民主义在半个世纪以前"正式"结束后，情况是否真的发生了变化？当我看到这张照片时，脑海中浮现出其他"协议"签署时的场景。令我吃惊的是，照片中的这种情形与标志着"日本开放"的海军上将佩里的炮舰外交或鸦片战争结束时或印度王公投降时的情形是何等相似！

国际货币基金组织的这种姿态，与其领导人的姿态一样，非常明显：这是智慧之泉，信仰的传播是如此微妙，以至于很难被发展中世界的人们捕捉和掌握。其传达的信息同样非常清楚：在最好的情况下，有一批精英（财政部长或中央银行的领导），只有他们才能和国际货币基金组织进行有意义的对话。除了他们之外，其他人要想和国际货币基金组织进行谈话的希望都非常渺茫。

25年前，发展中国家的人们也许正确地给予那些来自国际货币基金组织的"专家们"以充分的尊重。但与军事中存在能力平衡转移一样，智力中也存在更明显的能力平衡转移。目前，发展中国家都拥有自己的经济学家——他们都在世界上最好的学术机构培训过。这些经济学家对于当地的政治、条件和发展前景等都非常熟悉，这是一种明显的优势。国际货币基金组织就像这些官员一样，它不断重复地追求扩大其管辖的范围，超越了最初授予它的目标界限。国际货币基金组织的使命逐渐蔓延，最终超出宏观经济的核心领域，开始涉足结构性问题，比如说私有化、劳动力市场、养老金改革等，开始涉及发展战略更广泛的领域，因此，智力能力平衡变得更加倾斜。

当然，国际货币基金组织一直声称它从来不下达任何指令，每一个贷款协议都是与借贷国就贷款条款进行谈判而达成的。但这些谈判都是一面倒的，在谈判过程中，所有力量都集中在国际货币基金组织的手中，在很大程度上是因为许多向国际货币基金组织寻求帮助的国家都迫切地需要资金。虽然在埃塞俄比亚和其他我参与的发展中国家发生的案例中，我已经清楚地看到这一点，但在1997年东亚危机蔓延期间，访问韩国时，我再次清楚地认识到这一点。韩国的经济学家们知道国际货币基金组织强加给他们国家的政策将会是灾难性的。然而，在对这些政策进行审议时，甚至是国际货币基金组织也同意它实施了过度的财政紧缩政策；在对未来经济进行预测时，几乎没有哪个经济学家（非国际货币基金组织的经济学家）认为该项政策具有意义。[3] 但韩国的经济官员们却都保持沉默。我想知道他们为什么保持沉默，却没有能够从政府内部的官员身上找到答案，直到两年之后我再次访问韩国时，才揭开了谜底，而此时，韩国的经济已经得以恢复。这一问题的答案就是过去的经验，对此我一直持怀疑态度。韩国官员很不情愿地解释说，他们不敢对国际货币基金组织的政策建议公开地表示反对。国际货币基金组织不仅能够削减它自己的资助，而且能够通过向私有金融机构讲述国际货币基金组织对韩国经济的怀疑，利用它那充满威胁的话语来打消私有市场资金在韩国投资的念头。因此，韩国没有办法，只能保持沉默。甚至韩国对国际货币基金组织方案做出隐含的批评都可能造成灾难性后果：对国际货币基金组织来说，韩国的批评意味着韩国政府并没有充分理解"国际货币基金组织经济学"，而是有所保留，因此韩国实际上不大可能彻底地贯彻和执行这一计划（国际货币基金组织有一个专门的词汇来描述这种情况，即该国已经"出轨"了。这里只有一种正确的"方法"，任何偏离都标志着"出轨"）。随着国际货币基金组织公开宣布谈判已经破裂，或者说谈判甚至会推迟，这将会向市场释放出一种信号，这种信号具有非常强的负面作用，其最好的情况是造成利率上升，而最糟糕的情况是造成所有的私有资金全部抽回。对于那些在任何情况下私人投资都很少的最贫穷的国家来说，更严重的情况是，其他捐助者（世界银行、欧盟和许多其他国家）将会在获得国际货币基金组织的批准后才允许使用它们的资金。最近主动地进行债务减免又成功地给予国际货币基金组织更大的权力，因为除非国际货币基金组织批准该国的经济政策，否则就不可能进行债务减免。正如国际货币基金组织非常熟悉的那样，对于国际货币基金组织来说，这里存在较大的杠杆效应。

国际货币基金组织与其"客户"国家间的权力不平衡不可避免地使两者之间的关系非常紧张，但是，国际货币基金组织自己在谈判中的行为加剧了目前已经非常困难的局面。在规定协议条款时，国际货币基金组织有效地限制了客户国家政府内部有关不同经济政策的任何讨论，更不用说在该国范围内进行更加广泛的讨论了。危机爆发时，国际货币基金组织只是会说还不到时候，以此来捍卫自己的利益。但无论有没有危机，国际货币基金组织的行为没什么两样。国际货币基金组织的观点非常简单：问题，尤其是当这些问题在争吵中提出来或者公开提出时，它们将被视为对从未受到侵犯的正统的挑战。而如果这些问题被接受，它们甚至可能会破坏国际货币基金组织的权威和可信度。政府领导人知道这一点，并且已经领会到其中的含义，因此他们会选择在私下进行争论，而不是公开地进行。对国际货币基金组织的观点进行修正的机会很渺茫，而激怒国际货币基金组织领导人或者造成他们采取更加强硬的立场来对待其他问题的机会要大得多。如果他们生气了或者被激怒了，国际货币基金组织就会推迟其贷款，对于一个面临危机的国家来说这将会引起恐慌。但实际上，政府官员会与国际货币基金组织推荐的方案保持步调一致，这并不意味着他们真的同意这些方案，而且国际货币基金组织也知道这一点。

对于国际货币基金组织与发展中国家间典型的协议条款，甚至是不经意地翻翻都可以看出，国际货币基金组织和其资金接收者之间缺乏信任。国际货币基金组织的职员对整个过程都进行监督，不仅仅是监控健全的宏观管理相关的指标，诸如通货膨胀、增长和失业等，还监控经济发展过程的一些中间变量，诸如货币供给等，而这些变量经常与最终关注问题的变量之间只存在松散的关联关系。国际货币基金组织对这些国家制定严格的目标——以上事情应该在 30 天、60 天或者 90 天内完成。有时候，一些协议甚至规定为符合国际货币基金组织的要求或"目标"，该国的国会应该通过什么法律,并且规定如何通过这些法律。

这些要求都被称作"条件"(conditions),在发展中世界里,人们讨论非常激烈的一个话题就是"限制性"。[4] 当然,每一份贷款文件都包含了一些基本条件。最起码,一份贷款协议需要指出该项贷款需偿还,通常还要附上偿还的日程表。当然,还有很多协议被强行附上一些条件,并指出,附上这些条件的目的主要是提高该项贷款能够被偿还的可能性。"限制性"就是指那些更强有力的条件,这些条件常常会使贷款成为政策工具。比如,如果国际货币基金组织希望某个国家金融市场自由化,它就会采取分期发放贷款的方式,将后续的分期发放贷款与可证实的自由化步骤捆绑在一起(即根据自由化步骤决定是否进一步发放贷款)。我个人相信国际货币基金组织至少在形式和范围上已经利用了"限制性",这是一个非常糟糕的主意;几乎没有证据表明它能够改善现有的经济政策,但是它的确具有负面的政治效应,因为这些国家非常怨恨那些强加在它们身上的条件。某些拥护限制性的人会辩解说,任何银行家都会对借贷者强加一些条件,以使该项贷款能够得以偿还。但是,国际货币基金组织强加的限制性与世界银行的限制性存在较大的不同。在某些情况下,这些限制性甚至降低了贷款被偿还的可能性。

例如,不管这些条件从长期范围内多么有价值,它们可能会在短期内削弱该国的经济,并且存在加剧衰退的风险,因此会使该国偿还国际货币基金组织的短期贷款变得更加困难。贸易壁垒的削减、垄断和税收扭曲等可能会提高长期增长率,但是其对经济波动所造成的影响,如同其试图去调整一样,可能只会加剧经济衰退。

虽然依据国际货币基金组织的信托责任,可以证明这些限制性是不正当的;但如果国际货币基金组织以道德责任或提升受援国经济的名义来看,这些限制性可能是正当的。但危险在于,即便制定这些条件的意图非常好,很多条件(在某些情况下会超过 100 个,并且每个条件都有苛刻的实现时间表)都会削弱该国处理紧急核心问题的能力。

这些条件已经超越经济学范畴,涉及本应属于政治范畴的问题。拿韩国的例子来说，贷款条件包括中央银行规章的变化，使韩国的中央银行更加独立于政治进程。但是却没有证据表明那些具有更加独立的中央银行的国家实现了更快的增长速度，[5] 或者其经济波动更少或更轻微。人们的普遍感觉是，欧洲独立的中央银行在 2001 年加剧了欧洲经济的衰退。因为，它就像一个孩子一样，固执地对不断增加的失业这些天生的政治问题做出反应。仅仅为了表明它是独立的，就拒绝允许利率下降，对这个问题，任何人都毫无办法。之所以会出现这样的问题，部分是因为欧洲中央银行以关注通货膨胀为自己的使命，关注通货膨胀是国际货币基金组织在全球范围内提倡的，但它却只能抑制增长或加剧经济衰退。在韩国经济危机期间，虽然韩国并不存在通货膨胀的问题，但韩国中央银行依然被告知不仅要更加独立，而且应该专注于通货膨胀；然而，没有任何理由相信处理失当的货币政策与危机有什么关系。国际货币基金组织仅仅利用这次危机的机会来推动它的政治议程。在韩国首都首尔，当我问国际货币基金组织代表们为什么要这么做时，我发现其答案令人震惊（虽然在那时不应该感到惊讶）：国际货币基金组织代表们说，他们一直坚持这些国家应该具备独立的中央银行，专门处理通货膨胀的问题。我对这个问题记忆深刻。在担任克林顿总统的首席经济顾问时，我强烈反对由佛罗里达州参议员康尼·麦克提出的试图改变美国联邦储备银行规章，并专注于通货膨胀的提议。作为美国的中央银行，联邦储备银行的使命不仅仅是关注通货膨胀，它还要关注就业和经济增长。总统也反对这种改变，而且我们也知道，如果有什么区别的话，美国人民认为联邦储备银行已经是过多地关注了通货膨胀问题。总统表明了自己的立场，他将为此问题而斗争，而一旦这一问题弄清楚后，原先的支持者就退缩了。但国际货币基金组织（部分是在美国财政部的影响下）向韩国强加了一些政治条件，即使是在美国人看来，这些条件他们自己也都无法接受。

有时，这些条件看起来只不过是简单的权力训练：1997 年，国际货币基金组织对韩国的贷款协议中，坚持要求韩国提前向特定的日本货物开放市场的日期，虽然这并不可能帮助韩国处理危机问题。对有些人来说，这些行动代表"抓住机会，打开窗户"，利用危机来发挥国际货币基金组织和世界银行长期以来一直推行的变革的杠杆作用；对其他人来说，这只是纯政治力量在作祟，做出一些有限价值的让步，借此表明谁在当家做主而已。

限制性不仅实实在在地产生了怨恨，而且也没能成功地实现发展。同时，世界银行和其他机构的研究表明，限制性不仅没能保证资金能够很好地被利用，使这些国家实现快速增长；而且，根本就没有证据表明限制性能够发挥作用。毕竟，好的政策是买不来的。

限制性之所以不成功有很多原因，其中最简单的原因可能与经济学家提出的可替代性这一基本概念相关。经济学家认为，可替代性就是资金因为某种目的而流入，与此同时释放了那些有其他用途的资金；这种影响或许与原先的意图没有任何关系。即使我们强制施加的条件能够保证这一特定贷款得到很好的利用，但却不能保证该项特定贷款所释放出其他资源（资金）是否能够被很好地利用。比如，如果某个国家需要建设两条道路：一条是为了便于总统到达他的夏日别墅而修建的；另外一条是为了使大批农民能够将他们的产品运送到附近的港口而修建的。但是该国只能筹集到建设一条道路的资金。如果作为借贷协议的一部分，借贷者坚持对这笔贷款强制施加一些限制性条件，要求将这笔资金用于增加农村贫困人口收入的道路建设中，即建设农村道路。如果该国政府能够获得贷款者提供的这笔资金，那么，该国本来用于建设农村道路的资金可能会被用于修建通往总统夏日别墅的道路。

限制性之所以没能促进经济增长，同样存在其他的原因。在某些情况下，强制施加的条件是错误的：肯尼亚的金融市场自由化和东亚国家的紧缩性财政政策对这些国家都有负面影响。在其他情况下，这些限制性被强制施加的方法使其在政治上不能持续；当一个新政府掌权时，它将会抛弃这些条件。有些条件甚至被看作是新殖民权力，侵犯了该国的国家主权。政策经受不起政治进程的兴衰变迁。

国际货币基金组织的姿态中的确存在某些具有讽刺意味的事。国际货币基金组织试图假装它超越于政治。但有一点非常清楚，国际货币基金组织的借贷方案部分是由政治驱动的。国际货币基金组织拿肯尼亚的腐败这一议题说事，在很大程度上，正是因为它看到了肯尼亚的腐败问题，接着就停止了其规模本来就相对较小的贷款方案。但它却继续向俄罗斯和印度尼西亚提供数十亿美元的贷款。在有些人看来，国际货币基金组织似乎没有注意到重大的盗窃罪，而是对一些不太重要的偷窃行为采取强硬立场。它不应该对肯尼亚的偷窃相对仁慈，因为相对于肯尼亚的经济规模来说，偷窃的数额已经够大了；它对俄罗斯应该更加严格。该问题不只是公平或一致性的问题；世界本身就不公平，没有人真正期望国际货币基金组织以同样的方式对待一个几乎没有战略重要性的非洲贫穷国家和一个具有核能力的国家。理解这一点相对简单得多：进行借贷是否具有政治性，并且政治性的判断经常会成为国际货币基金组织的建议。国际货币基金组织之所以推动私有化，部分是因为国际货币基金组织相信：如果由政府来管理企业，它将不能摆脱其承担的政治压力。任何未将经济从政治或是对社会的广泛理解中分离出来的观念都是狭隘的。如果贷款提供者强制实施的政策引发了骚乱，就像在一个又一个国家中所发生的那样，那么经济状况就会恶化，因为资本会出现外逃现象，并且企业界也会对投资更多的钱心存疑虑。无论是实现经济发展还是维持经济稳定，这些政策都是不正确的。

　　目前，大部分国家不仅开始抱怨国际货币基金组织的条件是什么以及这些条件是如何强制实施的，也开始抱怨国际货币基金组织的这些条件是如何制定的。在访问一个客户国家之前，国际货币基金组织的标准程序是先撰写一份草案报告。到客户国家去访问，只是打算对该草案报告和其建议进行适当的调整，以修正一些明显的错误。实践中，这些草案报告常常被称之为样板文件，整段整段的文字从一个国家的报告中借用到另外一个国家的报告中。文字处理器能够很容易地完成这项工作。有一个看似虚构的小故事，但事实的确如此：一个偶然的机会，某个文字处理器没能成功地执行"查找和替代"功能，为某个国家撰写的报告被借用，而这个国家的名字几乎被原封不动地保留到为另一个国家而印发的文件中。很难说这不是因为时间紧急而出现的一次偶然,但这个小故事足以证明,在很多人心中,国际货币基金组织的报告都是千篇一律的。

即使那些不从国际货币基金组织那里贷款的国家也会受这一观点的影响。因为国际货币基金组织不只是通过限制性在世界范围内强制推行它的观点。国际货币基金组织规章"第四条协商条款授权 国际货币基金组织每年与世界各国进行磋商,确保每个国家都能够拥护建立国际货币基金组织"(基本上是为了贸易目的而实现汇率可兑换性)。代表团在参与国际货币基金组织其他方面的活动时,它就悄悄地影响了该报告:真正的第四条协商只不过是整个监督过程中微不足道的一部分。该报告其实是国际货币基金组织对每个国家经济状况进行等级划分的总体评估。

虽然一些小国往往不得不听从根据国际货币基金组织规章第四条进行的评估,但美国和其他经济发达国家却从来都不将其放在心上。比如说,即使美国的通胀水平达到近10年来的最低水平,但国际货币基金组织依然非常热衷于通货膨胀。因此,我们可以预见国际货币基金组织对美国的指示:提高利率以减缓经济增长速度。国际货币基金组织根本不明白美国经济当时正在发生的变化,以及10年前已经发生的变化,这种变化允许美国能够在保持经济快速增长的同时,保持较低的失业率和较低的通胀水平。如果美国听从了国际货币基金组织的建议,它就不会经历20世纪90年代的经济繁荣,这一繁荣带来了前所未有的兴旺丰裕,使美国巨大的财政赤字转化为相当可观的财政盈余。较低的失业率对社会具有深远的影响,对于这个问题,国际货币基金组织在任何地方都不会关注。成百上千万的工人在被排挤出劳动力队伍后又重新进入就业行列,从而削减了政府救济与福利支出,其幅度之大可以说是前所未有的,这反过来又降低了犯罪率,从而使得所有美国人都获益。另外,较低的失业率鼓励个人承担风险,接受那些没有职业保障的工作;而这种愿意承担风险的精神正是美国所谓"新经济"获得成功必不可少的要素。

美国忽略了国际货币基金组织的建议,无论是克林顿政府还是联邦储备银行都没有对该问题予以过多的关注。美国这样做不会受到惩罚，因为美国不依赖国际货币基金组织或其他捐助者的援助，并且我们知道市场同样不会重视我们是否忽视了国际货币基金组织的建议。市场不会因为我们忽略了国际货币基金组织的建议而惩罚我们，也不会因为我们遵循了国际货币基金组织的建议而奖励我们。但世界上的贫穷国家并不会如此幸运，如果它们忽视了国际货币基金组织的建议，只会给它们带来危险。

国际货币基金组织在进行评估和设计方案时要在某个国家内部进行广泛的咨询，至少有两个原因：第一个原因是该国的人民可能比国际货币基金组织的职员更了解该国的经济情况，就像我们在美国的案例中所看到的那样。另一个原因是，要使设计的方案能够以有效、可接受的方式加以实施，必须让该国在广泛一致性的基础上进行承诺，而只有通过讨论才能达成这种一致性。但是在过去，国际货币基金组织避开了公开的讨论。公平地说，在危机期间，国际货币基金组织的确没有时间进行这种公开的讨论，即为了达成一致而进行范围广泛的磋商。但国际货币基金组织已在非洲国家待了多年。如果说这是一种危机，那么它就是一次持久性的危机。在很多情况下，的确有时间进行磋商和达成一致，比如说在加纳，世界银行（当时我的前任迈克尔·布鲁诺担任首席经济学家）就成功地做到这一点，并且这只是作为宏观经济更为稳定的案例的一部分。

我在世界银行任职时，越来越确信参与政策制定的重要性，政策与方案不能被强加到各国头上，这些国家要成功地实现经济发展，就必须由它们自己制定政策和方案，也就是说达成一致是必不可少的，所制定的政策和发展战略必须符合该国的情况。为此，"限制性"必须要向"选择性"转变，对那些将更多的资金运用得很好的国家给予奖励，相信它们能够继续很好地利用这些资金，并为它们提供得有力的激励措施。世界银行新的说法（rhetoric）反映了这一点，并由世界银行总裁詹姆斯·沃尔芬森强有力地加以阐述："应该将国家置于驾驶员的位置。"即使是这样，或许有很多批评者认为这一进程还远不充分，世界银行依然希望保持控制权。他们担心国家坐在被双重控制的汽车驾驶员座位上，而实际上，真正的控制权掌握在教练手中。改变世界银行的态度和操作程序非常缓慢，这是不可避免的，在不同国家，世界银行的计划实施步骤也不相同。但在这些问题上，世界银行和国际货币基金组织之间，无论态度上还是程序上，都存在较大的差异。

　　至少在公共的陈述中，同世界银行一样，国际货币基金组织不能完全忽视贫穷国家要求更大程度地参与发展战略的制定过程以及要求更大程度地关注贫穷问题。结果，国际货币基金组织和世界银行都同意指引"供人分享的"贫困评估。在贫困评估过程中，作为第一步，客户国家要参与到世界银行和国际货币基金组织中来，首先评估该问题的规模。从哲学意义上说，这是一次潜在的戏剧性转变。但国际货币基金组织好像并没完全明白客户国家参与的重要性。一次偶然的机会，国际货币基金组织意识到世界银行可能领导贫困项目，当时贫困项目刚开始启动。理论上，国际货币基金组织代表团应该为某个特定客户国家的前期咨询进行准备，但国际货币基金组织却向世界银行发出了一条非常专横的信息，要求世界银行"尽快"将其针对客户国家"参与的"贫困评估草案送交国际货币基金组织总部。我们中的一些人开玩笑说，国际货币基金组织把事情搞混了。国际货币基金组织认为，这只是世界银行和国际货币基金组织的联合代表团内部发生了重大的哲学变化，因此，实际上只有世界银行有权对一些已经成文的内容发表不同的看法，至于借贷国的公民也可以参与进来，这实在令人不可思议。这类故事非常有趣，也正是他们不曾担忧的。

　　然而，即使是参与的贫困评估，也没能被完全地贯彻，它们只是向正确的方向迈进了一步。即便是现实和预期之间依然存在差距，发展中国家的人们也应该针对他们自己的方案有自己的声音，认识到这一点非常重要。但如果现实与预期之间的差距继续长期存在或者依然如此之大，就会令人失望。在某些地区，已经出现了一些质疑，并且这种声音越来越大。虽然已经对参与的贫困评估进行了更为公开的讨论，但是与以往的案例相比，许多国家期望更多的参与，并要求进行更公开的讨论，然而这一期望并没有实现，因此，不满情绪在不断上涨。

在美国和其他成功的民主主义社会，公民将透明度、公开、知道政府在做什么等，视为政府责任的实质内容。公民将这些视为权利，而不是政府的恩赐。美国政府于1966年颁布的《信息自由法案》成为美国民主的重要组成部分。相比较而言，在国际货币基金组织的运转模式中，它不仅将公民（因为这些公民通常非常不情愿地支持这些协议，更不要说与他们分享什么是好的经济政策了，因此，他们让国际货币基金组织很烦恼）从参与讨论的名单中排除，甚至都不告诉他们这些协议的内容是什么。关于保密的流行文化的确非常强烈，许多谈判和一些协议，国际货币基金组织都对世界银行的成员保密，甚至对联合代表团也保密！

国际货币基金组织职员严格按照"有必要知道"这一基本原则来提供信息。只有国际货币基金组织代表团团长、位于华盛顿国际货币基金组织总部的少数人以及客户国家政府的少数人在这个"有必要知道"的名单中。世界银行的同事们经常抱怨说，即使是那些代表团的人也不得不到那些肯"透露"正在做些什么事的国家政府去获得消息。有好几次，我遇到一些执行董事（即各国派遣到国际货币基金组织和世界银行的代表，他们代表这些国家，我们称之为执行董事），很明显，对国际货币基金组织正在做些什么，他们也是一头雾水。

最近有一段插曲表明，如果缺乏透明度，结果将会怎样。现在，大家或许都已经认识到，发展中国家在国际经济机构中声音较弱。这个问题到底是历史时代的错误还是实习政策的表现，目前还存在争论。但我们应该期望美国政府（包括美国国会）做点什么，至少是在要求其执行董事如何投票这方面做点什么。美国的执行董事代表美国在国际货币基金组织和世界银行行事。2001年，国会通过、总统也签署了一项法案，要求美国政府反对国际金融机构要求对小学收费的提案（这是以"成本复苏"为名义而毫无用处的一项实践）。但是，美国的执行董事忽视了该项法律,且由于机构的保密性,美国国会(或者其他任何人)很难知道到底发生了什么(他们根本无法知道其执行董事是否按照美国政府的要求行事)。后来,只是因为消息泄露了,人们才发现这一问题,从而激怒了那些甚至习惯于官僚行为的国会议员。

当前,尽管对公开和透明度进行多次讨论,但国际货币基金组织依然没有正式地认识到公民基本的"知情权":美国和其他任何国家的公民都不能通过《信息自由法案》弄清楚国际公共机构正在做些什么。

我应该说明:所有这些对国际货币基金组织运作模式的批评并不意味着国际货币基金组织的资金和实践都白白浪费了。有时候,资金能够流入那些具有良好政策的政府——但这并不是说这些政策都是由国际货币基金组织推荐的。这样,这些资金的确很好地发挥了作用。有时候,限制性转移了国家内部制定好的政策方法的争论。国际货币基金组织强加的僵化时间表部分地来自以往的经验,在这些经验中,政府承诺进行一定的改革,但一旦他们有了资金,这些改革就不会出现;有时候,这些僵化的时间表有利于强制变革的步伐。但通常的情况是,限制性并不能保证这些资金能够很好地被利用,同时也不能保证发生有意义、深远的和长期持续的政策改变。有时候,限制性甚至是事与愿违的,不仅是因为这些政策不能很好地适应该国,还因为强制施加这些限制性的方式造成该国人们对改革进程的敌意。还有时候,国际货币基金组织的方案不仅导致这些国家更加贫穷,还造成该国承担更多的债务,甚至产生了更多的统治精英。

国际机构完全逃避了我们对现代民主中公共机构所期望的那些直接责任。目前,是给国际经济机构的表现进行"评级"以及对这些国际机构在某些地方制定的方案进行审议的时候了,看看他们到底在促进增长和降低贫困方面做得有多好或者有多糟。

| 第 7 章 |

自 由 选 择

　　一直以来，财政约束、私有化和市场自由化是20世纪八九十年代"华盛顿共识"建议的三个重要支柱。华盛顿共识政策是用来处理拉美国家出现的现实问题，并且具有重大意义。20世纪80年代，拉美的一些国家政府存在巨额的财政赤字，这些赤字主要是由无效的政府企业的亏损所造成的。由于保护主义措施，这些政府企业远离竞争，这样，无效率的私有企业迫使消费者不得不支付更高的价格，并且宽松的货币政策导致通货膨胀无法控制。这些国家不能长期在巨额的财政赤字下运转，而且在恶性通货膨胀的情况下，根本不可能实现经济的持续增长。因此，就不得不要求一定程度的财政纪律。如果政府集中于提供基本的公共服务，而不是管理那些在私营部门毫无争议地表现得更好的企业，那么这些国家的情况就比较好；因此，可以说自由化常常显得非常有意义。当贸易自由化（削减关税和取消其他保护主义措施）按照正确的方式和正确的步骤实现时，就会在消除那些无效工作岗位的同时，创造新的就业机会，这样，就存在非常明显的效率收益。

　　问题是，到后来，在很多情况下，这些政策本身都变成了目的，而不是成为建立更公平和持续的增长手段（方式）。在具体操作这些政策时，政策被实施得太远、太快，以至于将其他需要的政策都排除在外。

结果，这些政策并没有达到最初的目的。财政约束在错误的环境下被过度实施，将会导致衰退；高利率将会抑制未成熟的商业企业的成长。国际货币基金组织兴致勃勃地推行私有化和自由化政策，其推行的步伐和方式往往给那些准备不足的国家增加了非常实际的成本。

私有化

目前在许多发展中国家和发达国家中，政府通常会花费较大的精力来做它们不应该做的事情，这将会影响它们做本应该做的事情。问题不是因为政府太大，而是因为政府没能做正确的事情。基本上，政府很少管理钢铁制造厂，即使管，也是弄得一团糟（尽管世界上最有效的钢铁制造厂是由韩国政府和中国台湾地区创建和管理的，但它们是例外）。总体上，竞争性的私有企业能够使某些功能有效地发挥，这正是私有化的论据——将国家管理的工业和企业转变为私人部门管理。然而，要使私有化对经济增长做出贡献，必须先满足一些重要的前提条件，而且私有化的实现方式也大相径庭。

不幸的是，国际货币基金组织和世界银行以非常狭隘的意识形态来处理该问题，它们认为，私有化应该迅速地推行，并且要对那些向市场经济转型的国家进行打分，那些私有化进展较快的国家可以获得高分。结果，私有化并没有带来它所承诺的利益，进而，私有化的失败所造成的问题最终导致每个私有化观点都招来憎恨（厌恶）。

1998 年，在访问摩洛哥的一些贫穷山村时，我看到世界银行和非政府组织采取的政策方案对山村人民的生活带来的影响。比如，社区灌溉工程较大地提高了农民的生产率水平。但也有些政策方案没能成功。某个非政府组织非常辛苦地向当地的村民传授饲养小鸡的技术，建立一些农村妇女在从事更为传统的活动时能够同时胜任的企业。刚开始时，这些农村妇女都能够从政府企业那里买到刚出壳 7 天的小鸡。但当我访问该村庄时,这个新企业倒闭了。我和村民及政府官员讨论问题出在哪里,结果发现答案很简单:国际货币基金组织告诉该国政府,政府不应该经营小鸡的分销,因此,政府就取消了小鸡的销售。这是因为国际货币基金组织非常简单地假设,如果政府取消了小鸡的分销,那么将会有类似的私人部门立即来填补这一空缺,进行小鸡分销。事实正是如此,有一家私有部门开始向村民们提供刚出壳的小鸡。但是在前两个星期,这些小鸡的死亡率较高,但该私有企业却不愿意提供保障,在这种情况下,村民自然就无法承担购买可能大量死亡的小鸡的风险。一个本可以改变贫困农民生活水平的新生企业就这样倒闭了。

这个失败的例子所隐含的假设就是我发现并不断重复的问题:国际货币基金组织简单地假设市场能够快速地符合每项需要,当市场实际上不能提供基础服务时,一些政府活动才出现。这样的例子大量存在。除了在美国,这一点非常明显。当许多欧洲国家建立它们的社会保障体系及失业保险和残疾人保险体系时,运行良好的私有养老金市场并不存在,没有私有企业销售抵御这些风险的保险,但在个人生活中却经常伴随着这些风险,所以它们扮演着非常重要的角色。甚至在美国最为严重的大萧条后期,作为"新政"的一部分,在美国建立自己的社会保障体系时,其私有养老金市场运行得也不好,甚至到目前为止,没有哪个人能够获得抵御通货膨胀的保险。同样,在美国,建立联邦国民抵押贷款协会(房利美,Fannie Mae)的原因之一就是私有市场不能以合理的条件向中低收入家庭提供质押贷款。在发展中国家,这些问题更为严重;取消政府企业将会留下巨大缺口(即使最终私有部门弥补了该缺口,但在缺口存在期间也会造成巨大的伤害)。

如同我们常见的案例一样,在适当的规制或竞争框架建立起来之前,科特迪瓦就开始对电话公司进行私有化改革。购买了政府资产的一家法国企业成功地说服科特迪瓦政府不仅在已有的电话服务方面,而且在新的蜂窝服务方面,都给予该企业垄断地位。这样,私有企业不得不提高价格,价格之高以致在校大学生根本支付不起连接互联网的费用,而互联网却是避免富人和穷人,在数字准入方面已经存在的鸿沟进一步扩大的必需媒介。

国际货币基金组织认为快速私有化更为重要;我们可以随后再处理竞争和规制的问题。但这里存在的危险是,一旦既定利益已经形成,就会存在一定的动机和资金来维持其垄断地位,压制规制和竞争,从而在这一进程中扭曲政治程序。与以前相比,为什么现在国际货币基金组织更不关注竞争和规制,这里存有很自然的原因。在没有规制的情况下,对垄断企业进行私有化改革可以使政府产生更多的收益。国际货币基金组织更多地关注于宏观经济问题,如政府赤字规模;而不考虑其结构性问题,如企业的效率和竞争性。姑且不论私有垄断企业在生产过程中是否比国有垄断企业更为有效,至少它们在利用其垄断地位进行利己方面更为便利,且最终都需要由消费者承担损失。

私有化不仅对消费者造成损害,同时也对工人造成损害。私有化对就业的影响可能是支持和反对私有化的主要论据。那些提倡私有化的人认为,只有通过私有化才能淘汰那些生产率低的工人;而反对私有化的人则认为,私有化会削减工作岗位但不会对社会成本产生什么影响。实际上,这两个观点都有大量值得论证的事实。私有化通常会通过调整工资水平使国有企业扭亏为盈。然而,经济学家们的假设都关注整体效益。虽然同样存在与失业相联系的社会成本,但私有企业不会考虑这些问题。在给定最小限度工作保障的情况下,雇主可以开除工人,其面临的成本较低或者没有成本,充其量就是支付微薄的中断契约补偿金。私有化遭受如此广泛的批评是因为不像那些所谓的绿地投资(反对私有投资者接手现有企业,而是要求投资新建企业),私有化常常是摧毁工作岗位而不是创造就业机会。

在工业化国家,人们承认失业是痛苦的,并且通过失业保险这一安全网稍微减轻了失业的痛苦。在欠发达国家,由于基本上不存在失业保险计划,因此失业工人通常不会成为公共负担,但却造成巨大的社会成本,并且以城市暴动、犯罪增加、社会和政治动荡等最糟糕的形式表现出来。即便不存在这些问题,依然会存在巨大的失业成本,主要包括:即使是那些努力保住自己工作岗位的人们也会感到非常不安;那些成功维持雇用的家庭成员也会感到格外孤独,并增加了额外的资金负担;为了使孩子能够帮忙持家,很多家庭不得不让孩子辍学。这类社会成本可能在直接失去工作后维持较长时间。当某个企业被出售给外国人时,这种情况常常尤其明显。至少,如果国内企业知道其员工不能获得其他工作时,这些企业会考虑其所处的社会环境①,并努力适应该社会环境而不情愿解雇工人。另一方面,外国所有者可能会通过降低成本来履行其对股东承诺的股票市场价值最大化义务,而很少考虑提出的作为"过于膨胀的劳动力"的义务。

改组国有企业非常重要,而私有化常常是对国有企业进行改组的有效方法。但是,将人民从在低效率的国有企业工作变成失业并不会增加该国的收入,并且它的确也没有提高工人的福利水平。道德是非常简单的,对于这个问题,我应该再次重复:私有化的需要仅仅是更全面方案的一部分,当私有化过程中不可避免地出现就业机会减少时,道德能够创造新的就业机会。这时必须实施一些宏观经济政策,包括较低的利率水平,从而创造更多的就业机会。时机选择(和秩序)就是一切。这些不仅仅是实用主义问题,也不仅仅是"执行"问题,而是原则问题。

私有化最严重的问题,可能就是经常会导致腐败。市场原教旨主义的花言巧语声称私有化会降低经济学家所谓的政府官员的"寻租"行为,这些政府官员要么撇去政府企业的利润,要么为他们的朋友签署合同或为其找工作提供便利。但与其设想的相反,在许多国家(这些国家中,私有化如今成为"行贿"的笑话),私有化使腐败问题变得更加严重。当政府开始腐败的时候,没有证据表明私有化能够解决这一问题。毕竟,正是对这些企业管理不善的那些腐败政府在处理私有化问题。越来越多

---

① 在韩国进行讨论时,我非常清楚地表述了这一点。私有所有者在解雇其工人时显示出巨大的道德心;他们觉得存在社会合约,不情愿废除,即便这意味着他们自己将会损失资金。

的国家政府官员开始意识到，私有化意味着他们不再受限于每年的利润掠夺。通过以低于市场的价格将政府企业出售，他们能够为自己获取资产价值中最重要的一大块，而不是将其留给后任官员。如今，他们就能有效地窃取那些很有可能被未来政治家撤去的大部分企业利润。毫不奇怪，之所以设计非法操纵的私有化程序，其目的就是使政府部长们自身利益最大化，而不是使政府国库的收入最大化，更不用说经济的整体效率了。

私有化的提倡者幼稚地说服他们自己可以忽视这些成本，因为好像在教科书里讲到，一旦清楚地定义私有财产权后，新的所有者将会确保有效地管理这些资产。因此，他们认为，如果在短期内这种状况不尽如人意，但长期来说，这种状况会得到改善。但他们没有意识到，如果缺乏合适的法律框架和市场机制，新的所有者可能会吞掉这些资产，而不是以此为基础进行企业扩张。结果，无论是在俄罗斯还是在其他国家，私有化都没能像它应该的那样有效地促进经济增长。相反，有时候私有化与衰退相关，并且能够证明私有化是破坏民主和市场机构信心的强大力量。

自由化

自由化——取消政府对金融市场、资本市场和贸易壁垒的干涉，体现在多个方面。如今，甚至是国际货币基金组织自己都认为它在自由化议程方面走得太远，也就是说资本市场自由化和金融市场自由化导致了20世纪90年代的全球金融危机，其破坏作用也随之向一些小的新兴国家蔓延。

在某些方面，自由化得到广泛的支持，至少是得到发达工业国家精英们的支持，这其中有一方面就是贸易自由化。但如果更近距离地观察贸易自由化，看看它对许多发展中国家所造成的后果，就可以理解为什么贸易自由化遭到如此强烈的反对，正如我们在西雅图、布拉格和华盛顿特区看到的抗议活动一样。

一般认为，通过强迫资源从低生产率利用的领域转移到更有效的使用领域，贸易自由化能够提高一国的收入；正如经济学家们认为的，这是利用比较优势的结果。但资源从低生产率利用向零生产率的转移并不能使某个国家富裕，这正是国际货币基金组织的方案实施过程中经常发生的事情。将工作机会摧毁非常容易，正如无效的企业在国际竞争压力下倒闭时那样，这正是贸易自由化过程中经常出现的直接影响。国际货币基金组织的意识形态固执地认为，随着取消由于保护主义壁垒的庇护而形成的旧式的、无效的工作，就会创造新的、更有效的工作机会。但实际情况并非如此，很少有经济学家相信工作机会能够在瞬间被创造出来，至少在大萧条期间不会这样。创造新的企业和工作，必须有资本和企业家，而在发展中国家，往往不是缺乏商业机会就是缺少资金（由于缺少银行的支持），在许多国家，国际货币基金组织将这些问题变得更加糟糕，因为它的财政紧缩方案常常也造成利率的提高，利率是如此之高以至于有时超过20%、50%，甚至有时超过100%。在这种情况下，即使是在美国这些经济环境非常好的国家，也不可能创造就业机会和企业，更别说是在发展中国家了。增长所需要的资本实在是太昂贵了。

虽然东亚地区那些最成功的发展中国家也向外国开放自己的市场，但它们开放的步伐比较慢，并且是按照一定的先后次序进行的。结果，这些国家能够利用全球化来增加其出口，并且其出口增长速度较快。这些国家在削减贸易壁垒时非常谨慎和系统，只有在创造新的就业机会后才取消贸易壁垒。它们确保在创造新的就业机会和企业时能够获得必要的资金；同时，在创造新的企业时，扮演着企业家的角色。在中国开始建立市场经济的20多年来，它正逐步取消贸易壁垒，在此期间，中国的经济增长速度非常快。

我们应该发现，美国和其他发达工业国家的人们一样很容易关注这些问题。在最近两次美国总统竞选中，候选人帕特·布坎南（Pat Buchanan）就利用了美国工人担心贸易自由化会造成他们失去工作这一点。即使在接近充分就业的国家（1999年的失业率下降到4%），这些国家具有完善的失业保险体系，再借助一系列的援助就可以帮助工人从某项工作转到另一项工作，在这种情况下，布坎南的竞选主题也引起共鸣。事实上，就连在20世纪90年代的经济繁荣期，美国工人也非常担心贸易自由化对他们的工作造成威胁，这种情况使我们能够更加深入地了解贫穷发展中国家工人的状况。在这些国家中，工人处于生存的边缘，他们的日均消费水平仅为2美元甚至不足2美元，而且没有储蓄形式的安全网，几乎没有失业保险，且它们的失业率高达20%甚至更高。

实际上，贸易自由化后出现的事实往往不能够兑现其承诺，相反，它只是造成更多的失业，这就是它一直遭受强烈反对的原因。但是，那些推动贸易自由化的壁垒以及推行贸易自由化的方式，毫无疑问增加了对贸易自由化的敌意。西方国家推动贸易自由化是为了出口它们的产品，但同时继续保护那些由于发展中国家的竞争而可能对其经济造成威胁的部门。这原本就是在西雅图开展新一轮贸易谈判遭受反对的原因之一；前几轮的贸易谈判已经保护了发达工业国家的利益，或者更准确地说，是保护了这些国家内的一些特殊利益，而欠发达国家没有获得对等的利益。抗议者非常明确地指出，前几轮贸易谈判已经大大削减了工业品的贸易壁垒，从发达工业国家出口的汽车到机械。同时，这些国家的谈判者却维持他们国家对农产品的补贴，并且继续关闭诸如纺织品等货物的市场，而纺织品却是许多发展中国家具有比较优势的货物。

最近进行的乌拉圭回合贸易谈判中将服务贸易纳入谈判的议题。不管怎样，其最终的结果都是主要针对发达国家服务的出口开放市场，诸如金融服务和信息技术服务，但不包括海运服务和建筑服务，而这些正是发展中国家具有一定优势的领域。美国吹嘘其从服务贸易自由化中获得了利益，但发展中国家并没有得到成比例的利益份额。世界银行的一项计算表明，世界上最贫穷的地区——南部非洲，因为该项贸易协议，收入下降超过了2%。同样，存在很多其他不公平的例子，并且逐渐成为发展中世界谈论的主题，虽然在更为发达的国家很少报道这些议题。相对于其他农作物来说，古柯（coca）（可卡因的主要原料）能够为玻利维亚已经非常贫穷的农民提供更高的收入，但玻利维亚将其贸易壁垒削减到甚至低于美国的贸易壁垒的水平，并且与美国合作从本质上消灭了该国这种农作物的种植。然而，作为回应，美国可替代的农产品市场却依然不开放，如食糖，如果美国对玻利维亚的农产品开放市场，那么它就可以生产这些农产品以用来出口。

由于长时间内一直是虚伪的、不公平的，因此，发展中国家对这种双重标准极其愤怒。早在19世纪，西方列强（它们中有许多都是利用保护主义政策取得发展的）就已经强行签署了一些不公平的贸易条约。最可恶的可能就是，鸦片战争后英国和法国联合起来攻打虚弱的中国，并且联合俄国和美国的力量向中国施压，最终签署了1858年的《天津条约》，它不仅是对贸易和领土做出的让步，确保中国能够按照西方列强希望的非常低的价格向它们出口货物，而且也向它们开放了鸦片市场，以至于数十万中国人沉溺于吸食鸦片成为瘾君子（有人可能将其视为以魔鬼的方式实现的"贸易平衡"）。现在，不是通过军事力量强迫新兴国家开放市场，而是通过经济实力、通过在危急时批准或取消新兴国家需要的援助强迫它们开放市场。世界贸易组织是进行国际贸易协议谈判的场所，美国贸易谈判者和国际货币基金组织经常坚持谈判要更加深入，要加快贸易自由化的步伐。国际货币基金组织坚持将快速贸易自由化的步骤作为对外援助的条件——那些面临危机的国家觉得它们没有别的选择，只能同意国际货币基金组织的要求。

当美国单方面而不是打着世界贸易组织的幌子行事时，事情可能会变得更糟。因为受美国国内特殊利益集团的影响，美国贸易代表或者商务部常常对外国进行指控；这就存在审议程序的问题——整个过程只有美国政府参与，在美国得出结论后，就对所有的冒犯国家进行制裁。美国将自己视为检举人、裁判和陪审团。虽然同样存在准司法程序，但成功的机会很小：无论是规则还是法官都倾向于发现罪证。当美国利用这些手段来对付其他工业国家时，比方说欧盟和日本，这些国家却有资源来保护自己；但当美国利用这些手段来对付发展中国家时，即使是较大的发展中国家，比如印度和中国，这也是不公平的竞赛。对美国来说，这样做的结果就是其造成的影响远超过任何可能的收益。这个过程本身并不能增强国际贸易体系的信心。

美国用来维护其地位的说辞加深了这一超级大国为其特殊利益集团而四处仗势欺人的印象。米基·坎特（Mickey Kantor）担任第一届克林顿政府的美国贸易代表时，希望中国更快地开放市场。1994年，在乌拉圭回合谈判中，他自己扮演着非常重要的角色，建立了世界贸易组织，并为其成员制定了基本规则。世界贸易组织协议为发展中国家提供了较长时间的调整期，这非常合理。无论是世界银行还是其他经济学家，都认为中国这个人均收入只有450美元的国家不仅是发展中国家，而且是一个低收入国家；但米基·坎特是一个强硬的谈判者，他坚持认为中国是一个发达国家，因此应该加快转型的速度。

在这个问题上米基·坎特有一定的筹码，因为中国需要美国批准其加入世界贸易组织。最终，中美协议的签署使得中国于2001年11月加入世界贸易组织，这表明美国的立场相互矛盾的两个方面：一方面，美国毫无理由地坚持认为中国实际上是发达国家，以此来拖延谈判；另一方面，与此同时，中国也开始了自我调整。实际上，美国无意中给予了中国更多的发展时间。但协议本身却表明，双重标准和不公平发挥了作用。具有讽刺意味的是，美国将中国视为一个发达国家而坚持要求中国进行快速的调整，由于中国已经很好地利用了美国拖延的谈判时间，它能够接受美国的要求；但与此同时，美国还要求将自己作为一个不发达国家来对待，对于美国纺织品进口贸易壁垒的削减，不仅要求中国给予它10年的调整期（这是1994年谈判的部分内容），而且还要求4年的延长期。

尤其让人心烦的是，特殊利益集团如何破坏美国的信誉和更宽范围的国家利益。这个问题在1999年4月朱镕基总理访问美国时被看得一清二楚。当时，朱镕基总理访问美国部分原因是为了完成中国加入世界贸易组织的谈判，这对于世界贸易体制来说是件大事，但我们看到作为世界上最大的贸易国家之一，中国是如何被排除在该体制之外的，更何况加入世界贸易组织对于中国自身的市场化改革也是有利的。虽然美国贸易代表和国务院强烈反对，但美国财政部还是坚持要在中美协议中加入中国要对其金融市场更快速的自由化这一条。中国完全有理由为此担忧，因为很明显，正是快速的金融市场自由化造成东亚地区中国邻国的金融危机，并且它们为此付出了沉痛的代价。幸运的是，由于中国选择了明智的政策，从而得以幸免。

美国要求中国对金融市场进行自由化不会有助于全球经济的稳定。它只是为以财政部为主要代表的美国金融团体的利益集团服务。华尔街相信，在金融服务方面，中国象征着潜在的巨大市场，在其他机构进入中国市场前，华尔街能进入该市场并站稳脚跟非常重要。这是多么没有远见啊！非常明显，中国的金融市场最终将会对外开放。美国匆忙地使中国对外开放进程提前一两年不会有什么明显的不同，除非华尔街担心，欧洲和其他各地的金融机构能够在短期内赶上华尔街的竞争者，从而使华尔街的竞争优势不复存在。但是，潜在的成本非常巨大。在亚洲金融危机的直接影响下，要求中国接受该条约几乎是不可能的。对中国来说，保持稳定非常重要；其他地区业已证明，快速的金融自由化政策非常不稳定，中国不会再为此而冒险。因此，朱镕基总理只得选择回国，放弃签署协议。在中国内部，改革推动者和改革反对者进行了长期的讨论。改革反对者们认为，西方国家希望削弱中国，因此它们从来不会与中国签署公平的协议。如果谈判成功，则有助于提升中国政府中改革者的地位，并增加改革运动的能量。但由于没能成功地结束谈判，朱镕基及其支持的改革运动受到质疑，并且削弱了改革派的力量和影响力。幸运的是，这种破坏只是暂时的，但由此我们可以看出，为了追求其特殊的议程，美国财政部甘愿冒多么大的风险。

即使所推行的贸易议程是不公平的，至少仍有明显的理论和事实表明，如果这些贸易议程能够合理地实施，那么贸易自由化也是一件好事。在金融市场自由化这个例子中，存在着非常明显的问题。许多国家的确存在一些金融规制，这些规制除了能够增加一些特殊利益集团的利益外，对于实现其目标毫无用处，这些金融规制当然应该被废除。但所有的国家都对其金融市场有所规制，并且，过分狂热的撤销规制已经对其资本市场甚至是世界上发达国家的资本市场带来严重的问题。这里我仅举一例，即美国声名狼藉的储贷危机：一方面，它是美国1991年突如其来的经济衰退的主要因素，美国纳税人为此付出了超过2000亿美元的代价；与此同时，这也是撤销规制带来的成本最低（按占GDP的比例计算）的救援行为，相对于其他经受相似危机的国家来说，美国的衰退是最温和的。

正当发达工业化国家及其经验丰富的机构在汲取金融规制撤销的深刻教训时，国际货币基金组织正试图将里根、撒切尔的信息带到发展中国家，事实证明，即使在最好的环境下，这些国家在管理充满风险的困难任务时准备得依然不足。然而，更为发达的工业国家直到其发展到较为成熟的阶段才开始尝试进行资本市场自由化改革：对欧洲国家来说，直到20世纪70年代才开始摆脱资本市场的控制；但它们却鼓励发展中国家尽快地进行资本市场自由化改革。

资本市场规制的撤销造成银行危机，进而会造成经济衰退，这一结果对发达国家来说非常痛苦，但是对于发展中国家来说，情况更为严重。贫穷的国家没有建立安全网以缓和衰退的影响。另外，金融市场中有限的竞争意味着金融自由化并不总会降低利率，因此不会实现利率降低的利益。相反，农民们有时候发现他们不得不支付更高的利率，这样，他们就更难购买为竭力维持生计而必需的种子和化肥。

对发展中国家来说，同贸易自由化的早熟和管理不善的缺陷一样，资本市场自由化的很多方式更加糟糕。资本市场自由化包括解除旨在控制热钱流入和流出某个国家的规制，短期贷款和协议只是押在汇率变动上的赌注，无法利用这些投机性资金来创建工厂或者创造就业机会，因为公司不会利用这些瞬间通知就能立马流出的资金进行长期投资。相反，由于这类热钱带来的风险，在发展中国家，长期投资更没有吸引力。因为无法吸引长期投资，就会对发展中国家的经济增长带来更大的负面影响。为控制与这些不稳定资本流动相关的风险，这些国家通常被建议留出一定的准备金，其数额相当于短期外币贷款。让我们举个例子看看这种做法意味着什么：假设某个发展中国家的小型企业从美国银行接受了一笔1亿美元的短期贷款，支付的利率为18%。出于谨慎政策的要求，该国需要增加1亿美元的储备。通常情况下，储备的主要方式是持有美国国债，目前，美国国债支付的利率大约为4%。结果，该国的企业以18%的利率从美国取得贷款，与此同时，又将该笔贷款以2%的利率借贷给美国政府。由此可以看出，该国并没有获得更多的资金进行投资，反倒是美国银行可以获得可观的收益，总体上，美国每年可以获得1400万美元的利息收益。我们无法看出这对于促进发展中国家实现较快增长究竟有什么好处。这么说吧，非常明显，它对于发展中国家毫无意义。另外，还存在更深层次的问题，那就是借贷的动机不兼容。在资本市场自由化的背景下，是某个国家的私人部门企业决定是否从美国银行借贷短期资金，但政府必须进行自身调节，如果它希望保持谨慎的立场，就需要增加外汇储备。

在追求资本市场自由化时，国际货币基金组织依赖过于简单的推理：自由市场更为有效，较高的效率会实现较快的增长。但是，这一简单的推理忽视了我们在前面提到的一些争议，而且提出了一些似是而非的观点。比如说，如果不对资本市场实施自由化，那么这些国家将无法吸引外国资本，尤其是外国直接投资。国际货币基金组织的经济学家从来没有声称他们是伟大的理论家；之所以宣称他们是专家，主要是因为他们具有全球的经验以及他们对数据的掌控。然而，令人吃惊的是，甚至是数据也没法支持国际货币基金组织的结论。中国能够吸引大规模的外商投资，但却没有遵循西方的任何指示（除了宏观稳定外），而是谨慎地阻止资本市场的全面自由化。利用国际货币基金组织对自由化给出的定义，我们发现自由化并没有带来较快的增长或者较高的投资，更多的统计研究证实了这一发现。

中国的实践表明，要吸引资金，资本市场自由化并不是必需的，问题的实质是：在东亚地区存在高储蓄率（占 GDP 的 30%～40%，相对于美国的 18% 和欧洲的 17%～30%）的情况下，该地区几乎不需要额外的资金，它本身已经面临如何将这些储蓄很好地用于投资这一重大挑战。

自由化的提倡者提出另外一个观点，即自由化将会通过多样化资金来源而提高资金来源的稳定性。结合 1997 年爆发的全球金融危机来看，这一观点尤其可笑。这一观点认为，在经济低迷时期，这些国家能够向外国人求助以弥补国内资金的不足。国际货币基金组织的经济学家都是精通国际经济实务的，因此，他们一定知道银行家更倾向于将资金借给那些并不需要这些资金的人；同样，他们也一定已经看到当这些国家面对困难时，这些银行家们是如何做的，那些外国借贷者将其资金抽回，从而加剧了经济下滑。

接下来，我们将会进一步审视为什么自由化增加了不稳定性，尤其是在建立强有力的金融机构之前过早实施的自由化。一个事实依然非常明显：不稳定不仅不利于经济增长，而且其代价是由穷人以不合理的比例来承担的。

外商投资的作用

外商投资并不是华盛顿共识的三个主要支柱之一，但它是新全球化的主要部分。根据华盛顿共识，通过自由化和释放市场（freeing up markets）来实现增长。私有化、自由化和宏观稳定被认为能创造吸引投资（包括国外投资）的环境，此类投资能够实现增长。外国商业在进入国内市场时带来了技术专家，为国内企业带来外国市场，并且具有创造新就业的可能。外国公司同样也能够获得融资来源，这对于本国金融机构十分脆弱的发展中国家来说非常重要。在很多（但不是所有的）发展较成功的国家（诸如新加坡、马来西亚、中国）中，外国直接投资在都发挥着非常重要的作用。

即使如此，外商投资也存在一些不利的方面。当外国商业进入国内时，它们常常摧毁了当地的竞争者，打消了小商人希望发展民族工业的雄心。在这方面有很多例子。在全世界范围内，当可口可乐和百事可乐进入本土市场后，本地的软饮料生产商都受到它们的压制。当地的冰激凌生产商发现它们根本不可能与联合利华的冰激凌产品进行竞争。

要想将这一问题看得更清楚，方法之一就是回忆在美国发生的关于药店和便利店大型连锁的争论。当沃尔玛进入某个社区时，常常会遭到当地企业的强烈反对，它们担心（这是正确的）会被沃尔玛替代。当地的商店店主担心它们无法与沃尔玛进行竞争，主要是因为沃尔玛的购买力非常强大。生活在小城市的人们担心，如果当地的所有商店都被摧毁了，该社区的性质将会发生什么变化。在发展中国家，相同的忧虑要强烈1000倍。虽然这些关注是合理的，但我们也必须坚持另外一个观点：沃尔玛之所以成功，是因为它以低价向消费者提供货物。在发展中国家，由于许多贫民几乎是在生存的边缘度日，因此，货物和服务能更有效地递送到他们手中显得更加重要。

但是，批判者提出了几个观点。在没有强有力（或者说是有效实施）的竞争法的情况下，当国际企业排挤了当地的竞争者后，它有可能会利用其垄断力量提高价格，这样，低价格所获得的利益将不会持久。

关键的问题部分在于步骤；当地的商业宣称，如果给予它们时间，它们能够适应和应对竞争，也能够有效地生产货物，这对于加强当地社区（无论是经济方面还是社会方面）建设、保护当地商业非常重要。然而问题是，当初那些本应该作为应对国外竞争的暂时性保护政策就变成永久性的政策了。

在改善工作条件方面，很多跨国公司在发展中国家做的要少于它们可以做到的。它们逐渐认识到在国内吸取的教训。提供更好的工作条件可以从根本上提高工人的生产率，从而降低总成本，或者至少不会大幅度地提高成本。

银行业是外国企业经常侵占本土企业的另外一个领域。相对于当地的小银行来说，大型的美国银行能够为存款者提供更大的保险（除非当地政府能够提供存款保险)。美国政府曾经推动发展中国家开放金融市场。其优势非常明显：增加竞争能够导致银行改善其服务。外国银行更大的金融实力能够提高金融稳定性。然而，外国银行对本土银行部门造成的威胁是实实在在的。但在美国，同样的问题也存在广泛的争论。因为担心资金将会流入主要的金融中心（如纽约），使得那些需要资金的边缘区域根本无法获得必需的资金，因此，全国性的银行受到抵制（直到在华尔街的影响下，克林顿政府扭转了民主党传统的地位为止）。阿根廷的例子向我们表明了这一危险。在2001年阿根廷经济崩溃前，其国内的银行业已经由外国所有的银行控制，随着这些银行能够轻易为跨国公司（甚至一些大型的国内企业）提供资金，中小型企业开始抱怨缺少准入资本。鉴于国际银行的专长和它们掌握的基础信息，它们更倾向于向其传统客户贷款。最终，它们会拓展到其他的利基市场中，或者出现新的金融机构以弥补这些缺口。缺乏增长（实际上是缺乏金融支持）在那些国家的衰退中发挥着关键作用。阿根廷已经广泛地认识到该问题，政府采取了有限的步骤来弥补信用缺口。但政府借贷不能弥补市场失灵。

阿根廷的经验给了我们一些基本的教训。国际货币基金组织和世界银行一直强调银行稳定的重要性。建立不会因为坏账而损失资金的健全银行很容易，只需要要求它们投资于美国国债就可以了。挑战不只是要建立健全的银行，而且要建立能够为增长提供信贷的健全的银行。阿根廷的例子表明，如果不能成功地做到这一点，它本身就可能会导致宏观经济不稳定。因为缺乏增长，它就不可能弥补财政赤字，而国际货币基金组织又强迫减少支出，提高税收，最终会造成经济螺旋下降和社会不安的恶性循环。

对于外国银行造成的宏观经济不稳定，玻利维亚提供了另外一个案例。2001年，在玻利维亚经济中占据重要地位的一家外国银行突然决定，鉴于全球风险不断增加，将紧缩其信贷规模。信贷供应方面的突然变化使得该国经济陷入更深的低迷，其危害程度要超过早期已经出现的商品价格下滑和全球经济衰退。

对于外国银行的侵扰方面，还存在其他的问题。国内银行对被称之为"窗口指导"的政策非常敏感，所谓"窗口指导"，是中央银行用来施加影响的非常微妙的形式。比如，在经济需要进行刺激时扩张信贷，在存在经济过热的信号时紧缩信贷。但是，外国银行不情愿也不会对这类信号做出反应。与此相似，国内银行更有可能对弥补信贷系统的基本缺口（即有些群体尚未享有服务或者服务不周到，比如少数民族地区和贫穷地区）做出反应。在具备最发达信贷市场的美国，都觉得这些缺口是如此重要，以至于在1977年通过了《社区再投资法案》，强制要求银行向那些服务不周的群体和地区进行借贷。即使是有争议的，《社区再投资法案》也是实现关键社会目标的重要方式。

然而，金融领域不是外国投资者集中投资的唯一领域。在某些情况下，新的投资者说服（经常伴随着贿赂）政府给予他们特别的优待，比如关税保护。在很多情况下，美国、法国或其他发达工业国家的政府也参与其中——在发展中国家内部强化这一观点，即政府干涉并从私有部门中获得报酬是天经地义的事。在某些情况下，政府的作用看起来是无伤大雅的（虽然对反腐败并非必要）。美国商务部长伦·布朗在国外访问时，那些试图与其保持联系并且试图进入这些新兴市场的商人们都会伴其左右。可以推测，如果某人对竞选具有重要的贡献，那么他获得与部长同乘一架飞机的机会将会增加。

在其他情况下，政府会被用来抵消其他政府的分量。在科特迪瓦，当法国政府支持法国电信试图排除独立的（美国）蜂窝电话公司的竞争时，美国政府则出面支持美国企业。但是在很多情况下，政府的行为超过了合理的领域。在阿根廷，当法国苏伊士里昂水务公司与阿根廷水务公司签署完供水设施协议后，法国公司发现其能够获得的利益并不像其当初想象得那么多，于是，法国公司试图重新修改协议条款，而法国政府也加入进来对阿根廷施压。

最值得关注的问题可能是政府（包括美国政府）在要求一些国家履行协议过程中所发挥的作用，这些协议通常对许多发展中国家都不公平，而且经常是由这些国家的腐败政府签署的。1994年,在印度尼西亚雅加达举行的亚太经济合作组织领导人会议上,克林顿总统鼓励美国企业到印度尼西亚投资。很多企业这样做了,且往往获得了非常优惠的条件(其中不乏用贿赂打通关口,实际上,这对印度尼西亚人民不利)。与此类似,世界银行也鼓励私有电力公司在印度尼西亚及其他国家投资,比如巴基斯坦。这些合同包括这样的条款:政府承诺以非常高的价格购买大量的电力(即所谓的拿走或支付条款)。私有部门获得利润,政府承担风险,这就足够糟糕了。但当腐败的政府被推翻后(1998年印度尼西亚的穆罕默德·苏哈托政府被推翻,1999年巴基斯坦的纳瓦兹·谢里夫政府上台),美国政府向这些新政府施压,要求它们继续履行这些合同,而不是违约或者至少对合同条款重新进行谈判。实际上,西方列强利用其强权强迫履行"不公平"的条约已经有很长时间了。[1]

还有很多反对外商直接投资的合理理由。因为常常是从政府那里获得特权,这些投资才繁荣起来。当标准的经济学开始关注这些特权所造成的"扭曲"动机时,就会发现存在更为严重的问题:通常,这些特权都是腐败或者对政府官员进行贿赂的结果。外国直接投资进入的代价就是破坏了民主的进程。尤其是采矿业、石油和其他自然资源等方面的投资,更是如此;在这些领域,外国投资者具有真实动机以获得低价的特许权。

更有甚者,这种投资还具有其他的负面影响——通常,该类投资并不能促进增长。虽然采矿特许权所带来的收入可以是无价的,但发展需要社会的转变。对采矿业进行投资(比如说在某个国家的偏远地区)除了投资产生的资源外,对于帮助发展转变不起任何作用。这种投资有助于形成二元经济,一种存在财富口袋的二元经济。但是二元经济不是发达的经济。相反,实际上,资本流入有时能够通过一个所谓的"荷兰病"机制阻碍发展。资本流入导致本币升值,从而使进口变得便宜而出口变得昂贵。"荷兰病"这个名称来源于在荷兰北海地区发现了天然气之后的经历。天然气的销售导致荷兰的货币升值,从而严重地影响了该国的其他出口企业。对于荷兰来说，虽然这个问题非常棘手，但并非不能解决。对于发展中国家来说，解决这样的问题是很困难的。

更糟糕的是，资源的可获得性可以改变动机：正如我们在第 6 章中看到的那样，不会去集中精力创造财富。有许多资源禀赋非常高的国家，人们都非常努力以争取占有与自然资源相联系的收入（经济学家将其称为"租"）。

对于我已经概括的问题，国际金融机构有意忽略了。的确，当国际货币基金组织关注就业议题时，其对创造就业机会的规定非常简单：取消政府的干预（以压制性规制的方式）、减少税收、尽可能地降低通货膨胀水平、引进外国企业。在某种意义上，这些政策都反映了我在前面章节已经描述的殖民主义心态：发展中国家可能必须依赖外国企业家。日本和韩国取得了不同寻常的成功，在这两个国家中，外国投资几乎没发挥什么作用，对此国际货币基金组织总是视而不见。还有其他的案例，比如新加坡、中国和马来西亚，它们一直保持着对外国投资滥用的限制。虽然在这些国家中，外国直接投资发挥着非常关键的作用，但外商直接投资带来的资本发挥的作用并不大（因为这些国家的储蓄率都很高，并不真正需要资本），甚至也不是外国企业家发挥了作用，真正发挥作用的是市场准入和其带来的新技术。

秩序和步骤

或许国际货币基金组织所犯下的错误，主要是秩序和步骤的失误，并且不重视那些最应该得到重视的更为宽泛的社会背景：在安全网投入使用前，在没有建立合适的规制框架前，在这些国家能够承受现代资本主义部分是因为市场情感突然变化造成的负面影响前，强制推行自由化；在就业创造的要素到位前，强制推行那些摧毁工作机会的政策；在建立合适的竞争和规制框架前，强制推行私有化。这些一连串的失误反映出国际货币基金组织对经济和政治程序基本原理的误解，而这些误解与那些相信市场原教旨主义的人尤其相关。例如，这些人认为，一旦建立了私有财产权,那么,其他所有的问题将会迎刃而解,包括那些能够使市场经济良好运行的机构和此类法制框架。

在自由市场意识形态背后,存在一个起源于亚当·斯密的模型,该模型认为,市场力量——追求利润的动机,能够通过一只看不见的手驱动经济进行有效产出。现代经济学最大的贡献之一就是表明斯密的结论是正确的和有条件的。别忘了,这些条件是非常严格的。[2] 相反,经济学理论的最新发展(具有讽刺意味的是,它正出现于对华盛顿共识政策最执着的追逐时期)表明,只要信息不完全、市场不完善(一般情况下,尤其在发展中国家更是如此),那么,看不见的手就不能最完美地运作。更为重要的是,原则上,如果政府干预是适当的,那么这种干预就能够改善市场效率。这些限制条件非常重要,只有满足这些条件,市场才能产生效率——政府的许多重要活动都可以看作是对市场失灵的反应。现在我们知道:如果信息是完全的,金融市场将不会发挥作用,而且金融市场规制也将不会发挥作用;同样,如果竞争是自动的和完全的,那么反托拉斯机构将不会发挥作用。

然而,华盛顿共识政策的基础是过于单纯市场经济的模型——竞争均衡模型。在该模型中,亚当·斯密看不见的手的理论不仅非常有效,而且运行得非常完美。因为在该模型中,没有对政府的需求,也就是说,自由的、无拘无束的、"自由主义的"市场完美地运作——华盛顿共识政策有时就是指那些建立在"市场原教旨主义"基础上的"新自由主义",这是 19 世纪某些派系中非常流行的放任主义政策的复兴。大萧条以及认识到市场体制的其他缺陷后,其失败主要表现为:存在大范围的不平等,大批的城市由于污染和环境恶化而不能居住。虽然在更发达的工业国家中,对于政府与市场之间合适的平衡依然存在激烈的争论,但是在这些国家中,普遍反对自由市场政策。

即使亚当·斯密的看不见的手原理与发达的工业化国家相关,但是,发展中国家并不能满足看不见的手所需要的条件。市场体系明确要求建立财产权制度和强制其实施的法院;但是,这些在发展中国家常常都没有。市场体系要求竞争和完全的信息,但在发展中国家,竞争是有限的,信息远没有达到完全的程度。况且,功能完善的竞争性市场也不是一夜之间就能建立的。该理论认为,有效的市场经济要求所有的假设都必须满足。在某些情况下,如果只是在某个领域进行改革,而在其他领域没有配套的改革跟进,那么将会使该领域的问题变得更加糟糕。这就是秩序的问题。意识形态忽略了这些问题,它只是要求尽可能快速地向市场经济靠拢。但是,经济理论和历史经验表明,忽略了改革的秩序将会带来非常严重的后果。

我在前面所讲的国际货币基金组织在贸易自由化、资本市场自由化和私有化等方面的失误,从更广的范围来看就是秩序的错误。西方的报道中,即使对较小范围的秩序失误都没有给予关注。这些错误造成了国际货币基金组织政策日复一日的悲剧,这些政策对发展中国家那些已经绝望的贫穷产生了影响。例如,许多国家都有营销委员会,它们从农民手中购买农产品,然后在国内或国际上进行销售。但是,这些营销委员会通常是无效和腐败的来源,因为农民仅仅获得最终价格的一小部分。即使政府参与这些业务的意义不大,但是如果政府突然撤出这些业务,也并不意味着充满活力的、竞争性的私有部门将会自动地参与进来。

一些西非国家迫于国际货币基金组织和世界银行的压力,撤销了营销委员会的业务。在某些情况下,它看起来很有效;但在某些情况下,当营销委员会消失时,当地的垄断体制就开始发展。有限的资本限制一些部门进入该市场。只有极少数农民能够购买一辆卡车将其生产的产品运到市场上。在缺少具备完善功能的银行的情况下,这些农民也不可能贷到其必需的资金。在某些情况下,人们能够购买卡车运输其货物,起初市场也能发挥其应有的功能;但随后,这项有利可图的业务就成为当地黑手党的起源。无论在哪种情况下,国际货币基金组织和世界银行承诺的净利益并没有实现。政府的税收减少了,而农民的状况并不比以前好,只有少数人(黑手党和政治家)的状况大大好转。

很多营销委员会也制定了统一价格的政策,即不管这些农民位于何处，对他们的产品都支付相同的价格。这看起来很"公平"，但是经济学家却反对这种政策，因为它在本质上要求那些离市场较近的农民对那些离市场较远的农民进行补贴。在存在市场竞争的情况下，那些离货物实际销售地越远的农民，他们获得的价格应该越低；实际上，他们需要承担将这些货物运输到市场的成本。在还没有建立起合适的道路体系前，国际货币基金组织强迫非洲国家废除其统一价格。这样，那些偏僻地区的农民获得的产品价格突然之间明显下降，因为他们不得不承担运输成本。结果，该国那些最贫穷的农村地区的收入垂直下降，大面积的困难随之而来。国际货币基金组织的定价方案对提高效率的条件或许有轻微的作用，但是，我们不得不对其实现的利益和造成的社会代价进行权衡。合适的秩序和步骤可能有助于我们逐渐实现效率和收益，而不再需要承担这些代价。

另外，对于国际货币基金组织/华盛顿共识方式，还存在更普遍的批评：国际货币基金组织根本没有意识到发展要求社会发生转变。乌干达激进地取消所有的学校免费入学这一政策，就是很好的证明。但这是仅仅关注于收益和成本的预算会计所不能理解的。如今，发展经济学颂歌的一部分是强调普遍义务教育，包括女性的教育。无数研究表明，像东亚的一些国家，它们已经对基础教育进行了投资，包括女性的教育，而且已经做得很好。但是，在一些非常贫穷的国家，比如像非洲的一些国家，要实现高入学率非常困难，尤其对女孩来说更是如此。原因很简单：贫穷的家庭几乎无法生存，从对其女儿进行的教育中，他们看不到任何直接的收益；并且，教育系统一直倾向于就城市部门的工作提供教育机会，但这些工作主要考虑的是男孩。那些面临非常严峻财政限制的国家，采纳了华盛顿共识的建议，开始对教育收取学费。它们的理由是：统计研究表明，适当收取少许学费不会对入学率产生太大的影响。但是，乌干达总统穆塞韦尼却不这么想。他知道，他必须创造一种文化，这种文化的期望就是让所有人都能够去接受教育（上学）。而且，他知道，如果收取学费的话，他就没法保证让所有人长期都去上学。因此，他忽视了外部专家的建议，取消了所有学校的学费。这样，入学率迅速上升。当某个家庭看到其他家庭将他们所有的子女都送到学校去上学时，他也决定将女儿送去上学。过于简单的统计研究忽视了系统变化的力量。

如果说国际货币基金组织的战略只是没有成功地实现其发展的全部潜力，那么，情况就足够糟糕。但是，国际货币基金组织在很多方面的失败造成了对实际社会结构不必要的腐蚀，进而使得发展议程受挫。当然，在发展和快速转变过程中，对社会产生巨大的压力不可避免。传统的权威机构受到挑战，传统的关系需要进行重新评估。这就是为什么成功的发展尤其需要关注社会稳定的原因。这不仅是前面章节已经提及的博茨瓦纳历史的教训，同样也是后面章节将要提及的印度尼西亚历史的教训，在这些国家，国际货币基金组织坚持取消食物和煤油（穷人们用来做饭的燃料）补贴，正像国际货币基金组织政策加剧了该国的衰退那样，补贴的取消使其收入和工资迅速下滑，失业率迅速上升。随即发生的暴乱破坏了这些国家的社会结构，使得其经济低迷进一步加剧。取消补贴不仅是糟糕的社会政策，也是糟糕的经济政策。

这些并不是第一次对国际货币基金组织的政策发生抗议，如果国际货币基金组织的建议被更广泛地接受，我相信发生暴动的次数会更多。1995年，我和其他高级政府官员在约旦参加约旦王子的加冕会议，当时，国际货币基金组织提出要约旦削减食物补贴以改善政府预算。就在他们几乎成功地达成协议时，侯赛因国王对其进行了干涉，并终止了该提议。侯赛因国王非常享受自己的地位，并在进行非常伟大的工作，他希望一直保持这样。在高度不稳定的中东地区，由食物问题引发的暴动足以推翻政府，并且危害到该地区脆弱的和平。同可能性较小的预算状况改善相比，这些暴动事件将会对繁荣的目标造成更大的伤害。国际货币基金组织狭隘的经济观点使其不能以更广阔的社会背景来考虑这些问题。

然而，这些暴动仅仅是冰山一角：它将每个人的注意力都转移到一个非常简单的事实上，即在制定政策时不能忽视社会和政治背景。但同样存在其他问题。20世纪80年代，当拉美需要更好地平衡其预算和控制通货膨胀时，过于节俭的财政政策导致了高失业率，在没有合适安全网的情况下，高失业率又反过来造成了高层次的城市暴乱，这样的环境根本不可能吸引投资。非洲国家的国内冲突一直是制约其发展进程最主要的因素。世界银行的研究表明，这些冲突与负面的经济因素相关，负面经济因素包括由过度节俭的财政政策所造成的失业。适度的通胀可能不是创造投资环境的理想状态，但暴乱和国内冲突只会使投资环境进一步恶化。

如今，我们意识到，在公民和政府之间存在"社会契约"，当政府政策废止该社会契约时，公民可能不会尊重公民之间以及公民与政府间的"契约"。由于在发展转型期间一直伴随着如此频繁的社会剧变，因此，维持这种社会契约非常重要，也非常困难。但是，国际货币基金组织在其吹毛求疵的宏观经济学计算中，根本就不会考虑这些问题。

涓滴经济学

社会契约的一部分包含着"公平"，即让穷人分享社会增长的收益，也让富人在危急时期分担社会的痛苦。华盛顿共识政策很少在意分配或者"公平"的问题。在受到压力的情况下，华盛顿共识的大部分支持者会辩解说，帮助穷人最好的办法就是实现经济增长。他们信仰涓滴经济学。涓滴经济学认为，增长的利益最终会涓滴到穷人身上。涓滴经济学仅仅是一种信念，一种对信仰的宣言。虽然在19世纪英国总体上保持繁荣，但看起来其贫困却在增长。20世纪80年代美国的增长为我们提供了一个最生动的例子：随着经济的增长，那些生活在底层的人们发现他们的实际收入却在下降。克林顿政府强烈地反对涓滴经济学，他相信必须制定积极的方案来帮助穷人。当我离开白宫到世界银行任职时，我同样带去了对涓滴经济学的质疑，如果涓滴经济学在美国不能发挥作用，那为什么它能在发展中国家发挥作用呢？如果不能实现充满活力的经济增长，就不能实现贫困的持续减少，虽然这是正确的，但反过来，增长不需要惠及所有人就不正确。"水涨船高"并不正确。有时潮水快速上涨，尤其是伴随着风暴的时候，将会把那些比较弱小的船只冲撞到岸边，击得粉碎。

虽然涓滴经济学面临非常严重的问题，但是有很多学者都对此进行研究。一位诺贝尔奖获得者安德鲁·刘易斯认为，不平等对发展和经济增长是好事，因为富人能够比穷人储蓄更多，并且增长的核心是资本积累。另一位诺贝尔奖获得者西蒙·史密斯·库兹涅茨认为，虽然在发展的开始阶段不平等在增长，但是后来的趋势就会发生转变。[3]

然而，过去 50 年的历史并不支持这些理论和假设。正如我们将在第 8 章中看到的那样，东亚国家和地区（韩国、中国大陆、中国台湾地区和日本）表明，高储蓄并不需要高度的不平等，在不平等并没有持续增长的情况下，一个国家和地区也可以实现经济的快速增长。因为政府不相信增长会自动惠及穷人，也因为政府相信较大程度的平等将会真正地促进增长。因此，这些国家和地区的政府采取了积极的措施以保证增长的潮水能够托起更多的船只，将工资不平等限定在一定范围内，将接受教育的机会延伸至所有人。这些国家和地区的政府政策维护了社会和政治稳定，社会和政治稳定反过来又有利于改善商业繁荣的经济环境，释放出新的人才储备为该地区的发展提供能量和人力技术。

此外，那些采纳了华盛顿共识政策的国家，穷人从增长中获益较少。在拉美地区，不平等并没有随着经济的增长而有所降低，甚至是贫困也没有随着经济的增长而有所降低。在某些案例中，贫困实际上却增加了，这些可以从那些遍布于该地区的城市贫民窟得到证实。国际货币基金组织非常自豪地讲述过去 10 年来拉美地区的市场改革进程（虽然在某种程度上说，国际货币基金组织的明星学生们在 2001 年的崩溃后显得更为平静，在过去 5 年中，衰退和停滞已经折磨了许多"改革"国家），但是它很少提及该地区的贫困人口数目。

很明显，单靠增长并不能改善一个国家所有人的生活。毫不奇怪，"涓滴"这个名词从政策争论中消失了。但是，该词语以略微变异的形式继续存在。我将这种变异的形式称为"涓滴加"。它支持增长是降低贫困的必要条件，并且认为增长也是降低贫困的充分条件。这意味着最好的战略就是仅仅关注增长，同时提及女性教育和健康等问题。但是"涓滴加"的支持者们并没有实施那些可能有效解决更广泛的贫困问题的政策，其至在解决诸如女性教育等特定问题方面，他们也没有实施相应的政策。实践中，"涓滴加"的提倡者坚持与以前涓滴经济学同样的政策，当然这就会有相同的负面影响。当一个个国家实施极其严厉的"调整政策"，迫使它们削减教育和健康支出时，其结果是：在泰国，不仅造成妓女数量不断增加，而且在治疗艾滋病方面的支出大大减少；这个曾是世界上与艾滋病做斗争最成功的国家如今出现了大幅的倒退。

具有讽刺意味的是，"涓滴加"的主要支持者就是克林顿政府时期的美国财政部。在克林顿政府内部，从新民主派（他们希望看到政府的作用受到进一步的限制）到旧民主派（他们希望政府更多地参与经济政策制定），在很大的范围内都存在对国内政治的观点。但是反映在年度《总统经济报告》中的核心观点，却强烈反对涓滴经济学，或者甚至是"涓滴加"。然而，正是美国财政部在其他国家推行这些政策，如果它在美国国内提倡这些政策，将会在政府内部遭到强烈抗议。这种表面上的矛盾原因很简单：国际货币基金组织和世界银行只是美国财政部跑马场的一部分，在这个领域中，几乎没有例外地允许国际货币基金组织和财政部推行它们的观点，正如在其他部门一样，在它们的领域中，也能够推行它们的观点。

优先权和战略

我们不仅要看国际货币基金组织在其日程中加入了哪些内容，还要看它忽略了哪些内容，这非常重要。国际货币基金组织的日程包括稳定，但是不包括创造就业机会；包括税收及其负面影响，但是不包括土地改革。它有钱帮助银行走出困境，但是却没钱改善教育和健康服务，更不要说去帮助那些因为国际货币基金组织宏观经济的管理失误而造成的失业工人了。

很多并没有列入华盛顿共识的项目,有可能会实现更快的增长和更大程度的平等。在很多国家中,土地改革本身就是关键的选择。在许多发展中国家,少数的富人拥有大部分土地。大部分人只能像佃户那样工作,并且只拥有他们生产出产品的一半或者更少,这就是"佃农耕作"。佃农耕作制度削弱了生产动机,因为他们与土地所有者对等地分享他们的劳动产品,其效果相当于对贫困农民征收了 50% 的税收。国际货币基金组织经常抱怨对富人征税的税率太高,指出高税率如何摧毁了他们工作的积极性,但对于这些隐性税收,它连一个字都没提。如果土地改革能够适当、和平和合法地进行,将会保证工人不仅能够获得土地,而且能够得到贷款,并且教会他们关于新种子和种植技术等额外服务,从而能够大幅度地提高产出。但是土地改革代表社会结构的根本性变化,而那些财政部的精英们(正是他们与国际金融机构打交道)可能对此并不感兴趣。如果这些机构真正关心增长和降低贫困,那么,他们就应该更多地关注这一问题:在几个最成功的发展案例中,比如韩国和中国台湾地区,它们都优先进行土地改革。

另外一个被忽视的项目就是金融部门规制。在分析 20 世纪 80 年代早期拉美的危机时,国际货币基金组织坚持认为,这些危机是由轻率的财政政策和宽松的货币政策造成的。但世界范围内的危机表明,不适当的金融部门规制是造成这种不稳定的第三个因素。直到东亚危机迫使国际货币基金组织改变其政策方针时,国际货币基金组织还一直在努力争取减少规制。如果土地改革和金融部门规制并没有引起国际货币基金组织和华盛顿共识足够重视的话,那么,在很多地方,通货膨胀就会放在更重要的位置。当然,拉美地区的通货膨胀非常猖獗,它的确应该受到重视。但是,国际货币基金组织对通货膨胀的过度关注造成了高利率和高汇率,从而造成失业,与此同时并没有实现经济增长。金融市场可能对较低的通货膨胀数字非常满意,但当工人和那些关注贫困的人们看到低增长和高失业率的数字时,他们并不高兴。

幸运的是，降低贫困逐渐成为发展的重要优先权。早些时候，我们发现"涓滴加"战略并没有发挥作用。尽管如此，但平均来说，增长更快的国家能够更好地降低贫困，这是正确的，中国和东亚的案例充分表明了这一点。消除贫困需要资源，这也是正确的，而且只能从增长中获得这些资源。增长和贫困降低之间存在关联关系，对此不应该感到奇怪。但这种关联关系依然不能证明涓滴战略（或者涓滴加战略）是与贫困做斗争的最好方法。相反，统计数据表明，有很多国家，虽然它们的经济实现了增长，但并没有降低贫困；在增长率给定时，一些国家在降低贫困方面要比其他国家更为成功。问题的关键不在于是赞同增长还是反对增长。在某些方面，增长/贫困的争论看起来毫无意义。毕竟，几乎人人都信仰增长。

这一问题与特定政策的影响有关。有些政策能促进增长，但是对降低贫困毫无效果；有些政策能促进增长，但同时也增加了贫困；有些政策能促进增长，同时也能够降低贫困。最后这类政策被称为优先贫穷增长战略。有时候，有些政策被称为是"双赢"政策，比如说土地改革政策或者使穷人能够更好地接受教育的政策，这些政策对于促进增长和实现更大程度的平等做出了承诺。但是往往存在权衡利弊的情况。有时候，贸易自由化可能会促进增长，但与此同时，至少在短期内贸易自由化也会增加贫困，尤其是在快速实现贸易自由化时更是如此。因为，一些工人失去了工作。有时候也存在"双输"政策，这些政策不仅对增长几乎毫无贡献，还会造成不平等的大幅增加。对许多国家来说，资本市场自由化就是其中的一个例子。关于增长—贫困争论就是关于发展战略的争论，这些战略追求既能促进增长又能降低贫困的政策，避免那些导致贫困增加但与此同时对增长几乎没有任何贡献的政策，以及在存在权衡利弊的情况下，在对现状进行评估的过程中，要给贫困的影响赋予更大的权重。

要理解这些选择，就需要理解贫困的原因和本质。穷人并不懒惰，与那些状况很好的人们相比，这些穷人往往工作更努力，工作时间更长。他们中的大多数人都是因为陷入了一种恶性循环：因为缺乏食物，身体不健康；因为身体不健康，就限制了他们的赚钱能力，不能赚钱就会使健康情况更加糟糕。在处于仅能维持生计的情况下，这些穷人就不能送其子女上学，由于没有接受教育，他们的孩子就又过着贫穷的生活。就这样，贫穷一代一代地传下去。贫穷的农民没钱购买化肥和高产出的种子，从而无法提高他们的生产率。

这只是穷人面临的许多恶性循环例子中的一个。剑桥大学的帕萨·达斯古普塔（Partha Dasgupta）提出了另外一个例子。在贫穷国家，像尼泊尔，除了附近的森林之外没有其他任何资源，但是，随着他们不断利用这些森林获得取暖与做饭所必需的燃料，森林的土壤被侵蚀，而环境恶化后，他们又不得不过着更加贫困的生活。

伴随贫困而来的是一种无助的感觉。在《2000年世界发展报告》中，世界银行在一项被称为"穷人的声音"的活动中，采访了千余名穷人。在此过程中，出现了很多议题，这几乎是意想不到的。这些穷人觉得他们根本没有说话的地方，并且，他们不能掌握自己的命运，经受着超出他们控制力量的打击。

同时，穷人们也感到不安全。不仅仅是因为他们的收入没有保障——因为超出他们控制的经济环境变化会降低他们的实际工资和导致他们失业，东亚危机很清楚地表明了这一点；同时，他们也面临着健康风险和暴力的持续威胁，这些风险和威胁有时候是来自于那些试图抓住任何机会满足其家庭需要的其他穷人，有时候来自警察和其他具有权力地位的人群。在发达国家，当人们为健康保险的不充分而烦恼时，发展中国家人们的生活却没有任何形式的保险，没有失业保险、健康保险，也没有退休保险，唯一的安全网是由家庭和社区提供的，这就是为什么在发展进程中，尽可能地维护这些联系的非常重要的原因。

为了改善反复无常造成的不安全——无论是来自剥削的老板，还是来自饱受国际风暴打击的市场，工人们已经在为更大的就业安全而斗争。但是，在工人们追求"体面的工作"的同时，国际货币基金组织也追求所谓的"劳动市场弹性"，这听起来有点像是能促进劳动力市场更好地运转,但实际上,它只是为降低工资和减少就业保障寻求借口而已。

我们并没有预见华盛顿共识针对穷人政策的所有不利方面,但是到目前为止,这些不利方面都显而易见。我们已经看到,在高利率的情况下,贸易自由化几乎确定是摧毁工作和造成失业的处方,这是穷人付出的代价。在没有建立合理规制结构的情况下,金融市场自由化几乎确定是经济不稳定的处方,并且,它也可能造成利率提升而不是降低,这就使穷人更难购买那些能够提高他们生活水平的种子和化肥。在没有制定竞争政策以及对保证垄断力量不被滥用的情况下,私有化提高了而不是降低了消费价格。在发生这一连串错误时,盲目地追从财政节俭政策会造成更高的失业,并撕碎了社会契约。

如果说国际货币基金组织低估了它的发展战略对穷人带来的风险,它同时也低估了这些政策带来的长期社会和政治成本,这些政策毁坏了中产阶级,富足了少量的社会高层,高估了市场原教旨主义政策的利益。传统上,中产阶级就是那些已经推动法律规则的群体,那些已经推动普遍公共教育的群体,那些已经推动社会安全网建设的群体。这些都是健康经济体的核心要素,而中产阶级的腐蚀随之会影响他们支持的重要改革。

与此同时,国际货币基金组织低估了其方案的成本,高估了其利益。以失业问题为例,对国际货币基金组织和其他人来说,这些人相信当市场正常发挥作用时,需求必须等于供给,失业预示着自由运行的市场中存在干预。工资太高了(比如因为存在工会的力量)。显而易见,解决失业的方法就是降低工资;较低的工资将会增加对劳动力的需求,将使得更多的人进入就业名单。而现代经济学理论(尤其是建立在不对称信息和不完全契约下的理论)已经解释了,即使在高竞争性的市场中,包括劳动力市场,为什么会继续存在失业(因此,认为失业是因为工会或政府最小化工资的观点是完全错误的)。但是,对降低工资的战略,依然存在其他的批评。较低的工资可能使一些企业雇用更多的工人,但是新雇用的工人数目可能相对较少,而工资的降低对所有其他工人造成的伤害可能会更大。雇主和资本所有者可能会很高兴,因为他们能够看到利润在飙升。他们将会狂热地支持国际货币基金组织／市场原教旨主义的模型和它的政策指令。另一个狭隘的全球观点的例子就是要求发展中国家的学校收费。那些赞成收费的人们认为，收学费对入学率不会造成什么影响，而且政府也急需收入。具有讽刺意味的是，过于简单的模型错误地计算了取消学费对入学率的影响；因为它没有考虑对社会更广泛的影响，这些模型甚至没有尝试正确地评估对入学率的影响。

如果说国际货币基金组织对市场的观点过于乐观，其对政府的观点就显得过于悲观了；即使不能说政府是所有罪恶的源泉，但它的确是造成的问题多、解决的问题少。但对穷人缺乏关注不只涉及市场和政府的观点问题（该观点认为，市场能够考虑到所有问题，而政府只会使问题变得更糟）；它同样涉及价值问题——我们应该如何关心穷人，谁应该承担风险。

华盛顿共识强迫实施的政策，其结果并不令人鼓舞：大部分遵循国际货币基金组织宗旨的国家发展程度较低，而即便出现了一定程度的增长，其增长的利益也未能公平地分配；对危机处置不当；向市场经济的转型（正如我们将要看到的那样）也令人失望。在发展中世界，该问题更为严重。那些遵循国际货币基金组织指示、忍受财政节俭的国家，不禁要问："我们什么时候才能看到胜利的果实？"拉美的许多国家在经历了20世纪90年代早期爆发的短暂增长后，就出现了停滞和衰退。增长没能持续，也许有人说这是不可持续的。的确，在这关键时期，所谓的后改革时期增长看起来并没有好起来，一些国家甚至比20世纪五六十年代改革前的进口替代时期（当时，这些国家利用保护主义政策帮助国内工业与进口者进行竞争）更加糟糕。改革后，拉美地区20世纪90年代年均增长率为 2.9%，大约仅为 20 世纪 60 年代 5.4% 的一半。对其进行回顾我们可以发现，20 世纪 50 年代和 60 年代的增长战略没能持续（批评家们认为这是不可持续的）；但 20 世纪 90 年代早期出现的增长小高潮也不能持续（批评家再次认为这是不可持续的）。的确，华盛顿共识的批评者指出，20 世纪 90 年代早期增长的爆发仅是一种追赶，它甚至不能弥补20世纪80年代失去的10年，这10年是在上次危机之后出现增长停滞的10年。整个拉美地区的人们都在问，改革是否失败或者全球化是否失败？这可能没有什么差别——全球化就是改革的核心。甚至在那些实现了一定增长的国家，比如墨西哥，在很大程度上，其增长的利益都被30%的上层人占有，并且更集中于上层10%的人群。生活在底层的人们，他们获得的利益很少，有些人的情况可能变得更糟糕。

华盛顿共识改革已使一些国家面临更大的风险，而且这些风险是由那些最没有能力处理这些风险的人不成比例地来承担的。在许多国家中，改革的步骤和秩序所摧毁的工作机会远远超过其创造的就业机会；同样，这些国家面临的风险也超过了它们建立机构以应对这些风险的能力，包括建立有效的安全网。

当然，华盛顿共识也存在一些非常重要的信息，包括谨慎的财政政策和货币政策的教训，以及那些取得成功的国家很好理解的教训，但是大部分国家并不一定必须从国际货币基金组织那里吸取这些教训。

有时候，国际货币基金组织和世界银行因为它们传递的信息而遭到不公平的责备——没人情愿被告之要按照别人的方式生活。国际经济机构的批评更深入：虽然在它们的发展进程中有很多好的议题，纵然从长期看来它们也确实是令人兴奋的，但这些改革也必须谨慎地实施。如今，我们已经深刻地认识到，不能忽略步骤和秩序。更重要的是，相对于那些建议的教训，发展更为重要。存在可替代的战略，这些战略不仅在重点上不同，在制定的政策方面也不同。比如，这些战略包括土地改革，但不包括资本市场自由化；这些战略规定在进行私有化之前先制定竞争政策，在实行贸易自由化的同时实现就业机会的创造。

这些替代战略充分利用了市场，但同时也认识到政府同样能很好地发挥作用。他们认识到改革的重要性，但是这些改革需要逐步、有秩序地进行。他们看到改变不仅是经济学的问题，同时也是社会广泛进化的一部分。他们认识到，要想获得长期的成功，改革必须得到广泛的支持；而改革要想得到广泛的支持，改革的利益就必须进行广泛地分配。

我们已经唤起别人对一些成功的注意：比如非洲的乌干达、埃塞俄比亚和博茨瓦纳有限的成功，以及东亚地区包括中国在内更广泛的成功。在第9章，我们将更近距离地观察转型的成功，比如波兰。这些成功的例子表明发展和转型是有可能的，发展的成功大大超过了半个世纪以来任何人所能想象的程度。有如此多的成功案例，他们都采取了与华盛顿共识明显不同的战略，事实实在发人深省。每个时代、每个国家的情况都不同，如果其他国家也采取东亚的战略，它们也能够取得相同的成功吗？25年前的那些非常有效的战略在当前的全球经济中还有效吗？对于这些问题，经济学家们可能会有不同的答案。但是，这些国家需要考虑替代战略，并通过民主政策程序让它们为自己做出选择。这应该是（而且它早就应该是）国际经济组织的任务，即向各国提供其必要的资金，使它们在对每项后果和风险理解的情况下，做出自己深思熟虑的选择。自由的本质就是有权做出选择，同时承担相应的义务。

| 第 8 章 |

东亚危机：国际货币基金组织的政策如何将世界带到崩溃的边缘

1997年6月2日，当泰铢崩溃时，没有人知道这就是自大萧条以来最大的经济危机的开始——这次危机将从亚洲扩散到俄罗斯和拉美，并威胁到整个世界。10年来，泰铢与美元的兑换比率一直保持在25泰铢兑1美元左右，突然在一夜间，泰铢就贬值近25%。货币投资不断蔓延，并打击到马来西亚、韩国、菲律宾和印度尼西亚等国，到1997年年底，由于汇率灾难所引发的危机严重威胁到该区域内的银行、股票市场甚至实体经济。如今，该危机已经过去，但是不少国家在多年后依然能够感受到它的影响，诸如印度尼西亚。不幸的是，在那个混乱的时代，国际货币基金组织强制实施的政策使得当时的状况更加糟糕。虽然建立国际货币基金组织的目的就是要阻止和应对这类危机，但在很多方面，国际货币基金组织并没有取得成功。这种事实不得不使我们重新反思国际货币基金组织的作用，与此同时，美国和其他国家也都呼吁要对国际货币基金组织的许多政策及该机构本身进行彻底的改革。的确，当我们对该问题进行回顾和审议时，事情变得越来越明显，国际货币基金组织的政策不仅加剧了经济衰退,而且对经济危机的发生负有部分责任:虽然部分国家的错误政策也扮演着重要的角色,但过快地推行金融市场自由化和资本市场自由化可能是这次危机唯一最重要的原因。如今,虽然国际货币基金组织承认了它的很多错误,比如,国际货币基金组织官员意识到,过快地推行资本市场自由化是多么危险,但是没能承认全部的错误,对于那些遭受灾难的国家来说,国际货币组织观点的改变来得太迟。

这次危机令许多观察家大为吃惊。在本次危机前不久,甚至是国际货币基金组织还预测该地区将会取得强劲的增长。这之前30年间,东亚的增长速度不仅较世界其他地区更快,而且在降低贫困方面做得更好,无论是发达国家还是不发达国家都是如此,而且一直更为稳定。东亚地区避免了作为所有市场经济标志的兴衰沉浮。东亚地区的表现给人以深刻的印象,因此被人广泛称为"东亚奇迹"。的确,根据传闻,国际货币基金组织对该地区是如此信心百倍以至于它将其一位非常忠诚的职员派到该地区当主任,作为他退休前安逸的职位。

令我非常惊诧的是,当危机爆发时,国际货币基金组织和美国财政部是如何强烈地批评这些国家——根据国际货币基金组织的说法,亚洲国家的机构非常虚弱,它们的政府很腐败,需要进行大规模的改革。这些直言坦率的批评几乎都不是出自于对该地区进行过研究的专家,而且他们所说的和我所知道的大部分是相矛盾的。我曾经访问过该地区,并对其进行了近30年的研究。世界银行以及世界银行研究部副主任劳伦斯·萨默斯本人曾邀请我参加关于东亚奇迹的一项重要研究,领导一个队伍研究本地区的金融市场。大约20年前,当中国开始向市场经济转型时,他们又邀请我去讨论中国的发展战略。在白宫,我继续对该地区进行研究,比如说,带队为亚太经济合作组织(Asia Pacific Economic Cooperation,APEC,环太平洋边缘的国家或地区群体,随着该地区经济的重要性不断增强,其国家元首或地区领导人的年度会议变得更加重要)撰写年度经济报告。我在国家安全委员会中积极参与关于中国的争论,并且,在政府的"遏制政策"气氛过于紧张时,就作为内阁成员被派到中国与朱镕基副总理进行会谈,以使气氛平静下来。

让我很困惑的是,如果这些国家的机构都是虚弱的,那么,它们如何能够在这么长的时间内都做得这么好?直到我回忆起对东亚奇迹本身进行大肆吹嘘的言论时,我对该地区的了解和国际货币基金组织及美国财政部的断言之间的差异并没有什么意义。国际货币基金组织和世界银行几乎有意地回避对该地区的研究,虽然大概是因为它很成功,但对它们来说,将该地区作为对其他国家和地区的教训是非常自然的。后来,在日本的压力下,并且仅是在日本提供了研究经费后,世界银行才开始对东亚的经济增长进行研究(最终研究报告被命名为《东亚奇迹》)。原因很明显:这些国家的成功不仅仅是因为它们根本就没有遵循华盛顿共识的大部分指令,还因为它们对此根本不予理睬。虽然在最终完成的报告中,这些专家们的观点有所缓和,但世界银行关于东亚奇迹的研究表明,政府在经济增长中发挥了重要作用。这与华盛顿共识所钟爱的要求政府发挥最低限度的作用大不相同。

不仅是国际金融机构,包括学术界都在问:奇迹真的存在吗?东亚所做的"所有"事情就是高度储蓄,并且很好地进行投资。但是"奇迹"的观点并非与之相应。世界上没有其他国家能够实现如此高的储蓄率,并且进行很有效的投资。在东亚国家同时完成这两件事的过程中,政府的政策发挥了重要作用。[1]

当危机爆发时,几乎该地区所有的批评家们都很高兴,因为他们的预言得到证实。在好奇的析取命题中,他们否定了该地区的政府在过去25年间取得的成功,所以很快就开始对该地区政府的失败进行指责。

无论是否将其称为奇迹都不重要,重要的是在过去近30年间,东亚地区取得的收入增长和贫困降低都是空前的。访问这些国家的人没有哪一个不对其发展变化感到惊奇,无论经济的变化,还是社会的变化,都反映在可以想象的每个统计数字中。30年前,成千上万辛勤的黄包车夫为微薄的收入而卖力拉车,如今,这些黄包车夫只是为了吸引旅游者,给那些喜欢抓拍的旅游者拍照的机会。高储蓄率、政府对教育的投资和国家指导产业政策联合起来为使该地区成为经济增长的发动机而服务。几十年来，该地区的增长率非常显著，数千万人的生活标准有了明显的提高，而且增长的利益被广泛地分享。虽然亚洲的经济发展模式存在问题，但总体上，政府制定了有效的发展战略，该战略只有一项和华盛顿共识的政策一致，即宏观稳定的重要性。在华盛顿共识中，贸易很重要，但重点是促进出口，而不是取消进口限制。虽然贸易最终被自由化，但只是随着出口企业创造新的工作机会而逐步自由化。华盛顿共识政策强调要对金融市场和资本市场进行快速的自由化，而东亚国家只是逐步进行自由化——它们中最成功的国家，比如中国，依然还有很长的路要走。华盛顿共识政策强调私有化，该地区的国家政府和地方政府都帮助建立有效的企业，这些企业在很多国家的成功中都发挥着关键作用。华盛顿共识认为，政府试图塑造未来经济方向的产业政策是错误的；但东亚政府却认为这是它们的核心职责之一。特别是，它们相信如果要缩小与更发达国家的收入差距，就必须缩小知识和技术的差距，因此，它们制定了教育和投资政策以缩小这种差距。华盛顿共识政策很少关注不公平，它含蓄或明确地指出，利益将会涓滴给穷人；但是，东亚政府积极采取措施降低贫困和限制不平等，它们相信这些政策对维护社会的凝聚力非常重要，而社会凝聚力则可以推动创建有利于投资和增长的环境。更广泛地说，华盛顿共识政策强调政府最低限度地发挥作用，但在东亚，正是政府帮助塑造和引导市场。

当危机刚爆发时，西方国家的人们并没有意识到它的严重性。在问及对泰国的援助时，比尔·克林顿总统认为，泰铢的崩溃只是泰国经济走向繁荣道路上的小故障，并将该问题撇在一边。[2]1997年9月，在中国香港召开的国际货币基金组织和世界银行年度会议上，克林顿总统与到会的世界其他国家的财政部长们分享了他的自信和冷静。国际货币基金组织的官员对自己的建议是如此自信，以至于他们甚至要求修改其章程，允许对发展中国家的资本市场自由化问题施加更大的压力。会议期间,亚洲国家的领导人,尤其是我遇到的几位财政部长都吓坏了。他们认为,资本市场自由化过程中出现的热钱是问题的来源。主要的麻烦还在前面:危机将会对经济和社会造成严重的破坏,他们担心国际货币基金组织的政策将阻止采取他们认为可以避免危机的政策,同时,他们也担心这些政策在危机出现时将会恶化其对东亚经济的影响。然而,他们感觉无力对此进行抵抗。他们甚至知道能做什么和应该做什么以阻止危机和将损害最小化,但是,他们也明白如果采取了自己的行动,就会招致国际货币基金组织的谴责,并且国际货币基金组织有可能会撤回国际资本。结果,只有马来西亚有足够的勇气去面对国际货币基金组织愤怒的风险;虽然马哈蒂尔总理的政策(试图将利率保持在较低的水平,阻止投机性投资资金迅速流出国外)四处受到攻击,但相对于其他国家来说,马来西亚的衰退时间较短,而且程度较轻。[3]

在香港会议上,我向遇到的几位东南亚国家的部长们建议,他们应该采取一致的行动;如果他们同时强制实施资本管制,即阻止投机性资金快速流出他们的国家,那么,就有可能经受住来自国际金融团体毋庸置疑的施压;同时也能够有助于避免经济混乱。他们谈论着在该年迟些时候要一起制订一项计划。但是从香港考察归来,甚至还没来得及打开背包,危机就开始蔓延了,首先蔓延到印度尼西亚,12月初就传到韩国。同时,世界上其他国家和地区都受到货币崩溃的冲击——从巴西到中国香港,它们虽然经受住了冲击,但也为此付出了巨大的代价。

这些国家和地区发生的危机有两个非常明显的模式:第一个模式以韩国为代表,该国危机的发生过程给人留下了深刻的印象。当韩国从朝鲜战争的灾难中崛起时,它清楚地阐明了自己的发展战略:在30年内要使韩国人均收入增长8倍,大幅度降低贫困,实现普遍读写能力,缩短其与更发达国家之间的技术差距。在朝鲜战争结束时,韩国比印度还穷;到了20世纪90年代初,韩国就加入了经济合作与发展组织,它是一个发达工业国家的俱乐部。韩国成为世界上最大的电子芯片生产国之一,它具有一大批大型联合企业，诸如三星、大宇、现代等，其生产的产品享誉全球。但是在其转型早期，韩国牢牢地控制着自己的金融市场，后来在美国的压力下，它才很不情愿地允许本国的企业进行海外借贷。在进行海外借贷时，这些企业都将自己暴露于国际市场反复无常的行为中：1997年下半年，有关韩国陷入麻烦的流言传到华尔街。流言说韩国将无力从即将到期的西方银行贷款中翻身，并且，韩国没有足够的储备偿还这些贷款。这类流言有自我实现其预言的能力。在这些流言出现在报纸上之前，我就在世界银行听到过了，并且我知道这些流言的出现将意味着什么。很快，以前急切希望向韩国企业贷款的银行在如此短的时间内就决定了不再向其发放新的贷款。当它们都决定不向韩国企业发放新的贷款时，这些流言的预言就成为现实：韩国真的陷入了麻烦。

第二种模式以泰国为代表。在泰国，危机是对泰铢进行的投机性攻击（同时伴随着高额的短期债务）造成的。这些投机者相信泰国货币（泰铢）将会贬值，试图卖出这种货币而买入美元；在货币能够自由兑换的情况下，即将本地货币换成美元或者其他货币的能力，这很容易做到。但是，随着贸易者不断卖出泰铢，泰铢就开始贬值，这样，他们的预言就被证实了。作为选择，而且更为普遍的是，政府试图支持本国货币。政府会从其储备（这是国家控制的资金，通常是以美元的形式进行储备的，以备不时之需）中卖出美元，买进本国货币来维持其币值。但最终，政府耗尽了它的硬通货，再也没有美元可以出售了，这时本币（泰铢）的币值就会直线下跌。那些投机者非常得意，因为他们赌对了。这时候，他们就可以再次购买该国货币，以取得丰厚的利润，并且利润的规模非常巨大。假设一个投机者到泰国银行贷款240亿泰铢，按照当时的汇率，它可以兑换成10亿美元。一个星期后，泰国的汇率下降了（即泰铢贬值了），不再是24个泰铢兑换1美元，而是40个泰铢兑换1美元。那么，要还清这240亿泰铢的贷款，他只需要支付6亿美元，剩下的4亿美元就是利润——仅用一个星期的时间，他就取得了巨大利润，而且几乎没有用自己的钱进行投资。相信汇率不会增值（即从24泰铢兑换1美元上升到 20 泰铢兑换 1 美元），就不会有任何风险；即使是最糟糕的情况——如果汇率保持不变，他也只是损失一个星期的利息而已。当预计贬值即将开始，就很难抗拒金钱的诱惑，并且，世界各地的投机者都会涌入其中，以利用这种机遇。

如果说危机的产生遵循众所周知的模式，那么国际货币基金组织对此也并不陌生：国际货币基金组织提供了大量的资金（全部救援行动的一揽子计划，包括来自七国集团的支持，共计达 950 亿美元），[4] 以至于这些国家能够维持现有的汇率水平。它认为，如果市场相信保险箱中有足够资金的话，那么攻击该种货币就没有什么意义，这样"信心"将会被摧毁。这些资金还有另外一个功能：它使这些国家能够向其企业提供美元来偿还西方银行的贷款。因此，可以部分地认为，对国际银行进行救援等同于对该国进行援助；出借者无须面对承担坏账的全部后果。对那些利用国际货币基金组织将其汇率暂时维持在其不可持续的水平的国家，还存在另外一个后果：这些国家的富人利用了这次机会将其资金以有利的汇率兑换成美元，然后迅速转移到国外。正如我们在第 9 章将要看到的，最为严重的例子发生在俄罗斯，即 1998 年 6 月国际货币基金组织向其提供资金后。但是这种现象，有时候惯以一个听起来很中性的名字——"资本外逃"，在以前的危机中，比如 1994～1995 年间的墨西哥危机，它也起到很重要的作用。

在为纠正导致危机问题的一揽子计划中，国际货币基金组织对这笔资金规定了一些附加条件。正是由于其他因素和这笔资金，才说服了市场这些贷款能够翻身，并说服那些投机者四处寻找更容易的目标。这些其他因素通常包括高利率（在东亚的案例中，其利率要高得多），再加上政府支出的削减和税收的增加；也包括"结构改革"，即经济结构的改变，他们相信，这是该国隐含的问题。在东亚的案例中，不仅对拨款强制附加一些条件，比如要求提高利率、削减支出。另外，还提出其他的额外条件，不仅要求这些国家进行经济改革，还要求其进行政治改革：其中，重大的改革主要有提高开放度和增加透明度、完善资本市场规制；一些细小的改革，比如，取消印度尼西亚对丁香的垄断。

国际货币基金组织宣称，强制附加这些条件是要它们对其所做的事情负责。它们的确应承担责任，但不应该只是保证它们能够偿还贷款，还应该确保这些国家"做正确的事情"以保证国家经济的健康恢复。如果是结构问题造成宏观经济危机，那么这些问题必须得到解决。强制施加的这些条件范围非常广泛，这意味着这些国家如果要想获得国际货币基金组织的援助，就不得不放弃国家大部分的经济主权。正是基于这个原因，一些国家才反对国际货币基金组织的方案，因为放弃国家经济主权将会破坏该国的民主；还有些国家反对国际货币基金组织的方案，因为这些强制附加的条件并不能使其经济恢复健康，更何况，这些条件本身就不是为使其经济恢复健康而设计的。但正如我们在第6章提到的，这些附加条件对于解决我们面临的问题毫无帮助。

这些方案，与其附加的所有条件以及它们的所有资金一起，都失败了。本希望通过这些方案来抑制汇率下跌，但相反汇率却持续下跌。在市场几乎还没来得及对此有丝毫的认识时，国际货币基金组织就"赶来救援"了。在每个案例中，国际货币基金组织都对自己认为有效的处方的失败倍感尴尬，但它却指责该国没能认真地推行必要的改革。在每个案例中，国际货币基金组织都向世界宣称，在真正的复苏出现之前，存在一些需要解决的基本问题。这样做就像是在拥挤的剧院内呼喊救火：相对于预测来说，投资者更相信对这些问题的诊断，因此，他们开始四处逃散。[5] 国际货币基金组织的批评不仅没有增强资本流入该国的信心，反而加速了资本外逃。基于这一点和那些我简短地指出的原因，以及所分享的贯穿于对很多发展中世界的理解，我认为，国际货币基金组织本身就成为这些国家问题的一部分，而不是解决问题的一部分。的确，在几个出现危机的国家中，无论是大众还是政府官员和商人，都一致认为打击他们国家经济和社会的风暴就是"国际货币基金组织"——同人们谈论"瘟疫"或"大萧条"的方式一样，就像那些遭遇地震或其他自然灾害而摧毁的国家用地震"前"和地震"后"来记载该事件一样，历史将以国际货币基金组织"前"和国际货币基金组织"后"来记载这些事件。

在危机不断蔓延的过程中,失业率飞速上升,国内生产总值直线下降,银行大批倒闭。韩国的失业率上升了4倍,泰国的失业率上升了3倍,印度尼西亚的失业率则上升了10倍。在印度尼西亚,1997年还在工作的男性中几乎有15%在1998年8月失去了工作,印度尼西亚爪哇岛的城市地区,经济破坏程度更为严重。韩国的城市贫民几乎增加了3倍,几乎有1/4的人口陷入贫困;印度尼西亚的贫困人口数翻番。在一些国家,诸如泰国,那些在城市失去工作的人们可以回到农村。但是,这却给农村部门造成增长的压力。1998年,印度尼西亚国内生产总值下降了13.1%,韩国国内生产总值下降了6.7%,泰国国内生产总值则下降了10.8%。危机3年后,印度尼西亚的国内生产总值仍然比危机前低7.5%,泰国的国内生产总值则比危机前低2.3%。

比较幸运的是,在某些案例中,其结果并不像人们预测的那样黯淡。泰国社会各界共同努力以保证其子女的教育不被打断,他们自愿地帮助邻居的孩子进校读书。他们也保证每个人都具备足够的食物,这样,泰国营养不良的影响范围并没有扩散。在印度尼西亚,世界银行的一个项目看似成功地阻止了对教育预期的负面影响。正是贫困的城市工人(无论按照什么标准,他们的境况都不算好)被危机折磨得痛苦不堪。由高利率引起的小企业破产进而造成中产阶级没落,这将会对该地区的社会、政治和经济生活造成长期的影响。

一个国家的条件恶化将会影响到其邻近的国家。该地区经济的下滑引起了全球的反应:全球经济增长放缓,随着全球经济增长的放缓,商品价格出现了下降。从俄罗斯到尼日利亚,很多依靠自然资源发展的新兴国家都深深地陷入困境。随着那些冒险将其资金投资到这些国家的投资者看到他们的财富在直线下降,并且,当向其贷款的银行要收回贷款时,他们不得不削减在其他新兴市场的投资。巴西,这个既不依赖石油也不依赖与其他国家开展贸易的国家也陷入了较深的困境中,它的经济格局与这些国家大不相同，它是通过外国投资者恐惧的蔓延以及借贷的减少而卷入到全球金融危机中的。最终，几乎所有的新兴市场，甚至是阿根廷也受到影响。阿根廷在很大程度上是因为在抑制通货膨胀方面非常成功，而被国际货币基金组织长期标榜为改革的"乖孩子"。

国际货币基金组织／美国财政部的政策是如何引发这次危机的

这次动荡颠覆了冷战结束以来，美国领导全球市场经济成功发展5年来的所有成果。在这个时期，我们发现，国际注意力主要集中在新兴市场，从东亚到拉美，从俄罗斯到印度。投资者们发现，这些国家是高利润的天堂，而且看起来风险很低。在短短7年的时间内，发达国家向欠发达国家的私有资本流动增加了7倍，与此同时，公共资本流动（外国援助）却停滞不前。[6]

国际银行家和政治家都相信，这是新时期的黎明。国际货币基金组织和美国财政部都相信，或者至少它们认为，资本账户完全自由化将有助于该地区实现更快的增长。在给定的高利率条件下，东亚国家不需要额外的资本，但是在20世纪80年代末期和90年代早期，依然要求这些国家强制推行资本账户自由化。我相信，资本账户自由化是导致这次危机最重要的单一因素。之所以得出这个结论，不仅是因为我清楚地看到在该地区发生的事情，还因为我看到20世纪最后25年间几乎上百个其他的经济危机。由于经济危机已变得更加频繁（并且程度更深），现在，我们有足够的数据来分析造成这些危机的因素。[7]目前，事情变得越来越清楚，通常情况下，资本账户自由化意味着没有报酬的风险。即使当这些国家具有强大的银行、成熟的股票市场以及其他亚洲国家不具备的机构时，资本账户自由化也能产生巨大的风险。

或许没有哪个国家能够经受投资者情绪的突然改变，这种情绪的变化能够使得本应大量流入该国的资金大量流出，无论是外国的投资者还是本国的投资者，他们都将其资金投资到其他地方。如此大规模的资金反向流动将不可避免地促成危机、衰退或更糟糕的情况。就拿泰国来说，这次逆转的资金金额在 1997 年占其国内生产总值的 7.9%，1998 年占其国内生产总值的 12.3%，在 1999 年上半年占其国内生产总值的 7%。相当于在 1997～1999 年间，美国年均撤回的资本达 7650 亿美元。发展中国家承受这种资金逆转的能力很弱，因此，对于随之而来的重大低迷的后果，它们的应对能力也很弱。这些国家引人注目的经济表现——30 年来没有出现重大的经济衰退，意味着东亚国家并没有发展失业保险的规划。但即使它们集中精力来承担这项任务，对它们来说也不是一件容易的事：在美国，为那些在农业部门自己经营的人制定的失业保险远远不够，并且，发展中世界正是在这些部门具有一定的优势。

然而，对国际货币基金组织的抱怨远不止这些：他们不仅认为是国际货币基金组织推动的自由化政策造成这次危机；而且还认为，在国际货币基金组织推行这些政策时，并没有明显的证据表明这些政策将会促进增长，相反，却有充分的证据表明这些政策将会给发展中国家带来巨大的风险。

如果能够用"讽刺"这个温和点儿的词的话，那么下面的事情的确具有讽刺意味。1997 年 10 月，在危机刚爆发时，国际货币基金组织还正在提倡那些潜在地提高危机发生频率的政策。作为一个学者，在没有理论和证据表明对发展中国家或者全球经济稳定有利，而存在证据表明事实上会出现相反的情况时，我对国际货币基金组织和美国财政部极力推行该议程大为震惊。的确，一些人可能会认为，他们的立场肯定存在一定的基础，而不是仅仅服务于赤裸裸的金融市场本身的利益，该利益将资本市场自由化视为市场准入的另外一种形式，即进入更多的市场，其目的是获得更多的资金。在认识到东亚根本不需要额外的资本后，资本市场自由化的提倡者们又提出另外一个观点，即通过允许资金来源更加多样化，资本市场自由化能够提高这些国家的经济稳定性！[8] 对于该观点，即使在我看来，在当时都是不能令人信服的，但是，对其进行回顾时却发现该观点看起来特别奇怪。难以相信，这些提倡者们没有意识到数据表明资本流动先于周期循环。也就是说,在经济衰退时资本将流出该国,而这时正是该国最需要资本的时候;在经济繁荣时流入该国,而此时则造成了通货膨胀的压力。非常明确,这个时候这些国家正需要外部的资金,但是银行家们却收回了他们的资金。

资本市场自由化使得发展中国家不得不忍受投资者群体理性和非理性的怪想法,不得不忍受他们非理性的乐观和悲观。凯恩斯很清楚地知道,情感经常会表现为非理性的改变。在其《就业、利率和货币通论》(1935)这本书中,他将情感中这种巨大而且经常无法说明的变动视为"动物精神"。世界上任何一个地方的这种精神都没有东亚明显。在危机爆发前,泰国债券的支付利率仅比世界上最安全的债券的支付利率高出0.85%,这意味着泰国债券被认为是非常安全的。但仅仅一眨眼的工夫,泰国债券的风险贴水就迅速飙升。

同样,资本市场自由化的提倡者提出了第二个观点,这个观点与第一个观点同样不可信,并且同样毫无根据。他们认为,对资本市场进行控制会抑制经济效率,因此,如果不存在对资本市场的控制,那么,这些国家将能更好地实现增长。利用泰国这个例子我们就可以说明为什么该观点是有瑕疵的。在资本市场自由化之前,泰国在一定程度上限制了银行投资房地产的范围。之所以实施这些限制,是因为泰国是一个贫穷的国家,泰国需要增长,而且泰国相信将有限的资金投资到制造业中不仅能够创造就业机会,还能够提升增长率。泰国也知道,在全世界范围内,投机的房地产借贷是造成经济不稳定的主要原因。这种借贷会增加泡沫(随着投资者呼吁要求收获该部门中看似繁荣的果实,价格就会飞速上升);这种格局与曼谷和休斯敦的情况非常相似:随着房地产价格的不断上升,银行觉得如果进行间接借贷,它们能够贷出更多的资金。当投资者看到房地产价格不断上涨时,他们希望在并不太晚之前进入该市场进行博弈,并且,有银行为他们的行为提供资金。这样,房地产开发商看到了建造新大楼能够快速获得利润,一直到市场超容为止。此时,开发商没法将其建造的房子出租,他们也就无法还清贷款,泡沫就破灭了。

然而，国际货币基金组织认为，泰国强制实施的旨在避免危机的那些限制妨碍了市场配置资源的效率。如果市场认为要建立办公楼，那么商业建筑一定是回报率最高的活动；如果市场认为要建立空置的办公楼，就像在自由化之后它有效做到的那样，那么，建立空置的办公楼就一定是回报率最高的活动。根据国际货币基金组织的逻辑，市场必定知道什么是最好的。当泰国急切需要更多的公共投资来增强其机构和相对较弱的中学和大学教育系统时，数十亿美元的资金浪费在建设商业房地产中。直到现在，这些建筑物都是闲置的，成为过度繁荣和市场失灵的证据，而市场失灵在政府对金融机构缺乏足够的规制时就会出现。[9]

当然，不只是国际货币基金组织在推动自由化，美国财政部作为国际货币基金组织的最大股东和唯一拥有否决权的股东，在决定国际货币基金组织的政策方面具有较大的影响，它也在推动自由化。

1993年，当提出讨论韩国和美国的贸易关系时，我在克林顿总统经济顾问委员会任职。谈判包括一系列比较次要的议题，比如韩国向美国开放香肠市场，同样也包括像金融市场自由化和资本市场自由化这样的重要议题。30年来，在没有重大国际投资的情况下，韩国对于已经取得的不寻常的经济增长非常满意。韩国取得的增长是基于韩国自己的储蓄以及韩国人自己管理的企业。韩国确实不需要西方国家的资金，韩国的增长代表着对现代技术输入和市场准入路径的替代。当其邻国新加坡和马来西亚在引进跨国公司时，韩国建立起自己的企业。基于良好的产品质量和具有侵略性的营销，韩国公司在世界范围内销售它们的产品。韩国认识到，要保持持续增长并融入全球市场，就需要一定程度的自由化或者撤销一些规制，通过这种方式，韩国的金融和资本市场开始运作。韩国也非常担心拙劣的撤销规制的危险：它看到了在美国发生的事情，20世纪80年代时，美国规制撤销达到极限，存贷体系崩溃了。出于借鉴的考虑，韩国谨慎地规划自由化路径。该路径对于华尔街来说太慢了，因为它们看到了获利的机会，不想再等了。当华尔街捍卫自由市场的原则和强调政府应发挥有限的作用时，它们根本不屑于要求政府帮助推动它们的议程。正如我们看到的,美国财政部对此反应强烈。

在总统经济顾问委员会内部,我们并不相信韩国的自由化是一项关乎美国国家利益的议题,虽然很明显,它有助于实现华尔街的特殊利益。与此同时,我们也非常担心它对全球稳定性的影响。我写了个备忘录或称之"时评"来阐述该议题,引起了激烈的争论,也引起了对该问题的关注。我们准备了一系列标准来评估哪些市场开放措施对美国的国家利益是最重要的。我们赞成优先秩序系统。很多形式的"市场准入"对美国并没有什么利益可言。当一些特殊团体可能获得大量的利益时,而美国作为一个整体获得的利益可能就较少。正是因为没有优先秩序,在以前布什政府期间就存在风险:曾经认为开放日本市场能够取得的巨大成就是,美国最大的玩具零售企业反斗玩具店(Toys "R" US)能够将中国的玩具销售给日本的儿童——这对日本儿童和中国工人来说都是好事,但是美国却不能获得相应的利益。虽然我们很难相信这样温和的一项提议会遭到反对,但事实上它确实遭到了反对。劳伦斯·萨默斯当时任美国财政部副部长,他坚决反对这一实践,他认为根本不需要此类优先秩序。国家经济委员会(National Economic Council,NEC)的责任主要包括:协调经济政策、平衡国家经济委员会在其他各机构的政治压力下做出的经济分析,并决定将哪些议题提交给总统做最后的决定。

国家经济委员由罗伯特·鲁宾领导,他认为该问题还没有重要到需要提交给总统加以考虑的程度。反对优先秩序的真正原因只是因为它太透明了。强迫韩国更快地实施自由化并不会给美国带来更多的就业机会,也不太可能给美国国内生产总值带来重要的增长。因此,任何优先秩序系统都将不会强迫韩国把更快地实施自由化排在日程的前面。[10] 更糟糕的是,甚至连美国作为一个整体都将不会获得明显的收益;但明显的是,韩国实际上可能会更加糟糕。美国财政部指出,韩国的快速自由化对美国来说非常重要,它也不会导致不稳定,在这两方面,财政部都占据上风。在最后分析中,这些问题都是财政部的职责范围,而且财政部自然不会让其他人凌驾于其地位之上。实际上,这些争论都是关着门进行的,这就意味着他们根本就不会听到其他的声音；如果美国的决策制定更透明，或许他们能够听到其他的意见，那么结果也就有可能不同了。的确，财政部最后取得了胜利，但是美国、韩国和全球经济都输了。财政部可能会宣称，自由化本身并不存在问题；问题是自由化是按照错误的方式进行的。但这正是总统经济顾问委员会需要指出的：极有可能就是因为糟糕地实施了快速自由化政策。

第一轮失误

毫无疑问，国际货币基金组织和财政部通过鼓励、坚持（在一些案例中）毫无根据的、快速的金融资本自由化和资本市场自由化，从而形成促进危机爆发的环境。然而，在刚开始处理危机时，国际货币基金组织和财政部犯下了最严重的错误。在下面即将叙述的许多失败中，除了对国际货币基金组织货币政策的批评外，如今几乎所有关于失败的原因都被广泛地接受。

在危机刚爆发时，国际货币基金组织好像对该问题进行了错误的判断。国际货币基金组织曾经处理过拉美的危机，拉美的危机是由于政府的肆意挥霍和宽松的货币政策引起的巨大赤字和高通货膨胀造成的。虽然国际货币基金组织可能没能很好地处理这次危机（在所谓的成功的国际货币基金组织方案实施后，拉美地区的发展经历了近10年的停滞，甚至债权人最终不得不承担巨大的损失），但是至少它制订了一项博弈计划，该计划存在特定的一致性。东亚地区与拉美地区的情况大不相同：东亚地区的政府保持着财政盈余，且经济的通胀率很低，但该地区的公司却都处于深度负债中。

这种诊断差异主要存在于两方面：首先，在拉美地区高通货膨胀的环境下，需要降低过度的需求；而东亚衰退来临之际，问题不是过度的需求，而是需求不足，抑制需求可能只会使问题变得更糟。

其次，如果企业的负债水平很低，虽然高利率也会令人痛苦，但还是能够忍受的。如果负债水平较高，强制提高利率，即使是短期的，就等于给很多企业判处死刑，同样也是对经济判处死刑。

实际上，虽然亚洲经济体的确存在某些弱点需要改进，但是这些国家也不会比其他很多国家的问题更糟糕，并且可以肯定地说，这些国家怎么也不会像国际货币基金组织指出的那样糟糕。的确，韩国和马来西亚经济的快速复苏在很大程度上表明，这些国家的经济低迷与资本主义200年来困扰发达工业国家市场经济的诸多衰退并没有什么不同。正如我们在前面已经提到的，东亚国家不仅实现了令人印象深刻的增长速度，而且在过去30年中，这些国家出现的经济衰退要比任何一个发达工业国家都微弱。这些国家中只有两个国家只出现一次负增长；有两个国家在30年间都没有出现过衰退。从这些方面及其他方面看，东亚的确值得更多地赞扬，而不是受到指责；而且，如果说东亚是易受攻击的，那么这种易受攻击的特点也是最近才出现的——在很大程度上，这也是资本自由化和金融市场自由化的结果，也就是说，国际货币基金组织自己应该承担部分责任。

胡佛式的紧缩政策：现代世界的反常行为

70多年来，当某个国家面临严重的经济低迷时，有一套标准的处理方法：政府必定要刺激总需求，要么通过货币政策，要么通过财政政策，主要包括削减税收、增加支出或者放松货币政策。我担任总统顾问委员会主席时，我的主要目标就是将经济维持在充分就业状态，并使长期增长最大化。到世界银行任职时，我本着相同的目标开始着手解决东亚国家的问题，对这些政策进行评估以发现哪些政策在短期内和长期内都最有效。东亚经济很明显受到重大衰退的威胁，需要进行刺激。但是，国际货币基金组织却推行了完全相反的政策，其结果正如每个人都已经预测到的那样。

在危机刚爆发的时候，东亚经济大体上处于宏观平衡状态——通货膨胀压力较小，并且政府预算保持平衡或存在盈余。这里存在两个明显的暗示：首先，随着投资和消费的下降，汇率市场、股票市场的崩溃和房地产泡沫的破灭将会使该国陷入衰退。其次，经济崩溃将导致税收收益的崩溃，并造成预算缺口。直到赫尔波特·胡佛时期，才有负责任的经济学家提出，我们应该关注实际赤字，而不是结构性赤字，也就是说，只要经济处于充分就业状态，赤字就会出现。然而，这正是国际货币基金组织所提倡的。

现如今，国际货币基金组织也不得不承认，它推荐的财政政策过于严厉。[11]这些政策进一步加剧了衰退，使其比自身的发展趋势更加糟糕。然而，在危机期间，国际货币基金组织第一执行副总裁斯坦利·费希尔在《金融时报》上撰写了一篇文章，以捍卫国际货币组织的政策，在这篇文章中他写道，"事实上，国际货币基金组织所有的期望只是要求这些国家保持预算平衡！"[12]60年来，没有哪个有名望的经济学家相信当一个经济体陷入衰退时还应该保持预算平衡。

我对预算平衡这个议题印象很深刻。当我在总统经济顾问委员会任职时，我们进行的主要斗争之一就是取消《平衡预算宪法修正案》，该修正案要求联邦政府限制对其收益的支出。总统经济顾问委员会和财政部都对此表示反对，因为我们相信，该修正案只会给我们利用财政政策帮助经济复苏带来更多的困难。随着经济陷入衰退，税收收益减少，该修正案将会要求政府削减支出（或增加税收），这就会使经济进一步陷入萧条。

通过该项修正案就等同于要求政府放弃一项核心的责任，即将经济维持在充分就业状态。尽管实际上扩张的财政政策是少数走出衰退方法中的一种，尽管政府对预算平衡修正案是如此反对，美国财政部和国际货币基金组织最终还是在泰国、韩国和其他东亚国家提倡预算平衡修正案。

自作自受的政策

1997年和1998年，当东亚危机从一个国家蔓延到另一个国家时，在国际货币基金组织所犯下的所有错误中，最严重的就是，国际货币基金组织没能认识到在不同国家追求的政策之间存在重要的相互作用。某个国家的紧缩性政策不仅会抑制本国的经济，同时也会对其邻国的经济造成负面影响。通过不断地提倡紧缩性政策，国际货币基金组织加剧了危机的蔓延，低迷从一个国家传播到另一个国家。随着每个国家经济的不断削弱，它就会降低从邻国的进口，从而会将邻国拉下水。

20 世纪 30 年代那种以邻为壑的政策总体上被认为在大萧条的传播中发挥了重要的作用。每个遭受打击的国家都试图通过削减进口以支持本国的经济，因此，它们都将消费需求转移到自己的产品上。某个国家可能通过征收关税和对本币进行竞争性贬值来削减进口，对本币进行贬值将会使本国的货物相对便宜，而其他国家的货物相对昂贵。然而，随着每个国家都削减进口，该国成功地将自己的经济低迷"出口"到它的邻国，因此就出现"以邻为壑"这个名词。

国际货币基金组织制定了一项战略，其效果甚至比 20 世纪 30 年代摧毁世界各国经济的"以邻为壑"政策更糟糕。该项政策告诉这些国家，当面临经济低迷时，它们就应该削减其贸易赤字，甚至要获得贸易盈余。如果某个国家宏观政策的核心目标是偿还外国债权人，这可能是合理的。通过建立外国货币专项基金，某个国家将会很好地支付它的账单，而不用担心对本国国内或其他任何地方造成的代价。如今，不像 20 世纪 30 年代，即使在面临衰退时，在提高关税或者其他贸易壁垒以减少进口时，每个国家都要承受巨大的压力。国际货币基金组织也对此强烈抨击，反对进一步贬值。的确，救援行动的全部要点就是阻止汇率进一步下降。这本身看起来可能就很奇怪，因为国际货币基金组织一贯对市场都非常信任：为什么不让市场机制决定汇率水平呢，就像由市场决定价格那样？但知识的连贯性从来都不是国际货币基金组织的特点，它真正担心的是由货币贬值引发的通货膨胀。除了提高关税和货币贬值，还有两种方式来创造贸易盈余：其中一个就是增加出口；但是这并不容易，而且不能很快就实现，尤其在主要贸易伙伴的经济非常脆弱且本国的金融市场非常混乱时，因为出口者会无法获得政府支持以扩大出口。

另外一个方法就是通过削减收入降低进口,正是这种方法导致重大的衰退。对这些国家和世界来说,不幸的是,这是剩下的唯一选择。20世纪90年代末期东亚国家发生的事情:紧缩性财政政策和货币政策与错误的金融政策一起导致了巨大的经济低迷、减少了收入,进而降低了进口并产生了巨大的贸易盈余,给这些国家提供更多的资源用以偿还外国贷款。

如果某个国家的目标是增加外汇储备规模,这项政策是成功的。但是它对该国及邻国的人们造成太大的负担!因此,可以将这些政策命名为"自作自受"的政策。对于任何一个国家的任何贸易伙伴来说,其后果与实施"以邻为壑"的政策完全相同。任何国家进口的削减,就等同于其他国家出口的削减。从邻国的视角来看,它们对出口为何减少了毫不关心;它们看到的只是结果,即海外销售的下降。这样,低迷就被出口到该地区的各个国家。只有在这时候,即低迷被出口到没有任何可影响之处时,国内经济才得以增强。随着低迷蔓延到世界各地,该地区较低的增长导致商品价格的崩溃,如石油价格,而且,这些价格的崩溃将会对石油生产国(如俄罗斯)造成严重的伤害。

在国际货币基金组织所有的失败中,这或许是最让人伤心的,因为它意味着对其存在理由的最大挑战。它的确担心蔓延(通过投资者的恐惧从一个资本市场向另外一个资本市场传递),正如我们在最后一部分看到的,国际货币基金组织推行的政策使这些国家更易遭受投资者情绪变动的攻击。泰国汇率的崩溃可能使巴西的投资者担心巴西的市场。这种嗡嗡声就是信心。某个国家如果缺乏信心,就会将这种信心的缺乏传播到新兴市场。国际货币基金组织的表现就像市场心理学者留给人们渴望的东西。无论是伴随着大量企业破产而造成更严重衰退的政策,还是指出在那些表现优异的新兴市场中存在一些根深蒂固的问题的政策,都对恢复信心毫无作用。但是,即使它的确能够在恢复信心方面做得很好,这里依然会出现问题:在集中保护投资者时,它忽视了这些国家中应该得到帮助的人们;在集中于诸如汇率这样的金融变量时，它几乎忽视了经济真实的一面。国际货币基金组织忘记了其最初的使命。

利用高利率遏制了经济增长

如今，国际货币基金组织承认它推行的财政政策（与政府赤字水平相关的政策）过于紧缩，但是，它并不承认货币政策的失误。当国际货币基金组织进入东亚时，它强迫这些国家将利率提高到天文水平（按传统的说法）。我记得在一次会议上，以格林斯潘（前任政府任命的）为首的美联储（美国联邦储备银行）打算将美国的利率提高0.25或者0.5个百分点，对此，克林顿总统颇为沮丧。克林顿担心这会摧毁"他"的复苏，他感觉是在以下情况下被选为总统的："这就是经济，笨蛋！"和"工作、工作、不停地工作"。克林顿总统并不想让美联储伤害到他的计划。他知道美联储关心通货膨胀，但他认为美联储的担心有些过度，这也是我的感觉，随后发生的事情证实了这一点。克林顿总统担心提高利率的负面效果将会造成失业，而美国的经济才刚开始复苏。这是世界上具备最好商业环境之一的国家所出现的事情。然而，在东亚，国际货币基金组织官员甚至更少承担政治责任，他们强迫这些国家提高利率，不是提高10倍，而是提高50倍甚至更高，利率提高到25%以上。如果克林顿担心将利率提高0.5个百分点就会对刚开始复苏的经济带来负面影响的话，那么，在正经历衰退的国家，将利率提高到如此之高，其影响就会使其经济瘫痪。韩国首先将其利率提高到25%，但是被告知情况很严重，必须允许利率进一步提高。在危机爆发前，印度尼西亚就抢先提高了其利率水平，但是被告知还不够高。名义利率飞速飙升。

如果不是过于单纯的话，这些政策背后的推理其实很简单。如果一个国家提高了利率，将会使该国对资本流入更具有吸引力。资本流入就会帮助该国维持汇率水平，并因此稳定通货。这样，争论就结束了。

乍一看，这很合理。但是，看看韩国的例子就知道根本不是那么回事儿。回想起韩国的危机，实际上是由外国银行拒绝向其提供短期贷款造成的。它们拒绝提供短期贷款是因为它们担心韩国企业无法偿还。破产（违约）是讨论的关键。但是，在国际货币基金组织的模型中——正如 20 年前大部分宏观经济学教科书中所写的模型一样，根本就没有破产这一说。在没有破产的情况下讨论货币政策和金融问题，就像讨论《哈姆雷特》而不提及丹麦王子一样。宏观经济分析的核心应该是分析以下问题：对于违约的概率来说，提高利率能做些什么；以及在违约事件发生时，债权人能够收回的数额。东亚的很多企业都是高负债的企业，而且自有资金负债率都很高。的确，过度的杠杆作用曾被认为是韩国的缺点，甚至国际货币基金组织也这么认为。过度使用杠杆作用的企业对利率上升尤其敏感，对国际货币基金组织促成的超高水平的利率更加敏感。在很高的利率水平上，过度利用杠杆效应的企业破产更快。即使它不破产，其资产（净值）在其被迫向债权人偿还巨额贷款时也会被很快耗竭。

国际货币基金组织意识到，东亚国家潜在的问题是虚弱的金融机构和过度使用杠杆效应的企业；但是它依然推行高利率的政策，确实使这些问题进一步恶化。其结果与我们预测的一样：高利率政策使处于困境的企业数目增加，进而使得不进行对外借贷的银行数目增加。[13] 这进一步削弱了银行。公司以及银行部门困难的加深加剧了紧缩政策通过降低总需求所引致的低迷。国际货币基金组织造成总需求和总供给的同时萎缩。

为捍卫国际货币基金组织的政策，它声称，这将帮助受影响的国家恢复市场信心。但是很明显，陷入深度衰退的国家并没有恢复信心。我们看看一位将其所有财产全部投入东亚的雅加达商人的举动就可以明白这一点。随着该地区经济直线下滑——紧缩性政策加剧和放大了经济低迷，他突然意识到他的投资组合根本不够多样化，因此，就将投资转向繁荣的美国股票市场。就像国际投资者一样，当地的投资者对于将其资金投入正走向失控的经济并不感兴趣。高利率并没有吸引更多的资本投入该国。相反，高利率使衰退进一步恶化，最后实实在在地将资本逐出该国。

国际货币基金组织接着提出另外一个更加无效的捍卫措施。它指出，如果不大幅提高利率，那么汇率就会崩溃，如同那些以美元定价的债务不能偿还一样，这也会摧毁经济。但很明显，事实是，提高利率并没有稳定通货（本国货币）；这样，这些国家不得不在两个账户上都出现亏损。此外，国际货币基金组织从来都不自找麻烦地去审视这些国家内部发生事情的细节。比如，在泰国，是已经破产的房地产企业和那些向这些企业发放贷款的企业拥有的外币面值债务最多。进一步贬值将会伤害到外国债权人，但不会使这些企业更多地破产。从效果上说，国际货币基金组织使这些小企业和其他无辜的旁观者替那些具有过多美元贷款的企业偿还贷款，它们却没有获得任何利益。

当我向国际货币基金组织恳求对其政策进行改变，并指出如果继续实施当前的方针，这场灾难会接踵而至时，国际货币基金组织的答复非常简略：如果能证明我的看法是正确的，国际货币基金组织就会改变它的政策。对于这种"等等看"的态度，我很寒心。所有经济学家都明白，政策存在较长的滞后效益。不会在 6～8 个月的时间内看到方针改变的利益，而在这期间就有可能发生更大的灾难。

东亚就发生了灾难。因为很多企业都过度地利用杠杆效应，很多企业都被迫破产。在印度尼西亚，所有的企业中估计有 75% 都处于困境之中；在泰国，有接近 50% 的银行贷款成为不良贷款。不幸的是，摧毁一个企业远比建立一个新企业容易。降低利率不会使已经破产的企业起死回生：它的净资产依然会被消灭。国际货币基金组织的失误代价很大，扭转过来又太慢。

幼稚的地缘政治学推理，基辛格式的现实政治残余混合起来造成这些错误的结果。1997 年，日本出资 1000 亿美元帮助建立亚洲货币基金组织，旨在资助需要的刺激行动。但是美国财政部尽其所能制止了这一想法。国际货币基金组织也参与进来，持有这样的立场其原因很明显：虽然国际货币基金组织是市场竞争的强力提倡者，但它不希望在自己的领域内展开竞争，而亚洲货币基金组织会造成它们之间的竞争。美国财政部的动机很相似。作为国际货币基金组织唯一具有否决权的股东，美国在国际货币基金组织中具有相当分量的发言权。人们普遍知晓的是，日本对国际货币基金组织的行为强烈不满——我曾多次参与日本高级官员座谈会，会上，他们对国际货币基金组织政策表现的疑虑和我本身的疑虑几乎相同。[14] 对于日本来说，可能还有中国，它们有可能是亚洲货币基金组织的主要出资者，它们的声音可能会成为主流，将对美国的领导和控制发起实实在在的挑战。

控制的重要性，包括对媒体的控制，在危机爆发的早些时候就已经非常明显。世界银行负责东亚地区的副总裁简·米歇尔·塞维利诺（Jean Michel Severino）在一次宽范围的研讨会中指出，东亚地区的某些国家正走向更深的衰退，或者甚至是萧条，财政部对此强烈回应。事情变得非常明显，即对于财政部来说，它根本无法接受使用 R（代表衰退）或 D（代表萧条）这些词汇，即便是印度尼西亚国内生产总值可能下降了 10%～15%，即便是很明显有正当的理由使用这些严厉的术语，它也不会接受。

最终，萨默斯、费希尔、财政部和国际货币基金组织都无法忽视萧条。日本再次慷慨地提出要帮助实施宫泽计划，该计划是以日本财政部长（大藏省大臣）的名字命名的。这次提供的支持规模减少到 300 亿美元，该计划被接受了。虽然美国认为，这些资金不应该通过财政扩张用于刺激经济，而应该用于公司和金融复兴，但是，它毕竟有效地救助了美国和其他的外国银行和债权人。至今，亚洲人对于亚洲货币基金组织的破产仍耿耿于怀，许多官员都愤怒地向我诉说这次变故。危机后 3 年，东亚国家最终平静地联合起来开始建立更为合适的亚洲货币基金组织，以《清迈倡议》这个无伤大雅的名字来命名，这是以启动该倡议的泰国北部城市来命名的。

第二轮失误：装模作样的重建

随着危机的进一步加深，需要"重建"成为新的颂歌。那些在账面上存在坏账的银行应该被关闭，而那些欠债的企业也应该破产或者由其债权人接管。而此时，国际货币基金组织更关注以下问题而不是发挥其应该发挥的作用：提供流动性以资助需要的支出。令人遗憾的是，国际货币基金组织不仅没能成功地关注重建，而且它所做的很多事情将已经消沉的经济进一步推向深渊。

金融系统

东亚危机首要的是金融系统的危机，金融系统应该是需要解决的问题。金融系统堪比经济的大脑，它试图通过指导资金在哪里使用是最有效的，从而在竞争性的各种用途中分配这些资金，也就是说，在这些领域资金能够获得最高的收益。金融系统也监视着这些资金，以保证它们能够按照承诺的方式加以利用。如果金融系统毁掉了，那么，企业就不能获得维持现有产出水平的运营资本，更不要说通过新投资实现金融扩张了。危机能够引起恶性循环，其中，银行削减它们的贷款，导致企业削减其产出，这又反过来导致更低的产出和更低的收入。随着产出和收入的直线下降，利润开始下降，这样一些企业甚至被迫破产。当企业宣布破产时，银行的资产负债表就变得很难看，这样银行就会进一步削减贷款，进一步恶化已经衰退的经济。

如果有足够多的企业不能偿还它们的贷款，那么银行甚至有可能崩溃。即使是单一的银行崩溃也会带来灾难性的后果。金融机构决定信用度。该信息高度专业化，不能够被轻易地传递，而是被深深地嵌入银行（或其他金融机构）的记录和机构备忘录中。当某个银行停业时，该银行拥有的大部分借贷者信用度的信息也就被销毁了，而重建这些信息的成本却很高。即使在更发达的国家，通常一个小型或中型企业至多能够从两个或三个银行那里获得信用。当某个银行迅速停业时，它的很多客户很难在一夜之间就能找到一个信用替代提供者。在发展中国家，由于融资资源更有限，如果某个商业依赖的银行停业的话，寻找新的资金来源，尤其是在经济衰退时期，几乎是不可能的。

对该恶性循环的担心诱使全世界的政府部门通过谨慎的规制强化金

融系统。自由市场的商人们再次非常愤怒地反对这些规制。当他们的声音受到关注时，结果已经损失惨重。1982～1983年，智利的国内生产总值下降了13.7%，20%的工人失业；在前面已经提到，在里根政府时期，美国放松规制导致存储系统崩溃，使美国纳税人付出超过2000亿美元的代价。

对保持信贷流动重要性的认识与引导政策制定者试图处理金融重建问题相似。对"信息资本破坏"造成负面影响的担心部分地解释了为什么美国在存储系统崩溃时就立刻关闭了寥寥无几的几家银行。大部分虚弱的银行要么被关闭，要么被合并到其他银行，消费者几乎不知道这种转变。通过这种方式，信息资本得以保存。即便是这样，存储危机也是造成美国1991年经济衰退的重要因素。

诱使银行运营

虽然东亚银行体系的弱点比美国银行体系的弱点更多，国际货币基金组织的说辞也一直在关注这些弱点，并将其视为东亚危机的根源。国际货币基金组织没能正确理解金融市场是如何运营的，也没能理解它们对经济其他部分的影响。国际货币基金组织拙劣的宏观模型从来都没能从整体层面上涵盖金融市场的广阔情景，至于微观层面（即在企业层面）就更不完善了。国际货币基金组织并没有充分重视企业和金融困境，而且国际货币基金组织所谓的稳定政策，包括高利率政策，反而极大地加深了这些困境。

在他们着手处理重建的问题时，国际货币基金组织在东亚的队伍开始考虑关闭虚弱的银行；仿佛他们心中存在达尔文竞争模型，因此这些虚弱的银行一定不会生存下来。他们的立场有一定的基础。在其他地方，如果允许虚弱的银行继续在没有严格监督的情况下运营，那么这些虚弱的银行就会创造高风险的贷款。它们会冒险发放高风险、高收益的贷款：如果它们很幸运，这些贷款能够得以偿还，并且较高的利率使它们恢复偿付能力；如果它们很不幸，它们将会停业，由政府来收拾乱摊子。但是，如果它们不着手解决风险贷款问题，就会出现所有案例中发生的情况。通常，这样的风险贷款的确转化为不良贷款，当算账的那天到来时，政府将会面临甚至比早些将银行关闭更大的救援。这就是我们得到的教训，该教训清楚地反映在美国储贷危机的案例中：多年来，里根政府一直拒绝处理这些问题，这就意味着当危机不能再被忽视时，纳税人所付出的代价就会更大。但是，国际货币基金组织没有注意到另外一个关键的教训，即保持信贷流动性的重要性。

国际货币基金组织的金融重建战略涉及治疗类选法，即将确实存在问题的银行与运行较好的银行区分开来；将确实存在问题的银行关闭；第三个群体就是那些存在问题但可修复的银行。一般要求银行的资本与未偿贷款及其他资产具有一定的比率，该比率被称为资本充足率。这并不奇怪，当很多贷款不能被偿还时，很多银行都不能满足资本充足率。国际货币基金组织坚持指出，这些银行要么关闭，要么尽快满足资本充足率。但是坚持主张银行尽快满足资本充足标准加剧了衰退。在经济学第一节课中，我就向我的学生警告过国际货币基金组织所犯下的这类错误，并称之为"合成谬误"。当只有一家银行存在问题时，坚持要求它满足其资本充足标准有意义，但是当很多或者说大部分银行都存在问题时，该项政策就只能说是场灾难。有两种办法来提高资本对贷款的比例：增加资本或降低贷款。在衰退时，尤其是东亚大量的银行都出现问题的情况下，很难增加新资本。那么替代选择就是降低未偿还的贷款。但是在每个银行都收回其贷款的情况下，越来越多的企业会陷入困境。没有充足的运营资本，这些企业不得不削减产出，减少对其他企业产品的需求。衰退开始螺旋式地加剧。并且，随着更多的企业陷入困境，银行的资本充足率甚至进一步恶化。改善银行融资形势的努力事与愿违。

随着大量的银行关闭，并且那些成功生存下来的银行面临陷入困境的贷款数目越来越大，它们就不情愿接纳新的客户，这样，越来越多的商业就会发现它们根本无法获得信贷准入。没有信贷，复苏的最后一丝希望也破灭了。货币贬值意味着出口应该得以繁荣，来自该地区的货物变得更便宜，便宜 30% 甚至更多。虽然出口数量增加，但根本没有增加到它们期望的那么多，原因很简单：为扩大出口，企业需要运营资本生产更多的产品；但是由于银行的关闭和减少贷款，企业甚至不能够获得维持正常产出的运营资本，更不要说扩大生产了。

当国际货币基金组织制定关闭印度尼西亚银行的政策时，很显然它对金融市场缺乏理解。在印度尼西亚，有 16 家私人银行被关闭，而且通知说其他银行也有可能随后关闭；除了那些数额非常小的存款人外，其他存款人只能靠自己了。毋庸置疑，幸存下来的银行立即出现挤兑现象，存款被迅速转向国有银行，因为它们被认为具有绝对的政府保障。结合前面已经讨论的财政政策和货币政策的失误，这对印度尼西亚银行系统和经济的影响是灾难性的，并且几乎决定了印度尼西亚的命运：萧条不可避免。

公司重建

在将注意力集中于金融重建时，除非能够有效地处理公司的问题，否则很明显，金融问题不会得到解决。在印度尼西亚，几乎 75% 的企业都陷入困境，在泰国有 50% 的贷款都得不到偿还，公司正陷入瘫痪。面临破产的企业也处于地狱的边缘：根本不清楚谁真正拥有这些企业，是当前的所有者还是债权人？直到该企业破产，所有权问题都没有完全解决。如果没有清楚的所有者，那么对当前的管理者和以前的所有者来说，都存在剥夺资产的诱惑，而实际上，这种资产剥夺的确发生了。在美国和其他国家，当公司濒临破产时，由法院任命托管人来阻止这类事情的发生。但是，在亚洲，不仅没有法律框架，也没有人来履行托管人的职责。因此，在剥夺资产发生前，必须强制尽快地解决破产和企业困境问题。不幸的是，国际货币基金组织误导性的经济学通过提高利率制造了混乱，高利率迫使许多企业陷入困境，它与意识形态和特殊利益一起抑制了重建的步伐。

国际货币基金组织的公司重建战略——对那些事实上处于破产的企

业进行重建，并不比它进行的银行系统重建战略更成功。它混淆了融资重建（包括理清谁真正拥有该企业、清偿债务或者资产净值的转化）和真正的重建，即具体细节的决策：企业应该生产什么，应该如何生产以及应该如何组织生产。在出现巨大经济衰退的情况下，快速进行融资重建的确具备宏观利益。但是，由于进行破产谈判的某些个体参与者未能重视系统的利益，他们就有可能拖后腿。因此，破产谈判常常被拖延，甚至要花费 1～2 年或者更长的时间。当经济体中只有少数的企业破产时，这种耽搁的社会成本很小；当很多企业都陷入困境时，因为宏观经济衰退被延长了，社会成本将是巨大的。因此，这就要求政府尽其所能促进问题尽快解决。

我认为政府应该在推动融资重建过程中发挥积极的作用，确保企业享有真正的所有权。一旦所有权问题解决了，新的所有者将开始承担真正重建的任务。国际货币基金组织的观点正好相反，它认为政府不应该在融资重建中发挥积极的作用，而需要在推动真正的重建中发挥重要作用。比如，出售资产以降低韩国看似过剩的芯片生产能力，以及引入外部（通常是外国）管理。我看不出有什么理由相信那些经过宏观管理培训的国际官员，他们总体上对公司重建具有特殊的洞察力，或者专门对芯片产业有什么特殊的洞察力。虽然在任何情况下，重建都是一个缓慢的过程，但韩国和马来西亚政府发挥了积极的作用，在相当短的时间内（用了两年时间）取得了成功，完成了对大部分陷入困境的企业的融资重建。相反，泰国遵循国际货币基金组织的建议进行重建，但却软弱无力。

最令人忧伤的失误：甘冒社会和政治动乱的风险

也许根本不能充分估量错误地处理亚洲危机的社会后果和政治后果。当国际货币基金组织执行总裁迈克尔·康德苏和 22 国财政部长和中央银行行长（他们主要来自工业国家，以及主要的亚洲国家，包括澳大利亚）于 1997 年 12 月在马来西亚首都吉隆坡召开会议时，我警告说，如果继续强制实施过度紧缩的货币政策和财政政策，就会存在社会动荡和政治动荡的风险,尤其是在那些存在民族分裂历史的国家(比如印度尼西亚,早在 30 年前就发生过大范围的民族骚乱)。康德苏平静地回应说,他们需要向墨西哥学习;如果要想本国的经济得到恢复,他们就必须采取痛苦的措施。不幸的是,事实证明我的预言是正确的。在我警告将面临灾难仅 5 个月后,就发生了暴乱。国际货币基金组织在提供 230 亿美元来维持汇率和救援债权人时,却没有用比这笔资金少得多的资金来帮助穷人。按照美国的说法,花了数十亿上百亿美元建立了公司福利,但却没有区区几百万美元来为普通公民建立福利。印度尼西亚彻底削减了对穷人的食物和燃料补贴,第二天就爆发了暴动。正如 30 年前发生的事情一样,印度尼西亚商人和他们的家庭成为牺牲品。

这不只是因为国际货币基金的政策可能被愚蠢的自由主义者认为是残忍的。如果我们对那些面临饥饿的人或那些由于营养不良而成长受到抑制的孩子漠不关心,这就是糟糕的经济学。暴乱不会恢复商业信心。暴乱只会将资本逐出该国,而不会吸引资本进入该国。而且,暴乱是可以预言的,正如很多社会现象一样,虽然它并不具备确定性,但却有很高的可能性。很明显,印度尼西亚已经具备发生这种剧变的条件。国际货币基金组织自己应该知道这一点;在全世界范围内,当国际货币基金组织提出要削减食物补贴时,就会发生暴乱。

印度尼西亚发生暴乱后,国际货币基金组织改变了它的立场,恢复了食物补贴。但是从表面上看,国际货币基金组织依然没有汲取"不可改变性"这一基本教训。正如那些因为高利率已经破产的企业不会在利率降低后起死回生一样,由于削减食物补贴引发的暴动造成的社会分裂就像陷入衰退一样,在食物补贴恢复后并不能重新恢复。的确,在某些地区困难更为严重:如果能够提供食物补贴,为什么第一步就取消呢?

印度尼西亚发生暴动后,我有机会与马来西亚总理进行交谈。马来西亚过去曾经历了种族暴乱。为阻止这种暴乱再次发生,马来西亚做了很多事情,包括提出一个方案,以促进马来西亚人的就业。马哈蒂尔·穆罕默德知道,如果他让国际货币基金组织决定马来西亚的政策,就会发生暴动,这样,在建立多民族社会过程中取得的所有成果将会被毁于一旦。对他来说,阻止严重的衰退不仅是经济问题,而且是国家的生存问题。

复苏:这是对国际货币基金组织政策的辩护吗

在本书出版时,危机已经过去。许多亚洲国家的增长又开始重现,2000年开始的全球衰退对它们的复苏仅有轻微的阻碍。那些成功避免了1998年衰退的国家和地区,比如新加坡和中国台湾地区,在2001年陷入了衰退;而韩国的表现要好得多。随着世界范围的衰退逐步地影响到美国和德国,没有人认为虚弱的机构和糟糕的政府是这次衰退的原因;如今,他们看起来已经想起,这样的波动一直是市场经济的一部分。

虽然国际货币基金组织中有些人相信他们的干涉是成功的,但是,在更大范围内,有人认为国际货币基金组织犯下了严重的错误。的确,复苏的本质表明了这一点。几乎每个经济衰退最终都会结束。但亚洲危机比其应有的程度更为严重,而复苏比其需要的时间更长,而且未来的增长前景也不应该是预计的那样。

华尔街认为,当金融变量刚开始转向时,危机就结束了。只要汇率还在降低或者股票价格还在下降,就不清楚"底"在何处。但一旦达到谷底,至少是损失到头了,也就会知道最糟糕的情况。然而,为估量真实的复苏,单靠汇率和利率稳定是不充分的。毕竟,人们并不依靠汇率和利率生活。工人们在乎的是工作和薪金。虽然失业率和实际工资可能已经降至最低点,但是,对于那些依然处于失业状态以及那些发现自己的收入下降了1/4的人来说,这还远远不够。只有工人们又重新开始工作且他们的薪金恢复到危机前的水平时,才是真正的复苏。受到危机影响的东亚国家,如果继续按照10年前的速度增长的话,它们目前的收入要低20%。2001年,印度尼西亚的产出依然比1997年低5.3%;泰国,这个国际货币基金组织最优秀的学生,依然没有恢复到危机前的水平,更不要说弥补失去的增长了。这还不是国际货币基金组织过早地宣布成功的第一个例子:早在 1995 年,当墨西哥银行的国际借贷者开始得到偿还时,它就宣布墨西哥的危机已经结束;但在危机爆发 5 年后,工人们才开始恢复到以前的状况。国际货币基金组织仅仅关注金融变量,而不关注实际工资、失业、国内生产总值或者更广泛的福利措施等,这一事实本身就非常明显。

如何最快地实现复苏,这个问题很复杂。很明显,答案取决于造成这一问题的原因。对许多衰退来说,最好的方法就是标准的凯恩斯方法:扩张的财政政策和货币政策。东亚的问题更加复杂,因为部分问题是缘于金融部门的弱点——虚弱的银行和过度利用杠杆效应的企业。但是衰退的加深使这些问题变得更糟。痛苦并不是什么优点;痛苦本身也不能帮助经济复苏;不仅如此,由国际货币基金组织政策造成的痛苦还加深了衰退,使其复苏更为困难。有时候,正如拉美地区的国家那样,比如阿根廷、巴西以及其他很多国家,在 20 世纪 70 年代时,危机是由肆意挥霍的政府通过支出超过预算造成的,在这种情况下,政府需要削减支出或者增加税收——这注定是痛苦的,至少在政治意义上是这样的。但因为东亚既没有宽松的货币政策,也没有肆意挥霍的公共部门(通货膨胀率很低而且也非常稳定,危机前还保持一定的预算盈余),应对拉美国家危机的正确措施就不适用于处理亚洲危机了。

国际货币基金组织的问题就在于它们的这些失误可能是长期持续的。国际货币基金组织的观点认为经济需要的仅仅是一副好的泻药:忍受痛苦;痛苦越深,随后的增长也就越猛烈。也就是说,它们的理论认为,如果一个国家关注的是它的长期前景,即从现在开始 20 年后,那么,它就应该艰难地咽下泻药,并忍受深度的衰退。如今,人们忍受痛苦,但他们子女的情况至少应该要好得多。不幸的是,事实并不支持国际货币基金组织的理论。一个深度衰退的经济体在复苏时可能增长得更快,但它却从来都不能弥补失去的增长。如今的衰退越严重,收入可能就越低,甚至从现在开始起 20 年后都一样。并不像国际货币基金组织宣称的那样,情况可能要好得多。衰退的影响是长期的。这里有一个非常重要的含义：如今衰退的严重程度，不仅使当前的产出很低，而且多年后产出可能更低。在某种程度上，这是一个好消息，因为它意味着当前对经济健康的良药与以后最好的药是一致的。它暗示应该直接寻求经济衰退程度最低和衰退持续时间最短的经济政策。不幸的是，这既不是国际货币基金组织政策的意图，也不是其政策的效果。

马来西亚和中国

对马来西亚和中国（这两个国家选择了不接受国际货币基金组织的方案，而东亚的其他国家都接受了它的方案）发生的事情进行比较，就可以清楚地看到国际货币基金组织政策的负面影响。在危机爆发时，马来西亚受到国际金融机构的严厉批评。虽然马哈蒂尔·穆罕默德总理的言辞和关于人权的政策常常有很多令人不满意的地方，但他的许多经济政策是成功的。

马来西亚很不情愿采纳国际货币基金组织的方案，部分缘由是其官员不希望被外部人命令，同时也是因为他们对国际货币基金组织没有信心。在1997年危机初期，国际货币基金组织副总裁迈克尔·康德苏宣称，马来西亚的银行非常虚弱。国际货币基金组织/世界银行的一个团队很快被派到马来西亚来审议该国的银行系统。当时，马来西亚的不良贷款率很高（15%），它的中央银行强制实施强硬的规制，使得银行为其损失进行了充足的防备。此外，马来西亚强硬的规制姿态阻止了银行进行外币兑换的波动性，甚至限制这些银行向公司借出外国债务（这些预防性措施在当时并不是国际货币基金组织标准一揽子计划的一部分）。

评估银行系统实力的标准方法是在模拟训练中历练它，强调测试和评估它在不同经济环境下的反应。马来西亚的银行系统经营得很好。很少有银行系统能够在较长的衰退或萧条中生存下来，马来西亚的银行也不例外；但是，马来西亚的银行系统不同寻常的强大。在多次访问马来西亚期间，我看到国际货币基金组织职员在撰写报告时的困难：如何在与执行总裁的断言不相抵触的情况下，如实地阐述马来西亚的现象。

第 8 章 东亚危机：国际货币基金组织的政策如何将世界带到崩溃的边缘 197

在马来西亚，人们在激烈地争论如何正确应对危机这个议题。财政部长安瓦尔·依布拉欣建议"一个没有国际货币基金组织的国际货币基金组织方案"，也就是说，提高利率并削减支出。马哈蒂尔·穆罕默德对此表示怀疑。最终，他抛弃了他的财政部长的看法，经济政策也发生了逆转。

随着区域性的危机演变成全球性的危机，以及国际资本市场被套牢，马哈蒂尔·穆罕默德再次出手。1998 年 9 月，马来西亚将林吉特盯住美元（1 美元兑换 3.80 林吉特），降低利率，并且下令所有的离岸林吉特必须在月底返回国内。政府也对马来西亚居民的资本向海外转移进行严格的限制，并且对外国投资资本遣返回国冻结 12 个月。这些措施被宣称是短期措施，并精心设计使大家相信，该国对长期外国投资没有敌意。那些已经在马来西亚进行投资并获利的人被允许将其投资和利润带出国。1998 年 9 月 7 日，在《财富》杂志非常著名的一个专栏中，著名的经济学家保罗·克鲁格曼力劝马哈蒂尔·穆罕默德加强资本控制，但他只是少数劝说者之一。马哈蒂尔·穆罕默德的中央银行行长阿马德·穆罕默德·东及其副手 Fong Weng Phak 双双辞职，据说是因为他们不同意这些控制被强迫接受。一些经济学家（国际货币基金组织联合的来自华尔街的经济学家）预测，当强制实施控制时，就会出现灾难。他们认为，外国投资者将会受到惊吓，多年以后才会再来此投资。他们认为，外国投资会直线下降，股票市场将会下跌，随着汇率的扭曲会出现林吉特黑市。同时，他们警告说，控制会导致资本流入的枯竭，并且对阻止资本流出无效。总之，将会出现资本外逃。这些批评家们预测经济将遭受痛苦，增长将会停止，而且控制不会被撤销，马来西亚正在推迟处理潜在的问题。甚至财政部长罗伯特·鲁宾这位平时都很安静的人，也加入这场公共的谴责中。

事实上，结果远不是这样。我在世界银行的团队与马来西亚一起努力将资本控制转变为一种输出税。因为资本快速流入和流出某个国家将造成极大的动荡，它们会在其他方面产生经济学家所谓的"大的外部性"

效应，普通人不会涉及这些资本流动。政府有权甚至有义务采取措施处理这些动荡。总体上来说，经济学家相信以市场为基础的干涉（比如税收）更有效，并且比直接控制的负面影响更少，因此，我们在世界银行内部鼓励马来西亚取消直接控制，并且征收输出税。此外，该税可以逐渐降低，这样，在干涉最终被撤销时就不会产生大的动荡。

事情正如计划的那样进展。在强制实施控制 1 年后，马来西亚履行了其承诺，取消了输出税。实际上，马来西亚曾经强制实施过临时资本控制，并且事情一旦稳定就立刻取消。那些如此全面地攻击该国家的批评者们忽视了马来西亚的历史经验。在 1 年的过渡期内，马来西亚重新整合了它的银行和公司，这再次证明那些批评家们错了。那些批评家们认为，只有遵守政府从来都不认真做任何事这一自由资本市场规律，经济才能够实现重建。的确，在指导方面，马来西亚比遵循国际货币基金组织指令的泰国取得了更大的进展。对此进行回顾时，很明显，马来西亚的资本控制使其在轻微的衰退后复苏得更快，[15] 并且未来的增长中所承担的国家债务更少。资本控制使其具有更低的利率水平，更低的利率意味着很少有企业要破产，并且因此公开资助的公司和金融救援行动的金额要少得多。较低的利率也意味着复苏能够在更少地依赖财政政策的情况下发生，因此，政府借贷就更少了。如今，马来西亚的形势要比那些遵循国际货币基金组织建议的国家好很多。没有证据表明资本控制阻止了外国投资者，外国投资实际上增加了。[16] 因为投资者关心经济稳定，因为马来西亚在维持稳定方面做的工作比它的邻国更好，所以它能够吸引外资。

中国是另外一个遵循独立自主计划的国家。两个大的发展中国家——中国和印度得以避免全球经济危机并不是偶然，它们都实施资本控制。当发展中世界中那些实施资本市场自由化的国家看到它们的增长率确实在下降时，印度的增长率却超过 5%，中国的增长率则接近 8%。这在全球增长尤其是那个时期贸易增长全面减缓的情况下更为可观。中国通过遵循主流经济学的建议取得了如此不斐的成绩。这里不存在胡佛式的国际货币基金组织的指示，却存有经济学家已经讲授超过半个世纪的合理建议：在面临经济衰退时，应以扩张性的宏观政策应对。中国抓住了这次机会将其短期需要和长期增长目标相结合。在过去 10 年内并预计要持续到下个世纪的快速增长，为基础设施投资创造了大量的需求。对具有高回报的公共投资来说存在巨大的机会，包括加速那些刚起步的项目，以及那些已经设计好但因为缺乏资金而不得不搁置的项目。标准的解决办法很有效，中国也避免了增长的下滑。

在制定经济政策决策时，中国知道将宏观稳定和宏观经济结合起来。它知道需要继续重建公司和金融部门，也意识到经济下滑将会使得改革进程的推进更加困难。经济衰退将会使更多的企业陷入困境，并且让更多的贷款得不到偿还，从而削弱银行系统。经济衰退也会增加失业，失业的增加将会使重建国有企业的社会成本更高。同时，中国意识到经济和政治及社会稳定的关系。在所有方面，中国完全赏识宏观经济政策系统的结果，而这些结果往往被国际货币基金组织政策习惯性地忽视了。

这并不是说中国已经脱离危险了。事实表明，前几年中国的银行和国有企业的重建依然存在挑战。但是这些挑战在其强大的宏观经济背景下能够得以很合理地应对。

虽然因为个体环境的不同，很难确定危机产生和快速复苏的原因，但我认为，只有主要的东亚国家，中国采取了直接与国际货币基金组织相反的计划从而避免了危机；马来西亚的经济衰退时间最短，它也直接拒绝了国际货币基金组织的战略，这绝不是偶然。

韩国、泰国和印度尼西亚

韩国和泰国为我们提供了进一步对比的例子。从 1997 年 6～10 月，在经历了短时期的政策摇摆不定后，泰国几乎完全遵循了国际货币基金组织的指令。然而，在危机开始后超过 3 年的时间里，它依然处于衰退之中，其国内生产总值较危机前的水平低近 2.3%。很少公司得以重建，并且有近 40% 的贷款依然是不良贷款。

相反，韩国并没有根据国际货币基金组织的标准指令管理银行，而且韩国政府像马来西亚政府一样，在重建公司过程中发挥了积极的作用。此外，韩国降低汇率将其保持在较低的水平，而不是让它反弹。表面上看这是为了使其能够恢复储备，但实际上并非如此，因为要为储备而购买美元，那么就会压低韩国货币的面值。韩国将汇率控制在较低水平是为了扩大出口和限制进口。此外，韩国并没有遵循国际货币基金组织的建议去关注实体重建。国际货币基金组织的行为好像它比那些制造芯片的韩国企业更了解全球芯片产业一样，认为韩国应该尽快地削减剩余产能。韩国很潇洒地忽视了该建议。随着对芯片需求的恢复，经济也复苏了。如果韩国遵循了国际货币基金组织的建议，天知道韩国经济什么时候能够复苏！

在评估复苏时，更多的分析家忽略了印度尼西亚，只是因为其经济受政治事件和社会动乱所影响。然而，正如我们所看到的，政治动荡和社会动乱其实与国际货币基金组织的政策措施脱不开干系。没人知道苏哈托是否能够实现更得体的转型，但是很少人认为其政策会使经济更加混乱。

对未来的影响

尽管存在很多困难，东亚危机也存在一些有益的影响。东亚国家将毋庸置疑地全面发展更好的金融规制体系、更好的金融机构。虽然东亚的企业已经展示出在全球市场非凡的竞争能力，但是韩国的经济很可能会更具竞争性。最为严重的是腐败问题，即所谓的裙带资本主义，将被遏制。

然而，处理危机的方法，尤其是使用高利率的方法，对该地区的中期（也可能是长期）经济增长产生重大的负面影响。其核心原因的确是一种讽刺。虚弱的、处于规制下的金融机构很糟糕，因为它们造成糟糕的资源配置。虽然东亚银行远非完美，但在过去30年中，它们在配置巨大资本流动方面所取得的成绩给人留下非常深刻的印象，这就是支持它们快速增长的原因。虽然那些人推动东亚"改革"的意图是提高金融系统配置资源的能力，但实际上，国际货币基金组织的政策很可能削弱了市场的总体效率。

在世界范围内，很少有新投资是通过增加新的权益（在公司内出售股票份额）获得融资的。的确，只有少数国家，比如美国、英国和日本拥有广泛多样的股份所有制，这些国家都有强大的法律体系和强大的股东保护机制。建立这些法制机构需要时间，而且很少有国家能成功地做到这一点。与此同时，世界范围内的企业必须依赖负债。但负债天生是有风险的。国际货币基金组织的战略，比如资本市场自由化和在危机发生时将利率提高到过高的水平等等，甚至会使借贷风险更大。为合理地应对高利率，企业将不得不追求较低的借贷水平，并且强迫它们更依赖未分配的利润。因此，未来的增长将会受到限制，资本也不会自动流到最具有生产率的用途中。这样，国际货币基金组织政策就造成更低效率的资源配置，尤其是资本配置，而它们却是发展中国家的稀有资源。国际货币基金组织并没有将这种损害考虑在内，因为它的模型根本就不会反映资本在现实中是如何运作的，也不会反映不完全信息对资本市场的影响。

冰释失误

然而，现在国际货币基金组织承认其在财政政策建议方面犯下了严重的错误，比如在推动印度尼西亚银行系统的重建上，也可能是在推行资本市场自由化方面，以及低估地区间相互影响的重要性方面（一国的衰退可能会对其邻国产生影响），但是，它还没有承认其在货币政策方面的失误，甚至没有解释它的模型在预测事情的过程中为什么败得如此悲惨。它也没有寻求建立一个替代性的知识框架，这意味着在下次危机中，它将会犯同样的错误（2001年1月，国际货币基金组织在自己的信誉卡上再一次记下了失败——关于对阿根廷政策的失败，部分原因是它再次坚持了紧缩性的财政政策）。

大量的失败，其部分原因与国际货币基金组织的骄傲自大有关：没有人喜欢承认失误，尤其是如此巨大、后果如此严重的失误。无论是费希尔还是萨默斯，无论是鲁宾还是康德苏，无论是国际货币基金组织还是美国财政部，他们都不愿意承认他们的政策是误导性的。他们依然坚持自己的立场，毫不在意我发现了他们已经失败的不可辩驳的事实。（当国际货币基金组织最终决定支持低利率，并改变东亚的紧缩性财政政策时，国际货币基金组织辩解说，这是因为是时候这样做了。我认为它部分是因为公共压力而改变计划。）

但是，在亚洲也存在其他理论，包括我并不赞同的阴谋论，该理论认为，这些政策是处心积虑地要削弱东亚（在过去40年中，这个地区表现出巨大的增长潜力），或者最少是提升华尔街和其他金融中心的人们的收入。我们理解这个想法是如何形成的：国际货币基金组织首先告诉亚洲的国家对短期热钱开放市场。这些国家这样做了，并且热钱蜂拥而入，但是又突然流出。这时候，国际货币基金组织又说应该提高利率，并且应该进行财政限制，这样就导致衰退进一步加深。随着资产价格的直线下滑，国际货币基金组织甚至催促受影响的国家出售它们的资产（想当然地忽视了这些公司在过去几十年中取得的最令人羡慕的增长纪录，从而很难将其和糟糕的管理结合在一起），而且只有将其出售给外国人时，这种交易才会发生（而不是由它们自己人管理）。这些销售由抽出它们资本相同的外国金融机构来处理，它们抽出了资本，进而陷入危机。接着，如同它们一开始指导这些资金首先进入这些国家获得大量佣金时一样，这些银行从销售或者分裂这些问题公司的工作中获得大量佣金。随着事件逐渐明朗，犬儒主义的行为蒸蒸日上：这些美国人和其他金融公司不再进行重建；它们只是控制资产，直到经济复苏，然后将这些资产通过以低价购买而按照正常价格出售的方式来获得利润。

我相信存在一系列更简单的解释——国际货币基金组织并不参与这一阴谋，但是它反映了西方金融界的利益和意识形态。运作模式是不透明的，这就将该机构及其政策与那些详细审查的政策隔离开来，这些详细审查的政策可能迫使国际货币基金组织利用和采取那些适合东亚情形的政策。东亚失败承担的痛苦与那些处于发展和转型中的国家一样多,在第 12 章和第 13 章,我们将更近距离地观察公开的原因。

一个可替代的战略

在应对这些抱怨时,我依然会提起国际货币基金组织与美国财政部的战略,对我进行批评的人直接问我做了些什么事。本章已经暗示了我的基本战略:尽可能地将经济维持在接近充分就业水平的状态。要达到这个目标,反过来就要求扩张的(或至少不是紧缩性的)货币政策和财政政策,它们的正确组合将依赖于某个国家自身的问题。我同意国际货币基金组织关于金融重建的重要性的看法(处理虚弱银行的问题),但是,我将会按照完全不同的方法来实现金融重建,首要目标就是维持资金流动,并且停止对现有的债务进行偿付:进行债务重组,就像最终在韩国发挥作用时那样。维持资金流动反过来又要求对现有机构重建付出更大的努力。公司重组的核心部分将包括实施特别破产条款,旨在快速解决导致宏观经济动荡的困境,这些动荡远超出正常的范围。《美国破产法》第 11 章的条款规定,考虑到一个企业相对迅速的重组(而不是清算),需要更快地解决由宏观经济动荡造成的破产(就像东亚那样),对此,我称之为超级第 11 章。

有没有这样的条款都需要政府强力地干涉。但是政府干涉的主要目的是金融重建——建立明晰的企业所有权,使它们能够重新进入信贷市场。这就能使它们充分利用由于较低汇率政策形成的出口机会,消除资产剥夺的动机;也将会为他们提供强大的动机从事任何真正需要的重建,并且,新的所有者和管理者将会获得比国际或国内官员(这些人正如人们常说的那样,从来都不够格)更好的地位来指导重建。这样的金融重建不需要更大的救援行动。大量救援行动战略的幻灭现在几乎已经非常普遍。我不确定我的观点是否正确,但毫无疑问,在我的观念中,与采用国际货币基金组织的计划相比,采用这一战略,成功的机会要大得多,而国际货币基金组织计划的失败是完全可以预测到的,并付出了巨大的代价。

国际货币基金组织并没有迅速地从其东亚的失败中汲取教训。只是进行了微小的改变,它们再一次尝试巨大的救援行动战略。随着俄罗斯、巴西和阿根廷改革的失败,越来越明显,我们需要替代战略。现在,至少我所推举的方法中的关键要素,已经获得了不断的支持。如今,在危机爆发5年后,国际货币基金组织和七国集团才开始谈论需要更多地强调破产和停滞(暂时对支付进行冻结),甚至强调临时使用资本控制。我们将在第13章中重新审视这些改革。

亚洲危机带来很多改变,这些改变将对这些国家的未来大有益处。公司治理和会计准则得到改善,在某些情况下,将会使它们位于新兴市场的顶端。在泰国,新宪法承诺更强大的民主(包含公民"知情权"的条款,甚至在美国的宪章中也不包括该类条款),承诺其透明度一定要超越国际金融机构。这些变化再配合一定的条件,就会在未来促进经济强劲地增长。

但是,一些实实在在的损失抵消了这些收益。国际货币基金组织处理经济的方式给大部分国家留下了私有和公共的债务遗产。不仅使那些企业担心像韩国企业那样过高的债务,即使具有更谨慎的债务水平,它们也担心:过高的利率迫使成千上万的企业陷入破产表明,即使是合适的债务水平也可能具有高风险。结果,企业不得不更多地依赖自我融资。最终,资本市场无效,这也是国际货币基金组织的意识形态方法改善市场效率所造成的伤害。更重要的是,生活水平的提高减缓了。

正是国际货币基金组织在东亚的政策造成的后果致使全球化受到攻击。国际组织的政策在贫困发展中国家的失败长期存在;但是这些失败并没有引起广泛的关注。东亚危机使发达国家深刻地体会到发展中世界人们长期感受到的不满。20世纪90年代大部分时间内,俄罗斯发生的事情甚至提供了一些更引人注目的例子,它说明为什么对国际机构如此不满,为什么它们需要改变。

| 第 9 章 |

谁失去了俄罗斯

1989年下半年,随着柏林墙的倒塌,所有时代中最重要的一个经济转型开始了。这是20世纪第二次大胆的经济和社会实践。[1] 第一次是早在70年前俄国的转型。作为1917年大革命和第二次世界大战后苏维埃政权占据欧洲大部分地区的结果,占世界人口8%的人生活在苏维埃体制下。俄罗斯的第二次转型同东欧及东南欧国家一样,都远没有结束,但是事实已经非常清楚:俄罗斯的转型已经落后了,远没有达到市场经济提倡者承诺或者期望的程度。对于生活在俄罗斯的大部分人来说,资本主义下的经济生活可能比以前的生活状况更糟糕,未来的前景更凄凉。中产阶级遭到毁坏,建立了任人唯亲的体系和黑手党资本主义,所取得的一项成就就是建立了意味着自由的民主制度,包括新闻自由,而这看起来也很脆弱,尤其是当以前那些独立的电视台一个个都被关闭时,这种脆弱性便暴露无遗。然而,俄罗斯人不得不承受对所发生的事情进行的很多责备,西方的咨询家,尤其是美国和国际货币基金组织的咨询家,他们如此迅速地鼓吹市场经济的信仰,同样也必须受到某些谴责。最起码,他们支持俄罗斯和其他经济体沿着他们的路径前进,赞成新的信仰

（市场原教旨主义）。

在俄罗斯发生的事情犹如一部不断上演的戏剧。很少人能够预见苏联突然解体，同时很少人预见斯博里斯·叶利钦会突然辞职。很多人看到了寡头政治——叶利钦时代最糟糕的超额支出已经得以遏制；其他人只是简单地看到寡头政治者已经堕落（失去天恩）。一些人看到自从1998年将危机作为俄罗斯复兴开始以来的多年内，其产出开始增长，而这次复兴将会对中间阶级进行重建；其他人只是将这些年来发生的事情视为对过去10年破坏的修复。目前，俄罗斯的收入明显低于10年前，而且贫困有所提高。悲观主义者一直将俄罗斯视为在政治和社会不稳定中摇摆的大国；乐观主义者则认为，虽然半独裁式的领导实现了稳定，但是却以失去一些民主自由为代价。

得益于高油价和卢布贬值（国际货币基金组织对此长期反对），1998年之后，俄罗斯经济经历了爆发性的增长。但随着油价的不断下跌，以及贬值利益得以收割，增长也开始放缓。如今，虽然在一定程度上预计俄罗斯经济不会像1998年危机时那样，但仍然存在不确定性。当石油（该国的主要出口商品）价格很高时，它仅能够实现收支相抵。如果石油价格下降了（这种情况在依赖战争、和平、市场等反复无常的行为中可能会发生），那么将会带来真正的麻烦。只能说最好的情况也就是未来仍是乌云密布。

对谁失去了俄罗斯这个问题具有如此多的争论并不奇怪。从某种程度上来说，该问题显然是被放错地方了，在美国，它唤起了人们对半个世纪前关于谁失去了中国这一争论的回忆。但是，在1949年，不是美国人失去了中国；半个世纪后，也不是美国人失去了俄罗斯。在这两个例子中，美国和西欧国家都无法控制政治和社会变革。很明显，一定是某些事情出了问题，无论是俄罗斯还是20多个从苏维埃政权中分离的国家，情况都一样。

国际货币基金组织和其他西方领导者声称如果没有他们的帮助和建议，该问题会变得更加糟糕。从来都没有水晶球告诉我们如果采取了替代政策会发生什么。我们没有办法进行一次控制性的试验，及时回到历史去尝试替代战略。同样我们也没有办法确信将会发生什么。

但是，我们的确知道已经要求对政治和经济做出特定的判断，而且也知道，其结果可能是灾难性的。在有些情况下，很容易理解政策和结果之间的关系：国际货币基金组织担心卢布的贬值会导致一系列通货膨胀。因此，国际货币基金组织坚持要求俄罗斯维持高估的货币汇率，并提供数十亿美元贷款来维持卢布的汇率水平，最后却压垮了该国的经济（当卢布最终于1998年开始贬值时，通货膨胀并不像国际货币基金组织担心的那样飙升，它反而首次实现了经济的增长）。在另外一些情况下，政策和结果这两者之间的联系更复杂。但是，一些国家采取不同的政策来管理其转型有助于指导我们理清思路。关于国际货币基金组织在俄罗斯的政策，国际社会做出了很多的判断，它解释了是什么在驱动俄罗斯以及俄罗斯为什么会受到这样的误导。如果那些人（包括我自己）有机会直接看到决策是如何制定的以及这些政策的结果，那么，他们就有特定的义务来解释这些相关事件。

重新评估还有其他的原因。在柏林墙被推倒的10多年后，很明显，我们知道向市场经济转型会是一场长期的斗争，有很多多年以前看起来已经得以解决的议题需要重新加以审视。只有对过去所犯下的错误有所理解，我们才有希望制定出对未来有效的政策。

1917年大革命的领导者意识到存在比经济变革更危险的内容，那就是全方位的社会变革。可以说，向市场经济转型不仅是经济的试验，同时也是社会和政治结构的转变。部分是由于没能意识到其他因素的关键作用，经济转型才出现这种凄凉的结果。

第一次大革命意识到转变任务很困难，而且革命者相信其中并不会出现民主手段；它必须由"无产阶级专政"来领导。20世纪90年代进行第二次革命时，一些领导者首先想到，如果能迅速地实施市场经济，俄罗斯人民将会很快看到市场的利益。但是，俄罗斯的一些市场改革者（与他们的西方支持者和建议者一样）对民主不信任，也不感兴趣，他们担心如果允许俄罗斯人进行选择，他们可能不会选择"正确的"（这是他们自己认为的）经济模式。在东欧和苏联，当一个个国家并没有实现"市场改革"承诺的利益时，民主选举就会拒绝市场改革的极端，并且开始拥护社会民主党。对于很多市场改革者所表现出来的与以往的做事方法不寻常的关系，不应该感到奇怪：在俄罗斯，相对于当时西方其他民主国家的元首来说，叶利钦总统的权力更大，被怂恿包围经过民主选举产生的杜马（国会），并通过政令实施市场改革。[2]

转型的挑战和机会

在20世纪90年代早期转型刚开始时，它就表现出巨大的挑战和机会。在此之前，几乎没有哪个国家特意开始从一个由政府完全控制经济每个方面的状态转向由市场决定决策的经济类型。中国从20世纪70年代末期开始进行经济转型，目前距离完善的市场经济还有段距离。1945年以后，很多国家和地区，包括美国，都从战时动员转向和平时代的经济建设。那时，许多经济学家和专家担心战时复员将会造成重大的经济衰退，因为它不仅包括决策如何制定的改变（战争时期由政府制定生产的重大决策，而战时复员就是要取消这种行政命令，恢复私人部门对生产的管理），而且包括货物生产（比如从坦克到汽车等）的巨大再分配。但是在1947年，第二次世界大战结束后整整两年，美国产出比1944年增长了9.6%。直到第二次世界大战结束（1945年），美国国内生产总值的37%都用于国防。在和平时期，该数字迅速下降到7.4%（1947年）。

从战争转向和平与从计划经济转向市场经济有着非常明显的不同，正如我下面将要详细阐述的：在第二次世界大战前，美国已经建立了基本的市场机构，虽然在战争期间，大部分都被吊销，并被"命令和控制"的方式取代。相反，俄罗斯不仅需要调换资源，而且需要建立大量的市场机构。

中国在向市场经济转型过程中面临相似的经济问题。它面临着社会重大转变的挑战，包括建立支撑市场经济的机构。中国真正取得了令人印象深刻的成功，不但没有出现持续的转型衰退，而且呈现出接近两位数的经济增长。负责向俄罗斯和其他很多转型国家提供建议的激进经济改革者都没有对这些经验给予充分的注意，也不去汲取能够学习的经验。这仅仅是因为他们相信俄罗斯的历史（或者其他进行转型国家的历史）让这些经验失灵。他们故意忽视俄罗斯学者的建议，无论这些俄罗斯学者是历史学家、经济学家还是社会学家，原因很简单：他们相信这场即将发生的革命可以从其他那些不相关的学科中获取所有的知识。市场原教旨主义鼓吹的是教科书经济学——一个超级简单的市场经济版本，它几乎不关注动态变化。

看看俄罗斯（或其他国家）在1989年所面临的问题：在俄罗斯，有些机构的名字与西方机构的名字相似，但它们发挥的功能却不相同。俄罗斯也有银行，并且银行也开展储蓄业务，但是它们并不制定政策来规定谁将获得贷款，它们也没有义务监督和确保这些贷款能够被偿还。它们只是简单地根据政府的中央计划提供"资金"，就像是中央计划规定的政府代理机构。俄罗斯也有企业，而且这些企业也生产货物，但是这些企业自己并不能做决策：它们只是用分配的投入（原材料、劳动力、机器）生产要求生产的产品。企业家的工作主要是应付政府提出的难题：政府只是给企业分配产出任务，并不一定提供需要的投入，即使在某些情况下，分配的资源有些过量。这些企业的管理者忙于一些交易，以便他们能够完成分配的任务，从而为自己获取更多的额外油水。这些行为只会增加俄罗斯向市场经济转型过程中的腐败。[3] 如果说不是完全违反正在实施的法律的话，对其进行规避就成为生活方式的一部分，这也预示着转型的"法制规则"的破产。

与市场经济一样，苏维埃体制下也有价格，但这些价格是由政府通过法律制定的，而不是由市场制定的。一些价格，比如基本必需品的价格，被人为地保持在较低的水平，使那些即使处于收入底层的人们也能够避免贫困。能源和自然资源的价格也被人为地保持在较低的水平，这些资源是俄罗斯能够提供的唯一货物，因为俄罗斯有大量的资源储备。

　　传统经济学教科书认为，市场经济具有3个核心要素：价格、私有财产和利润，再配合竞争，它们就能够提供激励机制，调整经济决策制定，确保企业能以最低的生产成本进行生产。但这同样需要花费较长的时间来认识机构的重要性，更重要的是要有法律和规制框架，以保证合同能够被履行，并且能够以有序的方式解决当借贷者不能偿还欠款时发生的商业争端。要存在有秩序的破产程序，使竞争得以维持，吸纳存款的银行在储户要求提款时能够随时支付。该法律框架和代理机构有助于保证证券市场以公平的方式运作，经理们不会利用股东，大股东也不会利用小股东。在具备成熟市场经济的国家里，为应对无拘无束的市场资本主义所出现的问题，法律和规制框架的建立已有150多年的历史了。在许多银行陷入困境后建立了银行规制；在股东受到始料未及的欺骗后建立了证券规制。那些寻求建立市场经济的国家并没有必要重新体验这些灾难：他们可以从这些实践中汲取经验。但是，虽然市场改革者曾提起该机构的基本构造，他们也只是进行短暂的忏悔。他们试图通过捷径实现资本主义，希望在还没建立支撑机构或者虽然建立了机构但还没基础设施的情况下建设市场经济。在建立股票市场之前，你必须确定存在有效的规制。如果希望新的企业能够增加新资本，就需要银行是真正的银行，而不是那类由旧体制所规划的银行，或那些仅向政府贷款的银行。一个真正有效的银行系统需要强大的银行规制。新企业需要获得土地，也要求土地市场和土地登记。

　　与此相似，苏维埃时代的农业，农民习惯于给予他们需要的种子和化肥。他们不用担心获得种子和化肥以及其他的投入（比如拖拉机），也不用担心产品的销售。在市场经济体制下，必须建立投入和产出市场，这就要求创建新的企业。社会机构同样也很重要。在苏维埃旧体系下，没有失业，因此不需要失业救济。工人们通常终生为同一国有企业工作，而且这些企业提供住房和退休福利。然而，1989年以后的俄罗斯，如果存在劳动市场的话，个体将不得不从一个企业转移到另一个企业。但是，如果他们不能够获得住房,这种机动性几乎不可能。因此,住房市场很有必要。如果失业后工人没有什么依靠的话,最低水平的社会敏感度意味着雇主不情愿解雇工人。因此,在没有社会安全网的情况下"重建"就不会实现。不幸的是,1989年的苏联,既不存在住房市场,也不存在真正的安全网。

苏联和其他国家在经济转型过程中所面临的挑战非常严峻:它们不得不将原有的价格体系(价格扭曲体系)转向市场价格体系;不得不建立市场和制度框架来支撑新的价格体系;不得不对所有以前属于国家的财产进行私有化;不得不建立一类新企业(擅长规避政府规则和法律),这些新企业有助于资源的重新配置,而以前这些资源往往都被毫无效率地利用了。

不管我们如何看待这一点,这些经济体都面临艰难的选择,也存在做何种选择的激烈争论。最具争议的议题集中于改革的速度:一些专家担心如果不尽快进行私有化改革,将会形成一大批资本主义既定利益者。但是其他人担心如果私有化改革进展得过快,改革将会成为一场灾难(经济和政治腐败相结合),将会遭遇强烈的反对或抵制,无论是来自极左派的还是来自极右派的(前者常常被称为"激进派",后者被称为"渐进派")。

休克疗法(美国财政部和国际货币基金组织强烈提倡的疗法)的观点在大部分国家极为流行。然而,渐进主义者相信,在向市场经济转型的过程中,如果能够选择合适的转型速度和正确的改革顺序("秩序"),那么就能够实现更好的管理,不需要具备完善的机构。举例来说,在建立有效的竞争或规制权力之前,对垄断进行私有化可能仅意味着用私有垄断取代政府垄断,它们甚至更无情地剥削消费者。10年之后,终于意识到渐进主义者方法的明智:乌龟跑赢了兔子。渐进主义者不仅准确地预测了休克疗法将会失败,而且指出了它之所以无效的原因。他们唯一的失败就是低估了灾难的程度。

转型带来了巨大的挑战,但与此同时也创造了巨大的机会。俄罗斯是一个富裕的国家。75 年的计划经济可能使该国的平民完全不了解市场经济，但它却提高了人们的教育水平，尤其是技术领域的水平，这对新经济来说非常重要。毕竟，俄罗斯是第一个将人类送往太空的国家。

经济理论很清楚地解释了计划经济的失败：这是因为，没有政府代理去收集和处理所有能使经济功能很好发挥作用的相关信息。无私有产权和利益动机，就缺乏激励，尤其是对经理和企业家的激励。有限的贸易机制与巨大的补贴和人为地制定价格结合起来，意味着该体系处于普遍扭曲之中。

后来，俄罗斯用分散的市场体系取代了集中计划，用私有财产取代了公共所有权，并且通过贸易自由化取消或至少降低了扭曲，这些都有可能造成经济产出的增长。军事开支的削减（在苏联时期已经占据国内生产总值的巨大份额，其规模是后冷战时期的 5 倍还多），为生活水平的提高提供了更为广阔的空间。但事与愿违的是俄罗斯和其他东欧转型国家的生活水平却下降了。

"改革"的故事

几乎在转型刚开始时，改革就立刻犯下第一个错误。在积极狂热地继续推进市场经济中，1992 年一夜之间大部分价格都放开了，刺激了彻底消灭储蓄的通货膨胀，并将宏观稳定问题推到议程的首要位置。每个人都意识到，在恶性通货膨胀（月通货膨胀率达两位数）的背景下，要成功地进行转型非常困难。因此，第一轮休克疗法（瞬间价格自由化）就加速了第二轮降低通货膨胀水平的改革进程。这就需要紧缩性的货币政策——提高利率。

在大部分商品价格被完全放开时，一些最重要的价格却依然保持在较低的水平上——自然资源产品的价格。近来宣布要实行"市场经济"，这就意味着它们发出了公开的邀请：比如说，如果能够购买石油，然后转销到西方国家，那么就能获得数百万甚至数亿美元的利润。因此，人们就这样做。他们不是通过建立新企业挣钱，而是通过旧企业家身份的新形式致富——利用错误的政府政策。并且，正是这种"寻租"行为为改革者提供了借口：问题不是改革进行得太快，而是改革进行得太慢。只要立即放开所有的价格就行了！该争论存在一些合理性，值得考虑，但是用其对激进改革进行防卫却显得毫无诚意。政治进程从来都不给技术统治论者免费的统治，而且它还具备充分的理由：正如我们已经看到的，技术统治论者常常遗漏了重要的经济、社会和政治因素。即使在功能完善的政治和经济体系中，改革也常常"非常杂乱"。即便奋力争取瞬间自由化是有意义的，但更关键的问题是，如果在一些重要部门，比如能源价格方面不能成功地快速自由化，那么我们如何推进其他方面的自由化进程呢？

自由化和稳定性是激进改革战略的两个支柱，快速的私有化是第三个支柱。但是前两个支柱给第三个支柱的运行制造了障碍。起初的高通货膨胀使得大部分俄罗斯人都取出了存款，因此俄罗斯国内再也没有足够的人有钱去购买私有化的企业。即使他们有钱来购买这些企业，在高利率和缺乏提供资金的金融机构的情况下，这些企业的生存也会存在较大的困难。

私有化被认为是经济重建进程中的第一步。不仅所有权必须改变，管理方式也必须改变；同时，需要对产出重新调整，这些企业要从生产被分配生产的产品到生产消费者希望生产的产品。该重建需要新的投资，在很多情况下也会造成工作岗位的减少。当然，只要将工人从低生产率的工作转向高生产率的就业中，工作岗位的减少才有助于整体效率的提高。不幸的是，由于该战略在重建中设置了不可逾越的障碍，这些正面的重建太少了。

激进改革战略并没有取得预想的效果：俄罗斯的国内生产总值年复一年地下降。本来认为是转型过程中短期的转型衰退变成10年或更长时间的衰退，而且好像永不见底。其造成的破坏（国内生产总值的下降）比俄罗斯在第二次世界大战期间所遭受的损失还要大。1940～1946年，苏联工业产出下降了24%。而1990～1998年间，俄罗斯工业产出下降了42.9%——几乎等于国内生产总值的下降（45%）。可以将俄罗斯社会经济的损害与1989年后的转型进行比较：农用家畜下降了一半，制造业投资几乎停滞。俄罗斯能够在自然资源领域吸引外商投资；如果非洲将自然资源的价格定得足够低的话，非洲国家早就显示出能吸引外商在自然资源领域进行投资的能力。

当然，稳定、自由化、私有化并不是增长的方案。它的目的是为增长创造条件。然而它却为下滑创造了前提。不仅仅是投资停滞了，而且资本也用完了——储蓄被通货膨胀蒸发了，私有化或者外国贷款的收益大部分被盗用。资本市场开放的私有化不仅没能造成财富的创造，反而造成资产的提取。寡头政治执政者虽然仅仅获得微薄的薪水，但他们能够利用政治影响来储存价值数十亿美元的资产，所以他们自然而然地希望将其资金转出该国。将资金留在俄罗斯意味着在一个深度衰退的国家进行投资，不仅冒着回报非常低的风险，而且还要冒着资产被下一届政府没收的风险，因此，毫无疑问他们要抱怨私有化进程的"非法性"。任何一个人如果足够聪明能在私有化赌博中成为赢家，那么他也将足够有智慧将其资金投资于繁荣的美国股票市场，或者投资于秘密离岸银行账户的安全避难所。数十亿美元在瞬间流出该国就不足为奇了。

国际货币基金组织一直承诺复苏就在眼前。到1997年，它终于有了乐观的理由。自1990年以来，产出已经下降了40%，将来它还能下降多少？另外，俄罗斯正在按照国际货币基金组织的要求行事。俄罗斯已经进行了自由化，尽管不是一种完全意义上的自由化。但是，如果我们不在意如何进行私有化，它自然就会演变成一种瞬间的私有化：本质上是将有价值的国有资产卖给朋友。的确，政府这样做可以获得很高的收益——无论是以现金支付的形式还是以竞选捐款的形式（或者二者都有）。

但是，我们在1997年看到的复苏情景并没有持续多长时间。的确，国际货币基金组织在世界其他遥远的地方所犯下的错误是关键的。1998年，东亚危机的附带结果给俄罗斯造成了影响。这次危机已经造成新兴市场投资总体上的不稳定，而且投资者需要更好的收益率来补偿他们向这些国家贷出的资本。反映在国内生产总值和投资中的虚弱就是公共财政的虚弱：俄罗斯政府已经严重负债。尽管它已经很难实现收支基本平衡，但是俄罗斯政府依然在美国、世界银行和国际货币基金组织快速私有化的压力下、在建立有效的税收体制之前，将其国有资产以少量的金额变卖了。政府创造了强大的寡头政治执政者和商人阶级，他们仅仅支付其应缴纳税收的少部分，实质上，他们所缴纳的税收比其他任何一个国家中应该缴纳的都要少。

因此，在东亚危机时期，俄罗斯的情况很特殊。俄罗斯具有丰富的自然资源，但是它的政府非常贫穷。俄罗斯政府实质上放弃了那些非常有价值的国有资产，然而它却不能为穷人支付养老金和福利金。政府从国际货币基金组织获得的贷款数目高达数十亿美元，其负债不断增加；然而，与此同时，那些从政府手中获得巨额收益的寡头政治执政者却将他们数十亿美元的资金转移到国外。国际货币基金组织已经鼓励政府开放其资本账户，允许资本自由流动。它们认为该政策将会使俄罗斯对外国投资者更具有吸引力；但实际上它为资金迅速逃出该国开了方便之门。

1998年的危机

俄罗斯深度负债，而且亚洲危机造成的高利率也制造了巨大的额外压力。当石油价格下降时，这一摇晃的塔楼就崩塌了。由于国际货币基金组织政策加深了东南亚的衰退和萧条，石油需求不仅没能得到预期的扩大，实际上反而减少了。石油需求和供给之间的不平衡造成原油价格的大幅下滑（相对于1997年的平均价格，1998年前6个月下降了40%）。对俄罗斯来说，石油不仅是主要的出口商品而且是政府税收的主要来源，石油价格的下降具有可预见的破坏性。我在1998年就开始注意这一问题，当时价格看起来已经下降，并且低于俄罗斯的开采成本加运输成本。在当时的汇率水平下，俄罗斯的石油工业已经无利可图。卢布贬值将不可避免。

很明显，卢布被高估了。俄罗斯国内充斥着进口产品，而国内生产者很难与外国产品进行竞争。向市场经济的转型和远离军工企业使更多资源用以生产更多的消费品。但是，投资已经停滞了，而且该国也没能生产消费品。高估的汇率与其他由国际货币基金组织私自加入的宏观经济政策一起摧毁了该国的经济，虽然官方失业率保持在被抑制的状态，但实际上存在大量的隐性失业。在缺乏合适安全网的情况下，很多企业的经理不愿意解雇工人。虽然失业率是隐性的，但是其造成的损害并不小：工人们看起来还在工作，企业看起来也在支付薪水。工资下降到大面积拖欠的程度，即使工人们能够获得工资，也只是以实物支付而不是卢布。

如果将这些人和俄罗斯作为一个整体看，高估的汇率则是一场灾难；对新的商人阶级来说，高估的汇率是一种恩惠。他们需要用更少的卢布来购买他们的梅塞德斯（奔驰）轿车、他们的香奈儿手提包以及进口的意大利风味食品。对于试图将其资金转移出这个国家的寡头政治执政者来说，高估的汇率同样也是一种恩惠，它意味着在从外国银行账户提取他们的利润时，他们拥有的卢布能够兑换更多的美元。

大部分俄罗斯人都遭受折磨，但改革者和他们的国际货币基金组织咨询家还是担心贬值，他们认为贬值将会造成另一轮恶性通货膨胀。他们强烈反对汇率的任何改变，并且愿意将数十亿美元抛向该国以避免这一事情发生。在1998年5月，确切地说是6月，很明显，俄罗斯可能需要外部援助来维持其汇率水平。货币的信心已经被摧毁了。当人们认为贬值不可避免时，国内利率开始飙升，越来越多的资金随着人们将卢布兑换成美元开始流出该国。因为害怕持有卢布，以及对该国偿还债务的能力缺乏信心，1998年6月，俄罗斯政府不得不对卢布贷款支付大约60%的利率（俄罗斯国债GKOs，其性质等同于美国国债）。在大约一周时间内，该数字飙升到150%。甚至在俄罗斯政府承诺以美元还贷时，它同样需要面对高利率（俄罗斯政府发行的以美元为面值的债券收益从百分之十几上升到大约50%，高出同期美国政府对其国债支付的利率45个百分点）；市场认为违约的可能性非常高，而且市场是正确的。因为很多投资者相信俄罗斯如此强大和重要不会失败,他们甚至认为这个利率依然比正常情况要低。在纽约投资银行向俄罗斯提供贷款时,他们到处传播国际货币基金组织的救援行动将会是多么强大。

危机不断上演,投机者能够看到它们的储备还剩下多少,随着储备不断地减少,把赌注押在贬值趋势上成为一种单向的赌博。他们冒着几乎一无所有的风险赌卢布将会崩溃。正如预期的那样,1998年7月,国际货币基金组织拿出数十亿美元的一揽子计划赶来救援。[4]

在危机爆发前的几个星期,国际货币基金组织还推行了加速危机的政策,当危机发生时,情况变得更糟。国际货币基金组织要求俄罗斯借贷更多的外国货币而减少借贷卢布。这种主张很简单:卢布利率较美元利率高。通过借入美元,政府能够省下资金。但是,该推理存在明显的缺陷。基本经济理论认为,美元债券和卢布债券利率的不同应该反映出贬值的预期。因为市场是均衡的,因此借款(或者出借的收益)的风险调节成本是相同的。我比国际货币基金组织对市场更没有信心,因此,在不考虑货币的情况下,我并不相信借款的风险调整成本是相同的。我不太相信国际货币基金组织的官员能比市场更好地预计汇率变动。在俄罗斯这个例子中,国际货币基金组织官员认为他们比市场更聪明——他们愿意打赌,在俄罗斯货币这个问题上市场是错误的。这是国际货币基金组织通过各种形式不断重复的、一次又一次的误判。不仅它的判断存在缺陷,而且它还使俄罗斯面临巨大的风险:如果卢布真的贬值,俄罗斯将会发现它更难偿还以美元为面值的贷款。[5] 国际货币基金组织选择忽视该风险,通过诱使俄罗斯借入更多的外国贷款,使俄罗斯在卢布一旦贬值的情况下其状况远不能维持在原来的水平,国际货币基金组织应对俄罗斯最终延迟偿还贷款负有不可推卸的责任。

救援行动

鉴于希望恢复俄罗斯经济的信心,国际货币基金组织于1997年7月20日批准了一项112亿美元的贷款,作为226亿美元国际借贷者一揽子贷款的一部分。俄罗斯立即收到了 48 亿美元，而且将这些钱耗尽了，但是却并没能维持卢布的汇率。世界银行被要求提供 60 亿美元的贷款。

世界银行内部对此问题进行了激烈的争论。我们中有很多人自始至终对向俄罗斯提供贷款存在疑问。我们怀疑，将来可能增长的利益是否足够大，以至于能证明让俄罗斯背一身的债务是值得的。很多人认为，国际货币基金组织使俄罗斯更容易推迟进行有意义的改革，比如说对石油公司征税。在俄罗斯，有明显的证据表明存在腐败。世界银行自身关于腐败的研究已经表明，俄罗斯是世界上最腐败的地区之一。西方国家知道他们的数十亿美元有很多将会从计划的用途中转向腐败官员和同事以及他们的寡头政治执政者朋友手中。然而，世界银行和国际货币基金组织看似采取了强硬的姿态反对向腐败的政府贷款，但是这里显然存在两种标准。弱小的、没有战略意义的国家，比如肯尼亚，因为腐败从而拒绝向它贷款；像俄罗斯这样的国家，腐败的范围和程度远比肯尼亚严重得多，却能够不断地获得贷款。

除了这些道德上的问题外，还存在直接的经济问题。国际货币基金组织的救援资金本被用来维持汇率。然而，如果一个国家的货币被高估而且导致该国的经济遭受痛苦时，维持该汇率就毫无意义。如果维持汇率有效，那么该国将承受痛苦。但是在更多可能的情况下，维持汇率并没有取得效果，这样资金就被浪费了，而且使该国负债累累。我们的计算表明，俄罗斯的汇率的确被高估了，因此，提供资金来维持汇率就只能是糟糕的经济政策。此外，在贷款之前，世界银行就以一段时间内政府的收益和支出为基础进行了计算，并且计算结果表明，1998 年的贷款将会无效。除非发生奇迹使利率水平大幅度下降，否则到当年秋季时，俄罗斯将会再度陷入危机。

进一步向俄罗斯提供贷款是一个大错误，我是通过另外一种方法得出该结论的。俄罗斯是一个自然资源丰富的国家。如果俄罗斯能够将这一点和它的行为结合在一起，它将不需要外部资金；否则它们根本就不清楚外部资金会有什么大的作用。很明显，在任何情况下都不应该向俄罗斯提供资金。

尽管世界银行的职员强烈反对，但在克林顿政府的巨大压力下，世界银行还是向俄罗斯提供了贷款。世界银行设法达成一种妥协，公开宣称规模巨大的贷款是按分期贷款的形式进行的。世界银行做出决定立即提供3亿美元的贷款，根据俄罗斯改革的进程日后再提供剩下的部分。我们中的大部分人认为，该方案在额外资金到来之前就会失败。结果，我们的预测是正确的。值得注意的是，国际货币基金组织看起来能够忽视腐败和随后这批资金将会出现的风险。它的确认为将汇率维持在高估的水平是件好事，并且这些资金将使其能够在两个多月的时间内维持高汇率。所以国际货币基金组织向该国提供数十亿美元的贷款。

救援行动的失败

在提供贷款3个星期后，俄罗斯单方面宣布推迟还款和卢布贬值。[6] 卢布崩溃了。1999年1月，从实际效率术语来说，卢布从1998年7月的水平下降了75%。[7]1999年8月17日的公告造成全球性金融危机。新兴市场的利率水平飙升到比东亚危机的峰值还高。甚至那些采用合理的经济政策的发展中国家也发现它们不可能筹集到资金。巴西的衰退进一步加深，最终它也面临货币危机。阿根廷和其他拉美国家刚刚从前一次危机中复苏，便再一次被推到悬崖的边缘。厄瓜多尔和哥伦比亚也越过悬崖陷入危机，甚至美国也受到影响。纽约联邦储备银行启动了该国最大的对冲基金——美国长期资产管理公司采取私人救援，因为美联储担心它的失败将造成全球性金融危机。

令人惊讶的并不是崩溃本身，而是国际货币基金组织官员，包括一些最重要的高级官员，他们居然对这一结果感到惊讶。他们曾经是如何真诚地相信他们的方案是有效的呀！

我们自己的预测也只是部分正确：我们认为这批资金可能会将汇率维持3个月；但实际上只维持了3个星期。我们觉得，那些寡头政治执政者将会花费数天甚至数星期将他们的资金转移出该国；实际上他们只用了数小时或是数天。俄罗斯政府甚至"允许"汇率升值。正如我们看到的那样,这意味着寡头政治执政者将会用更少的卢布购买更多的美元。满脸微笑的俄罗斯中央银行行长维克多·格拉什琴科告诉世界银行总裁和我说,这只是"市场力量在发挥作用"。当国际货币基金组织面对这些事实——国际货币基金组织给予(贷给)俄罗斯数十亿美元的贷款仅仅在数天后就出现在塞浦路斯和瑞士银行账户上时,它自欺欺人地宣称这不是它提供的贷款。该观点表明,国际货币基金组织要么是对经济学毫不所知,要么是它和格拉什琴科一样无诚意,或者两者兼有。当资金被输送到某个国家,这些美元上并没有做标记,因此它就可以说流到各处的钱不是自家的钱。国际货币基金组织向俄罗斯提供贷款,而且反过来允许其将这批美元给予寡头政治执政者,允许他们将其带出俄罗斯。我们其中有些人讽刺说,如果国际货币基金组织将这些钱直接存到瑞士和塞浦路斯的银行账户中,事情就会变得更容易。

当然,不仅仅是这些寡头政治执政者从救援行动中受益,华尔街和其他西方的投资银行家也一直给予救援一揽子计划施加压力,他们知道该救援不会持续:尽管他们也尽力地进行救援,但最终还是将会带着它们的援助和能够争取的资金逃离该国。

因为注定需要向俄罗斯提供贷款,国际货币基金组织导致俄罗斯陷入深度负债中,其政策却没有取得一丝成效。失误的成本并不是由提供贷款的国际货币基金组织官员来承担,也不是由推动该贷款的美国来承担,也不是由从中受益的西方银行家和寡头政治执政者来承担,而是要俄罗斯的纳税人来埋单。

这次危机有一个正面的影响:卢布的贬值刺激了俄罗斯的进口竞争部门——真正由俄罗斯生产的产品最终在其国内市场占据的份额不断增长。这一"无意识的结果"最终导致期待已久的俄罗斯实体(与地下经济相对)经济的增长。这的确是对失败的讽刺:宏观经济被认为是国际货币基金组织的长处,然而即使在这方面,它也没能取得成功。这些宏观经济方面的失败与其他失败结合起来，造成了规模巨大的经济衰退。

失败的转型

预测与实际的差距，很少有比向市场经济转型更大的。私有化、自由化和地方分权等结合起来被认为在短暂的转型衰退后，便可很快地实现产出大量增长。随着无效的旧机器被替换、新一代企业家的出现，预计转型的长期收益要比短期收益更大。所有的收益，很快就会（如果不是立即到来的话）完全融入全球经济中。

无论是俄罗斯还是大部分处于转型经济中的国家，都没有实现预期的经济增长，仅有少数国家（比如波兰、匈牙利、斯诺文尼亚和斯洛伐克）其国内生产总值与10年前相等。对于剩下的国家来说，收入下降的幅度是如此之大以至于他们很难测量。根据世界银行的数据，2000年俄罗斯的国内生产总值比苏联1989年的国内生产总值的2/3还少。摩尔多瓦的下降幅度最明显，如今其产出比10年前的1/3还少。乌克兰2000年的国内生产总值仅仅相当于10年前的1/3。

数据反映了俄罗斯经济背后的真实问题。俄罗斯很快就从一个工业巨头（这个国家成功地首次将人造地球卫星送到宇宙空间轨道）转变成为一个资源出口国；资源，尤其是石油和天然气占其所有出口的一半还多。然而，西方国家的改革咨询家们在撰写以《俄罗斯即将出现经济繁荣》或者《俄罗斯如何变成市场经济国家》命名的著作时，数据本身很难映衬他们描绘的玫瑰色图景；与此同时，更多冷静的观察家正在撰写其他的著作。[8]

俄罗斯国内生产总值的大幅下滑成为争论的主题，一些人认为，因为成长的和关键的非正式部门（从街道商贩到水管工人、油漆工和其他服务提供者，他们的经济行为通常很难在国民经济统计中体现）的数字表明下滑的规模被高估了。然而，其他人认为，因为俄罗斯有很多交易是实物交易（超过工业销售的50%），[9]同时因为"市场"价格通常要比这些"实物交易"价格更高，因此，统计数据实际上低估了经济的下滑。

将这些问题都考虑在内，仍然认为大部分个人的基本生活标准明显恶化了，这反映在大部分的社会指标中。当世界其他国家的人均预期寿命明显增加时，俄罗斯人的预期寿命缩短了3年，乌克兰人的预期寿命也差不多缩短了3年。与那些由国内生产总值统计下滑所表明的情况一致，家庭消费调查数据（人们的食物消费、衣着消费以及居住条件）证明了他们的生活标准在明显下降。假定政府减少了国防支出，那么，生活标准应该比国内生产总值增长得更多。换言之，假设以前的消费支出得以保存，并且军工支出的1/3能够转移到新的消费品生产中，在不出现重建以提高效率或利用新的贸易机会的情况下，消费（生活标准）会增加4%，虽然数量很小，但是远比实际下滑的情况要好。

贫困和不平等的增长

这些统计并没有反映俄罗斯转型的全部情形。它们忽略了其中一个最重要的成功：你们如何评估新民主的利益，是不是同样不完美？同时也忽视了其中一个最重要的失败：贫困和不平等的增长。

在国民经济这块蛋糕的规模不断缩小时，它也被越来越不平等地分割，以至于每个俄罗斯人只能得到越来越小的一小块。按照每天2美元的标准，1989年只有2%的苏联人生活在贫困中；而到1998年下半年，该数字飙升到23.8%。世界银行进行的一项调查表明，有超过40%的俄罗斯人生活水平每天低于4美元。对儿童的统计显示出更严重的问题，有超过50%的儿童生活在贫困的家庭中。其他可比较的国家中，即使情况不是更糟糕的话，同样也面临贫困的增长。[10]

到世界银行任职不久，我就开始更近距离地审视正在发生的事情以及正在从事的战略。当我对这些问题更加关注时，在私有化过程中发挥关键作用的一位世界银行的经济学家对此回应强烈。他举了交通阻塞的例子，他看到很多梅赛德斯（奔驰轿车）在夏天的周末离开莫斯科，而且，商店中充满了进口的奢侈品。这与以前体制下毫无情趣的零售设施相比，其情景大大不同。我并不是否认确实有足够多的人富裕起来了，以至于造成交通阻塞，或者创造了对古驰（Gucci）鞋以及其他进口奢侈品的需求，这些需求足以使特定的商店繁荣起来。在很多欧洲的圣地，富裕的俄罗斯人已经取代了20年前富裕的阿拉伯人。在某些地方，街道的标志都是用俄文和当地语言标明的。但是，在一个人均收入为4730美元（1997年的数字）的国家中，由梅赛德斯（奔驰轿车）造成的交通阻塞是该国经济存在问题的信号，而不是经济健康的信号。它是一个明显的社会信号，表明财富过度集中于少数人的手中，而不是分布在更多人的手中。

在转型大幅增加了贫困人口数目的同时，也导致了少数阶层的繁荣，俄罗斯的中产阶级可能受到最严重的打击。正如我们看到的那样，通货膨胀首先掠取了他们少得可怜的储蓄。在工资增长并没有跟上通货膨胀的情况下，他们的实际收入下降了。教育和健康支出的削减进一步恶化了他们的生活标准。那些能够移民的人就选择移民（在一些国家，比如保加利亚，失去了10%甚至更多的人口，在该国接受教育的职工中，该比例更大）。我在俄罗斯和其他前独联体国家中遇到了许多聪明、勤奋和具有雄心壮志的学生，他们都向西方国家移民。这些损失很重要，不仅是因为他们对生活在俄罗斯的人意味着什么，还因为他们对俄罗斯的将来预示着什么：从历史的观点来看，中产阶级是建立以法律规则和民主价值观为基础的社会的核心力量。

不平等的增长幅度，就像经济下滑的幅度和持续的时间一样，惊奇地出现了。专家们的确预计到了不平等的增长，或者至少测度了不平等。在旧的体制下，通过抑制工资差异可以保持收入平等。在计划经济体制下，虽然这并不利于过着轻松的生活，但却避免了绝对贫困，并且通过提供高度平等的教育、住房、卫生保健和儿童看护服务等，来保持生活标准相对平等。在向市场经济转变的过程中，那些工作努力和产出良好的人可能因为他们的努力而得到奖赏，因此不平等的增加不可避免。然而，我们期望俄罗斯能分摊那种由于财富继承而引致的不平等。因为在没有不平等遗产的情况下，就会存在更为平等主义的市场经济。事情的发展是多么不同啊！如今，俄罗斯不平等的水平可以与世界上最糟糕的地方相比，即那些建立在半封建传统基础上的拉美社会。[11]

俄罗斯出现了所有国家可能出现的最糟糕的结果——产出大量下滑、不平等大幅增长。而且未来的前景也非常不明朗：极端的不平等阻止了经济增长，尤其是在它造成社会和政治不稳定时，更是阻止了经济增长。

误导的政策如何导致转型的失败

我们已经看到华盛顿共识政策造成失败的某些方式：以错误方式进行的私有化并没有提高效率、促进增长，反而掠取了资产，导致了经济下滑。我们已经看到这些问题是如何通过相互作用在改革中结合起来的，就像实施的步骤和秩序一样：在法律基础机构建立之前进行资本市场自由化和私有化，只能提高掠取资产的能力、增强掠取资产的动机，而不能提高对该国未来再投资的能力和动机。完整地表述所发生的事情以及全面地分析国际货币基金组织的方案造成俄罗斯经济下滑的方式，这本身就可以写成一本书。在这里，我只希望概括3个案例。在每个案例中，国际货币基金组织的捍卫者可能都会说，要不是国际货币基金组织的方案，这些事情可能已经变得更糟糕。在某些情况下，比如在缺乏竞争政策的情况下，国际货币基金组织仍将会坚持这些政策是其方案的一部分，但是，俄罗斯并没有实施这些政策。对其的捍卫很直率：存在那么多条件，任何事情都包含在国际货币基金组织的方案中。然而，俄罗斯知道，一旦俄罗斯陷入不可避免的字谜游戏中，如果国际货币基金组织威胁说要取消援助，那么，俄罗斯将会努力谈判，就会达成这样的一项协议（并不是经常履行），并且资金的闸门再次被打开。国际货币基金组织在意的是货币目标，是预算赤字和私有化速度（移交给私人部门的企业数目），而从不在意它们是如何进行的。几乎其他任何事情都是第二位的；很多事情（像竞争政策）实际上是用来装饰门面的，主要目的是堵住那些批评者的嘴，因为这些批评者会说，国际货币基金组织遗漏了制定成功转型战略的重要因素。在我再三重复要实施更强大的竞争政策时，很多俄罗斯人都同意我的观点，他们正试图建立一个真正的市场经济，建立一个有效的竞争权力机构，并再三向我表示感谢。

要确定应该强调什么、建立怎样的优先秩序并不容易。教科书经济学经常提供不充分的指导。经济学理论认为，要使市场能够很好地运转，必须存在竞争和私有产权。如果说改革很容易，人们挥舞着魔术棒就会实现竞争和私有产权。但是，国际货币基金组织选择了强调私有化，而不理会竞争。做出这种选择可能并不奇怪：公司和金融利益常常都是与竞争政策对立的，因为这些政策限制了他们获利的能力。在这方面，国际货币基金组织犯错的后果远比单纯的高价格政策严重：对企业进行私有化改革的目的是寻求建立垄断和卡特尔，提高他们的利润，但没有有效的反托拉斯政策对其进行约束。并且正如经常发生的事情一样，证明垄断利润对那些情愿求助于黑手党技术的人尤其具有吸引力，因为他们要么是为了获得市场支配地位，要么是为了加强勾结。

通货膨胀

早些时候，我们就已经看到快速自由化是如何在刚开始就导致通货膨胀爆发的。俄罗斯的情形中最悲惨的部分就是错误一个接一个，这些错误综合起来造成了严重后果。

1992 年，通过突然的价格自由化造成快速的通货膨胀，对国际货币基金组织和叶利钦体制来说，有必要对其进行抑制。但是，平衡从来就不是国际货币基金组织的强项，它的过度热情最终造成过高的利率。没有证据表明将通货膨胀降低到合适水平以下就能够促进增长。最成功的国家，例如波兰，就忽略了国际货币基金组织的压力，在调整的关键年份，波兰的通货膨胀率一直维持在大约 20% 的水平。国际货币基金组织的明星学生，例如捷克共和国，它将通货膨胀率降到 2% 的水平，然而经济却出现了停滞。还有其他更好的理由相信过度热情地与通货膨胀做斗争将会压制实际的经济增长。高利率明显抑制了新投资。许多新的私有化企业，甚至那些可能还没考虑对资产进行掠取的企业，当发现这些企业并不能实现扩张时，就转而进行资产掠取了。国际货币基金组织推动的高利率导致汇率水平的高估，进而使得进口价格更便宜而出口更困难。这样，那些在1992年之后到莫斯科旅游的人能够看到商店内摆满了进口衣服和其他货物，却很难看到那些印着"俄罗斯制造"标签的商品，就不足为奇了。甚至在转型开始5年后情况依然如此。

紧缩性货币政策造成人们开始使用实物交易（易货贸易）。在缺乏资金的情况下，工人们都是以工厂生产的或可以得到的任何东西来进行支付，从厕纸到鞋子等。当工人们试图获取现金来购买他们的生活必需品以掩盖其企业的经营活动时，全国各地出现了大量的跳蚤市场，它们掩盖了巨大的无效率。高通货膨胀对经济来说成本很大，因为它干扰了价格体系的运行。但是，对价格体系的有效运行来说，实物交易并不是摧毁性的，而且，过度严格的货币政策只是用一套可能甚至更糟糕的政策来替代一套无效的政策。

私有化

国际货币基金组织告诉俄罗斯要尽快地进行私有化；而私有化如何进行则被看作是次要的事情。我较早写的一些关于改革的失败——收入的下降和不平等的增加，可以直接与这一错误结合起来。世界银行对转型经济10年的历史进行了回顾，其调查显示，在缺乏制度的基础结构（诸如公司治理）时，私有化对增长没有正面的影响。[12] 华盛顿共识再一次证明是错的。很容易就能发现私有化实施的方式与这些失败之间的联系。

例如，在俄罗斯和其他国家中，由于缺少法律保证将公司治理得很好，这就意味着那些能够控制公司的人存在从小股东那里窃取资产的动机；而且相对于股东来说，管理者也存在相似的动机。当能够如此容易地窃取这些利益时，为什么要花大力气去创造财富呢？正如我们所看到的，私有化进程的其他方面像提高了公司盗窃的机会一样增加了窃取资产的动机。俄罗斯的私有化过程中，通常是将私有化的企业转变为大型国有企业,并交给它们以前的管理者来管理。这些内部人知道前面的道路是多么不确定和多么艰难。即使他们事先预定要这么做,他们也不敢等待资本市场的建立和其他的一些改变,尽管这些改变是他们收获所有投资和重建的全部价值所必需的。他们关注在今后几年中能从企业那里拿点什么,而且通常情况下,通过掠取资产以达到利益最大化。

私有化被认为消除了国家在经济中的作用;但是那些这样假设的人,对现代经济中国家作用的观点是幼稚的。国家在多个层面以不同的方式发挥着作用。私有化的确降低了中央政府的权力,但是中央政府的授权使地方和地区政府具有更广泛的判断力。某个城市或者州(地区政府)可以利用系列规制和税收措施在它们的权限内从企业那里勒索"租"。在发达工业国家,存在法律规则以避免地方和州政府滥用它们潜在的权力;而在俄罗斯,却没有这样的法律规则。在发达工业国家,社区之间的竞争使得每个社区都要使自己对投资者更具吸引力。但是,在存在高利率和全面萧条的世界中,任何情况下都不太可能吸引这样的投资,地方政府很少花精力去创造具有吸引力的"投资环境",而是更多地考虑它们能从现有的企业那里攫取多少利益——如同新私有化企业中的所有者和管理者所做的事情一样。当这些私有化的企业跨越多种权限运营时,某一地区的权力部门就会这样推理:他们最好在别人拿走自己那部分资产之前拿走他们能够攫取的任何东西。这只会造成管理者尽快地和尽可能地攫取他们能够攫取的任何东西。最终,在任何情况下这些企业只剩下穷困。这是一场关于攫取的赛跑,在每个层面都存在掠夺资产的动机。

就像激进的"休克疗法"改革者所宣称的那样,自由化的问题不是它进行得太快,而是它进行得不够快,私有化同样如此。就拿捷克共和国的例子来说吧,当它的经济出现停滞时也得到国际货币基金组织的表扬,很明显,该国的言辞超过了它的表现:它将银行保留在政府手中。如果某个政府对公司进行私有化,但是却将银行掌握在自己手中,或者没有制定有效的规制,那么,该政府就不会制定提高效率的严格预算限制,而会采取不透明的方式对企业进行补贴的替代方法,这就是公开鼓励腐败。捷克私有化的批评者们认为，问题不是私有化进展得太快，而是进展得太慢。但是，没有哪个国家一夜之间就能成功地对所有东西进行私有化，当政府实施瞬间的私有化时，很有可能就会将事情弄得一团糟。任务太艰巨，不正当的动机太多。快速私有化战略的失败是不可避免的，而且，其失败已经被预见到了。

不仅是俄罗斯（许多其他独联体国家也是如此）强制实施的私有化没有引导该国经济取得成功；而且，它还破坏了政府、民主和改革的信心。在没有建立征收自然资源税体系之前就将其丰富的自然资源卖出的结果，就是把叶利钦的少数朋友和相关者变成亿万富翁，而该国却不能支付每个月仅15美元的养老金。

糟糕的私有化最惊人的例子就是贷款换股方案。1995年，俄罗斯政府不是向中央银行而是向私有银行借贷所需要的资金。这些私有银行很多都是由政府官员的朋友所掌握，他们都得到了银行经营许可证。在对银行没有进行充分规制的情况下，这些经营许可证等同于印钱执照，以便向他们自己、他们的朋友或政府放贷。作为贷款的条件，政府拿出它拥有的企业的股份做抵押。这样，如此神奇，政府不偿还贷款，私有银行就接管了可能是进行虚假出售的企业（虽然政府的确通过"拍卖"这种字谜游戏的形式来进行）；于是，少量的寡头政治执政者立即就成为亿万富翁。这些私有化没有政治的合法性。并且，正如前面已经说明的，它们没有合法性的事实使得这些寡头政治执政者有必要在新政府可能试图扭转私有化或者破坏他们的权力地位之前，将他们的资金快速地转到国外。

那些从政府的慷慨中受益或者更确切地说从叶利钦的慷慨中获益的人们，努力地工作以确保叶利钦再次当选。具有讽刺意味的是，假定叶利钦转让的部分资金反过来支持他的竞选，但是，一些批评者认为寡头政治执政者实在太聪明，以至于他们不会利用他们的钱来为竞选买单；他们提供给叶利钦的是更有价值的东西——现代竞选管理技术以及通过他们控制的电视台网络进行正面宣传。

贷款换股计划规定了寡头政治执政者发财致富的最后阶段，一小群人（据报道说，他们中的一些人至少在刚开始时与黑手党有关联）不仅可以决定俄罗斯的经济，还可以决定俄罗斯的政治。值得注意的是，他们宣称自己控制着俄罗斯50%的财富。寡头政治执政者的捍卫者们把他们比作美国的强盗贵族，比如哈里曼家族和洛克菲勒家族。但是，他们的行为与19世纪资本主义情形中的这些行为存在巨大的不同，甚至与那些在美国荒蛮的西部开凿铁路和矿藏的人们也不相同，俄罗斯的寡头政治执政者对俄罗斯的开采被称为"狂野的东部"。美国的强盗贵族创造财富，正如他们积累财富一样。这些美国强盗贵族们虽然获得大蛋糕中的一大块，但他们却让美国更富有。与此相反，俄罗斯的寡头政治执政者们却在窃取资产，掠夺人民，使他们的国家更穷。他们将企业带到破产的边缘，而自己银行账户的金额却与日俱增。

社会背景

实施华盛顿共识政策的官员们没能清楚地认识转型经济的社会背景。由于转型是在计划经济时期发生的事情，这就存在问题。

市场经济包括一系列经济关系——交换。这些交换很多都会涉及信用问题。一个人向另外一个人借钱，需要相信这些钱能够被偿还。支持这一信用的是法律体系。如果某个人不能履行合同规定的义务，法律就会强迫他来履行该义务。如果某个个体从另外一个人那里偷取财产，那么能够通过诉诸法院对窃取者进行惩罚。但是，在成熟的市场经济和完善的制度性基础结构中，个人和公司只是偶尔诉诸法律。

经济学家经常提到，将社会捆绑在一起的黏合剂是"社会资本"。随意的暴动和黑手党资本主义经常被视为是对社会资本的腐蚀，但是，在我访问的一些独联体中，我们随处都可以看到社会资本腐蚀的直接表现，只不过腐蚀的方式更为微妙。这不只是一些管理者品行不端的问题，而是众人从别人那里几乎无法无天的偷窃问题。比如，用温室点缀哈萨克斯坦的风景，不过，这些温室都没有玻璃。当然，在没有玻璃的情况下，温室将不会发挥其功效。在转型的早些时候，人们对将来是如此没有信心以至于每个人都会将其能够带走的东西都带走：每个人都想在其他人将温室的玻璃带走之前自己将其带走。在这种情况下，他们摧毁了温室（和他们的生计），即使玻璃的价值很小，但是对每个人来说，能将其能够带走的东西带走非常重要。

俄罗斯转型的进展方式加快了对俄罗斯社会资本的腐蚀。虽然有些人可能获得了财富，但不是通过努力工作或者是通过投资获得的，而是通过利用政治关系以低价的私有化获取国家财富而获得的。将公民和政府绑在一起的社会契约被摧毁了，正如那些没有养老金的人们所看到的，政府出售了有价值的国有资产，但是却向他们宣布，政府没钱来为他们支付养老金。

国际货币基金组织主要关注宏观经济（尤其是关注通货膨胀）导致它逃避了对贫穷、不平等和社会资本等问题的关注。在面对这一关注的"近视症"时，它会说，"通货膨胀尤其对穷人造成更大的困难"。但是，它的政策框架中没有关于如何对穷人的影响最小化的设计。通过忽视其政策对穷人和社会资本的影响，国际货币基金组织确实阻碍了宏观经济的成功。社会资本的腐蚀所造成的环境并不能吸引投资。由于俄罗斯政府（和国际货币基金组织）没有关注最小安全网的建设，从而延缓了重建的进程，即使是顽固的车间经理们也经常发现很难解雇工人，因为他们知道，如果不存在饥荒，解雇工人和极度痛苦并没有什么差别。

休克疗法

在俄罗斯，关于改革战略的巨大争论主要集中在改革的步骤上。"休克疗法"和"渐进主义"最后谁是正确的？经济理论主要集中于均衡和理想化的模型，虽然国际货币基金组织的经济学家常常试图使其他地方的客户国家相信，但是在改革的动态问题、秩序、时间选择和步骤等方面，国际货币基金组织的论述要比人们期望的少得多。这些辩论者都用暗喻使别人信服他们所采取的方法的优点。快速改革者会说，"你不能分两次跳跃跨过一个深坑"；而渐进主义者则提出，孕育一个婴儿也需要花9个月的时间，因此需要摸着石头过河。在某些情况下，两种观点的区别主要在于改革前景，而不在于现实问题。当我在匈牙利参加一次座谈会时，一位与会者提出，"我们必须快速改革！必须在5年内完成"；而另外一个人则提出，"我们应该采取渐进的方式进行改革，这将会用5年的时间"，这样的争论有很多，它们争论更多的是改革的方式而不是改革的速度。

对渐进主义者的两个本质批评，我们已经做好了准备："迟疑将会造成浪费"，很难设计非常优秀的改革；以及接下来的问题，比如，成功的大规模私有化需要具备重要的先决条件，而创造这些先决条件需要时间。[13] 俄罗斯特殊的改革格局表明，动机确实是个问题；但是，俄罗斯人为创造的资本主义不是提供财富创造和促进经济增长的动机，而是提供掠取资产的动机。相对于平稳运行的市场经济而言，快速的转型将造成混乱的狂野东方。

布尔什维克式的市场改革法

如果激进改革者超越狭隘的观点来看经济学问题，那么，他们就会发现，历史表明，激进改革中的大部分经历都被一些问题所困扰。从1789年的法国革命到1871年的巴黎公社再到1917年苏联的布尔什维克革命都可以验证这一点。很容易理解这些革命发起的力量，但是，每次革命都产生了自己的罗伯斯庇尔，自己的政治领导人，他们要么被革命腐蚀，要么就是将革命推向极端。相反，成功的美国"革命"并不是真正的社会革命，它是政治结构的革命性改变，它代表了社会结构进化性的改变。俄罗斯的激进改革者试图同时对经济体制和社会结构进行革命。但最悲惨的评论就是，最后，他们在两方面都失败了：其中，一些苏联官员只是被赋予权力来运营他们以前管理的企业，并从中受益；而前克格勃（即苏联国家安全委员会）的官员依然掌控着权力的控制杆。这就出现新的问题：一些新的寡头政治执政者能够并且愿意极大地发挥其政治和经济权力。

实际上,激进改革者采用了布尔什维克式的战略——虽然他们正在阅读不同的教科书。在俄罗斯的后期革命中,由国际机构充当先锋的精英们也试图强迫不情愿的群众进行快速改变。

那些提倡布尔什维克式方法的人们不仅看起来忽略了这些激进改革的后果,还假定政治的进程将按照历史提供的但毫无依据的方式运作。比如,像安德烈·施莱弗这样的经济学家,他意识到制度性基础结构对市场经济的重要性,但是相信不管私有化如何实施,在政治上都需要管理私有财产的机构。

安德烈·施莱弗的观点可以被认为是科斯理论的(无根据的)扩展。经济学家罗纳德·哈里·科斯因为其贡献而获得诺贝尔奖,他认为,为了实现效率,明晰的产权界定是最基本的。即使我们将资产分配给那些根本不知道如何很好地管理这些资产的人,在具有明晰产权的社会中,他们也能将该资产出售给那些能够有效地管理这些资产的人们。这就是为什么快速私有化的提倡者认为我们真的不需要更进一步在意私有化是如何完成的原因。现在,我们意识到,如果科斯的推测有效,需要满足非常严格的条件[14],而且非常确定,俄罗斯在开始进行经济转型时根本不满足这些条件。

然而,安德烈·施莱弗及其同伴们将科斯的观点又推进了一步。他们相信,政治进程与经济进程一样,是按照同一种方式进行管理的。如果在财产中能够建立具有既定利益的群体,那么就需要建立制度性的基础机构,这对市场经济有效来说非常必要,而且,这种需求也将反映在政治进程中。不幸的是,政治改革的漫长历史表明,收入的分配很关键。正是要求改革的中产阶级提出了"法律规则"。为了使自己得到更多的好处,这些非常富裕的阶层通常在紧闭的大门背后讨价还价争取特殊优惠和特权。很明显,在这个世界中,绝对不会是洛克菲勒和比尔·盖茨要求建立强力的竞争政策。如今,在俄罗斯,我们也没有看到寡头政治执政者——新的垄断主义者要求建立强力的竞争政策。只有当那些希望通过与克里姆宫进行幕后特殊交易以获取财富的寡头政治执政者发现，他们对俄罗斯规则制定者的特别影响逐渐削弱时，他们才会提出制定法律规则的需求。

只有在政府利用手中的职权剥夺这些寡头政治执政者们的权力时，这些寡头执政者才会提出开放媒体，将媒体从少数人的集中控制中解放出来，他们是要控制媒体以维持他们的权力。在大部分民主国家和发达国家中，被要求支付垄断价格的中产阶级不会忍受这样的经济权力集中。美国长期以来一直关注媒体权力集中的危险，今天的美国绝不可能接受像俄罗斯那样大规模的权力集中。然而，美国和国际货币基金组织的官员很少注意媒体权力集中所带来的危险；相反，他们只关注私有化的迅速进行，私有化进程的标志就是行动的快速。的确，当他们看到私有媒体被集中利用，而且被有效地利用以保证他们的朋友（叶利钦和所谓的改革者）的权力时，他们感到很惬意甚至很自豪。

存在充满活力和批判的媒体很重要的一个原因就是，保证做出的决定不仅能够反映少数人的利益，同时也要反映社会的总体利益。计划经济体制的传承非常关键，因为在计划经济体制下不存在公共的详细审查。在俄罗斯没能建立一个有效、独立和有竞争力的媒体的原因之一就是，政策（比如贷款换股计划）在制定时并没有经历其应得的公共批评程序。然而，即使在西方国家，对俄罗斯的紧急决定，不管是在国际经济组织机构中还是美国财政部，在很大程度上都是关着门制定的。无论是西方纳税人（我们认为这些机构要对他们负责），还是俄罗斯人民（他们为此付出了不可估量的代价），都不知道当时发生了什么事。直到现在，我们仍在寻找，"谁失去了俄罗斯？为什么？"然而，正如我们将要看到的，这些问题的答案并没有什么启示意义。

| 第 10 章 |

不公平的公平贸易法和其他危害

国际货币基金组织是一个政治机构。虽然根据所有指导贷款的原则,这都是毫无意义的,但 1998 年对俄罗斯的救援本质上是出于维护鲍里斯·叶利钦的政权。如果没有明确支持,那么默许腐败的贷款换股自由化方案的部分原因是该腐败有好的出发点——使叶利钦再次当选。[1] 国际货币基金组织在这些领域中的政策不可避免地与克林顿政府财政部的政治判断存在联系。

实际上,俄罗斯管理者整体上对美国财政部的战略存在疑虑。1993 年,在俄罗斯改革派溃败后,斯特罗伯·塔尔博特(当时掌管着俄罗斯的政策,后来成为俄罗斯的副总理)表达了对休克疗法战略的忧虑:是不是休克太多了,而治疗太少了?总统顾问委员也强烈地感到美国给俄罗斯提供了糟糕的建议,利用纳税人的钱去引诱他们接受该建议。但是,美国财政部却声明,俄罗斯的经济政策是它们自己的跑马场;无论在政府内还是在政府外,都把开展公开对话的努力搁置一边;并且它的委员会顽固地坚持休克疗法和快速私有化。

与经济学一样,政治判断也支持财政部官员的态度。渐进主义者担心真正的危险是休克疗法的失败：贫困增加了，收入降低了，这将会削弱对市场改革的支持。事实再次证明渐进主义者是正确的。在经济转型过程中，已经普遍存在对激进改革和休克疗法的失望。除了少数已经成为自己盟友的国家外，国际货币基金组织和美国财政部对计划经济国家非常轻视和不信任。

实际上，在欧洲的词汇中，许多前共产主义者被称为所谓的具有各种说服力的社会民主党人。在美国的政治词汇中，他们可能处于新旧政民主党和更近时期的新民主党人之间，虽然他们更靠近前者而非后者。具有讽刺意味的是，民主的克林顿政府看似拥护与他们的社会民主党保持高度一致的观点，但是却经常与那些在转型经济中的右倾改革者结为盟友，这些右倾改革者是密尔顿·弗里德曼和激进市场改革的信徒，他们很少关心政策的社会后果和分配后果。

几乎所有的俄罗斯改革者都与社会主义者保持着良好的关系。曾经，分歧看起来位于那些与克格勃（苏联国家安全委员会）和苏联国家计划委员会（旧政体下的政治和经济控制中心）保持紧密联系的人和任何其他人之间。切尔诺·梅尔金，作为俄罗斯天然气工业股份公司的领导人，他接替盖达尔成为俄罗斯的总理，这是一个我们可以打交道的、非常实际的人。但是，只要能够逃脱处罚，有些"实际的人"就会随时准备为他们自己和他们的朋友窃取尽可能多的国家财富，显然他们并不是左翼理论家。然而，谁可能领导俄罗斯进行自由市场改革，对这件事做出的判断（错误的或者正确的）可能会指导美国（和国际货币基金组织）在转型早期做出它应该与谁结盟的决定，2000年，强硬的实用主义介入了。如果刚开始的时候还存在理想主义，那么叶利钦和其支持者最终的失败已经造就了犬儒主义。普京看似得到了布什政府的热情支持，因为他看起来是可以和我们一起工作的人物，他短暂的克格勃经历就是证明。以前，我们是根据在旧体制下个人的身份立场或者根据他在旧体制下的所作所为来判断一个人。对此，我们用了很长的时间才纠正过来。在与转型国家新兴的领导和政党打交道的过程中，如果错误的意识形态已经使我们感到迷茫，那么，同经济政策设计一样，错误的政治判断也不会发挥作用。我们的盟友，除了关心如何使自己变得富裕，有很多人对建立在西方国家能够良好运行的市场经济漠不关心。

随着时间的推移，当改革战略和叶利钦政府的问题变得越来越清晰时，国际货币基金组织和美国财政部人员的反应与越南战争的失败变得越来越明显时，前美国政府内部官员的反应非常相似：他们忽视事实、否认现实、压制讨论，在事情变得非常糟糕后开始大把大把地撒钱。他们会一直说：俄罗斯将会"出现拐点"，增长即将出现；下一步贷款就会使俄罗斯的经济最终走向正轨；目前的情况表明俄罗斯将会履行贷款协议的条件；如此等等。随着成功的希望开始变得越来越渺茫，危机看起来越来越严重，国际货币基金组织和美国财政部开始改变说法了：重点从对叶利钦的信任转移到对替代战略威胁的担心。

我也能够明显地感觉到他们的担忧。某一天，我接到了俄罗斯政府高级顾问办公室的电话，他希望在俄罗斯组织一次头脑风暴会议，讨论俄罗斯应该做些什么事来维持运转。多年来，国际货币基金组织能够提供的建议就是稳定；在增长方面它提不出任何建议。而且很明显，稳定（至少是国际货币基金组织建议的稳定）并不能实现增长。当国际货币基金组织和美国财政部得知这一信息时，他们立即采取行动。财政部（根据最高层的报道）给世界银行总裁和我打电话，命令我不要去参加这次会议。但是，在财政部将世界银行作为它自己的财产时，其他国家在经过仔细的配合协调后，甚至可以从侧翼包围美国财政部部长。因此，就发生了这样的事情：在接到俄罗斯的电话通知后，带着俄罗斯邮寄的邀请函，我动身去了俄罗斯，为俄罗斯做它希望我做的事——在没有国际货币基金组织意识形态和美国财政部特殊利益的影响下，进行一次公开的讨论。

我的旅行非常迷人，大范围的讨论给我留下了深刻的印象。有一大批非常聪明的人士努力探讨和设计经济增长战略。他们非常清楚那些数字，但是对他们来说，俄罗斯的经济下滑并不只是统计的问题。和我交谈的很多人都意识到国际货币基金组织方案中遗漏的或者没有充分注意的项目的重要性。他们知道，增长只是需要稳定、私有化和自由化。他们担心来自国际货币基金组织要求快速私有化的压力，他们依然觉得快速私有化将会造成更多的问题。有些人意识到建立强大的竞争政策的重要性，并且哀叹他们缺乏足够的支持。但最使我震惊的是，华盛顿精神和莫斯科精神并不一致。在莫斯科，当时存在健康的政策争论，很多问题都受到关注，比如，高汇率正在抑制增长——他们是正确的。另外一些人担心货币贬值将会造成通货膨胀——他们也是正确的。这些都是非常复杂的问题，在民主社会中，他们需要争论和讨论。俄罗斯正试图这样做，试图公开进行讨论以听到不同的声音。正是华盛顿，或者更准确地说，是国际货币基金组织和美国财政部害怕民主，它们希望压制争论。我除了对此加以关注、感到悲哀和抱有讽刺外，别无他法。

随着失败的证据逐渐显现出来，美国一直在支持一匹虚弱的赛马这一事实变得越来越清晰，美国政府甚至试图更坚决地对批评家和公共讨论施加压力。财政部试图取消世界银行内部与新闻界之间的讨论，以确保只有当它们对发生的事情进行解释时才能听到关于这些事情的评论。令人吃惊的是，即便如此，当美国报纸披露可能有证据表明存在腐败时，美国财政部几乎都不会动摇它的战略。

对大多数人来说，在第9章讨论的贷款换股私有化计划（在该计划中，少数寡头执政者掌控着该国大部分丰富的自然资源）成为批评的焦点，针对这一点，美国并没有察觉自己与腐败已经联盟了。在那些本应该认识到要得到公共支持的事件中，美国财政部副部长劳伦斯·萨默斯将安纳托利·丘拜斯（当时负责私有化，并组织了贷款换股的诡计，毫不奇怪，他成为所有俄罗斯公共官员中最不受欢迎的）邀请到他的住处。美国财政部和国际货币基金组织介入俄罗斯的政治生活。通过长时间坚决地与那些掌权者（他们在腐败的私有化进程中造成了巨大的不稳定）

站在一边，美国、国际货币基金组织和国际社会已经把他们和这些政策紧紧地联系在一起，这些政策在很大程度上以普通俄罗斯人作为代价换取了富人的利益。

当美国和欧洲报纸最终公然披露这一腐败时，财政部的指责就显得空洞无力和缺乏诚意。事实是，杜马的总检察长在这些新闻故事披露之前就将这些指责转嫁给华盛顿。在世界银行内部，其他人力劝我不要和他见面，以免我们对其他的指控提供口实。如果不了解腐败的程度，那是因为耳朵和眼睛都被蒙上了。

应该做些什么事

如果我们不与特定的领导人亲密接触，并且假设对民主进程进行无限的支持，那么，将会很好地为西方国家的长期利益服务。这些应该通过支持莫斯科和其他省份的年轻人和新兴领导人来完成，他们正在反腐败并正努力建设真正的民主。

在克林顿政府刚成立时，我就希望对美国的俄罗斯战略进行公开辩论，该辩论需要更多地考虑外部世界所进行的讨论。我相信如果克林顿曾遇到这些争论，他将会采取更平衡的方法。他将会对穷人的关注更敏感，将比财政部的官员更明白政治进程的重要性。但是事情往往就是这样，克林顿总统从来都没有机会听取全部的问题和观点。财政部将总统在制定决策过程中扮演重要角色看得非常重要。或许因为美国人不感兴趣，克林顿自己也没有意识到该问题对他来说足够重要，以至于要求进行更详细的说明。

美国的利益和俄罗斯的改革

在俄罗斯和其他地方，有很多人相信政策的失败并不只是偶然的：失败是故意的（蓄谋的），其目的就是抽去俄罗斯的精华，将其视为不确定的未来威胁加以根除。这更是一种阴谋论的观点，它将国际货币基金组织和美国财政部的人看得比我认为的更恶毒，也更聪明。我相信他们确实认为自己提倡的政策将会成功。他们相信一个强有力的俄罗斯经济和一个稳定的、以改革为导向的俄罗斯政府对美国和全球和平都有利。

但是，这些政策并不完全是利他主义的，它们同时也反映了美国的经济利益，或更准确地说，是美国金融和商业市场的利益。例如，1998年7月的救援行动只是对西方银行进行救援，与对俄罗斯的救援行动一样，它们也损失了数十亿美元（最终的确损失了数十亿美元）。但除了华尔街的直接利益影响了政策，金融界流行的意识形态也直接影响了政策。例如，华尔街将通货膨胀视为世界上最糟糕的事情：它侵蚀了属于债权人的真实价值，将会导致利率的上升，利率上升又反过来导致债券价格的下降。对金融家来说，失业并不是他们关注的问题；对华尔街来说，没有什么比私有财产更神圣；这样，将私有化作为重点就不足为奇。他们根本就不会热衷于承诺竞争，毕竟，是乔治·布什的财政部长保罗·奥尼尔制造了全球铝业的卡特尔，看起来也正是他在抑制全球钢铁市场的竞争。而且，在他们的雷达屏幕上根本就不会出现社会资本和政治参与这些概念；相对于行动更直接且受政治进程控制的银行，他们觉得独立的中央银行让人更舒服。（在俄罗斯这个案例中，这种姿态的确存在一定的讽刺意味；1998年危机后，是俄罗斯独立的中央银行威胁要推行一个比国际货币基金组织和其他政府成员希望的更具有通货膨胀倾向的政策。正是对中央银行的独立性要求表明它忽略对腐败进行控诉的能力。）

美国更广泛的特殊经济利益与更广泛的国家利益的冲突方式影响了政策的制定，并且使美国看起来更虚伪。美国支持自由贸易，但通常的情况是，当一个贫穷的国家发现它的某种产品能向美国成功出口时，美国国内的保护主义利益就被镀锌了。劳工利益和商业利益的混合使用了许多贸易法（正式名称为"公平贸易法"，但在美国之外，这些法律都被称之为"不公平的公平贸易法"）来建立进口贸易壁垒（带刺的铁丝网）。这些法律允许某个公司在它相信国外对手以低于成本的价格销售某种产品时，请求政府征收特殊关税进行保护。以低于成本的价格销售产品称为倾销，这种特殊税收就称为反倾销税？然而，通常的情况是，美国政府以较少的证据来决定成本，这样的决定方式毫无意义。对大部分经济学家来说，反倾销税只是赤裸裸的保护主义。他们会问，为什么一个理性的企业要以低于成本的价格销售产品？

关于铝的案例

在我为政府工作期间，美国特殊利益干预贸易和改革进程最令人悲伤的事件发生在 1994 年年初，当时铝的价格开始迅速下降。为了应对铝价的下降，美国铝生产者控诉俄罗斯对铝进行倾销。对这种情况进行的任何经济学分析都清楚地表明，俄罗斯并没有倾销。俄罗斯只是以国际价格销售铝，国际铝价的下降是因为全球增长放缓从而造成全球铝需求的下降，也是因为俄罗斯军用飞机减少了对铝的利用造成对铝需求的下降。而且，碳酸饮料新的包装设计比以前减少了对铝的利用，也导致铝需求的下降。当看到铝价垂直下降时，我就知道该产业不久就会像政府请求一定形式的救济，要么是新的补贴，要么就是保护企业免受国外的竞争。但是，当我看到美国铝业公司（Alcoa）的领导保罗·奥尼尔（Paul O'Neil）提出要建立全球铝业卡特尔的建议时，我还是大吃一惊。卡特尔通过限制产量从而提高价格。奥尼尔的利益对我来说并不吃惊；真正让我吃惊的是美国政府不仅宽恕卡特尔，而且实际上在建立卡特尔的过程中扮演关键的角色。他也提出，如果不能建立卡特尔，就要援引反倾销法。这些法律允许美国对那些以低于"公平市场价值"，尤其是以低于生产成本的价格销售的货物征收特别税。当然，这一问题不在于俄罗斯是不是在进行倾销。俄罗斯是以国际价格来销售它的铝产品。因为俄罗斯铝业的产能过剩，并且俄罗斯的电价很低，虽然它是以国际市场价格在销售铝产品，但是这些产品中有许多（如果不是全部的话）产品的销售价格已经高出生产成本。然而，通常情况下，反倾销法的实施方式就是这些国家能够被指控在进行倾销，即使他们（以经济的观点看）并没有倾销。美国利用特殊的方法评估生产成本，如果以这种方法来评估美国企业，那么或许大部分美国企业都在进行倾销；但更糟糕的是，美国商务部同时扮演着法官、陪审团、检举人的角色，以"最佳获得信息"（best information available，BIA）为基础来对生产成本进行评估，而这些信息通常是由那些试图将外国竞争排除在外的美国企业提供的。在俄罗斯和其他国家的案例中，它时常通过与可比国家的成本进行比较来评估成本。波兰被指控对高尔夫手推车进行倾销，假设的"可比国家"是加拿大。在铝的案例中，如果提起倾销控诉，就存在合理的机会征收充分高的税收以至于俄罗斯不能再在美国销售铝了。它可以在其他地方销售它的铝产品（除非其他国家也仿照美国的做法），这样的话，国际铝价就会被继续压低。对于美国铝业公司来说，全球卡特尔因此就更可取了：它为美国铝业公司提供了更好的机会来提高铝价。

我反对卡特尔。因为能够使市场有效地发挥作用的是竞争。卡特尔在美国是非法的，它们在全球也应该是非法的。在推动竞争法的强力实施过程中，总统经济顾问委员会是美国司法部反托拉斯局的强大联盟。如今，对美国来说，帮助建立全球卡特尔是对每项原则的背叛。然而，还存在更多的风险。俄罗斯正在努力建立市场经济。卡特尔可能会通过限制俄罗斯少量的能够在国际市场上销售的货物来伤害俄罗斯。而且，建立卡特尔可能会给俄罗斯提供关于市场经济如何运作的错误指导。

在到俄罗斯的快速旅行中，我与俄罗斯掌管经济的第一副总理叶戈尔·盖达尔谈话，他和我都认识到俄罗斯并没有进行倾销（按照经济学对倾销的理解）。但是，我们都知道美国的法律是如何运作的。只要存在倾销指控，那么就有征收反倾销税的好机会。但是，他知道卡特尔对俄罗斯来说是多么糟糕，不仅对俄罗斯的经济很糟糕，而且对其正试图进行的改革也会带来很坏的影响。他同意我们应该尽我们所能对此强烈抵制。他也愿意面对强迫接受反倾销税的风险。

我努力地使那些在国民经济委员会的人相信，支持奥尼尔的想法是错误的，并且也的确取得了较大的进展。但是，在一次热烈的非正式顾问团会议中，他们做出了支持建立国际卡特尔的决定。总统经济顾问委员会和司法部的人员都非常气愤。安妮·宾曼这位反托拉斯的助理大法官,当着非正式顾问团的面让内阁知道这可能已经违反了反托拉斯法。俄罗斯政府内部的改革派强硬地反对建立卡特尔,并直接和我交流他们的感受。他们知道卡特尔强加的数量限制将会把更多的权力还给保守的政府部门。在存在卡特尔的情况下,每个国家都被给予一定的配额,即他们可以生产或出口铝的数量。这些政府部门可能掌握着谁会获得这些配额。这就是他们非常熟悉的那类体系,也是他们非常喜欢的体系。我非常担心贸易限制所造成的超额利润将会成为进一步腐败的根源。在新黑手党化的俄罗斯,我们并没有完全领会,又会在谁会得到这些配额的斗争中造成大屠杀。

在我努力地使每个人相信利用卡特尔解决方案的危险时,有两种声音占据优势。与俄罗斯保守的国家政府部门保持紧密联系的国务院,支持建立卡特尔。国务院高度重视命令,将其摆在首位,而卡特尔确实能够提供命令。当然,保守的政府部门从来就没有被说服过,一开始,他们就认为价格和市场的改革运动是没有意义的,铝的案例只是使他们更加相信自己的观点。当时,任国家经济委员会主任的鲁宾起到决定性的作用,他强烈支持国务院。至少卡特尔暂时是有效的,能够提升铝的价格,使美国铝业公司和其他生产者的利润得以提高。美国消费者以及全世界的消费者都遭受损失,而且,关于竞争市场价值的经济学基本原理表明,消费者的损失超过生产者所获得的利益。但在本案中,更重要的问题是:我们正试图向俄罗斯讲授市场经济。他们得到了教训,但却是错误的教训,这个教训将使他们在今后的多年内付出昂贵的代价:在市场经济中,把事情办好的方式就是去找政府!我们并不打算向俄罗斯传授裙带资本主义 101,而且他们也可能并不需要从我们这里得到裙带资本主义 101 的知识;他们可能已经学到所需的知识。但是我们无意地给他们提供了糟糕的例子。[2]

基于国家安全的销售

在特殊利益集团支配着国家和全球成功转型的目标中,铝的案例并不是第一个也不是最后一个，布什政府后期和克林顿政府开始时，俄罗斯和美国之间签署了具有历史意义的"从剑戟到犁头"的协议。一个名为美国致富公司（USEC）的美国政府企业将从俄罗斯无效的核弹头中购买铀，并将其带到美国。这些铀将被稀释到可以用于核电站但不能再被利用到核武器的程度。这一销售可以向俄罗斯提供其所需要的现金，俄罗斯也可以用这些现金更好地保证其核原料处于控制之中。

看起来难以置信的是，公平贸易法再次被启用，以阻止这一交易。美国铀生产者认为，俄罗斯在向美国市场倾销铀。正如铝的案例一样，这一指控没有任何经济的合法性。然而，美国不公平的公平贸易法并不是以经济学原理为基础撰写的。它们的存在只是为了保护美国的企业免受进口的不利影响。

当美国政府基于裁军的意图进口铀的行为在公平贸易法下受到美国铀生产者的挑战时，很明显，这就需要对这些法案进行修改。商务部和美国贸易代表最终被说服将对这些法律的修改提交给国会。但是，国会拒绝了这一提案。我依然不明白的是，商务部和美国贸易代表是否通过使结果成为必然的方式向国会提交提案，从而破坏了对这些法律进行改变的努力，或者他们是否反对一直采取强硬保护主义观点的国会。

接下来，在20世纪90年代中期发生了同样让我吃惊的事。使里根政府和布什政府很困窘的是，在20世纪80年代，美国对彩票业的私有化远远落后。玛格丽特·撒切尔已经进行了数十亿美元的私有化，而美国仅对得克萨斯州的一个价值200万美元的氦工厂进行私有化。当然，这一不同是因为玛格丽特·撒切尔拥有更多的和更大的国有企业进行私有化。最后，美国的私有化提倡者想到了应该和能够私有化的企业：美国致富公司，该公司不仅浓缩核反应堆用的铀，而且浓缩原子弹用的铀。私有化受诸多问题困扰。美国致富公司受托从俄罗斯挣得浓缩铀；作为一个私有企业，这是一种垄断力量，没有必要通过反托拉斯机构的详细审查。更糟糕的是，我们在总统经济顾问委员会时已经分析了对美国致富公司进行私有化的动机，结果很有说服力地表明，每个动机都会将俄罗斯的铀置于美国之外。这是一个非常实际的问题：存在对核扩散的担忧——担心核原料流入流氓政权或者恐怖组织手中，让一个被削弱的但是拥有浓缩铀的俄罗斯将其浓缩铀卖给任何愿意购买的人，这确实不是一幅很好的情景。美国致富公司固执地否认它曾是更广泛的美国利益的筹码，而且很确定，它将一直按照俄罗斯愿意销售的速度尽快地将俄罗斯的铀带入美国；但是每个星期它做这些声明时，我却获得了美国致富公司和俄罗斯代理人之间的秘密协议。俄罗斯已经提供了3倍于他们的供货，美国致富公司不仅拒绝了他们，而且还慷慨地支付了一笔钱，该笔钱只能被称为"封口费"，以对该供货（和美国致富公司的拒绝）保密。人们可能会认为，这本身就为停止私有化提供了足够充分的理由，但事实并非这样：美国财政部在私有化方面不仅在国内强硬，在俄罗斯同样也非常强硬。

有趣的是，近10年来美国唯一的重大私有化，被那些几乎与发生在其他地方一样糟糕的问题所困扰，以至于两党联立的法案不得不提交到国会将该企业重归国有。我们预计，私有化将干涉从俄罗斯进口浓缩铀，结果证明这是有先见之明的。相反，在一点上，看起来好像所有向美国的出口都可能被阻止。结果，美国致富公司请求继续对进口提供巨大的补贴。这一由美国致富公司（和美国财政部）勾画的乐观经济景象最后被证明消退了，投资者在看到他们的股票价格垂直下降时非常生气。对于一个负责国家浓缩铀生产的企业，看着它的财务仅能支撑其运营，这的确令人不安。在私有化那几年中，出现了一些问题，即美国财政部是否能够正面地给美国致富公司出具法律要求的财务证明，以证明该公司能够继续运营。

俄罗斯的教训

俄罗斯在市场经济进程中栽了个跟头，而当时我们是老师，这是多么奇怪的事情。一方面，我们给它们提供大量的自由市场、教科书经济学；另一方面，它们却发现实际上老师的所作所为与这一理想大相径庭。

它们被告知自由贸易是成功的市场经济必不可少的，但是当它们试图向美国出口铝和铀（其他产品同样如此）时，却发现美国的大门被关上了。显然，美国在没有实行自由贸易的情况下也取得了成功；或者实际上可以说"贸易是好的，但进口是坏的"。它们被告知竞争至关重要（虽然它们并没有太多地强调这一点），但是美国政府却处于建立铝卡特尔的风口浪尖上，并且将进口浓缩铀的垄断权力给予了美国垄断生产者。它们被告知快速和真正地进行私有化，但是由美国进行的私有化尝试却年复一年地被拖延，最终它的诚实性就成为问题。美国向每个人解释裙带资本主义和它的危险，尤其是在东亚危机之后。但是关于影响力利用的问题，不仅在本章开始和中间表述的实例中有所体现，而且在第9章表述的长期资本管理的救援中也有所体现。

如果西方国家的鼓吹在任何地方都没有得到采纳，我们应该明白其中的原因。它不只是因为过去造成的伤害，比如说前面章节中提到的不公平的贸易条约；而且还有我们现在正在做的事情。其他人不仅要听我们说些什么，而且要看我们在做些什么。通常情况下，我们的行为都无法自圆其说。

| 第 11 章 |

建立市场经济的颇佳之路

随着俄罗斯及其他地方激进式改革战略的失败越来越明显，推动这些改革政策的人们声称他们没有选择。但实际上，的确存在替代战略。2000 年 9 月在布拉格举行的会议上，人们强烈地认识到这一点。当时，一些东欧国家，无论是经济转型成功的国家，还是那些在经济转型中表现令人失望的国家，它们的前政府官员们都对其改革的历程重新进行了评价。瓦科拉夫·克劳斯领导的捷克共和国由于实施了快速的自由化政策，从而获得国际货币基金组织的高度评价；但他对整个转型进程的管理导致捷克的国内生产总值在 20 世纪 90 年代末期低于 1989 年的水平。瓦科拉夫·克劳斯的政府官员辩解说，对于可采纳的政策，他们别无选择。该观点受到捷克共和国和其他国家发言者的挑战。确实存在着替代选择，并且其他国家也做出了不同的选择，而且，不同的选择和不同的结果之间存在明显的关联关系。

波兰和中国就选择了与"华盛顿共识"提倡的战略不同的替代战略。波兰是东欧国家中改革最成功的；过去 20 年中，中国是世界上所有主要经济体中增长最快的国家。刚开始时，波兰也采用"休克疗法"，试图将恶性通货膨胀降到更合适的水平。在波兰刚开始使用该措施并且是限制性使用时，很多人认为波兰将会采用休克疗法进行经济转型，但他们完全错了。波兰很快意识到，休克疗法适用于抑制恶性通货膨胀，但不适用于社会变革。波兰追求一种渐进性的私有化政策，与此同时建立起市场经济的基本制度，比如开设进行实际借贷的银行、制定能强制履行合同的规制和完善公正处理破产的法律体系。波兰意识到，如果没有这些制度，市场经济就不会发挥其功能。（与波兰不同，捷克共和国在对银行进行私有化之前对公司进行了私有化。国有银行继续向私有化的公司借贷；低息贷款涌向那些国家提供优惠的公司，而私有化实体并不受严格的财政预算约束支配，从而允许它们拖延真正的重建。）波兰前副总理和财政部长格泽戈尔兹 W. 科勒德克认为，波兰的成功在于它毫不犹豫地摒弃了华盛顿共识的教条。[1] 波兰并没有按照国际货币基金组织的建议行事——它没有迅速地致力于私有化，也没有将把通货膨胀降到更低的水平作为超越其他宏观经济问题的首要目标。但是，它的确强调了一些国际货币基金组织并没有十分在意的问题，比如民主支持对改革的重要性，这就要求捷克政府努力地保持较低的失业率、对失业者提供福利、因为通胀而调整养老金，并创建使市场经济功能得以发挥的制度性基础结构。

渐进的私有化进程允许在私有化之前进行重建，大公司被改组成较小的公司。这样，新的、充满活力的小企业部门就建立了，由一批年轻的管理者来领导，并对他们的未来进行投资。[2]

与此相似，过去 10 年中国的成功与俄罗斯的失败形成了鲜明的对比。中国经济在 20 世纪 90 年代以年均 10% 的速度增长，而俄罗斯则以年均 5.6% 的速度下降。20 世纪末，中国的实际收入（也称之为购买力）与俄罗斯旗鼓相当。然而，中国的转型造就了历史上在如此短的时间内贫困的最大幅度的下降（按照中国采用的贫困标准，该标准较低，为 1 美元 / 天，贫困人数从 1990 年的 3.58 亿降到 1997 年的 2.08 亿），而俄罗斯的转型则造成在如此短的时间内贫困最大幅度的上升（战争和饥荒除外）。

中国与俄罗斯战略的差别再明显不过了，而且这种差别在转型刚开始进行时就表现出来了。中国的改革从农业开始，首先是从人民公社（集体）的农业生产制度向"个体责任"制度转变，事实上这是部分进行私有化。它并不是完全私有化：个人不能自由买卖土地，但是，从产出的收益中可以看出能从改革（即使是部分或有限的）中得到多少好处。这是一项巨大的成就，它涉及成百上千万工人的利益，但是却在几年内就完成了。与此同时，实现这项成就的方式得到了广泛的支持：在一个省内试验成功后，其他省纷纷效仿，结果都成功了。证据如此具有说服力，以至于中央政府根本没有必要强制这种变革，改革就自动被接受和采纳了。但是，中国领导阶层意识到不能停留在荣誉的桂冠上，应该将改革延伸到经济的各个领域。

在关键时期，他们聘请了几位美国顾问，包括肯尼斯·阿罗和我本人，部分是因为我们在建立市场经济方面进行的研究工作，阿罗被授予诺贝尔经济学奖，他提供了数学基础以解释为什么和在什么时候市场经济是有效的，另外，在动态经济学、经济改革等方面，他也做出了突出的贡献。与那些以教科书经济学全副武装地向俄罗斯进军的转型圣贤们不同，阿罗认识到这些教科书模型存在局限。他和我分别强调了竞争以及为市场经济建立制度性基础结构的重要性，而私有化是次要的。中国人面临的最具挑战性的问题是动态问题，尤其是如何从扭曲价格向市场价格转变。中国人提出一个独创性的解决办法：价格双轨制，在此价格体制下，企业在旧限额（即旧的命令和控制体系下要求生产的）内生产的产品运用旧的价格体制来定价，但是任何超过旧限额的生产都利用自由市场价格体制来定价。该体制允许完全的边际激励（就像经济学家充分认识到的那样，这正是激励的关键所在），但是它避免了在所有产量瞬间调整为新价格时有可能出现的规模巨大的再分配。它允许市场"探索"无扭曲的价格，该过程并非总是平坦的，总会伴随着少许的波动。更重要的是，中国渐进主义者的方法避免了猖獗的通货膨胀这一缺陷，它曾是国际货币基金组织监护下俄罗斯和其他国家休克疗法的标志，接着就会出现可怕的后果,包括储蓄账户的崩溃。在中国逐渐实现了它的目标后,就取消了价格双轨制。

与此同时,中国发动了一种创造性的工程——通过创建新的经济而取消旧的经济。在乡镇和农村,建立了数以百万计的新企业,将他们从经营农业的义务中解放出来,从而能够把注意力转移到其他地方。与此同时,中国政府开始吸引外国企业到中国投资,参与创建合资企业。外国企业成群结队地来到中国,使中国成为新兴市场中外商直接投资最大的接收者,仅次于美国、比利时、英国、瑞典、德国、荷兰和法国,位居世界第八位。[3] 到 20 世纪末,其排名甚至更高。同时,中国开始建立"制度性的基础机构"——有效的证券交易委员会、银行规制和安全网。随着安全网的建立和新的就业岗位的出现,中国又开始着手重建旧的国有企业,像缩减政府官僚机构一样缩小它们的规模。在短短的几年时间内,中国就完成了对大部分住宅的私有化。虽然这项任务还远远没有结束,它的未来也存在不确定性,但有一点是毫无争议的:现在大多数中国人的居住条件比 20 年前要好得多。

稳定对增长非常重要,任何熟悉中国历史的人都能意识到,一个具有 10 亿人口的中国对不稳定的恐惧程度。最终,增长和繁荣被广泛分享,这对于长期稳定来说,是非常重要的。

在追求稳定和增长的同时,在进行私有化和重建现有企业前,中国就提倡竞争,成立新的企业、创造新的工作。中国认识到宏观稳定的重要性后,就从未混淆目的和手段,也从未极端地与通货膨胀做斗争。它认识到,如果要保持社会稳定,就必须避免大量的失业。创造就业机会必须与重建工作先后进行。中国的很多政策都可以从这方面进行解释。中国的自由化体现出较强的渐进性,这就保证了那些配置不当的资源在重新配置时能够更有效地被利用,而不是造成无谓的失业。货币政策和金融制度为成立新企业和创造就业机会提供了便利。虽然仍有资金依然支持无效的国有企业,但无论是政治上还是经济上,中国都认为,这对于维护有可能被高失业率暗中破坏的社会稳定来说非常重要。虽然中国没有迅速地对国有企业进行私有化,但随着新企业的成立,国有企业的重要性逐渐减弱,以至于在转型开始 20 年后,国有企业仅占工业产出的 28.2%。虽然中国对外商直接投资进行开放,但它同时也意识到了资本市场完全自由化的危险。

中国发生的事情和那些向国际货币基金组织思想体系俯首哈腰的国家发生的事情明显不同,一个个案例表明,作为市场经济的新成员,相对于国际货币基金组织的政策决定,中国在做每项政策决定时都更在意该政策的激励效益。

在中国,乡镇和农村公共企业是转型早期的核心,国际货币基金组织的思想体系认为,由于它们是公共企业,因此不可能成功。但是国际货币基金组织错了。乡镇和农村企业解决了管理问题,这也是国际货币基金组织几乎从来都没有关注过的问题,但正是这些问题为其他地方的失败埋下了伏笔。乡镇和农村企业将其宝贵的资金投入财富创造中,并且有强有力的竞争保证他们能够取得成功。乡镇和农村的人们可以看到他们的资金发生了什么,而且知道它们是否能够创造就业,是否能够提高收入。中国的新产业都坐落于乡村区域。这有助于中国减少工业化进程中不可避免的社会动乱。这样,中国就在已有制度的基础上奠定了新经济的基础,维持和提高了它的社会资本,而在俄罗斯,社会资本却被腐蚀了。

最令人深思的是,很多采取渐进性政策的国家在快速进行下一步深入改革时都取得了成功。中国的股票市场规模超过了俄罗斯。目前,俄罗斯大部分农业管理与 10 年前并没什么两样,而中国仅用了不到 5 年的时间就完成了向个体责任制的转型。我所描述的俄罗斯与中国及波兰的对比,在转型经济中的任何一个地方都有迹可循。捷克共和国早期因为快速改革得到国际货币基金组织和世界银行的赞扬,但是后来的情况非常明显,捷克建立的资本市场并没有为新的投资者增加资金,却允许很多狡猾的资金管理者(更确切地说,是白领罪犯,如果他们在美国做了与在捷克共和国相同的事,他们就会坐牢)轻松地攫取他人数百万的资金。转型中的这些事情和其他错误造成的结果就是，相对于1989年的情况，不管有多大的利益、国民的教育水平有多高，国家都被抛在一边；相反，在刚开始进行转型时，匈牙利的私有化水平较低，但却实现了企业的重建，而且现在已经具有国际竞争力。

波兰和中国的情况表明的确存在替代战略。每个国家的政治、社会和历史情况都各不相同，所以我们不能保证在这些国家中有效的方法同样适用于俄罗斯，并且在政治上是可行的。基于同样的考虑，一些人认为，在环境明显不同的假设下，对这些成功进行比较是不公平的。在刚开始转型时，波兰比俄罗斯具有更强大的市场传统，甚至在计划经济时期，波兰都存在私有部门。但是中国在转型开始时市场传统较低。在转型前，波兰企业的表现可能会使波兰能够承受更快的私有化战略，但是，波兰和中国一样选择了更为渐进的路径。

认为波兰有优势是因为波兰的工业化程度更高，认为中国有优势是因为中国的工业化程度更低。根据这些批评，中国依然处于工业化和城镇化中期；俄罗斯面对的任务更具体，即在经济停滞不前的情况下对已经存在的工业化进行调整。很少取得成功的事实表明，发展并不容易。如果说转型非常困难，发展也很困难，那就难以理解，为什么同时实现这两项任务就应该很容易呢？如果说在改革农业方面，中国的成功和俄罗斯的失败有什么不同的话，那就是此不同比这两个国家在改革工业方面成功的不同更明显。

这些案例之所以成功，其主要贡献在于它们的政策都是"本土的"，即它们都是由本国人民设计的，都对本国的需要和关注的问题比较敏感。无论是中国、波兰还是匈牙利，它们的转型方法都不完全相同。和其他所有成功转型的国家一样，它们都采取了实用主义——它们从来不让思想体系和简单的教科书模型决定政策。

科学，甚至是像经济这样并不严密的科学，也涉及预测和因果关系的分析。渐进主义者的预测被证实了——无论是对那些采取渐进主义战略的国家进行的预测，还是对那些采取替代方案的休克疗法国家进行的预测。通过比较可以发现，休克疗法主义者的预测并不准确。

根据我的判断，这些没有采取国际货币基金组织建议的国家取得成功的案例并非偶然。实施的政策与结果存在明显的关联性，中国和波兰的成功和其所作所为与俄罗斯的失败和其所作所为之间都存在明显的关联关系。我们注意到，俄罗斯的结果正是休克疗法的批评者所预测的，并且只会更糟。很明显，中国的结果与国际货币基金组织的预测完全相反，但是，却与渐进主义者的预测完全一致，甚至是更好。

休克疗法专家认为他们的指令从来都没有被完全实施，这种辩解是毫无根据的。在经济学中，没有哪个指令是被完全遵从的，而且政策（和建议）必须根据事实来预测，事实就是在复杂的政治进程中，易犯错的个体会执行这些政策。如果国际货币基金组织不能够认识到这一点，那么它本身就犯下了严重的错误。更糟糕的是，这些失败都被独立的观察家和专家所预见，而国际货币基金组织却对此视而不见。

对国际货币基金组织的批评不仅仅是因为它的预测没有被证实，毕竟没有人，甚至是国际货币基金组织，能够预测由计划经济向市场经济转型中所产生的广泛的变革后果。这项批评是指国际货币基金组织的视野太狭窄——它只关注经济，而且它还采用了一个特别有限的经济模型进行关注！

5年前国际货币基金组织和世界银行在没有充分证据的情况下就草草做出它们的战略是有效的判断，现在我们可以获得更多关于改革进程的证据。[4]正如现在的这些事情与20世纪90年代中期它们做的事情具有明显区别一样，在另外一个10年内也会有着明显的不同。因此，可以断定，基于目前进行的改革的后果，我们必须对自身的判断进行修正。然而，目前的有利情况是，有些事情看起来很明显。国际货币基金组织指出，那些采取休克疗法的国家，在短时间内，可能觉得痛苦，但从长期来看，它们将会成功。匈牙利、斯洛文尼亚和波兰的历史已经表明，渐进政策能够在短期内在阵痛较少的情况下取得更大的社会和政治稳定，并且能够在较长时期内取得快速增长。在龟兔赛跑中，很明显是乌龟最后取得了胜利。激进的改革者，无论是捷克共和国这样的明星学生，还是俄罗斯这样的桀骜不驯者，最终都失败了。[5]

未来之路

那些应该为过去的错误负责的人对俄罗斯的未来发展提不出任何建议。他们只会重蹈覆辙——继续需要保持稳定、私有化和自由化。过去所造成的问题使他们认识到需要建立强大的制度，但对于如何建立强大的制度及其意义，他们几乎提不出任何建议。在一次次参加关于俄罗斯政策的会议后，我感到震惊的是，不仅缺乏减少贫困的战略，而且缺乏提高增长的战略。相反，世界银行曾讨论按照比例在农业部门支持它的计划。鉴于以前的方案在农业部门造成的问题，这对世界银行来说值得探究；但由于农业部门是俄罗斯大部分贫困存在的部门，因此，这对俄罗斯来说也是意义非凡。建议中仅有的"增长"战略，就是俄罗斯不得不采取那些会使已经流入该国的资本再次流出的政策。持有这个观点的人们忽视了这项建议可能意味着，在寡头执政者、盗贼统治者与他们代表的裙带资本主义/黑手党资本主义之间将建立永久的牢固关系。当他们能够在西方国家获得很高的收益回报时，就没有其他撤回资本的理由。然而，国际货币基金组织和美国财政部从来都不在意这样的事实：它们正在支持一个缺少政治法律的体系，因此，那些具有大量财产的人通过窃取或与领导人（叶利钦，他也失去了所有的信任和合法性）的政治关系获取他们的资金。悲哀的是，很大程度上，俄罗斯必须将已经发生的事视为对国家资产的掠夺，是国家从来都无法补偿的偷窃。俄罗斯将来的目标必须是尝试着停止进一步的掠夺，通过建立法律规则以及更广泛的、具有吸引力的商业氛围来吸引合法投资者。

正如我早些时候提到的，1998年的危机有一点好处，即卢布的贬值刺激了增长，虽然出口增长并不明显，但在进口替代方面却非常明显；这表明国际货币基金组织的政策的确抑制了经济，使其保持在潜在的水平线下。卢布贬值与一些偶然因素相结合，造成20世纪90年代石油价格的飙升，从而为其从较低层次的复苏提供了燃料。同样因为存在刺激增长的持续利益，一些企业利用适宜的环境优势似乎找到了新的发展机会并开始持续增长。这里同样存在其他的积极信号：那些利用伪资本主义体系优势而变得富有的人群中，有些正试图对这些规则加以改变，以保证他们对其他人做的事情不会再发生到自己身上。在某些方面存在要实现更好的合作管理的动机——某些寡头政治执政者，在他们不愿让其资金在俄罗斯冒险时，他们却诱使其他人来冒更大的风险，而且他们知道，要这样做的话，他们必须要比过去表现得更好。但是，这里同样存在一些不太积极的信号，即使在高油价盛行时期，俄罗斯几乎都不能实现预算平衡；它们不得不将资金进行储备以防止油价下跌时可能出现的困境。2003 年年初，几乎是卢布危机的 5 年后，俄罗斯的未来仍不确定。货币贬值所引致的增长被腐蚀了，尤其是随后实际汇率增长时更是如此。增长开始放缓。但目前又出现了较低的增长率，俄罗斯可能需要另外一个或两个或更多的 10 年来对 20 世纪 90 年代的 10 年进行补偿——除非存在明显的改变。

同样存在其他的政策可能会对结果造成不同的影响。比如，在对应该做的事情编制目录时，很自然地从反思过去的错误开始：对市场经济的基础缺乏关注——包括建立向新企业贷款的金融机构、制定强制实施的合同和促进竞争的法律以及设立独立、诚实的司法机构等。

俄罗斯不能只关注宏观稳定性和鼓励经济增长。整个 20 世纪 90 年代，国际货币基金组织只在意以下问题：让这些国家按照既定的预算来运转，并控制货币供给的增长。在适度的引导中，虽然稳定对增长来说是必需的，但它几乎并不是增长战略。实际上，稳定战略抑制了总需求。总需求的减少与被误导的重建战略相互作用，最终抑制了总供给。1998年，就需求和供给的作用进行了激烈的争论。国际货币基金组织认为，总需求的任何增加都会造成通货膨胀。如果这是真的，它将是对失败最可怕的坦白。6 年中，俄罗斯的生产能力被削减超过了 40%（远远高于国防削减的程度），生产能力损失的程度比任何一次甚至最糟糕的战争都深得多。我知道,国际货币基金组织政策对削减生产能力做出了贡献,但我相信总需求匮乏依然存在问题。结果再次证明国际货币基金组织是错误的:当出现货币贬值时,国内生产者就能够与外国进口者进行竞争,而且它们也能够满足新需求。产出增加了。这里的确存在超额生产能力,但国际货币基金组织的政策却将其搁置多年。

如果俄罗斯能够创建非常友好的投资环境,那么在增长方面它必将取得成功。这包括所有层次政府的活动。国家层次中,好的政策可能会被地方和区域层次糟糕的政策抵消。所有层次的规制将使开展新业务变得困难。就像资本缺乏有效性一样,土地的无效是一种障碍。如果地方政府官员过度压榨企业以至于他们缺乏投资的动机,那么,私有化就毫无用处。应该建立联邦机构,在各个层次提供一致的动机,虽然这会有些困难。旨在减少较低层次政府滥用职权的政策自身却被滥用,中央政府被赋予过大的权力,同时剥夺了地方和区域政府机构制定创造性和企业家增长战略的能力。虽然俄罗斯整体上处于停滞,但是在很多局部地区却有所进展,需要注意的是,克里姆林宫最近尝试着对地方政府进行控制,实际上抑制了这些地方政府的积极性。

建立良好的商业环境存在一个非常关键的因素,但过去10年来所发生的事情已经证明,要实现政治和社会的稳定是多么困难。巨大的不平等、极度的贫困在过去10年内为各式各样的运动(从国民主义到个人主义)提供了肥沃的土壤,这些运动不只是威胁到俄罗斯未来的经济,还威胁到全球和平。在有限的时间内,要扭转这种迅速形成的不平等非常困难。

最后,俄罗斯必须征税。对俄罗斯占支配地位的自然资源业务进行征税应该说最容易。原则上讲,由于自然资源部门的收益和产出非常容易监控,所以对其征税应该比较容易。俄罗斯必须让它的企业认识到,如果不及时纳税,也就是说在60天内还没有缴纳,就将没收它们的财产。如果企业没有缴税,而且政府也没收了它们的财产,那么就能够对其进行私有化,这种方式比叶利钦时期采用的那种不可信的贷款换股方式更合法。另一方面，如果企业纳了税，俄罗斯政府就可以利用这些资金来处理其他一些重要而突出的问题。

如同谁欠税必须由谁来缴纳一样，谁欠银行的钱（尤其是那些由于不负责任而且目前掌握在政府手中的银行）就必须由谁来偿还。这种重新收归国有是在更合法的私有化之后进行的，因此就会更有效。

当然，要想使这项议程成功，必定要存在一定的基础，即要具备一个致力于改善公共福利的、相对诚实的政府。西方国家应该认识到，在这方面我们能做的事情相对较少。克林顿政府和国际货币基金组织的那些傲慢的家伙们认为，他们能够"选择"一些支持者，于是推动了行之有效的改革方案，为俄罗斯指引新的未来，但结果表明：由那些对这个国家了解甚少的家伙们进行的傲慢尝试，利用狭窄的经济学概念来改变历史的进程，注定要失败。我们可以支持作为民主支柱的公共机构（建立思想库），为公共对话创造空间，支持独立的媒体，帮助教育新一代使其了解民主是如何运作的。在国家、区域和省级层次，有很多年轻的政府官员，他们非常希望看到自己的国家选择不同的发展路径，而且他们具备广泛的支撑基础可以使结果变得不同，比如知识和金融。如果说对中产阶级的破坏代表着对俄罗斯的长期威胁，那么，即使我们不能完全纠正已经造成的破坏，但至少我们能够做些事情阻止对中产阶级的进一步侵蚀。

乔治·索罗斯已经表明，个人提供的援助也会造成不同的结果；很明显，如果能够很好地加以引导，西方国家可能会做出更多的努力。就像我们建设更广泛的民主交流一样，我们应该与那些既和过去的权力结构又和寡头政治执政者新兴起的权力机构结盟的人们保持一定的距离——至少在实力政治允许的范围内要这样做。其他最重要的事情就是我们不应该对俄罗斯有所伤害。国际货币基金组织向俄罗斯提供贷款就对俄罗斯造成伤害。不仅是它们提供的贷款，随后制定的政策也使俄罗斯负债累累、财力枯竭，而且维持较高的汇率水平从而抑制了其经济发展；它们也打算维护现有的权力群体，但该群体的腐败显而易见，因此，在一定程度上，他们成功地实现了对这个国家政治生活蓄谋已久的干预。

可以确定的是，它们阻止进一步改革的议程，而该议程超越了创建市场经济那特定、狭窄的视野，是创建充满活力的民主。就像我在1998年贷款会议中提出的观点一样，今天看来我的结论依然是正确的：如果俄罗斯这个石油和自然资源丰富的国家，能够行动一致，它就不需要这些贷款；但如果不能的话，这些钱对它们来说作用不大。俄罗斯所需的不是资金，而是其他的东西，是这个世界上其他国家能够给予的一个方案，但是它要求一个类型完全不同的方案。

民主的责任与失败

我曾对俄罗斯的转型比较悲观：大面积的贫困，少数的寡头政治执政者，挫败的中产阶级，逐渐减少的人口以及市场进程的幻灭。应该用取得的一些成就对此控诉加以平衡。虽然俄罗斯现在的民主很脆弱，但远比过去要好。在俄罗斯，虽然大量的媒体被俘虏（以前，有很多媒体都被少数寡头政治执政者控制；目前，很多媒体都受国家控制），但媒体依然代表各方的观点，其范围比过去国家控制下要宽泛得多。那些年轻的、受过良好教育的、充满干劲的企业家，他们承诺在将来要建立更具有活力的私人部门，但通常情况下，他们都力求向西方移民，而不是留在俄罗斯和其他前苏维埃共和国去接受生意的举步维艰。

最后，俄罗斯及其领导人必须对俄罗斯最近的历史及其命运负责。在很大程度上，俄罗斯人，至少是少量的精英们造成了他们国家目前的困境。俄罗斯人做出了一项关键的决定，比如贷款换股私有化。可以证明，俄罗斯人对西方机构的了解要远远深于西方人对俄罗斯的了解。高级政府官员，像安纳托利·丘拜斯，已经公开承认俄罗斯怎样误导（更为严重地说是欺骗）了国际货币基金组织。他们觉得只有这样做才能获得他们需要的资金。但是，我们这些西方人以及领导人，并没有保持中立，反而发挥了非常重要的作用。国际货币基金组织情愿受误导，因为它希望相信自己的方案是有效的，因为它希望继续贷款，希望相信它正在对俄罗斯进行重建。同时，我们确信我们所做的事情对俄罗斯的方针也有些影响：我们认可了当权者的行为。我们西方人看起来情愿和他们打交道（提供数目巨大的数十亿美元），给他们信用；其他可能不会得到这样支持的人明显会认为这对他们不利。我们对贷款换股方案的默许可能已经压制了对其的驳斥；毕竟，国际货币基金组织是转型专家；它已经尽可能地促进快速私有化，对于贷款换股计划也要快速进行。这就是说，根本就不关心腐败这一问题。支持、政策（和国际货币基金组织提供的数十亿美元）可能不仅使制定腐败政策的腐败政府依然掌权，而且可能减少了进行更重要改革的压力。

我们将赌注押在支持领导人身上，并且推动了特殊的转型战略。有些领导人已经被证明是不胜任的，有些人走向腐败，还有些人二者兼有。这些政策被证明是错误的，有些政策是腐败的，同样还有些政策二者兼有。这样，再提及政策是正确的，仅仅是因为没有被很好地执行，就显得毫无意义。不应该在理想的世界中预测政策，而应该在现实世界中预测它们。设计政策时，不应该依据它们如何在理想世界中充分实施来进行，而应该将它们置于现实生活中加以考虑。主观判断并不是为了追求更有希望的替代战略。如今，正像俄罗斯开始要求其领导人对其决策的后果负责一样，我们也应该要求我们的领导人对其政策负责。

| 第 12 章 |

国际货币基金组织的其他议程

20世纪八九十年代,国际货币基金组织的努力远不算成功,这就出现了国际货币基金组织应该如何看待全球化进程的方式等这些令人烦恼的问题,即国际货币基金组织如何看待自己的目标,以及作为它的部分功能和使命,它如何争取实现这些目标。

国际货币基金组织相信它正在履行赋予它的任务:维护全球稳定,不仅帮助转型的发展中国家实现稳定,还帮助它们实现增长。直到最近,它开始考虑是否应该关注贫困问题——这是世界银行的义务,但如今,国际货币基金组织甚至也开始考虑这个问题,至少它这样说了。我相信,在履行该使命的过程中,它已经失败了,这些失败绝不是偶然的,而是它对其使命理解存在偏差的必然结果。

多年前,通用汽车公司的前总裁和国防部长查尔斯 E. 威尔逊有句名言:"对通用汽车公司有利的就对美国有利",该名言已经成为美国资本主义独特观点的象征。国际货币基金组织看来似乎具有相似的观点——"对全球经济有利的金融界的观点就对全球经济有利,而且应该被采纳"。在某些情况下,这是正确的;但在更多的情况下,并非如此。在某些案例中，金融界认为符合它自己利益的东西实际上并不符合全球经济的利益，因为流行的自由市场意识形态打乱了如何最好地处理经济问题的清晰思路。

缺乏知识一致性：从凯恩斯的国际货币基金组织到如今的国际货币基金组织

在凯恩斯（国际货币基金组织的知识之父）关于国际货币基金组织及其作用的观点中，存在必然的一致性。凯恩斯界定了市场失灵（这就是为什么不能让市场单独行事的原因之一）可能会从集体行动中获益。他认为市场可能造成持久的失业。他的研究进一步解释了为什么需要全球一致行动，因为一个国家的行动可能对其他国家产生溢出效应。一个国家的进口就是其他国家的出口。无论出于什么原因，一个国家的进口减少都将会伤害到其他国家的经济。

还存在其他方面的市场失灵：他担心在衰退非常严重的情况下，货币政策将会无效，但是一些国家可能不能通过贷款来实现支出的增加或者补偿税收的减少，这些都是刺激经济所必需的。即使一个国家看起来很有信用，它可能也不能获得资金。凯恩斯不仅界定了一系列市场失灵，还解释了为什么像国际货币基金组织这样的机构能够改善这些问题：通过向国家施加压力而将经济维持在充分就业状态；当国家面临衰退且无力支付政府支出的扩张性增长时，通过为这些国家提供流动性来维持全球总需求。

如今，市场原教旨主义者控制着国际货币基金组织；他们相信市场基本上能够很好地运行，而且政府基本上运行得很糟糕。我们面临明显的问题：一个为了处理特定市场失灵而建立的公共机构，目前却被经济学家们来运作，而这些经济学家对市场具有较高的信心，却对公共机构的信心极低。通过对过去30年来经济理论发展的观察，国际货币基金组织的矛盾显得尤其麻烦。

经济学专业已经开发了系统性方法来解释政府行为的市场失灵理论，该理论试图解释为什么市场可能不会运转良好，为什么必须一致行动。

在国际层面，该理论解释了为什么单个政府不能很好地为全球经济福利服务，并解释了全球一致行动（由政府一起工作涉及的行动，它通常是通过国际组织形成的）为何能够改善某些事情。要为国际货币基金组织这样的国际机构提供国际政策一致性的观点，不仅需要确定一些重要的事例（在这些事例中市场可能无效），还要分析这些特别政策如何能够扭转或最小化市场失灵所造成的伤害。应该再进一步说明这些特别的干预为何是应对市场失灵的最好办法，在失灵出现之前就预防这些问题，并在市场失灵出现时对其进行修复。

正如我们已经提到的，凯恩斯进行了这样的分析，他解释了为什么国家可能不会充分地追求扩张性的政策——它们可能不会考虑给其他国家带来的利益。这就是为什么国际货币基金组织在其最初的理念中，试图要给予这些国家国际压力以实施比它们自己选择的更为扩张的政策。如今，国际货币基金组织改变了这一方针，它给予这些国家压力，尤其是发展中国家，但要求它们实施比它们自己选择的更为紧缩的政策。根据我的判断，虽然这种做法看起来拒绝了凯恩斯的观点，但如今的国际货币基金组织清楚地表达市场失灵的一致性理论，该理论证明了它存在的合理性，并且为其对市场进行的特别干预提供了基本原理。结果，正如我们所看到的，通常情况下，国际货币基金组织制定的政策除了激化了它们试图要解决的问题外，还允许这些问题一次又一次地发生。

新汇率机制的新作用

大约 30 年前，世界转向灵活的汇率体系。在此转变背后存在一致性理论：汇率，就像其他价格一样，应该由市场力量来决定。政府对汇率决定的干预与对其他任何价格决定的干预一样，都不会成功。然而，正如我们所看到的，国际货币基金组织最近实施了大量的干预。花费数十亿美元试图将巴西和俄罗斯的汇率维持在不可能维持的水平上。国际货币基金组织认为，这些干预是因为有时候市场表现得过度悲观——它们"有些过头了"。因此，国际机构更有效的干预能够有助于稳定市场。这令我非常震惊：信奉市场能够有效运转（如果不够充分）这一教条主义的机构竟然决定汇率市场需要如此大幅度的干预。国际货币基金组织从来都没有对其行为提供很充分的解释，不仅没有解释为什么在这一特殊市场进行这么昂贵的干预是值得的，也没有解释为什么在其他市场它是毫无价值的。

国际货币基金组织提出市场可能会表现得过于悲观，我同意这种观点。但是，我也相信市场有时候表现得过于乐观，这不仅是在汇率市场才会出现的问题。市场存在更多的不完善，尤其是资本市场，这就要求一系列更广泛的干预。

比如，过度的繁荣导致了泰国房地产和股票市场的泡沫，投机性热钱流入该国，如果说不是制造了该泡沫，至少是吹大了它。当资金流动转向时，繁荣之后就出现了过度的萧条。实际上，投机性资本流动方向的变化是汇率过度波动的根本原因。如果这种现象能够与疾病相比的话，那么，治疗疾病比仅仅治疗这种表现——汇率的波动性更有意义。但是，国际货币基金组织的自由市场意识形态使得投机性热钱更容易流入和流出某个国家。通过向市场注入数十亿美元来直接治疗症状，国际货币基金组织的确使潜在的疾病更加严重。如果投机者撤离他们的资金只是个体行为，这将会是一场不引人注意的博弈——高风险的行为，其平均收益为零，因为某些人的收益正好等于其他人的损失。使投机者获利的资金来自国际货币基金组织支持的政府的资金。比如，1998年下半年，当国际货币基金组织和巴西政府动用500亿美元将巴西的货币汇率维持在高估的水平上时，这些钱哪儿去了？这笔钱并没有消失在稀薄的空气中，而是进入了某些人的口袋——大部分进入了投机者的口袋。一些投机者可能是赢家，一些可能是输家，但作为一个整体，投机者的获益正好等于政府的损失。在某种意义上，正是国际货币基金组织使投机者有机会套利。

蔓延

这里还有一个令人震惊的例子，国际货币基金组织在制定政策时缺乏一致性和适度的完整性，正是这些政策加深了国际货币基金组织正试图解决的问题。当国际货币基金组织试图对这些"蔓延"进行隔离时，必须考虑发生了什么。本质上，如果国际货币基金组织确定某个正在发生的危机将会蔓延到其他国家，也就是说，该危机能够像传染病那样传播，国际货币基金组织就认为有必要对其进行干预，而且要很快地进行干预。

如果蔓延是个问题，理解蔓延机制的运作就非常重要，通过这种机制，蔓延就会发生，就像流行病学家那样，尽最大的努力控制这一传染病，尽最大的努力来解释它的传播机制。凯恩斯提出了一个一致性理论，一个国家的衰退导致该国进口减少，这就会伤害到它的邻国。在谈到蔓延的问题时，我们在第8章看到了国际货币基金组织是如何在亚洲金融危机中采取行动的，正是这次危机实实在在地加速了该疾病的传播，因为它迫使一个又一个国家勒紧裤腰带。收入的减少很快造成进口的大量减少，而且在紧密的区域一体化经济中，进口的大量减少导致它的邻国逐渐变得虚弱。随着区域内部经济的突然崩塌，对石油和其他商品需求的下降导致其价格的下降，进而对万里之外的其他国家造成极大的破坏，因为这些国家的经济都依赖于出口这些产品。

然而，国际货币基金组织坚持将财政节俭作为解毒剂，宣称这是恢复投资信心的根本。东亚危机是通过石油价格的崩溃传导到俄罗斯的，而不是通过东亚奇迹经济体中部分投资者（外国和国内的）的信心和俄罗斯黑手党资本主义之间的神秘联系传导的。因为缺乏一致的和具有说服力的蔓延理论，国际货币基金组织事实上是传播了而不是控制了疾病。

贸易赤字什么时候会成为问题

一致性的难题不仅困扰着国际货币基金组织的疗法，而且困扰着国际货币基金组织的诊断。国际货币基金组织的经济学家更多地担心国际收支平衡表中的赤字问题，在它们的微积分学中，这是即将发生问题的明显标志。但是，在抱怨这些赤字时，它们常常很少注意这些资金到底被用来做了什么？如果一个政府存在财政盈余（1997年危机前很多年泰国都存在财政盈余），那么，国际收支平衡表中的赤字本质上是因为私人投资超过私人储蓄。如果某个私有部门的企业按照5%的利率贷款100万美元，并将其投资到某个行业，产出利润为20%，那么对该企业来说，这100万美元贷款并不是问题，投资收益足够偿还这笔借贷。当然，即使该企业在判断上存在失误，其收益率仅为3%或者甚至是零，也不存在太大问题。借贷者会陷入破产，债权人损失了部分贷款。这对债权人来说可能是个问题，但对这个国家的政府或者国际货币基金组织来说并不是需要担心的问题。

一致性方法可能已经意识到这一点。它也意识到，如果一些国家的进口大于出口（即存在贸易赤字），那么，其他国家一定是出口大于进口（即存在贸易盈余）。这是国际会计中无法打破的法则，即世界上所有赤字的总和一定等于所有盈余的总和。这就意味着，如果中国和日本坚持保持贸易盈余，那么其他国家一定是贸易赤字。我们不能仅抨击那些贸易赤字的国家，贸易盈余的国家也同样有错。如果日本和中国保持它们的贸易盈余，而且韩国也将贸易赤字转变为盈余，那么，赤字的问题必然会出现在其他国家。

大量的贸易赤字依然是个问题。将其称为问题是因为它暗示着某个国家不得不年年借贷。并且，如果那些提供资本的国家改变了想法，停止进行借贷，那么，该国将处于巨大的麻烦之中——危机。相对于向国外销售货物来说，它需要花费更多的钱来从国外购买货物。当其他国家拒绝继续支持贸易缺口时，该国将不得不尽快调整。在少数情况下，该调整能够很容易地进行：如果该国严重借贷只是为疯狂购买小汽车而融资（这是最近发生在爱尔兰的事情）时，那么，外国人拒绝为购买汽车提供融资，该疯狂购买小汽车的行为就会停止，贸易缺口就被关闭。但更多的情况是，该调整并不会那么平静地进行。如果某个国家是进行短期借贷，这样，债权人就可以要求现在撤回它们已经贷出的用以支持前几年赤字的资金,这时,不管这些资金是用来刺激消费还是进行长期投资,问题都会更严重。

破产和道德风险

当调整不能很平静地进行时,经常就会出现危机。但危机或许还有其他原因,比如说,当房地产泡沫破裂时,正像在泰国发生的那样。那些从国外借贷进行房地产投机的人不能偿还贷款,破产就会很普遍。国际货币基金组织如何处理破产的案例表明,在这个舞台上,国际货币基金组织的方法因为知识的前后不一致而受到困扰。

在标准的市场经济中,如果某个放贷者进行了一项糟糕的贷款,它应该承担后果。贷款人很可能陷入破产,但国家有法律规定应该如何解决此类破产。这就是市场经济假定的工作方式。我再次强调,国际货币基金组织为政府提供贷款的方案的确是对西方债权人进行救援。这些债权人预计到国际货币基金组织的救援,因此削弱了保证借款人能够偿还贷款的动机。这就是保险业中声名狼藉的道德风险问题,现在,在经济学中也出现了。保险降低了人们谨慎行动的动机。危急事件中的救援行动就像是"免费"的保险。如果你是出借人,当你知道如果这批贷款不能偿还时就会出现救援行动,那么你就不会很谨慎地来筛选你的申请者。与此类似,在面临汇率波动时,谨慎的企业确信可以应对。但在某个国家的借款人没有购买保险来抑制该风险的情况下,如果国际货币基金组织进行干预阻止货币贬值,就是鼓励借款人招惹风险,而且没有任何担忧。在1998年俄罗斯的卢布危机中,道德风险问题尤其明显。当华尔街债权人向俄罗斯提供贷款时,他们得知,鉴于俄罗斯的核地位,俄罗斯需要多大的救援就会有多大的支持行动,而他们也相信俄罗斯能够得到这样的救援。

在只关注这些症状的情况下,国际货币基金组织试图表示,如果没有它,俄罗斯将无法偿还贷款,而俄罗斯也不会取得信用,并通过这种表示来为自己的干预行为开脱。一致性的方法可能已经意识到这一争论中的谬论。如果资本市场能够很好地运作，确切地说，如果资本市场像国际货币基金组织市场原教旨主义者认为的那样有效，那么，他们是有远见的；在评估适用什么利率时，他们就会看到即将发生的风险。一个已经摆脱了沉重债务的国家（即使是通过违约的形式），也会处于一个更好的增长环境中，而且因此能够偿还任何额外的借款。这就是第一步要进行破产处理的部分原理：债务清偿或重组有助于企业和国家前进和增长。18世纪的债务人监狱可能为个人不愿意陷入破产提供了强大的动机，但是它们不会帮助债务人偿清债务。这种做法不仅残酷，而且也没有提高整体的经济效率。

历史支持该理论分析。在最近俄罗斯的案例中，1998年，俄罗斯债务违约情况很严重，并因此而遭受广泛的批评。到2001年，俄罗斯能够从市场上获得贷款，资本也开始流回到该国。同样，即使韩国有效地强制实施债务重组，给外国债权人机会是选择滚动贷款还是选择贷款得不到偿还，资金也会向韩国回流。

国际货币基金组织已经设计出一致性的模型，考虑它如何处理东亚最困难的问题之一：是否在危急期间提高利率。当然，提高利率将会迫使成千上万家企业陷入破产。国际货币基金组织的论点是，不提高利率将会导致汇率崩溃，汇率崩溃将会导致更多的破产。暂且不论提高利率（结果是加深了衰退）是否会实现坚挺的汇率（实际生活中并不是这样）这个问题；也不论是否会有更多的企业因为提高利率或者汇率下降而造成伤害（至少泰国的事实强烈地表明，汇率进一步下降造成的损害更小）。追根溯源，汇率贬值造成经济中断的问题是由企业造成的，这些企业选择不购买保险以应对汇率崩溃。对该问题进行的一致性分析首先要询问为什么会出现表面上的市场失灵——为什么企业不购买保险。而且，任何分析都表明，国际货币基金组织的政策本身就有问题：正如我们前面提到的，国际货币基金组织支持干预汇率使一些企业没有必要购买保险，因此加深了未来干预过程中需要处理的问题。

从救援到"参与"救援（Bail-In）

国际货币基金组织的失败变得越来越明显，它在寻求新的战略，但由于缺乏一致性，在探索可行的替代战略方面，它成功的机会必定很小。对它实施救援战略的过度批评导致它试图采取所谓的"参与救援"战略。国际货币基金组织希望私人部门机构"参与"到任何一次救援行动中。它开始坚持，在它向某个国家贷款进行救援行动前，私有部门借贷者需要广泛地"参与"；它们必须对欠款加以削减，豁免欠债的实质部分。毫不奇怪，这一新战略最先不是在巴西和俄罗斯这样的大国尝试，而是在厄瓜多尔和罗马尼亚这些毫无权力的国家试验，因为它们太弱小了以至于无力反抗国际货币基金组织。该战略很快被证明在观念上是有问题的，而且在实践中也是有瑕疵的，并且对实践目标国家具有较大的负面影响。

罗马尼亚的例子尤其令人迷惑。它并不存在违约的风险，它只希望从国际货币基金组织那里得到新资金来证明它是有信用的，这将有助于降低它支付的利率水平。但新的出借人只有在获得与面临的风险相对应的利率水平时才提供新的贷款。不能强迫这些新出借人采取"削减"措施。如果国际货币基金组织按照资本市场良好运转这一一致性的理论来制定政策，它应该能够认识到这一点。

这里存在更严重的问题，它涉及国际货币基金组织的核心使命。建立国际货币基金组织是为了处理由信贷市场偶然的不理性所造成的流动性危机，它拒绝向那些实际上有信用的国家出借资金。而如今，国际货币基金组织正将其借贷政策的权力移交给那些导致危机的个人和机构。只有当他们愿意对外贷款时，国际货币基金组织才对外放贷。即使国际货币基金组织没有发现，这些出借人也很快会发现该变化的深层含义。如果出借者拒绝向客户国家提供贷款或者不赞同解决方案，那么，这些贷款国家就不能够获得资金——不仅是来自国际货币基金组织的资金，也包括世界银行和其他根据国际货币基金组织指令暂时提供贷款的机构的资金。这些债权人具备巨大的杠杆效应。在布加勒斯特的国际私人银行中，一位28岁的小伙子只提供几百万美元的贷款，就有权决定国际货币基金组织、世界银行和欧盟是否向罗马尼亚提供超过 10 亿美元的贷款。国际货币基金组织将评估是否向罗马尼亚贷款的责任委派给这位 28 岁的小伙子。毫不奇怪,这位小伙子,以及在布加勒斯特其他国际银行分行 30 岁和 35 岁的银行家们很快抓住了他们被赋予的谈判权力。当国际货币基金组织每次要求降低私人银行提供的贷款数额时,私人银行就会降低它们愿意提供的贷款数额。有一次,只要罗马尼亚能够获得 3600 万美元的私人部门的短期贷款,它就能够获得数十亿美元的一揽子援助贷款。私人银行将国际货币基金组织需要的资金集中起来,不仅提出高位美元(高利率)的要求,至少在罗马尼亚的案例中,还提出要罗马尼亚谨慎地放松规制。这种"规制抑制"允许债权人做他们能够做而其他人不能做的事(提供更多的贷款,或者创造更具风险的、更高利率的贷款)来提高他们的利润,但却增加了银行体系的风险,破坏了规制的真正初衷。那些能力不足、腐败的政府可能会受到诱惑,但罗马尼亚政府并没有接受该出价,部分是因为它并不是真正需要这笔资金。

可以从另一角度来看这个问题。国际货币基金组织是根据某个国家如何解决其宏观经济问题来决定是否提供贷款。在"参与"战略下,虽然某个国家的一系列宏观政策可能都令人满意,但是,如果它不能从私有银行增加国际货币基金组织所认为的贷款的话,它可能就不能获得任何其他的资金。国际货币基金组织应该有这些方面问题的专家,而不是布加勒斯特那个 28 岁的银行职员。

最终,至少在罗马尼亚的案例中,甚至对国际货币基金组织来说,该战略的失败也是显而易见的。即使私人部门并没有提供国际货币基金组织"坚持"要求的资金数额,国际货币基金组织也应该继续向该国提供资金。

最好的防守是进攻:扩大国际货币基金组织作为"最后贷款人"的作用

就在国际货币基金组织的失败变得越来越明显,而且各方要求其缩小管辖范围时，1999年国际货币基金组织第一副总裁斯坦利·费希尔提议，国际货币基金组织应扩大其作为最后贷款人的作用。由于国际货币基金组织没能成功利用它所拥有的权力，这个增加权力的提议相当大胆。该提议基于一个极具吸引力的类比：在国家内部，中央银行作为最后的贷款人，它向那些"有偿付能力但没有流动性"的银行提供贷款，也就是说，这些银行的净资产为正值，但它却不能从其他任何地方获得资金。国际货币基金组织将对各国发挥相同的作用。如果国际货币基金组织对资本市场存在一致性的观点，那么它很快就会发现这一想法的缺陷。[1]在完全市场理论中，如果某个企业是有偿付能力的，它就应该能从市场上借得资金；任何一个企业如果是有偿付能力的必定是有流动性的。通常情况下，国际货币基金组织的经济学家看似存在这样的信念，即他们相信自己能够比市场更好地判断汇率应处于什么水平，因此，也能够比市场更好地判断某个需要贷款的国家是否有信用。

我不相信资本市场能够完全有效地运转。具有讽刺意味的是，虽然我认为市场不像国际货币基金组织经常认为的那样有效，但当国际货币基金组织进行干预时，我认为市场看起来稍微比国际货币基金组织认为的更"理性"。国际货币基金组织出借资金存在一定的优势；通常，它只在资本市场拒绝提供资金时才出借资金。与此同时，我意识到该国为了从国际货币基金组织那里获得"便宜"的资金而付出了昂贵的代价。如果一个国家的经济出娄子了，并且违约已经若隐若现，那么，国际货币基金组织就是第一债权人。它将首先得到偿付，即在其他债权人，比方说外国债权人没有得到偿还的情况下，该国首先对国际货币基金组织提供的贷款进行偿还。这样，其他债权人只能得到剩下的东西，他们也可能什么都得不到。因此，理性的私人部门金融机构会一直坚持风险补偿——更高的利率水平用以弥补他们得不到偿付的可能性。如果某个国家的资金更多地流入国际货币基金组织，就只有少数的资金偿还给私有部门的债权人，所以这些债权人将会要求一个补偿性的、更高的利率。资本市场的一致性理论使国际货币基金组织更多地考虑这个问题——并使它更不愿意贷出一揽子救援中的数十亿美元。市场更为一致性的理论会使国际货币基金组织在危机时期更努力地寻找可替代的战略，比如我们在第 8 章中讨论的那些战略。

国际货币基金组织的新议程

缺乏一致性造成很多问题，这一事实可能并不令人惊讶。问题是，为什么会缺乏一致性？即使这些问题很明显了，为什么在一个个议题中还继续存在？部分原因是国际货币基金组织必须面对的问题非常复杂；世界是复杂的；国际货币基金组织的经济学家是很实际的人，他们力求尽快做出艰难的决定，而不是像学术界那样平静地追求知识一致性和连贯性。但是，我认为还存在更根本的原因：国际货币基金组织不仅追求其原始使命中规定的目标（维护全球稳定），还要保证那些国家在面临衰退的威胁时，提供追求扩张性政策需要的资金。国际货币基金组织也追求金融界的利益。这就意味着它的既定目标经常会相互矛盾。

因为不能公开这一矛盾，所以压力更大：如果要公开承认国际货币基金组织的新作用，那么，就可能会削弱对该组织的支持；几乎可以确定，那些对国际货币基金组织的使命进行有效改进的人清楚这一点。因此，必须将其新的使命遮盖起来，至少在表面上使其看起来和以前的使命一致。过分简单的自由市场意识形态提供了门帘，在门帘之后，国际货币基金组织就可以对"新"的使命进行交易。虽然它的使命和目标的改变可能非常平静，却并不神秘：从服务于全球经济利益转向服务于全球金融界利益。

我很清楚：国际货币基金组织从来都没有正式地改变它的使命，也没有将金融界的利益置于全球经济稳定或者贫穷国家福利之上。我们不能够过多地谈论任何一个机构的动机和意图，只能考察构建和管理该结构的那些人员的动机和意图。尽管这样，我们时常不能确定他们的真实动机——他们说的与他们的真实动机之间存在差距。然而，作为社会科学家，我们试图根据机构的表现来描述它的行为。对于国际货币基金组织，好像它在追求金融界的利益，这就为我们理解其他看似矛盾和知识不一致的行为提供了方法。

此外，国际货币基金组织的行为应该没什么出人意料的：它从金融界的视角和意识形态来处理问题，这很自然地与它的利益紧密地（即使不是完全地）联系在一起。正如我们在前面提到的，国际货币基金组织的很多核心职员都来自金融界，而且他们在退休后都能在金融界获得一份待遇很好的工作。在现代民主中，存在许多像这样的"旋转门"的利害关系，那些在政府部门服务的官员很快从政府部门转移到私人部门，原因很明显，这些企业能够从政府服务或者合同中获利；或者更好地受政府规制影响。公民则担心，由于受到诱惑，政府官员会对其未来潜在的雇主尤其好，即使不存在明显的实物交易，他们也希望通过这样做来提高对未来的预期。经济学家和普通公民相信动机这一问题。如果是这样，在这种情况下，他们的行为怎能不受影响，即使影响是很细微的。基于对这些问题的认识，大部分民主政治已经强制限制这种旋转门，但是如果这样做了，就有可能阻止一些很有天赋的人为公共利益服务。国际货币基金组织如此忽视民主责任以至于它根本没有权衡其轻重，它更多地把自己视为一个银行，从其救援行动中获取利益也是意料之中的。

国际货币基金组织（或者至少是它的很多高级官员和雇员）相信资本市场自由化可实现发展中国家更快的增长，它是如此强烈地相信这一点以至于它不相信任何与之相反的观点。国际货币基金组织从来都不希望伤害穷人，并且相信它提倡的政策最终会使穷人受益；它信赖涓滴经济学，不希望看到可能表明相反观点的证据。它相信资本市场的基本原则有助于贫穷国家实现增长，因此，它相信将资本市场保持在良好的状态是首要的。

看看国际货币基金组织的政策，就更容易理解它为什么强调外国债权人得到偿还而不是帮助国内商业保持运营。虽然国际货币基金组织可能不会为七国集团埋单，但很明显它是在努力工作（虽然不是经常都成功）以确保七国集团的出借者能够得到偿还。正如我们在第8章看到的，对国际货币基金组织进行的大面积干预,存在替代政策,该替代政策不仅对发展中国家有利,而且从长期来看对全球稳定也有利。国际货币基金组织可能已经简化了测验程序;可能正试图策划一项停滞(暂时中止支付),从而给这些国家和它们的企业以时间来赔偿和重新开启它们已经停滞的经济。它可能已经试图设置一个加速的破产程序。[2] 但破产和停滞并不是受欢迎的选项,因为它们意味着债权人将不能得到偿付。这些贷款的大部分都是没有抵押的,因此,在破产的情况下,很少能够索回。

国际货币基金组织担心撕碎合同的违约会破坏资本主义。关于这一点,在很多方面它们都错了。破产是每个信贷合同中不成文的部分;如果债务人不能对债权人进行偿还,法律规定了该如何处理。因为破产是信贷合同的隐含部分,所以,破产并不会破坏信贷合同的"尊严"。但这里存在另外一个同等重要的、不成文的契约,即公民和他们的社会与政府之间的契约,有时被称为"社会契约"。该契约要求基本的社会和经济保护条款,包括合理的就业机会。为了维护所谓的信贷合同的"尊严",国际货币基金组织甚至愿意撕碎更为重要的社会契约。最终,正是国际货币基金组织的政策破坏了市场,也破坏了长期的经济稳定和社会稳定。

这样,就可以理解为什么国际货币基金组织及它强迫世界各国接受的战略遭到如此的敌意。它提供的数十亿美元被用来在短期内将汇率维持在不可能持续的水平上,在此期间,外国人和富人能够将其资金以更优惠的条件(通过国际货币基金组织强制该国开放资本市场)带出该国。对于每一卢布、每一卢比、每一克鲁赛罗来说,只要汇率保持不变,它们就能够在该国获得更多的美元。数十亿美元的资金又常被用来偿还外国债权人,即使这些债务是私人的。在很多情况下,私有债务实际上被国有化了。

在亚洲金融危机期间,对美国和欧洲的债权人来说非常重要,他们非常高兴向泰国和韩国银行以及商人贷出的贷款得到偿还,至少相对于其他人来说,他们还得到了偿还。但是,泰国和韩国其他的纳税人就不那么高兴了，他们所缴纳的税金被用来偿还国际货币基金组织的贷款，而不管他们是否从这批贷款中获益。凌辱加上伤害，在数十亿美元被用来将汇率维持在不可能持续的水平和对外国债权人进行救援时，在他们的政府屈服于国际货币基金组织的压力而削减支出后，接下来这些国家就要面对衰退，数百万工人失去工作，当需要找到适度的资金来为穷人支付食物和燃料补贴时，周围已经没有资金了。难怪对国际货币基金组织的愤恨如此之多。

如果我们将国际货币基金组织看作是为债权人的利益而追求政策的机构，那么它的其他政策也就变得容易理解了。在前面我们已经注意到国际货币基金组织对贸易赤字问题的关注。危机之后，对东亚国家强制实施大幅度的紧缩性政策，导致这些国家的进口快速下降和大范围的储备重建。就机构担心对债权人进行偿还的能力这个视角来看，这的确很有意义：如果没有储备，那么这些国家将无法偿还它们和它们国家的企业所欠下的美元贷款。但是，如果更多地关注全球稳定和这些国家和地区的经济复苏问题，我们就会采取更为宽松的方法来对储备进行重建；与此同时，制定其他政策使这些国家免受国际投机者反复无常的行为的影响。1997年，泰国用外汇储备来与投机者做斗争，并耗尽了它的外汇储备。一旦决定了泰国需要尽快重建外汇储备，那么，泰国就必然会面临更深的衰退。正如我们在第8章看到的，国际货币基金组织自作自受的政策已经代替了大萧条时期以邻为壑的政策，这使危机在全球范围内传播得更糟。从债权人的视角来看，这些政策时而有效，而且见效的速度非常快：在韩国，外汇储备从基本是零到2001年7月几乎达到970亿美元；在泰国，从本质上的负值增加到2001年7月的310亿美元。当然，对债权人来说，这些都是好消息；他们现在确认韩国有美元来偿还任何贷款，而这正是债权人要求的。

我宁愿采取对债务人更富有同情心的战略，而更少地关注债权人的利益。我会说，在经济步入正轨之前，维持经济运转和推迟几年建立储备更重要。我已经设计出其他的维持短期稳定性的方法——除了前面已经提出的停止（偿付）和破产等方法外，还包括马来西亚已经使用的短期资本控制和"出口税"。有办法来保护一个国家，以免它受投机者、短期贷款者或投资者观点的突然改变带来的伤害。没有哪个政策的出现是无风险或不付任何代价的；但几乎可以确定的是，虽然这些替代战略强制提高了债权人的成本，却降低了那些国家身陷危机时公众的风险。

　　国际货币基金组织政策的捍卫者指出，债权人的确已经付出了某些代价。很多贷款并没有完全得到偿还。但是，这一观点在两个方面出现失误：首先，这些对债权人友好的政策试图降低原本可能会发生的损失。他们并没有设计全面的救援，而是部分的救援；他们并没有制止汇率下降，而是试图阻止它进一步下降。其次，对于国际货币基金组织打算要做的事情，它常常是不成功的。国际货币基金组织在印度尼西亚将紧缩性政策推行得太远，以至于到最后，债权人的利益并没有得到很好的维护。更广泛的是，无论从全球经济的利益来看，还是从金融市场的利益来看，全球金融稳定都可以得到证明；然而，几乎可以确定，国际货币基金组织的很多政策（从资本市场自由化到大面积的救援）都造成了全球经济的不稳定。

　　国际货币基金组织主要关注和反映金融界的利益，该事实也有助于解释它的一些防卫言辞。东亚危机期间，国际货币基金组织和美国财政部很快产生了对向这些国家借贷问题的责备，尤其是对于它们缺乏透明度的责备。即使是这样，很明显，缺乏透明度并不会导致危机，而且透明度也不会使某个国家对危机具有免疫功能。在东亚危机前，最近的金融危机是在20世纪80年代末期和90年代初期瑞典、挪威和芬兰等国出现的房地产市场崩溃，它们是世界上最透明的几个国家。有很多国家，它们的透明度远不如韩国、马来西亚和印度尼西亚，但是，在这些国家确实不存在危机。如果透明度对经济之谜很关键，那么，东亚国家应该较早就出现了更多的危机，因为数据表明，它们的透明度正在不断提高，而不是在降低。尽管它声称东亚在透明度方面是失败的，但东亚不仅表现出显著的增长，还表现得非常稳定。如果东亚国家正如国际货币基金组织和财政部所宣称的那样"非常脆弱"（这也是新发现的弱点），那么它不是因为越来越缺乏透明度，而是缘于其他熟知的因素：国际货币基金组织对这些国家强制施加的、早熟的资本市场自由化和金融市场自由化。

在对此进行回顾的基础上，至于为什么要关注"透明度"，有一个"透明的"原因。[3] 它为金融界（国际货币基金组织和美国财政部）转移责备提供了借口。国际货币基金组织和美国财政部对东亚、俄罗斯以及其他任何地方强制推行的政策都受到责备：资本市场自由化导致不稳定的投机行为，金融市场自由化导致了糟糕的贷款实践。由于它们的复苏方案没能如同它们宣称的那样有效，它们就有借口试图解释，真正的问题不在于它们的方案，而是处于困境中的国家的其他问题。

然而，通过更近距离的详细审查，我们发现，工业化国家在其他方面也感到困惑；比如，日本虚弱的银行规制可能为银行提供了向泰国借贷的动机，这样的利率非常具有吸引力，借入者无法抵制比谨慎情况下获得更多贷款的诱惑。美国和其他主要工业化国家的银行规制政策也鼓励不理智的借贷——该银行规制允许将短期贷款视为比长期贷款更安全的贷款行为。这就鼓励了短期借贷，而短期贷款就是东亚不稳定的重要来源之一。

主要的投资企业也希望为它们的咨询者开脱，这些咨询者鼓励他们的客户将其资金投入东亚国家。在美国政府和其他主要工业化国家政府的完全支持下，从法兰克福到伦敦再到米兰的投资咨询家都声称，因为东亚国家缺乏透明度，他们没有办法预先知道事情实际上的恶劣情况。这些专家很自然地回避了这样的一个事实：在完全开放和透明的市场中，在完全信息下，收益率很低。亚洲曾经能够吸引投资——它创造了高回报，正好是因为它更具有风险。咨询家们觉得他们有更充分的信息（结合他们的客户对高收益的渴求）将资金驱赶到该地区。韩国的高负债、泰国的巨大贸易赤字和房地产泡沫不可避免地要破裂，还有苏哈托的腐败等，这些核心问题路人皆知，早应该向投资者披露这些问题的风险。

国际银行也发现转移批评很容易。它们希望责备借款人以及泰国和韩国银行糟糕的借贷实践，断言这些银行在它们国家的腐败、政府的纵容下发放了许多坏账，并且国际货币基金组织和美国财政部再一次加入这一攻击中。实际上从一开始，人们就应该对国际货币基金组织和美国财政部的观点表示怀疑。尽管它们试图为国际出借者开脱，但严峻的事实是每项贷款都有借入者和出借者。如果贷款天生都是不良的，那么出借人和借入者一样存在过错。此外，西方发达国家的银行正向大量的韩国企业贷款，它们完全知道很多韩国企业是如何发挥杠杆作用的。坏账是糟糕的，这种结果不是来自美国或者西方政府的压力，更何况西方银行宣称它们具有良好的风险管理工具。毫无疑问，这些大银行希望将详细审查从它们自己身上转移出去。国际货币基金组织有很好的理由支持它们，因为它本身也有责任。国际货币基金组织在别处的再一次救援导致了部分借贷者缺乏应有的审慎。

此外，还有更为危险的深层次问题。美国财政部在20世纪90年代早期已经宣布全球资本主义的胜利。与国际货币基金组织一起，它已经告诉各国遵循"正确的政策"——华盛顿共识政策，这些政策将会保证各国的增长。东亚危机开始怀疑这一新的世界观点——除非能够证明这一问题不是因为资本主义，而是缘于亚洲国家和这些国家糟糕的政策。国际货币基金组织和美国财政部必须承认，该问题的根源不是因为改革——实施资本市场自由化这一首要的神圣信条，而是因为这些改革没有得到充分的执行。通过关注这些危机国家的弱点，它们不仅转移了自己的失败——既包括政策失败也包括借贷失败，还试图利用经验进一步推行它们的议程。

| 第 13 章 |

未 来 之 路

迄今为止,全球化并没有为世界上大多数穷人服务,也没有为环境服务,更没有为全球经济稳定服务。向市场经济的转型是如此难以管理,以至于除了中国、越南还有少数东欧国家外,其他国家随着收入的突然下降,贫困飞速飙升。

对有些人来说,答案很简单:抛弃全球化。这既不可行也不值得。正如我在第 5 章中提到的,全球化也带来了巨大的收益——东亚的成功正是缘于全球化,尤其是贸易机会及市场和技术准入的增加。就像更活跃的全球文明社会为更民主和更大程度的社会公正而战一样,全球化也提高了全球的健康水平。问题不在于全球化,而在于如何管理全球化。部分问题也在于国际经济机构,主要是国际货币基金组织、世界银行和世界贸易组织,这些机构帮助建立了博弈规则。通常情况下,它们这样做是为更发达的工业化国家的利益和这些国家的特殊利益服务,而不是为发展中国家的利益服务。但它们不只是为这些利益服务,时常,它们也以特定的经济和社会视角所形成的特定的狭隘观点来处理全球化问题。

很明显的是,国际经济机构需要进行改革——从国会任命的代表和受基金会支持的经济学家们所撰写的关于全球金融体系结构的改变，到几乎每次国际会议标志性的抗议活动都可以看出这一点。作为回应，目前已经做了一些改变。新一轮贸易谈判于2001年11月在卡塔尔的多哈启动，该轮谈判被称为"发展回合"，它不仅试图进一步开放市场，也试图对过去的一些不公平进行修正，在多哈进行的争论比过去要公开得多。国际货币基金组织和世界银行改变了它们的言辞，它们更多地谈论贫困问题，至少世界银行在针对很多国家的方案中，试图真诚地履行它的承诺——"将国家放到驾驶员的座位上"。但是，国际机构的很多批评家对此持怀疑态度。他们只是简单地将这些改变视为这些机构在面对政治现实时为了继续生存下来进行的必要变革。这些批评家怀疑是否存在真正的承诺。2000年，国际货币基金组织任命曾担任世界银行首席经济学家的某人为国际货币基金组织的第二号人物，在他担任世界银行首席经济学家时，世界银行采取了市场原教旨主义的意识形态；直到这时，这些批评家根本都还没有恢复信心。有些批评家对这些改革是如此怀疑，从而导致他们继续号召更极端的行为，比如抛弃国际货币基金组织，但我认为这是没有意义的。如果国际货币基金组织被抛弃了，它必定以其他的形式重建。在国际危机时期，政府领导人希望有人出来管理，而这正是国际机构应该做的事。如今，国际货币基金组织发挥了该作用。

我仍然相信全球化能够被改造以更好地发挥它的潜能，我也相信，国际经济机构能够按照有利于保证该目标实现的方式被改造。但为了明晰这些机构应该如何改造，我们需要更好地理解它们为什么会失败，而且有时候还败得如此惨烈。

利益与意识形态

在第12章，通过审视国际货币基金组织的政策，我们发现该组织好像是在追求金融市场的利益，而不是简单地履行其最初的使命：帮助深陷危机的国家和维护全球经济稳定；我们也会理解货币基金组织其他一系列看似不一致和不连贯的政策。

如果金融利益支配着国际货币基金组织的思想，那么商业利益就会相同地在世界贸易组织中起作用。正如国际货币基金组织忽视对穷人的关注一样，可以提供数十亿美元对银行进行救援，但却没有少量数额的资金来为那些由于国际货币基金组织方案所造成的大量失业工人提供食物补贴，世界贸易组织也会将贸易置于最重要的地位。环境学家试图限制某些货物的进口，这些货物是利用破坏环境的技术制造的——用网杀死濒临灭绝的物种，或者对环境造成污染的发电机发电等；但这些环境学家被告知不允许这样做，因为这是对市场不必要的干预。

虽然这些机构看起来首先是要追求商业利益和金融利益，但它们自己并不这么认为。它们确实相信它们正在进行的议程考虑到了总体利益。尽管存在相反的事实，但很多贸易和财政部长们，甚至是那些政治领导人，都相信每个人最终会从贸易自由化和资本市场自由化中获益。很多人对此如此强烈地相信，以至于他们通过能采取的各种方式强迫这些国家接受"改革"，即使这些改革措施并没有得到普遍支持。

事实上，最大的挑战不只是机构本身，还在于思维方式：如果要保证全球化潜在的利益能够被实现，关注环保、保证穷人对影响他们的决策有自己的发言权、促进民主和公平贸易都是必要的。问题是，这些机构已经开始体现出其负责人的思维方式。非常典型的是：中央银行行长担忧的是通货膨胀的统计，而不是贫困的统计；贸易部长担心的是出口数据，而不是环境指数。

世界是复杂的。社会中的每个群体都关注对它影响最大的那部分。工人们担心工作和工资；金融家担心利率和偿付。如果债权人能够被偿还，高利率对他们来说是好事。但是工人们认为高利率造成经济衰退；对他们来说，这就意味着失业。难怪他们将高利率视为危险。对那些能够将其资金进行长期借贷的金融家来说，真正的风险是通货膨胀。通货膨胀意味着他们得到偿还的美元的价值要低于其借出的美元的价值。

在公共政策讨论中，很少人公开地为自己的利益而争论。每件事情都是根据总体利益来表达。需要用一个模型来评估某项特别的政策如何影响总体利益，需要对整个体系如何工作进行审视。亚当·斯密提供了一个这样的模型，该模型支持市场；卡尔·马克思知道在他那个时代，资本主义看起来对工人们具有不利的影响，他提供了另外一个模型。马克思的模型产生了巨大的影响，尤其是在发展中国家，对于这些国家中的数十亿穷苦百姓来说，资本主义看起来并没有兑现它的承诺。随着苏联的解体，全球经济中美国占据支配地位，市场模型开始流行。

这里并不仅仅是一个市场模型。日本的市场体系版本与德国、瑞典及美国的市场版本存在明显的不同。有很多国家的人均收入可以与美国相比，但是在这些国家中，不平等程度较低、贫困更少，而且健康和其他方面的生活标准更高（至少，生活在那里的人们是这样认为的）。虽然市场处于瑞典和美国资本主义版本的中心，但政府发挥的作用大大不同。在瑞典，政府在促进社会福利方面承担了更大的责任；它持续提供比美国更好的公共福利、更好的失业保险、更好的退休福利。至今，它在各个方面都很成功，甚至在与"新经济"联系的创新方面也是如此。对很多（但不是全部）美国人来说，美国模式运行得很好；对大部分瑞典人来说，美国模式是不可接受的——他们相信自己的模式也能很好地为其服务。对亚洲人来说，亚洲模式的多样性运行得很好，即便考虑全球金融危机，对马来西亚和韩国以及中国大陆和中国台湾地区来说，都是如此。

在过去50年的时间内，经济科学已经解释了为什么、在什么条件下市场能够很好地运行，以及什么时候它们不能很好地运行。这已经说明为什么市场有可能导致某些东西供不应求（比如基础研究），而其他的却生产过剩（比如污染）。最具戏剧性的市场失灵就是周期性的低迷、衰退和萧条，这在过去200年来就已经对资本主义造成伤害，造成大批工人失业，也造成大部分资本存量未被充分利用。虽然存在非常明显的市场失灵的例子，但也存在无数更为隐性的失灵，这些例子中，市场不能够提供有效的产出。

政府能够而且已经在减轻市场失灵方面和确保社会公正方面发挥了

关键的作用。市场进程本身可能会给很多人留下太少的生存资源。在那些最成功的国家中，比如美国和东亚国家，政府已经发挥了这些功能，并且在相当大的程度上发挥得很好。政府对所有人都提供了高质量的教育，并且提供了很多基础组织——包括制度性基础机构，比如法制体系，这些都是市场有效运行所需要的。他们对金融部门进行规制，保证资本市场能够按照其设想的方式运作。他们为穷人提供了安全网。并且，从通信到农业到喷气式发动机和雷达，他们在各个领域都提升了技术。虽然在美国和其他地方都对政府应该发挥的准确作用存在较大的争议，但人们还是普遍相信，政府应该在使任何社会、任何经济功能有效运作中发挥作用。

在我们的民主社会中，对经济和社会政策存在重大的分歧。这些分歧有些是关于价值观方面的：我们应该如何关心我们的环境（如果环境恶化能够给我们带来更高的国内生产总值，那么我们应该忍受多大程度的环境恶化）；我们应该如何关心穷人（如果能使一些穷人摆脱贫困，或者生活水平略有改善，我们应当贡献我们总收入的多少来关心穷人）；或者我们应该如何关心民主（如果我们相信民主会促进经济更快地增长，那么我们是否会对基本权利进行妥协，比如集会的权利）。有些分歧是关于如何发挥经济功能的。推理的命题很明显：只要存在不完全信息或市场（通常是这样），原则上就会存在政府干预——哪怕是一个同样忍受信息不完全的政府，这样做会提高市场效率。正如我们在第7章看到的，市场原教旨主义的假设在发达经济体中都无效，更不要说在发展中国家了。但是，市场原教旨主义的提倡者依然认为市场无效的可能性相对很小，而政府无效的可能性相对较大。他们认为，政府产生更多的是问题而不是如何解决问题；失业被指责是因为政府将工资定得太高，或者允许工会拥有更大的权力。

与标榜是亚当·斯密追随者的那些人相比，亚当·斯密更清楚地知道市场的局限性，包括由于竞争不完全所造成的威胁。亚当·斯密同样也更清楚社会和政治背景，在这种背景下所有的经济体必须运行。如果要让一个经济体能够运行,社会凝聚力就很重要:拉美国家的城市暴动和非洲国家的内战造成了与投资和增长敌对的环境。虽然政府凝聚力能够影响经济表现,但它的负面作用也很明显:可预计到,过度节俭的政策(无论是阿根廷的紧缩性货币政策或紧缩性财政政策,还是印度尼西亚削减了对穷人的食物补贴)将会造成暴乱。当相信存在大面积的不平等时,这种情况尤其容易发生,比如在印度尼西亚,有数十亿美元进入公司和进行金融救援,却没有给那些被迫失业的人留下任何东西。

在我自身的工作中(不仅是我的著作中,同样也在我作为总统经济顾问和世界银行首席经济学家的角色中),我已经提出政府作用要平衡的观点。有些人虽然同时意识到市场和政府的局限性和失灵,但是认为这两者共同发挥作用。不同国家间合作的本质取决于它们政治和经济的发展阶段。

但是,无论一个国家的政治和经济发展处于什么阶段,政府的作用都不相同。过于弱势的政府和太过强势的政府都会伤害稳定和增长。亚洲金融危机就是由于金融部门缺少合适的规制造成的,俄罗斯的黑手党资本主义盛行是因为没能成功地执行法律和秩序混乱造成的。由于没有必要的制度性基础组织,转型国家中的私有化导致了资产掠取而不是财富创造。在其他国家,没有规制的私有垄断比国家垄断更能剥削消费者。相比较而言,有规制的私有化、公司重建和强大的公司治理[1]能够实现更高的增长。

但是,在这里,我不是要解决这些争论,也不是推行我对政府和市场作用的特别观点,而是强调:即使是训练有素的经济学家,他们对这些议题也存在实实在在的分歧。一些经济评论家得出结论,说经济学家经常存在分歧,因此他们试图忽视经济学家提出的任何观点。这种做法是错误的。对于某些议题,比如说按照他们自己的方式生存的必要性、恶性通货膨胀的危险,经济学家的意见是普遍一致的。

问题是,国际货币基金组织(有时也包括其他的国际经济组织)的表现就像是接受了教条主义的主张和政策建议,认为不存在普遍一致的意见；的确，就拿资本市场自由化这个例子来说，没有证据表明要支持该政策，却有无数证据表明要反对该政策。虽然普遍认为没有哪个国家能够在恶性通货膨胀下取得成功，但是并不同意将通货膨胀降到越来越低的水平就能够获利；也没有证据表明将通货膨胀降到越来越低的水平，产生的收益才与成本相当，而且，一些经济学家甚至认为追求太低的通货膨胀将会出现负收益。[2]

对全球化的不满不只是因为经济学看似凌驾于一切之上，还在于经济学的特殊观点——市场原教旨主义凌驾于所有其他观点之上。世界上许多地方反对全球化不是反对全球化本身，即增加资金的新来源或者是新的出口市场，而是反对一套特别的教条，反对国际金融机构强制实施的华盛顿共识政策。并且，不只是反对这些政策本身，还反对认为只存在一套正确的政策这一观念。这一观念不仅公然违反了经济学（经济学强调平衡的重要性），也公然违背了基本常识。在我们自己的民主中，我们对经济政策的每个方面都进行积极地讨论；不仅包括宏观经济政策，还包括诸如破产法或者社会保险私有化这样的问题。但是，世界上其他大部分地区的人们觉得，他们好像被剥夺了选择的权利，甚至被迫选择一些国家（诸如美国）已经抛弃了的政策。

对特殊意识形态的承诺不仅剥夺了这些国家的选择权，同时也导致了它们的失败。世界上每个地区的经济结构明显不同。比如说，东亚国家的企业负债率高，而拉美国家的企业负债率相对较低；拉美国家的工会力量很强，而很多亚洲国家的工会力量相对较弱。经济结构也会随时间而发生改变——近些年进行的新经济讨论中强调了这一点。过去30年的经济进步主要体现在金融机构的作用、信息和全球竞争格局的改变。我已经注意到这些变化如何改变关于市场经济效率的观点。这些变化也改变了如何适当应对危机的观点。

在世界银行和国际货币基金组织，新的观点，更重要的是它们对经济政策的隐含意义，经常遭到反对，这些机构已经拒绝审视东亚国家的经验，仅仅因为这些国家并没有遵循华盛顿共识政策，而且其增长速度要快于世界上其他任何一个地区。由于不能将现代经济社会的这些教训摆到桌面上，因此，在东亚危机发生时，这些机构就没有做好处理该危机的准备，更别说是促进全世界范围内的增长了。

国际货币基金组织觉得几乎不需要将这些教训摆到桌面上，因为它知道：如果经济社会不能够提供答案，那么意识形态——自由市场中单一的信念就能够给出答案。意识形态提供了一面镜子，通过它，人们可以看到这个世界，看到一系列信念是如此牢固，以至于几乎不需要经验的确认。凡是与这些信念相矛盾的事实立刻就被草率地忽视了。对于自由的、无约束的市场信念者来说，资本市场自由化很明显是合理的，不需要证据证明它能促进增长。它导致不稳定的证据也被认为是调整的代价而已，是向市场经济转型过程中不得不接受的部分痛苦，因此可以忽略不计。

国际公共机构必不可少

我们不能背弃全球化，这已成为事实。问题是我们如何能让它有效地运行，并且，如果它要运行的话，就必须让全球公共机构来帮助建立规则。

当然，这些机构应该将精力集中在全球一致行动是值得的甚至是必要的等诸多的议题上。过去 30 年中，人们越来越认为，集体行动无论在哪个层次上都是不可少的。前面已经讨论过，在市场本身不能产生有效的产出时，集体行动是如何发挥作用的。当存在外部性时，即个人行动对他人产生影响，对于这些影响，他们没有支付也没有获得补偿，市场通常会造成一些产品过度生产而另外一些产品产出不足。我们不能依赖市场来生产本质上的公共产品，比如国防。[3] 在一些领域，市场无法有效配置资源[4]：比如政府向学生提供贷款。因为就市场本身而言，它不会为人力资本提供投资基金。由于各种原因，市场时常不能自我规制——繁荣和破灭。因此，政府将在促进经济稳定方面发挥重要的作用。

在过去 10 年中，对于不同层面——地方、国家或全球应该采取什么样的集体行动的理解正在不断深入。产生的利益大部分来源于地方时，这些集体行动（比如与地方污染有关的行动）应该由地方层面来引导；使一个国家全体公民都受益的集体行动应该在国家层面进行。全球化意味着不断认可那些具有全球性影响的舞台。正是在这些舞台上，要求全球集体行动，并且全球治理体系是必不可少的。对这些舞台的认可已经与创建全球机构以处理这些问题同等重要。一般认为联合国能够集中处理全球政治安全问题；而国际金融机构，尤其是国际货币基金组织，要处理全球经济稳定问题。这两者都被认为能处理全球范围的外部性问题。地方战争，除非得到抑制或平息，否则就会传到其他国家，直到它们变成全球冲突。某个国家的经济衰退也能造成其他任何地方的经济衰退。1998年的巨大问题就是新兴市场中的危机可能导致全球经济的停滞。

但并非只有在这些舞台上，全球集体行动才是必要的。还存在全球环境问题，尤其是关于海洋和大气的问题。由于工业国家利用矿物燃料导致温室气体（CO_2）的聚集而造成的全球变暖，影响了未工业化经济体中人们的生活，无论在南海群岛还是在非洲腹地的国家。由于氯氟甲烷的使用造成的臭氧层空洞同样也影响到每个人——不仅是那些利用这些化学品的人。鉴于这些国际环境议题的重要性不断增加，已经签署了一些国际协定。有些协定运行得非常好，比如直接涉及臭氧问题的《1987年蒙特利尔议定书》；而其他协定，如那些处理全球变暖问题的协定，在这一问题上依然没能取得进展。

此外，还存在一些全球健康的议题，比如像艾滋病这样没有国界的高传染疾病的传播等。世界卫生组织已经成功地根除了一些疾病，特别是盘尾丝虫病（夜盲症）和天花，但在全球公共健康方面的很多领域，未来的挑战还很艰巨。知识本身就是重要的全球公共产品：研究成果能使每个人、每个地方都受益，知识本身没有额外的成本。

国际人道主义援助是集体行动的一种形式，它源于对其他人的同情。虽然市场很有效，但不会保证每个人都有充足的食物、有衣服穿或者有庇护所。世界银行的主要使命就是通过使这些国家能够实现增长和保持自立来消除贫困，至于在危机时期提供人道主义援助则不是重点。

虽然在这些领域的大部分领域中，专业机构已经发展成应对特殊需要的部门，但它们面临的问题经常是相互关联的。贫困能够导致环境恶化，而环境恶化能进一步加深贫困。像尼泊尔这样贫穷国家的人们，他们没有其他方式获得热量和能源，这就迫使他们采伐树木、破坏森林植被和灌木，以此获得燃料来取暖和做饭，这样就造成土壤侵蚀，因此造成进一步的贫困。

全球化通过增加世界人民间的相互依赖从而提高了全球集体行动的必要性，提高了全球公共产品的重要性。为应对这些问题而建立的全球机构没能很完善地运作不足为奇：这些问题很复杂，而且集体行动在任何层次上都很困难。但是，在前面的章节中，我们已经说明，抱怨远远不只是针对这些机构并没有完善地运转。在某些情况下，它们的失败非常严重；它们已经加剧了不平衡的议程——一些人从全球化中得到的利益远远多于其他人，还有一些人的确受到了伤害。

治理

迄今为止，我们已经将全球化的失败上溯到游戏规则的制定过程中，在该过程中，商业利益和金融利益以及意识倾向看似已经在国际经济机构中占据优势。关于政府和市场作用的特有看法，这种看法在发达国家并没有被普遍地接受，却强迫发展中国家和转型经济体接受。

问题是，为什么会出现这种结果？答案并不难找：是财政部长和中央银行行长们在国际货币基金组织中制定决策；是贸易部长们在世界贸易组织中制定决策。即使在他们竭尽全力地推行那些符合他们国家更广泛的国家利益的政策时（或者偶然地，进一步竭尽全力推行符合更广泛的全球利益的政策时），他们也是通过特定的、不可避免的更为狭隘的视角来看这个世界。

我已经提出，需要在意识倾向上有所改变。但是，一个公共机构的意识倾向不可避免地与该机构的直接负责人联系在一起。与投票权有关，与谁在桌边有席位（即使仅有有限的投票权）有关。它决定了能够听到谁的声音。国际货币基金组织不仅关注银行家之间的技术安排，比如说如何使银行支票清算系统更加有效。国际货币基金组织的行为还影响到遍布发展中世界数十亿的生命和他们的生活；然而，他们对于其行为却没有发言权。因为国际货币基金组织的政策而失去工作的工人们在桌边并没有席位；而那些坚持要求其贷款被偿还的银行家却很好地由财政部长和中央银行行长来代表。可以预见政策的后果：救援一揽子计划更多地关注债权人的偿还问题，而不是将经济维持在充分就业状态。我们能够预测到机构管理选择的后果：他们更在意寻找一位与占支配地位的"股东"的观点相一致的领导人，而不在意寻找某个在解决发展中国家问题方面具有专长的人，成为目前国际货币基金组织业务的中流砥柱。

世界贸易组织的治理更为复杂。就像国际货币基金组织代表财政部长的声音一样，在世界贸易组织，是贸易部长的声音受到重视。因此，毫无疑问，就很少会出现对环境问题的关注。国际货币基金组织的投票安排能够保证富裕国家占支配地位；在世界贸易组织，虽然每个成员都有一票的投票权，但基本上是通过协商一致来做出决定的。实际上，美国、欧盟和日本在过去占据主导地位。这种情况目前可能有所改变。在多哈回合最后一次会议上，发展中国家坚持，如果要开始新一轮贸易谈判，它们的关注必须受到重视，并且它们应获得一些明显的让步。虽然中国的利益和很多其他发展中国家的利益并不完全一致，但随着中国加入世界贸易组织，发展中国家就平添了强大的力量。

如果要使全球化按照其应该的方式运作，那么需要做的最基本的改变就是治理的改变。这包括：国际货币基金组织和世界银行投票权的改变，以及其他所有国际经济组织的改变，以保证在世界贸易组织中不只反映贸易部长的声音，在国际货币基金组织和世界银行中不只听到财政部长的声音。

要进行这些改变并不容易。美国不情愿放弃它在国际货币基金组织中的有效投票权。发达工业国家也不情愿放弃它们的投票权以使得发展中国家得到更多的投票权。它们甚至会引起华而不实的争论：这种投票权，就像任何公司中的投票权一样，应该根据资本贡献进行分配。中国在很久以前就愿意增加其资本贡献，如果中国能够增加其资本贡献，就可以获得更多的投票权。美国财政部长保罗·奥尼尔曾经试图给人们这样一种印象：是美国的纳税人、水管工人和木匠们，支付了数十亿美元的紧急援助，所以，因为他们付出的代价，他们就应该得到投票权。但这是错误的。这些资金几乎都来自发展中国家的工人和其他纳税人，因为国际货币基金组织的贷款几乎总能够得到偿还。

虽然变化不容易，但还是有可能的。2001年11月，作为发起新一轮贸易谈判的出价，发展中国家向发达国家施压的情况表明，至少在世界贸易组织，存在谈判权力的改变。

我依然不指望对国际货币基金组织和世界银行进行正式治理的根本性改革会很快到来。然而，短时间内，实践和程序的改变的确能够产生重要的影响。在世界银行和国际货币基金组织，有24个席位，每个席位代表一些国家。当前的配置中，非洲的席位很少，这只是因为它的投票权太少，而它的投票权太少是因为（正如我们注意到的）投票权是根据经济实力来分配的。即使没有改变投票安排，非洲也应该拥有更多的席位；即使它们的投票权无效，它们的声音也应该被听到。

有效的参与要求及时通知发展中国家的代表。因为这些国家都很贫穷，它们养不起像美国那样的员工，这些员工能够在所有的国际经济机构中集合起来支持美国的地位。如果发达国家非常认真地倾听发展中国家的声音，它们可以帮助建立一个思想库（独立于国际经济组织）来帮助制定战略和立场。

透明度

除了对它们的治理进行根本的变化外，要保证国际经济机构更多地对穷人、环境、更广泛的政治和社会问题进行关注，这是我已经强调的，而最重要的关注方式是提高开放度和透明度。我们曾经想当然地认为，信息畅通和新闻自由甚至已经在约束我们民主选举的政府中发挥了重要作用：任何伤害、细微的轻率、偏袒都会受到详细审查，而且，公共压力的力量尤其强大。在诸如国际货币基金组织、世界银行和世界贸易组织这样的公共机构中，透明度甚至更为重要，因为它们的领导人并不是直接选举的。虽然它们是公共机构，但是它不直接对公共负责。这意味着这些机构应该更为开放，但实际上它们并不透明。

尽管在影响方式上存在些许不同，但缺乏透明度的问题确实影响到每个国际机构。在世界贸易组织，达成协议的谈判都是关着门进行的，因此，很难（直到太迟为止）看清对公司和其他特殊利益的影响。世界贸易组织专家组在对是否存在违反世界贸易组织协议进行裁决时，也是秘密进行的。这也许并不令人感到惊讶：比如，由贸易律师和前贸易官员组成的专家组很少关注环境问题；但通过将这些商议公开，公共详细审查将要么使这些专家组对公共问题更为敏感，要么强迫他们对判决程序进行改革。

国际货币基金组织出现时具有保密倾向：虽然它是公共机构，但是传统上中央银行都是保密的。在国际机构中，保密被认为是很自然的，与之相反，在学术界普遍接受的规范是公开。在2001年9月11日以前，财政部长甚至要求保护离岸银行业中心的秘密。在开曼群岛和其他一些离岸银行业中心的数十亿美元不是因为这些岛屿能够提供比华尔街、伦敦或者法兰克福更好的银行服务，而是因为保密允许它们在那里从事避税、洗钱和其他犯罪活动。只是在2001年9月11日之后，人们才意识到，在那些其他邪恶的活动中，存在对恐怖主义的支持。

但国际货币基金组织不是一个私人银行而是一个公共机构。

缺乏公开的讨论意味着模型和政策没有得到及时的讨论。在1997年危机期间，如果国际货币基金组织的行为和政策经历了传统民主进程的话，就会在危机国家内对国际货币基金组织提供的政策进行完全和公开的辩论，这些政策就有可能不会被接受，并因此出现更明智的政策。那些争论可能不仅披露经济假定的缺陷（正是在这些假定的基础上制定了政策），而且会揭示债权人的利益被置于工人和中小商业者的利益之上。这样就会出现可选择的行为进程，这些进程使那些弱势群体承担较少的风险，并且可能对应该考虑的问题进行严肃的思考。

前面已经提到，在总统经济顾问委员会工作时，我已经看到并且开始理解导致保密的强大力量。保密允许政府官员自由进行决策，而如果他们的行为接受公共的详细审查，他们就不能这样做。保密不仅使他们的生活很惬意，还允许向特殊利益充分倾斜。保密还能隐藏错误，无论是否无辜，无论对失败的结果进行思考是否得出结论。正如人们有时所说的那样，"阳光是最强的消毒剂"。

即使政策并不是由特殊利益驱动的，保密也会造成怀疑——谁的利益真正得到维护？并且这样的怀疑，即使没有理由，也会破坏政策的政治可持续性。正是该保密以及它引起的怀疑，才使得抗议运动得以持续。抗议者的需求之一就是要求更大程度的公开和透明度。

这些要求具有特殊的反响，因为国际货币基金组织在东亚危机期间本身就强调了透明度的重要性。很明显，国际货币基金组织对透明度带修辞色彩的强调造成了一个无意识的结果，那就是，最终当透明度的聚光灯转过来照射国际货币基金组织时，就会发现它在透明度方面的欠缺。[5]

保密也破坏了民主。只有对这些公共机构负责的那些人能够知道他们在做什么，包括他们面临什么选择以及他们如何制定决策，才会存在民主责任。我们在第6章已经看到，现代民主怎样开始意识到公民的基本知情权，比如通过诸如《美国信息自由法案》这样的法律来实施。然而，我们也看到，虽然名义上赞成透明度和公开，但国际货币基金组织和世界银行依然没有真正信奉这些观点。尽管它们确实应该这样做。

改革国际货币基金组织和全球金融体系

对于所有的国际经济机构，在改革中存在一些需要共同面对的问题，除此之外每个机构还有自己的特殊问题。我从国际货币基金组织开始谈起，部分是因为它更明显地出现了某些问题，而这些问题在其他机构中并不明显。

在第 12 章一开始，我就提出问题，一个由如此有才能的（和高薪水）政府官僚组成的组织为何能犯下如此多的错误？我认为，问题部分来源于它的既定目标（对它来说，是它最初创建时制定的目标，那就是维护全球经济稳定）与新目标（比如资本市场自由化，该目标更多的是为金融界的利益服务）之间的矛盾。这种矛盾导致知识的不一致性和不连贯，而不只是学术界利益的问题。因此，很难得出一致的政策，这并不奇怪。经济科学时常被意识形态取代，这种意识形态给出了明晰的方向，否则即使指导能够发挥作用，并且意识形态与金融界的利益广泛地协调一致，当意识形态不能有效运作时，这些利益本身也不能得到很好地维护。

意识形态和科学之间最重要的区别之一就是科学意识到人们认识的局限性，认识经常存在不确定性，然而，国际货币基金组织从来都不愿意讨论与它建议的政策相关的不确定性，而是喜欢制造一种确实可靠的印象。这种姿态和心态使它很难从过去的错误中汲取教训——如果它不能承认这些错误，它谈何去汲取教训呢？许多组织可能希望局外人相信它们确实不会犯错误，国际货币基金组织的问题在于它经常确信自己绝对不会犯错。

国际货币基金组织已经承认了在东亚危机中的错误，承认紧缩性财政政策加剧了衰退，并且，印度尼西亚金融体系的重建战略导致了资金的出逃，最终只是使事情变得更加糟糕。国际货币基金组织和美国财政部应该为其推行的许多政策负责，但它们已经试图限制这些批评和讨论。当世界银行的一份报告触及这些错误以及其他错误，并将该报告发表在《纽约时报》头版时，国际货币基金组织和美国财政部显得异常愤怒，随即就发布了禁止批评的命令。更明显的是，国际货币基金组织从来都不进一步思考这些问题。它从来都不问问这些错误为什么会发生，模型出了什么问题，或在下一次危机中如何避免再出现此类错误——将来肯定会出现另一次危机（2002 年阿根廷面临的危机再一次表明，国际货币基金组织的救援政策是无效的;它所坚持的紧缩性财政政策将经济进一步推入衰退)。它也从来都不问问为什么它的模型系统地低估了衰退的程度,或者为什么它要系统地推行过分紧缩的政策。

国际货币基金组织试图要维护它永不犯错的形象,竟然说,如果在相信它的政策是正确的这个问题上出现摇摆的话,它就会失去信任;并且,如果它的政策要成功,就需要市场对它充分信任。这是又一次实实在在的讽刺。经常赞扬市场"完善和理性"的国际货币基金组织真的相信它能够通过极度有信心的预测从而提高它的信任度吗?预测再三失败,使国际货币基金组织看起来绝不是不会犯错的,如果市场就像它所宣称的那样理性的话,就更是如此。如今,国际货币基金组织已经失去了大部分信任,不仅发展中国家对它不信任,而且它珍爱的支持者——金融界,对它也不信任。如果国际货币基金组织能够更诚实一点、更直率、更谦虚,毫无疑问,它的处境会更好一些。

有时候,国际货币基金组织官员提出另外一个借口,用以解释他们为何没有讨论替代政策及其相关的风险。他们指出,这些讨论只会使发展中国家更加糊涂——俨然一副恩人自居的态度,这种态度反映了其对民主进程的深度怀疑。

在这些问题被指出来后,如果国际货币基金组织能够改变它的心态及其行为模式,那自然好。但这种情况不太可能。相反,很明显,国际货币基金组织从错误中汲取教训极其缓慢。正如我们已经看到的,部分是因为强大的意识作用以及国际货币基金组织的信仰(机构不会犯错);部分是因为要利用它那分等级的组织结构来保证它在整个机构中流行的世界观支配地位。用现代商学院的行话来说,国际货币基金组织不是一个"学习的组织",而且像其他组织一样,发现它很难学习和改变,这样当周围的环境发生改变时,它就会发现自己处于困境中。

在本章的前面部分,我认为只有在治理得到改变时,才有可能发生意识倾向的基本改变,但是这种改变不太可能在近期发生。提高透明度将会有帮助;即使这样,有意义的改革也会遭到抵制。

在国际货币基金组织外部,已经达成广泛的共识,即国际货币基金组织应该将自己限制在它的核心领域,那就是管理危机;除了危机外,国际货币基金组织不应该涉足发展或者转型经济等问题。我强烈同意——还没有出现能够使国际货币基金组织促进民主、公平和可持续发展及转型的其他改革。

在其他方面,国际货币基金组织同样要缩小其涉足的范围。最近,国际货币基金组织正在负责收集一些有价值的经济统计数据,虽然总体上看来它做了一项很好的工作,但是,国际货币基金组织根据它的运行职责对它发布的报告中的数据进行了折中,为了使它的方案看起来有效,为了使这些数字"对得上",它不得不对经济预测进行调整。这些数据的使用者很多都没有意识到这不像普通的预测;在这些预测的案例中,并不是根据成熟的统计模型对国内生产总值进行预测,也不是根据那些对经济情况很了解的人的最佳估计进行预测,这些预测只是作为国际货币基金组织方案谈判结果的一部分。当运营机构也负责统计时,就不可避免地会发生这样的利益冲突,而且很多政府已经通过建立独立的统计机构对此加以回应。

国际货币基金组织另外一项活动就是监督,根据我们在第6章讨论的第8条"协商"来对一个国家的经济情况进行审议。正是通过这种机制,国际货币基金组织向那些不依赖其援助的发展中国家推行它的独特观点。因为某个国家的经济下滑将会对其他国家带来负面影响,对于那些互相施压以维持自己经济优势的国家来说,这的确很有意义;也许它的观点是全球公共产品,但问题出在报告成绩单本身。国际货币基金组织强调通货膨胀,其实失业和增长同样重要。并且,国际货币基金组织的政策建议也反映了政府和市场平衡的特殊观点。在美国,对第4条"协商"的直接经验使我相信,该项任务也应该由其他机构负责。因为某个国家的衰退会对它的邻国造成最直接的影响,而且,邻国的环境与本国的环境更一致,因此可以选择地区性监督。

强迫国际货币基金组织回到它原始的使命(缩小它的关注范围)能

够行使更大的职责。我们可以尝试着确定国际货币基金组织是否已经阻止了危机的发生，是否建立了更为稳定的全球环境，而且是否已经很好地解决了这些问题。但很明显，缩小关注的范围并没有解决该机构的问题，相反，部分抱怨是它已经推行的政策（比如资本市场自由化）增加了全球的不稳定性；无论是在东亚、俄罗斯还是在拉美国家，它实施的大规模救援政策都失败了。

改革的成就

对于东亚危机和国际货币基金组织政策失败的后果，存在普遍的共识，即国际经济体系的某些方面出了问题，需要做些事情以保证全球经济的稳定。但是，国际货币基金组织和美国财政部的很多人觉得只需要做些细微的改变。为了对改革进行弥补，在改革初期，他们构思了一个宏伟的题目：全球金融体系机构的改革，它建议对阻止另一次危机的博弈规则进行重大改变。

在花言巧语的背后存在一些实实在在的问题。那些掌管国际货币基金组织的人，为了转移对他们的错误和系统的问题所进行的责备，无所不做；同样，为了减少改革，他们无所不为，其目的就是要为国际货币基金组织获得更多的权力和资金，与此同时，要新型市场承担更多的义务（比如要求它们遵从发达工业国家制定的新标准）。

对已开展的改革进行的讨论强化了这些怀疑。"官方"改革争论集中在相同的机构中，并且由类似的政府支配，而这些机构和政府直接"操作"全球化已经50多年了。如今，在全球范围内，关于改革的争论存在大量的犬儒主义。当在谈判桌前面对那些一直对该体系负责的人时，发展中国家怀疑，是否有可能出现真正的改变。对这些有关的"客户国家"来说，就是一个字谜游戏，在该游戏中，政治家假装做一些事情来纠正这些问题，而金融利益者却尽其所能来维持现状。这些愤世嫉俗者们部分是正确的，也仅仅是部分的正确。危机使我们越来越感到全球化进程中某些地方出了问题，并且导致了对宽范围议题的批评，包括透明度、贫困问题，也包括环境问题、劳工权利问题等。

在这些组织机构内部，许多有影响力的成员觉得很满足。这些机构已经改变了它们的言辞。它们谈论着"透明度""贫困"和"参与"。虽然这些言辞和实际行动间存在差距，但对这些机构的行为、对透明度和贫困的关注等问题都有一定的影响。它们建设了更好的网页，并且更开放。参与贫困评估已经吸纳了更多的参与者，而且更了解这些方案对贫困的影响。虽然机构内部的人觉得这些改变具有重大意义，但外部人觉得改变显得很肤浅。国际货币基金组织和世界银行的公开标准依然要比民主政府（比如美国、瑞典、加拿大等）的公开标准弱得多。它们试图掩饰一些批评性的报告；只有当它们阻止的这些报告泄露时，这些报告最后才被迫公开。在涉及参与贫困评估的方案中，那些参与者被告知，对于像宏观经济框架这样的一些重要问题，他们不能参与，这就使那些发展中国家感到非常不满。[6]

还有其他的例子表明，在改革方面同样是说的多做的少。如今，国际货币基金组织的高级官员也只是偶尔意识到短期资本流动和早熟的资本市场自由化及金融市场自由化的危险。这可以说是国际货币基金组织官员姿态的主要变化，虽然这一变化太快，以至于无法看到言辞的改变是否或者如何反映到这些国家被强迫实施的政策中。[7]迄今为止，看起来要获得证据毫无希望，因为一个简单的插曲表明了这一点。在国际货币基金组织新执行总裁霍斯特·科勒就职不久，他就对一些成员方进行了访问。2000年5月末，在访问泰国时，他注意到资本市场自由化的危险。其实在当时，人们已经普遍认识到这一危险，只是国际货币基金组织自己才刚认识到而已。泰国的邻国印度尼西亚，实施了快速开放的政策。2000年6月，科勒访问了印度尼西亚，当时印度尼西亚政府已经宣布了要对资本市场进行干预的计划。但是很快，印度尼西亚人和霍斯特·科勒的观点被国际货币基金组织职员纠正。国际货币基金组织官僚再一次获胜：虽然在理论上资本市场自由化可能存在问题；但对于那些寻求国际货币基金组织援助的国家来说，资本市场干预（控制）显然不能拿到桌面上来讨论。

还存在其他对待改革的姿态,那就是不认真或半途而废。[8] 随着对20世纪90年代大量救援的批评不断出现,改革的失败也不断出现。首先出现的是预防性借贷框架,在危机真正发生之前向巴西贷款,虽然阻止了该国的危机,但也只持续了数月时间,并且付出了巨大的代价。接着出现的是暂时的信贷最高限额,这是设计的另外一项措施,目的是在危机爆发时将资金准备好。[9] 这也毫不起作用,主要是因为从提议的条件来看,看起来没人对它感兴趣。[10] 意识到救援可能会造成道德风险、削弱借贷实践,因此,就实施了债权人必须承担部分代价的"参与"救援战略。当然,该战略没有在俄罗斯这样的大国实施,但却被厄瓜多尔、乌克兰、罗马尼亚和巴基斯坦等小国和缺乏实力的国家采纳了。正如我在第12章所解释的,在很大程度上,"参与"救援是个失败的战略。在一些案例中,比如罗马尼亚,在这些战略对该国经济造成巨大的伤害前就被抛弃了。而在厄瓜多尔,它们被强迫执行,甚至造成更具破坏性的影响。美国财政部新任部长和国际货币基金组织新任执行总裁虽然都表示对大量救援战略的总体效果持保留态度,但却继续做同样的事情——2000年和2001年,分别向土耳其和阿根廷提供了110亿美元和216亿美元的贷款。这看起来最终迫使其开始对阿根廷救援的失败进行反思。

即使对改革达成广泛的(但不是普遍的)共识,金融中心的人们也会对此加以抵制,这些抵制有时候还得到美国财政部的支持。东亚危机中,随着注意力集中于透明度,要知道在新兴市场中正在发生什么事情就变得很重要,而且也必须知道对冲基金和离岸银行中心正在做什么。还存在另一种担心,由于更透明,会造成更多的交易都通过这种渠道进行,反而不清楚整体上发生了什么。萨姆斯部长支持对冲基金和离岸银行中心,反对继续寻求提高透明度,认为过度的透明可能会降低获取信息的动机,按技术行话说就是"价格发现"功能。只是在2001年9月11日之后,才显示出对离岸金融中心进行改革的重要性,这些离岸金融中心是作为税收和规制的避风港而建立的。对此不应该感到惊奇;这些便利是发达工业化国家深思熟虑的政策结果,是由金融市场和富人来推动的。

另一方面,即使是看起来很小的改革都面临强大的抵制,有时候是来自发展中国家的,有时候是来自发达国家的。随着短期债务对危机的发生具有重大的促进作用变得越来越明显,人们的注意力开始集中于债券条款,这些条款允许那些看似长期债券的能够一夜之间转化为短期债务。[11] 并且,随着债权人"参与"救援的需求不断增加,对债券条款的需求也在增加,这些条款为它们"强迫"参与试验提供了便利,即所谓的集体行动条款。债券市场已经非常成功地抵抗了这两项改革,虽然这些改革看起来受到国际货币基金组织的一些支持。这些改革的批评家认为,对于借入国来说,这些条款可能造成更昂贵的信贷,但他们忽视了核心要点。如今,借款存在巨大的成本,尤其是当事情趋向严重时,可这些成本只有一部分是由借款人来承担的。

需要做什么

认识到这些问题经历了漫长的过程。但国际金融体系的改革才刚开始。在我看来,在这些核心的改革中需要做到以下几点:

1. 承认资本市场自由化的风险,同时认清短期资本流动("热钱")造成的巨大外部性,即不是由这些交易的当事人(贷款人和借款人)直接承担成本。只要存在如此大的外部性,干预,包括通过银行和税收系统[12] 进行的干涉就是值得的。国际金融机构不应该抵制这些干预,而应该尽其所能帮助它们做得更好。

2. 破产改革和停滞。当私人借款人不能对债权人(无论是国内的还是国外的)进行偿还时,处理这些问题的合理方法是破产,而不是国际货币基金组织资助的对债权人进行救援。所需要的是破产改革,该改革意识到破产会造成宏观经济动乱这一特殊本质;也需要超级 11 章条款,即加速重建和最大限度地延续现有管理层的破产条款。这样的改革还具有更多的优势,它能够促使部分债权人变得勤奋,而不是鼓励那些不计后果的借贷，这类借贷在过去恰恰非常普遍。[13]

我们需要的不是试图实施对债权人更友好的破产改革，而不注意宏观引致的破产的特殊特征。这不仅不能解决深陷危机的国家的问题，也无法把握它的疗效，就像我们在东亚国家非常清楚地看到的那样，不能简单地将某个国家的法律转嫁到其他国家的消费者和规范上。如果公共债务得不到偿还（比如在阿根廷），问题就更复杂；但同样需要更多地依赖破产和停滞，国际货币基金组织看起来也是迟迟才接受该观点，但它不能发挥核心作用。国际货币基金组织是主要的债权人，而且它由债权国家支配。由债权人或者他的代表担任破产法官的破产体系是不公平的，也是不被接受的。

3. 更少地依赖救援。随着不断利用破产和停滞，就会减少大规模的救援行动。这些大规模救援的失败非常频繁，大量的资金要么被用来保证西方债权人比他们在其他情况下能得到更多的偿还，要么被用来将汇率更长时间地（允许该国的富人们将更多的资金以更优惠的条件转出该国，只给该国留下更多的债务）维持在高估的水平。正如我们已经看到的，这些救援不仅无效，还降低了借贷的谨慎动机和汇率风险的规避动机，从而引发了问题。

4. 无论是在发达国家还是欠发达国家，都需要改善银行规制——包括设计和实施。发达国家中虚弱的银行规制能够导致糟糕的借贷实践，向外输出不稳定性。虽然根据风险基础设计的资本充足标准是否提高了发达国家的金融稳定性可能还存在某些争论，但是，发达国家通过鼓励短期借贷而造成了全球不稳定性，这一点毋庸置疑。金融部门的放松规制和过度依赖资本充足标准已经受到误导而且不稳定，所以要求制定适合每个国家能力和环境的更广泛的、更少意识形态的规制。20 世纪 80 年代，泰国就非常正确地限制了投机性房地产借贷。但是，国际货币基金组织错误地鼓励泰国人取消这些限制。另外还存在大量的其他限制，诸如速度限制（限制银行资产的增长率），这可能提高了稳定性。然而，这些改革也不能够忽视更广泛的目标：一个安全和健全的银行体系很重要,但它必须也能够提供资本来资助企业和创造就业。[1]

5. 改善风险管理。如今,世界上所有国家都面临着汇率波动的巨大风险。虽然这个问题很普通,但解决方法却不明显。专家(包括国际货币基金组织的专家)对他们提倡的汇率体系类型也显得犹豫不决。他们鼓励阿根廷实施盯住美元的汇率政策。东亚危机后,他们认为这些国家应该要么实行浮动汇率,要么实行固定汇率。在阿根廷的灾难中,他们可能再次改变了这一建议。不管汇率机制如何改革,这些国家都依然面临巨大的风险。像泰国这样的小国,在向很多国家购买和出售货物时都面临困难,因为在主要货币之间的汇率变动达50%甚至更多。将它们的汇率固定在一种货币上不能解决这一问题,实际上能够加剧对其他货币的波动。但是,这里还存在其他方面的风险。20世纪80年代,拉美国家的债务危机[15]是因为利率的大幅提高引起的,是联邦储备银行主席保罗·沃尔克在美国实施紧缩性货币政策的结果。发展中国家必须学习管理这些风险,可能通过购买保险来防范国际资本市场的这些波动。不幸的是,目前这些国家只能为短期波动购买保险。的确,发达国家能够比欠发达国家更好地把握这些风险,因此,它们应该帮助发展这些保险市场。对发达国家和国际金融机构来说,以降低风险的形式向发展中国家提供贷款很有意义,比如让债权人抵御大部分真实利率波动的风险。

6. 改善安全网。风险管理的部分任务是,提高国内易受攻击的部分抵御风险的能力。大部分发展中国家的安全网都很虚弱,包括缺乏失业保险方案。在发展中国家占支配地位的两个部门:农业和小企业部门,即使是在更发达的国家中,其安全网也是虚弱的和不充分的。因此,如果发展中国家要在改进它们的安全网方面做出实质性改善的话,国际援助也是必要的。

7. 改善应对危机的能力。我们已经看到对1997~1998年危机反应的失败。所给予的援助在设计上是糟糕的,在实施上是差劲的。这些方案并没有充分地考虑缺乏安全网,忽略了保持信贷流动是非常重要的,而且国家之间的贸易崩溃将会传播危机。这些政策不仅仅是基于糟糕的预计,而且基于认识上的失败,即没能认识到摧毁企业比重建企业更容易、由高利率造成的伤害在利率降低时不会减少。社会需要恢复平衡:对工人和小企业的关注需要与对债权人的关注平衡;政策对国内资本外流的影响需要与过度关注外国投资者得到偿还平衡。必须根据社会和政治背景考虑对未来金融危机的反应。除了危机处置失当时出现的暴乱所造成的破坏外,这些国家还面临社会和政治动荡时不能吸引到外资的风险,而且没有哪个政府(除非是那些最受压制的政府)能够控制这样的动乱,尤其是当这些政策是被外部强制实施的时候。

更重要的是,需要回到基本的经济原则上,而不是关注短暂的投资者心理状态,或关注不可预测的信心;国际货币基金组织需要回到它最初的使命:当国家面临经济衰退时,提供资金以恢复总需求。发展中世界的国家再三发问:为什么当美国面临经济衰退时,它追求扩张性的财政政策和货币政策;而当它们面临经济衰退时,却坚持相反的政策。2001年,当美国经济开始陷入衰退时,争论的焦点不在于是否应该有一揽子经济刺激方案,而在于如何设计这些方案。而现在,阿根廷和东亚的教训很清楚:对那些依然陷入深度衰退的国家来说,永远不会恢复对经济的信心。国际货币基金组织强加给这些国家要求偿还资金的条件,不仅需要更严格地加以限制,还需要反映上述观点。

还有其他值得进行的改变:要求国际货币基金组织披露对"贫困"和失业的预计方案,这将会指导国际货币基金组织关注这些方面的问题。这些国家应该知道国际货币基金组织的建议可能产生的后果。如果国际货币基金组织在它的分析中出现系统的错误,比如,如果贫困的增长大于国际货币基金组织的预测,那么,国际货币基金组织应该对此负责。可以提出这样的问题:它的模型是否存在某些系统性的错误?它是否试图故意误导政策的制定?

改革世界银行和发展援助

也许是因为已经看到世界银行发生的改变,所以,我依然对改革国际经济机构的可能性抱有希望。虽然世界银行取得这些改变并不容易，也没有达到我希望的程度，但是这些改变确实具有重大的意义。

当我到世界银行任职时，世界银行的新总裁，詹姆斯·沃尔芬森正试图使世界银行对发展中国家关心的问题进行更多的回应。虽然新的方向并不总是那么明朗，知识基础并不总是那么坚实，而且世界银行内部也不是对此普遍支持，但是世界银行已经开始认真对待外界提出的批评。改革主要包括对三个领域的哲学体系进行改变：第一发展；第二，总体援助和世界银行的特别援助；第三，世界银行和发展中国家的关系。

对世界银行的方针再次进行评估时，世界银行考察了成功的发展是如何出现的。[16] 世界银行已经意识到要从再评估中汲取一些教训：根据自己的预算限制消费的重要性；教育的重要性，包括妇女教育；宏观经济的稳定性。然而，也出现了一些新议题。成功不仅来自于促进基础教育，还来自于建立一个强大的技术基础，包括支持高级培训。同时促进平等和实现快速增长是有可能的；实际上，更平等的政策已表现出有助于经济增长。支持贸易和开放很重要，[17] 但出口扩张创造了就业进而促进了增长，而不是因为进口增加失去了就业机会从而实现增长。当政府采取行动促进出口和建立新企业时，自由化是有效的；在其他情况下，它常常是无效的。在东亚，政府通过帮助建立促进储蓄和投资有效分配的机构，从而在成功的发展中发挥了关键的作用。成功的国家对竞争和创建企业的强调，超过了对私有化和重建现有企业的强调。

整体上看，成功的国家已经采取了更加综合的发展方法。30年前，左翼经济学家和右翼经济学家时常看似同意资源配置效率的改善和资本供应的增加是发展的核心问题。只是在这些改变是否应该通过政府导向计划或解放市场实现方面上存在差异。最终，对发展的核心问题进行的改革都是无效的。发展不仅包含资源和资本，还包括社会转型。[18] 很明显，国际金融机构不能负责社会转型，但它们可以发挥重要的作用。至少，它们不应该成为社会成功转型的障碍。

援助

但通常，提供援助的方式会切实造成有效转型的障碍。我们在第5章看到，限制性（无数被强迫接受的条件，常常有些条件在本质上是政治性的）作为援助的先决条件并不起作用；它并没有实现更好的政策、更快的增长和更好的结果。那些认为改革是被强制实施的国家并没觉得是对改革进行了真正的投资和承诺。然而，要发生真正的社会改变，它们的参与是必不可少的。更糟糕的是，限制性已经破坏了民主进程。最后，即使是国际货币基金组织，也对此存在一丝的认可：限制性走得太远；许多条件使发展中国家很难关注于优先秩序。虽然一直试图提炼这些限制性，但在世界银行内部，关于改革的讨论更进一步。有些人认为，应该用选择性替代限制性，也就是只对那些过去记录优良的国家提供援助，允许它们自己选择自己的发展战略，不再采取过去那种微观管理的方式。事实上，选择性提供的援助能够同时对促进增长和降低贫困产生重大影响。

债务豁免

发展中国家不仅要求按照能帮它们实现发展的方式来提供援助，还要求更多的援助。数额相对较小的资金就能够在促进健康和提高读写能力方面产生巨大的作用。实际情况是，剔除通货膨胀的因素，发展援助的金额的确一直在减少，如果按照占发达国家收入百分比或者对发展中国家的人均发展援助额来衡量，发展援助下降得更厉害。需要有对该类援助（和其他全球性公共产品）进行资助的基础，将其保持在更加可持续的水平上，才能完全摆脱美国和其他地方国内政治的反复无常。已经提出了一些建议，国际货币基金组织建立之初，就被授权建立特别提款权——一种国际货币。如今，随着许多国家每年都将数十亿美元储存起来用以防御国际市场的兴衰变迁，有些收入就不能转变为总需求。2001～2002年的全球经济衰退使我们首先要考虑这些问题。发行特别提款权来资助全球性公共产品（包括资助发展援助），不仅能够维持全球经济实力，也能帮助世界上最贫穷的国家。第二个建议包括利用全球性经济资源（海底矿石和海洋捕鱼权）的收入来资助发展援助。

最近，具有很充分的理由开始关注于债务豁免。如果不进行债务豁免，很多发展中国家就不能实现增长。如今，它们的大部分出口都用来偿还发达国家的贷款。[19]2000年大赦年的运动对债务豁免动员得到了国际社会的巨大支持。这次运动得到整个发达世界教会的支持。对它们来说，这被视为道德命令，是对经济公平的基本原则的反映。

债权人的道德责任问题在冷战贷款的案例中尤其明显。[20] 当国际货币基金组织和世界银行向刚果民主共和国臭名昭著的统治者蒙博托提供贷款时，它们知道（或应该知道）这些钱大部分将不会用来帮助该国的贫穷人民，而是用来帮助蒙博托。正是金钱支付保证了这位腐败的领导人促使刚果民主共和国与西方国家的结盟。在很多人看来，让拥有腐败政府的国家的普通纳税人偿还他们的领导人所欠下的债务是不公平的，更何况这些领导人并不代表他们的利益。

在给予债务豁免更大的承诺方面，大赦年运动是成功的。虽然2000年以前，对高负债的国家存在债务救济方案，但很少有方案符合国际货币基金组织建立的标准。在2000年年底，作为国际压力的结果，24个国家通过了这一门槛。

但是，债务救济需要进一步发展，因为现在，这些协议仅涉及最贫穷的国家。像印度尼西亚这样的国家，虽然被东亚危机和国际货币基金组织政策的失败毁坏，但它们的境况依然很好，也应该被纳入保护伞下。

改革世界贸易组织和平衡贸易议程

抗议全球化的全球性运动始于在华盛顿州西雅图召开的世界贸易组织会议，因为这次会议是全球不公平和发达工业国家虚伪最明显的标志。虽然这些发达工业国家已经提倡和强迫发展中国家向它们开放工业品市场，但它们依然向发展中国家关闭自己的市场，比如纺织品和农产品。虽然发达国家提倡发展中国家不应该对它们的工业进行补贴，但是这些发达国家依然为自己的农场主提供数十亿美元的补贴，使这些发展中国家不可能与它们竞争。虽然它们到处宣扬竞争市场的优点，但在国内工业看似受到进口威胁时，美国却迅速地建立了钢铁和铝业卡特尔。美国追求金融服务自由化，却反对对发展中国家具有竞争优势的服务部门进行自由化，比如建筑服务和海运服务。正如我们看所到的，贸易议程是如此不公平，以至于不只是最贫穷的国家不能享受公平份额的利益；而且，世界上最贫穷的地区，比方说撒哈拉以南的非洲地区（南部非洲地区），因为最后一轮贸易谈判的结果，它们的境况反而变得更加糟糕。

在逐渐认识到这些不公平的情况下，一些发展中国家最终于2001年11月发动了多哈"发展"回合贸易谈判，该回合谈判的议程主要是矫正过去的某些不平衡。但这是一个长期的过程：美国和其他发达工业化国家仅仅同意讨论；只是讨论矫正某些不平衡就被视为一种让步！

多哈回合谈判中，特别受关注的领域之一就是知识产权。如果发明者需要创新的激励的话，知识产权就变得很重要——虽然有很多最重要的研究，比如基础科学和数学方面的研究，是不能获得专利的。没有人否认知识产权的重要性。这需要平衡生产者和使用者的权利和利益，不仅是发展中国家的使用者，也包括发达国家的研究者。在乌拉圭回合谈判的最后阶段，科学技术办公室和经济顾问委员会担心我们没有实现权力平衡——协定将生产者的利益凌驾于使用者的利益之上。我们担心，如果这样做，前进和改革的速度可能会实实在在地受到抑制；毕竟，知识是研究最重要的投入，较强的知识产权保护将会提高该项投入的价格。我们也关心穷人买不到救命药的后果。该问题在随后出现的南非艾滋病药品供应情况中受到国际社会的关注。国际社会义愤地迫使医药公司放弃它们的主张，而且很明显，更进一步地说，限制了最坏的结果。但值得注意的是，即便是民主的美国政府，最初也支持医药公司。我们并没有充分认识到另外一种危险，可将其称之为生物盗版，国际公司将传统药品和食物进行专利化；它们不仅正当地从发展中国家的"资源"和知识中赚钱，而且在它们这样做时，也压制了长期提供这种产品的国内企业。如果这些专利受到有效的挑战，虽然不清楚它们是否能在法院站得住脚；但很清楚的是，欠发达国家可能不会有充足的法律和金融资源来挑战该专利。该问题已关系到所有发展中国家的巨大情感和潜在的经济问题。最近，当我在厄瓜多尔安第斯的村庄考察时，那里的市长就抱怨全球化如何导致生物盗版。

改革世界贸易组织要求进一步考虑更平衡的贸易议程：要更平衡地对待发展中国家的利益；要更平衡地对待超越贸易议程的议题，比如环境问题等。

但是，矫正当前的不平衡并不需要等到新一轮贸易谈判结束。国际经济公平要求发达国家采取行动，以更开放的姿态迎接与发展中国家的公平贸易和平等关系，而不是求助于谈判桌或者以此为交换条件试图获取发展中国家的让步。欧盟已经在这方面先行一步，它的"除武器外一切货物"的行动承诺，欧盟可以从最贫穷的国家自由进口除武器外的所有货物。虽然这并没有解决发展中国家的所有抱怨：它们依然不能与获得高额补贴的欧盟农产品进行竞争；但它是朝正确方向迈进的一大步。目前的挑战是要美国和日本也采取类似的实践。这样的行动对发展中国家来说是个巨大的利益，甚至发达国家也会受益，它们的消费者能够以较低的价格购买货物。

以更人性化的态度对待全球化

我所概述的改革可能使全球化更公平，对提高生活标准尤其是穷人的生活水平可能更有效。它不仅是改变机构架构的问题。全球化的心态本身都需要改变。财政部长和贸易部长们在很大程度上将全球化视为经济现象；但是，对于发展中世界的很多人来说，它远不止于此。

全球化遭到攻击的原因之一就是它看似破坏了传统的价值观。冲突是实实在在的，而且在一定程度上是不可避免的。经济增长（包括由全球化引起的经济增长）将会导致城市化，这破坏了传统的农业社会。不幸的是，迄今为止，那些负责管理全球化的人，在赞扬全球化的正面利益时,却并没有充分注意全球化的负面影响,这些负面影响威胁到文化一致性和价值观。[21] 如果站在发达国家内部的立场上来认识这些问题,就非常令人费解:欧洲保护农业的政策,不仅保护它们的特殊利益,而且保护农村传统。一些小城镇的人到处抱怨大型的国家零售商和购物街排挤了小商业者和他们的社区。

全球一体化的步骤非常关键:更为渐进的进程意味着不是埋没传统的制度和标准,而是让它们能够接受和回应新的挑战。

另外一个值得关注的议题是全球化对民主的影响。全球化正如其被提倡的那样,看起来时常表现为用国际金融新专政代替国家精英专政。那些国家被有效地告知,如果它们不遵循特定的条件,资本市场或国际货币基金组织将拒绝向它们提供贷款。它们基本上是被迫放弃它们的部分主权,被迫让反复无常的资本市场和投机者来"约束"它们,告诉它们应该做什么,不应该做什么。而这些投机者关注的只是该国的短期增长而非长期增长,关注生活水平的短期改善而非长期改善。

但是,一些国家确实存在选择,在某种程度上,这些选择之一就是它们希望屈从于国际资本市场。比如在亚洲,那些避免了国际货币基金组织约束的国家比那些服从国际货币基金组织建议的国家发展得更快,实现了更大的平等和贫困的降低。因为替代政策不同程度地影响了不同的群体,这是政治进程(不是国际官僚)进行选择的作用。即使增长遭受负面影响,也可能是很多发展中国家为实现更民主和更平等的社会而愿意付出的代价,就像目前很多社会学家所说的那样,为了获得更好的环境,牺牲一些增长是值得的。只要全球化按照它以往的方式运行,那么它就代表了对公民权的剥削。难怪它会受到抵制,尤其是受到那些正被剥削的人们的抵制。

如今,全球化在全世界范围内受到挑战。对全球化存在不满,这些不满是很正当的。全球化可以成为向善的力量:关于民主和民间社会观点的全球化已经改变了人们的思考方式,全球政治运动也已经导致债务减免和《地雷公约》的签署。全球化已经帮助上亿人提高了生活水平,超乎他们以及很多经济学家前不久所能想象的程度。经济全球化让很多国家能够利用全球化为它们的出口寻找新的市场和吸引外国投资。即使如此，从全球化中受益最多的国家，是那些掌握它们自己命运和意识到政府能够在发展中发挥重要作用的国家，而不是依靠对自己的问题进行自我修正的市场。

但是对很多人来说，全球化是无效的。他们看到自己的工作被摧毁，生活变得更没有保障，境况变得更糟。他们觉得越来越无力反对他们控制之外的力量。他们看到自己的民主被破坏，自己的文化被侵蚀。

如果全球化仍然按过去的方式运行，如果我们依然不能从错误中汲取教训，那么，全球化不仅不会在促进发展方面取得成功，还会继续制造贫困和不稳定。如果不进行改革，已经出现的强烈抵制将会越来越激烈，对全球化的不满也将会继续增加。

这对我们所有人来说可能是场悲剧，尤其是对那些本可受益的亿万人来说更是如此。虽然发展中国家的人们更多是在经济上遭受损失，但更广泛的政治分歧也会影响到发展中世界。

如果最后一章所概述的改革被严格实施，那么，更人性化的全球化进程就有希望，这样，全球化就会成为向善的强大力量，而大部分生活在发展中国家的人们也会从全球化中受益，进而对全球化表示欢迎。如果能做到这一点，对全球化的不满将会很好地为所有人服务。

当前的状况使我回想起70年前的世界。世界陷入大萧条时期，自由市场的鼓吹者说，"不要担心，市场能够自动调节，给它时间，最终会恢复经济繁荣"。不用担心生活遭到破坏的那些人在等待这个所谓的最终结果中的悲惨境况。凯恩斯认为，市场不能够自我修正，或者说至少在一定时间范围内不能够自我修正（就像他的名言中所说的那样，"长期来看，我们都已经死了"）。由于失业能够持续多年，因此需要政府干预。凯恩斯受到嘲笑——被视为市场批评者而遭到攻击。然而，从某种意义上说，凯恩斯是极度保守的。他对市场有基本的信仰：只要政府能够纠正这一失灵，那么经济就能够相当有效地发挥功能。他并不想对市场体系进行全面替换；但是他知道，除非这些基本的问题得到解决，否则将会存在巨大的公众压力。凯恩斯的建议是有效的：自从第二次世界大战以来，比如像美国这样遵循凯恩斯建议的国家，它们的衰退很少，持续时间更短，并且其经济繁荣的时间比以前更长。

如今，资本主义体制就像大萧条时期一样处于十字路口。20世纪30年代，资本主义被凯恩斯挽救，他的政策想法创造了就业机会，并且营救了遭受全球经济崩溃之害的那些人。现在，世界上成百上千万的人正等着看是否要对全球化进行改革，以使全球化的利益能够被更广泛地分享。

谢天谢地，人们对这些问题的认识不断增强，而且做事的政治意愿也不断提高。几乎所有涉及发展的人，即使是华盛顿机构的人现在也同意，如果没有相应的规制，迅速资本市场自由化可能是灾难性的。他们也同意，1997年亚洲危机时期过度紧缩的财政政策是个错误。2001年玻利维亚陷入衰退（部分是因为全球经济衰退）就存在某些暗示，可能不能强迫玻利维亚遵循传统的节俭路径，强迫其削减政府支出。的确，2002年1月，看起来玻利维亚被允许刺激它的经济，帮助它战胜衰退，利用它将要从最近发现的天然气储备中获得的收益来渡过难关，直到它的经济开始再次增长。阿根廷经济崩溃后，国际货币基金组织认识到巨大的救援战略的失败，它开始讨论使用停产和通过破产重组，即我和其他人已经提倡多年的替代战略。大赦年运动的努力实现的债务豁免以及在多哈发起的新发展回合贸易谈判的让步代表着两项改革的胜利。

虽然取得了一定的成就，但在弥补理论和现实的缺口方面，仍有更多的事情要做。在多哈回合谈判中，发达国家只是同意开始讨论更公平的贸易议程，过去的不平衡仍有待进行矫正；破产和停产目前已经纳入议程，却不能保证在债权人和债务人利益间实现合适的平衡。在讨论经济战略问题方面，发展中国家的人们开始更多地参与，但几乎没有证据表明已经出现了反映更大参与的政策改变。仍然需要在制度和心态方面有所改变。应该用以经济科学为基础的分析、用从市场和政府失灵中理解的政府作用应更平衡这一观点来替代自由市场意识形态。应该对外部咨询家的建议更重视，以此来阐明不同政策的后果（包括对不同群体的影响，尤其是对穷人的影响），从而支持民主决策的制定；而不是通过对不情愿的国家强制推行特殊的政策去破坏民主决策制定。

很明显，必须进行多方位的改革战略，应该关注国际经济安排的改革。但是，这样的改革可能需要很长时间才能进行。因此，第二个战略应该是直接鼓励每个国家自己进行改革。发达国家具有特别的责任，比如，削减它们的贸易壁垒，实践它们宣扬的政策。虽然发达国家的责任很大，但是它们的动机很弱：毕竟，境外金融中心和对冲基金是为发达国家的利益服务，而且，发达国家能够很好地承受改革的失败可能给发展中国家造成的不稳定。的确，毫无疑问美国正通过多种方式从东亚危机中获益。

因此，发展中国家必须为它们自己的福利承担责任。它们能够管理预算，以便按照自己的方式生活（虽然可能是穷困潦倒的），并且取消那些强迫消费者支付更高价格的保护主义壁垒，虽然这些贸易壁垒可能会给少数人带来大量的利润。它们可以实施强有力的规制措施，来保护自己免受外部投机者和国内公司的品行不端造成的伤害。更重要的是，发展中国家需要有效的政府，具备强大独立的司法制度、民主责任、开放、透明以及消除抑制公共部门效率和私人部门增长的腐败。

它们应该向国际机构寻求帮助的仅仅是：承认它们进行选择的需要和权利，通过这种方式来反映它们的政治判断，比如说谁应该承担什么风险。应该鼓励它们采取适合它们自己状况的破产法和规制架构，而不是要它们接受发达国家设计的并为其服务的模板。[22]

需要稳定、平等和民主的增长政策，这也是发展的原因。发展并不是帮助少数人致富或者建立一批只有国家精英获益的、毫无意义的、受保护的工业；发展也并不是要为城市富人进口普拉达（意大利最著名的奢侈品品牌）、贝纳通（意大利服装品牌）、拉夫·劳伦（美国服装品牌）或者路易威登（法国品牌）等名牌产品，而使农村穷人陷入灾难之中。在莫斯科的百货商店能够买到古驰牌手提包并不意味着俄罗斯已经成为市场经济国家。发展是社会的转变，提高穷人的生活水平，使每个人都有成功的机会以及享受卫生保健和受教育的机会。

如果只是少数人决定某个国家应该遵循的政策，那么这类发展就不会发生。确保能够做出民主决策意味着保证来自发展中国家的经济学家、官员和专家积极地参与更大范围的争论，也意味着必须进行广泛的参与，使其超越专家和政治家的限制。发展中国家必须掌握自己的未来。但是西方国家也不能逃避责任。

如何改变事情并不容易。官僚也是普通人，一旦陷入坏习惯中，要适应改变可能会很痛苦。但是，国际机构必须承受改变中可能出现的痛苦，在使全球化有效过程中，这些改变能使它们发挥应该发挥的作用，不仅是为那些富人和工业化国家服务，还要为穷人和发展中国家服务。

发达世界需要在改革管理全球化的国际机构中做好自己的工作。我们建立了这些机构，同时也需要对它们进行修正。如果我们要合理地关注那些已经对全球化表示不满的人，如果我们要使全球化能够为过去没有享受服务的数十亿人服务，如果我们要使全球化以更人性化的面貌取得成功，我们就必须提高我们的声音。我们不能也不应该悠闲地冷眼旁观。

2017 版后记

全球化是动态的，它在不断发展变化。特朗普当选、全球金融危机、东亚金融危机、中国和其他新兴市场的崛起，这些在过去 20 年里发生的事情，不断地改变着全球化的进程。到 2020 年，全球化将不同于 20 年前。在本书第一部分，我对新的全球化不满情绪进行了描述。2000 年以前，发展中国家抱怨发达国家是全球化的大赢家——它们为自己的利益而制定规则。*GAID* 中提到的一个简单但很重要的见解是，制定规则的既非美国，也非发达国家，而是美国的企业和金融界，它们才是最大的赢家，它们降低了成本并得到更大的海外市场，这意味着获取了更高的利润。事实证明，新兴市场整体也是赢家之一。非洲国家的发展被两股对立的力量所左右：中国的增长扩大了对其资源的需求，并且中国向其提供了数额巨大的对外援助，这都使非洲国家从中受益。但是，欧洲和美国的农业政策（欧洲和美国不顾自由市场制度，仍然维持巨额农业补贴）压低了全球农产品价格，由此导致撒哈拉以南非洲最贫穷国家的农民遭受巨大损失。

国际秩序对发展中国家和新兴市场国家还存在明显的偏见。然而，我也深切地认识到，国际法治和国际机构对促进发展和协调经济政策的重要性。全球化意味着我们是相互关联的，一个国家着实影响着其他的国家。正因为如此，世界各国必须共同努力。我写这本书时秉持的信念是，我们可以建立一个更好的全球化，一套更好、更公平的规则制度，这些规则制度能够以公平的方式促进经济增长、发展和稳定。特朗普一直在执意破坏国际法治和国际机构，尽管这些机构对我们全球体系的良好运转至关重要。虽然他在美国获得了大量选票（远远低于大多数），但在全球范围内，他的观点还是遭到了嘲笑和鄙视。[1] 丑陋的美国人——几十年来全球格局呈现的特征之一，变得越来越丑陋。美国人的全球经济观，至少当权者的全球经济观，与世界其他国家之间的差距已经变得更大了。

第一版 GAID，转载至本书第二部分中，我总结了东亚金融危机中从计划经济到市场经济转型和发展的内容，东亚金融危机是我在担任世界银行首席经济学家期间（1997～2000年）发生的重大问题。从那以后，我们经历了一次又一次更严重的危机。而我们今天应该如何回顾东亚金融危机，这场与2008年全球金融危机相比相形见绌，在当时看起来却是十分可怕的危机？而我在 GAID 中所描述的，对发展中国家和转型经济体的繁荣至关重要的，围绕政策和体制的核心斗争又是如何发生的？

在前言和第1章至第4章，我阐释了如何通过 GAID 去更好地理解发达国家的"新不满"情绪。本书中，我以全球视角来看待全球化对处于 GAID 讨论中心的发展中国家、新兴市场国家和发达国家的影响。

恐惧多于实现

2002年，我开始强烈地感受到全球化管理方式存在的缺陷，尤其在"华盛顿共识"政策的指导下，这些缺陷最终将变得更为明显。而执行"华盛顿共识"政策的国家将导致经济增长缓慢和动荡加剧，这将与其他国家的情况形成鲜明对比，例如，那些不遵循"华盛顿共识"政策的东亚国家。

在 GAID 一书中，我还写了诸多关于全球化治理的和如何制定规则方面的内容。随着发达国家在全球 GDP 中所占份额的不断下降，不可思议的是它们却依然占据着全球治理中的主导地位，就像第二次世界大战后半个多世纪以来一样。然而，我担心的是，在"华盛顿共识"的缺陷出现前，可能会产生巨大的破坏作用，就像我在 GAID 中描述的那样，"华盛顿共识"政策有可能而且很可能会造成我所见过的那种巨大破坏。我特别担心放松金融市场管制的后果。因此，我花了很多时间去试图阻止克林顿政府推动"华盛顿共识",[2]却发现我下一份工作所面临的战斗更加激烈。

同样,虽然新兴市场终将在全球化中发挥与其日益增长的经济实力相称的作用,但在此之前,存在一种危险,即对现行安排的不满可能会导致新兴市场国家各自为政。要实现全球化的良好管理,就需要全球性机构的参与。而全球治理碎片化对发达国家和发展中国家都不利。但是,像美国这样的发达国家能够很快认识到这些危险吗?或者,它们会为失去权力感到烦恼,进而阻碍创造一个更均衡的全球化吗?令人担忧的是,在东亚金融危机期间,美国确实阻碍了日本提出的亚洲货币基金组织的创建(见第8章):美国对其可能失去霸权感到担忧,以至于愿意牺牲危机中国家的福祉——只是讲授好的政策和制度,却不提供资金。而在美国2008年金融危机后,这些演讲也显得越来越不合时宜,就像格言所说的"五十步笑百步"。

我还担心,这些政策和治理方面的失败会激起反全球化浪潮,这样一来,全球化趋势就会出现倒退。为了辩驳这一点,我反复说过,问题不在于全球化,而在于我们管理全球化的方式。多年以来的管理失败会带来风险,这导致出现了一种普遍看法,即无法妥善管理全球化;不可能缓和及驯服全球化;如果不能同时承受巨大损害,就无法从全球化中得益。

发生的事情远比我预想的糟糕——问题出现在最意想不到的地方。由于金融部门过度放松管制,[3]75年来最严重的危机起源于美国,但全球化使危机及其余震迅速蔓延到世界各国。这场危机本身更是抹黑了"华盛顿共识"政策和那些拥护者,而不是我或任何其他人所进行的斥责。在此之后,美国和中国之间的增长差距进一步扩大(2009年达到12%[4]),美国和欧洲在全球经济中所占的比重降低(从2009年的37%降至2016年的32%),中国和印度(在2009年,增长率分别升至9.2%和8.5%)开始对它们自己及经济政策抱有新的信心。全球化开始被重新定义:尤其是当中国的地位愈显突出,主导非洲的公共投资,与美国后院的几个拉美国家的贸易额超过美国时。[5] 然而，毫不奇怪，美国和欧洲都在缓慢放弃它们在全球治理中行使的权力；另一方面，不出意料的是，新兴市场国家也在开始发展自己的治理机构。

随着特朗普的当选，正如我刚才所说，美国的软实力受到重创，因为美国已经从建立一个以规则为基础的国际体系的主导地位转变到在破坏和创造全球贸易保护主义方面的领导地位。可以说，好在（当这本书即将出版时）美国机构可以证明，至少可以缓和一位偏执、极度不知情的总统的影响，而这位总统有专制倾向并且不尊重事实真相。这片乌云背后的一线希望在于，最终世界可能会向多极化方向发展。在一个国家手中拥有过多的权力时，也意味着世界的命运会太受制于这个国家所发生的事情。这一点现在非常明显。美国在全球经济中地位降低，意味着最终政治权力也将变得更加分散，世界将变得多极化。特朗普则加速了这一必然进程。

那么，全球化的未来该何去何从？后记部分给出了一些答案，特别是从全球角度来探讨了这个问题。好的一面是，所创建的全球机构正在发挥作用，在某种程度上来说，现实的情况比我在 20 年前写 *GAID* 一书时似乎要好得多。国际货币基金组织已经进行了改革。世界贸易组织防止了大萧条时期以邻为壑政策的爆发。此外，尽管其他重要力量也在不可避免地改变着全球化，特朗普还是到来了。然而，在谈论全球化的未来之前，我们需要更仔细地研究自 *GAID* 出版以来的这些年全球化所发生的变化。

那时的全球化

为领会全球化所发生的事情，首先要回溯到大约 20 年前的那个世界，也就是欧洲铁幕倒塌后的几年。第二次世界大战开启了非殖民化的进程，这一进程在 20 世纪 60 年代中期基本得以完成。到了 20 世纪后半叶，旧式殖民统治普遍不被接受。此外，正如我在本书前面提到的，美国和前殖民统治者发现，他们可以以更微妙的方式获得更多渴求的东西——资源和经济利益。昔日的殖民地被剥夺了大量财富，却没有得到人力资本或基础设施的再投资，因此总是濒临边缘。此后，被殖民国家开始依赖西方银行的借款，当无力偿贷时，可以得到一项被称为"国家救助"计划的援助，但实际上，这是对那些肆无忌惮地借款给它们的西方银行的救助。然而，作为获得这笔资金的代价，这些国家经历了与旧殖民主义一样痛苦的西方统治——获得贷款的条件，通常包括对国家资产进行贱卖的私有化，并以低廉的价格将其移交给西方公司。表面上看，人们并不需要通过枪支和军队来进行大规模剥削：只需要聪明的银行家、容易受骗的有时甚至腐败的国内官员，以及由充当着贷方托收机构的国际货币基金组织和世界银行牵头的国际金融体系。

当然，强加给发展中国家的这些政策被描述为符合该国利益，使得意识形态与发达国家的经济利益混杂在一起。通常情况下，这些政策都行不通。非洲经历了250年的经济衰落，拉丁美洲虽然实现了增长，但是其增长伴随着巨大波动，而且增长的结果无法实现共享——主要是金字塔顶部人群得益。与此同时，国际货币基金组织和世界银行还在竭力责怪这些受害国家，它们认为，如果这些国家真的按照它们的要求去做，结果将会完全不同。正如中世纪实行放血疗法的放血者一样，国际组织不但没有在患者病情无法缓解的情况下质疑处方药疗效，反而在政策上对其变本加厉。

GAID 指出了在众多发展中国家中已有目共睹的事，它们自己知道，但无法告知其前殖民统治者："华盛顿共识"政策不仅没有用，而且不可能有用。至少，它们一国内部对这些争论的焦点问题存在很大分歧。从担任美国经济顾问委员会主席直接到世界银行任职，我对这些差异非常敏感。

例如，克林顿政府强烈反对任何形式的社会保障私有化（公共退休计划），但世界银行仍提倡各国制订退休计划，让私营部门在其中发挥核心作用，甚至对中等收入者也建议如此。克林顿政府同样强烈反对征收增值税（VAT），认为这是一种倒退（相比富人而言，穷人会把自己的更大一部分收入用于缴税),然而国际货币基金组织却在向世界各国推荐征收增值税。

虽然国际货币基金组织声称,这些建议是基于经济学上的最佳选择,是结合了研究和经验所得的结论,然而现实并非如此。它们为发展中国家和新兴市场最佳利益而倡导的这些政策往往不过是追求西方利益和西方意识形态的延续。

尽管我所说的大部分内容似乎不言而喻,但是,尤其是对发展中国家的人来说,这些话是谁说出口的极其重要:这些国家对自己和它们的领导人有了新的信心,对它们正推行的替代政策有了新的信心。

GAID 并未引起国际货币基金组织的积极反应

不足为奇的是,使得本书在第三世界广受欢迎的一系列因素,同时也导致了国际货币基金组织对此书的满腔敌意。本书出版时,国际货币基金组织的首席经济学家肯·罗格夫对我进行了猛烈的人身攻击,指责我一边倡导资本管制(限制资本跨境自由流动),一边进行坑蒙拐骗。仅仅几年后,国际货币基金组织自身却开始支持资本管制。[6]

这次攻击正说明了当时全球化存在着巨大的分歧:它推动了本书成为全球畅销书,本书共有40种正式译本和两个盗版版本,在全球销量超过100万册。事实上,这次攻击所包含的敌对情绪多于客观分析,国际货币基金组织所做出的强硬回应可以阐述为:它充实了本书的内容。国际货币基金组织认为,我严重损害了它的信誉,更重要的是,我对它在全球所推行的那套政策以及这些政策所依据的意识形态造成了破坏。

无人可爱

在对 *GAID* 的众多反应中,最令人担忧的一方面是,那些反全球化的人和新旧保护主义者有选择地采纳了某些论点。唐纳德·特朗普之前已有先例。罗斯·佩罗是另一位亿万富豪独立候选人。他在1992年竞选美国总统,其竞选的核心就是声称《北美自由贸易协定》会使就业机会流向墨西哥。卢·道布斯,一个抵制墨西哥的 CNN 主播(与特朗普相比,他对墨西哥的反感相对温和),他经常会邀请我参加他的节目。他认为我是批评《北美自由贸易协定》的。然而，我批判的不在于此，我是认为美国一直保持玉米补贴的行为既错误又虚伪，这会减损北美一些最贫困人口的收入。我利用他给我的平台广泛传达了这个信息。

我遇到的也是学术界经常面临的道德困境。全球化的捍卫者们建议我自己保留我的批判，以免我的论点被滥用。但他们却片面地使用了这个论点：他们大肆宣扬全球化的益处，从不吝啬对全球化的赞誉，也从不会担忧这种赞誉会造成对其不利的一面的忽视，进而导致不利政策的实施。

唯一的正当反应应该要尽可能透明和明确：我批评全球化，但相信我们能够使它更好地造福所有人。我也同样批评利用保护主义的特殊利益集团，还有那些试图从管理不善的全球化和放松管制中获益的利益集团（如金融部门）。

新世界的新理论

我从两个重要方面看待全球化问题，这些观点往往与其他人截然不同。第一个我已经指出：我曾担任克林顿总统的首席经济顾问（经济顾问委员会主席）[7]，在此期间我一直致力于制定渐进式政策，这些政策往往与世界银行和国际货币基金组织对发展中国家所倡导的政策不同。第二个是我作为经济理论学家的背景。经济理论是从某些假设出发去检验合乎逻辑的结论。它对稳健性做出检验：假设的微小变化是否会导致结论的显著变化？它深究隐藏的假设，我们认为理所当然的事情，可能是正确的，也可能是错误的。它是在实证检验的基础之上去洞察世界；但在具体的统计研究中，有时也会出现一叶障目而不见森林的情形。因此，不需要进行复杂的统计研究就可以发现，大概是由于违约风险的存在，大部分公司和家庭支付的贷款利率都高于美联储联邦基准利率；或者说，在许多情况下，个人或企业无法按"市场"利率借到所需的足额款项，有时甚至是在极高的利率水平上进行借贷。

我的理论研究关注点在于不完全信息所造成的后果，以及企业和家庭无法充分防范他们所面临的重大风险。由亚当·斯密发展而来的标准经济学，虽然并没有否认风险和信息的重要性，但却仍然假定所研究的世界，例如，信息缺失不算太大的世界，可以由完全信息的世界来进行替代。而我的工作（连同在这一领域工作的许多其他学者）[8]证明了这种假设存在错误：即使微小的信息不完备也可能产生非常大的影响。最重要的是，旧理论还假定，通常实现了充分就业，尚无信贷配给（没有流动性约束和借贷约束），而竞争市场的结果往往十分有效率。[9]

我对"华盛顿共识"政策的批评一定程度上是因为它们基于不可信的经济理论。在支持者的心目中，他们很清楚经济体本该有的样子，那是基础教材中完美的市场经济。他们意识到，所有经济体，特别是发展中国家，无一例外地都偏离了这一理想，而它们的政策议程则应该是使现实市场尽可能接近完全竞争的理想状态。

作为世界银行的首席经济学家，我务实地对"华盛顿共识"政策进行批评：它基本上在任何地方都行不通；而成功的国家遵循的则是另一种截然不同的模式。但是，作为理论家的背景使我预见到"华盛顿共识"的失败（以及东亚发展战略的成功）。该政策有两个重大缺陷：第一，它所追求的"理想"是虚无的——没有任何一个经济体能够拥有完美信息，因此市场天生就不完美。考虑到信息的局限性、建立市场的成本、个人持续的不合理等，目标应该是尽可能好地进行经济建设。

第二层批判更加深入，这次以次优理论为基础。其实在我工作之前，该理论就已经证明，尽管理想的完全竞争模型能带来效率的提高，但是朝着这一目标迈进也许并不会让情况变得更好。我在第1章中进行了举例说明，以此抨击了有利于贸易自由化的标准假设：由于风险市场不完善，贸易开放可能会增加风险，为了避免这种风险，公司会将投资转向生产率较低、投资更安全的地方，进而使每个人的境况都比贸易自由化以前更糟。[10]

然而，全球化和我作为世界银行首席经济学家期间所面临的系列问题，给政策制定带来了一系列新的分析挑战，这些情况以前从未遇到过。

各国尚未面临从共产主义向市场经济过渡的艰巨任务。也许自大萧条以来，从未发生过像东亚金融危机那么严重的危机——该区域有一半或一半以上的公司濒临破产。在思考何为正确的政策时——以促进转型或者应对东亚金融危机，最好的办法是借鉴经济理论，并从类似经验中汲取教训。这反过来又要求我们审视整体经济体系的行为，特别是它是如何脱离"平衡"、脱离正常状态的。对于一个经济理论学家来说，没有什么比面对困难的未解之题更令人兴奋的了。最让人沮丧的也莫过于让那些坚持明显不适合的"模式"的人主导政策辩论。

例如，考虑一下关于短期资本流动的问题。从该问题中明显看出"华盛顿共识"所依据的经济学标准模型是错误的：它们预测，资本流动将趋于稳定，因此当一个国家出现问题时，资金就会蜂拥而至来帮助该国摆脱困境。然而事实恰恰相反：当出现问题时，资金就会蜂拥而出，进而加剧经济衰退（正如我开玩笑地向我的学生解释到，银行业的首要原则是永远不向任何真正需要钱的人放贷）。

新的理论很有必要，在 GAID 一书中，我试图扩展标准理论，提出相应的模型。数年后，我发表了一些关于基本数理内容的文章。[11]

正是我所遇到的这些事件导致了新研究领域的发展，而新领域的研究结果常常有所不同，有时还与从旧模型中衍生出来的长期政策出现背离。我会将一些例子附于此后记之后。

政策之争

GAID 描述了一场围绕经济理论和政策的争论，这场斗争发生在 3 个主体间：转型期经济体、东亚国家和努力发展的贫穷国家。

华盛顿共识

我反对的"华盛顿共识"政策[12]——该政策聚焦于私有化、放松管制、自由化和以抗通胀为中心的宏观稳定。正如我之前所说，这是基于市场可以良好运转，而政府作用极其有限的一种观点。可追溯到亚当·斯密时期的标准经济理论认为,[13]在完美的市场中,企业和家庭对自身利益的追逐,就像看不见的手一样,会促成社会福利。我的理论研究[14]解释了为什么亚当·斯密的无形之手是看不见的——因为它根本不存在。只要信息不完美或市场不完全时(现实总是如此)就存在一种假设,即市场效率低下,而选择性干预能够增进社会化福利。我通过发展中国家、危机国家和转型期国家的经验证实了对上述理论的认识。

不同的经济观点自然在政策上表现出重要的差异。正因为我的研究清楚地表明了市场具有局限性,所以我更不愿意仅仅依靠市场,而是意识到需要制定适当的政府政策。

到2016年,有越来越多的人认同"华盛顿共识"政策是错误的——它们往往会适得其反。它们非但没有加速增长,反而阻碍了发展;它们非但没有增强经济的稳定,反而造成了时代的空前动荡。在这种情况下,有必要达成新的共识。

包括4位前世界银行首席经济学家(包括我)在内的13位经济学家组成的小组,达成了"斯德哥尔摩共识",制定了发展政策的10项原则,其中包括需要促进包容性发展,关注不平等问题,使发展在环境上具有可持续性,并在市场、国家和社区之间取得适当平衡。[15]新的共识还强调,一刀切政策是行不通的:不仅在发达国家和发展中国家之间,而且发展中国家之间也存在巨大差异,需要制定具有针对性的政策。

在 *GAID* 中,我对"华盛顿共识"政策框架的核心思想逐一进行了批判。"华盛顿共识"主张放松管制,包括放松对金融部门的监管。而我却认为这种自由化可能导致代价高昂的经济动荡。2008年危机后,几乎没有人怀疑我所说的这一点。

"华盛顿共识"主张私有化。而我在 *GAID* 中解释了为何在发达国家[16]和发展中国家,私有化都常常失败。*GAID* 一书中有关发达国家(例如,英国铁路)和发展中国家(例如,智利的养老基金和墨西哥的公路)的经验为私有化失败提供了新的例证。在墨西哥,政府不得不花费近80亿美元将部分私有化的公路系统重新收归国有。[17]

最后,"华盛顿共识"主张自由化。而我认为,管理不善的贸易自由化不会促进增长,反而可能会让更多人遭受损失。如今,发达国家的"新不满"情绪已经非常明显地论证了我的这一观点。

资本控制

GAID 所描述的最激烈的争论之一是在金融管制放松这样一个特定方面:资本跨境流动,即一个国家的公司或个人向另一个国家进行投资或进行借贷。当时,国际货币基金组织意识形态的核心是取消对这些资金流动的限制:它们希望能够迫使其他国家开放其资本市场(所谓的资本市场自由化),允许资金自由进出。在 GAID 中,我对此表示怀疑。到 2009 年(随着欧洲主权债务(冰岛)危机)国际货币基金组织开始改变其主意。它允许冰岛实施资本管制。到 2010 年,随着欧洲境内资本的全面撤退,国际货币基金组织最终认可了资本管制的想法(它们委婉地称之为资本流动管理措施)。

事实证明,美国的超低利率给全球经济带来了压力。我们的全球经济已实现了互联互通(这是美国所推动的其中一种趋势),但美国在执行自己的政策时,却坚决拒绝考虑其行为可能导致的后果(就像特朗普就任总统后的情况一样)。在 20 世纪 80 年代,美国史无前例的高利率加剧了拉丁美洲的债务危机。在 2008 年危机后,见所未见的低利率又导致大量资金涌入发展中国家,进而导致其汇率上升和出口行业竞争力丧失。这些国家的经济压力显而易见。在世界各地,各国都尽其所能限制资金流入以稳定本国经济。这些干预措施包括资本管制,并且有些采取非正统管制政策的国家还在寻求国际货币基金组织的支持。而国际货币基金组织为支持这些政策还达成了新的"体制"共识。[18]

风险、"华盛顿共识"、现代经济分析和政治

"华盛顿共识"关于资本市场自由化的立场反映了其对市场具有坚定信念。"华盛顿共识"认为,市场是管理风险的最佳方式,而自由化能够使市场的作用得以充分发挥。因此,自由化的倡导者认为,随着自由化

的展开，市场将更趋稳定。然而，历史证据以及越来越多的理论都猛烈驳斥了这种观点，2008 年的危机只是又一个例子。这次危机表明，无约束的市场确实会产生风险，而良好的管理和规范的市场却可以帮助管理这种风险。

那么，为何有如此多人忽视理论和历史证据呢？*GAID* 的核心论点指出，这是由于利益和意识形态相结合所产生的作用，这两者相辅相成。过去 15 年发生的事情验证了这一论断。全球金融危机的应对措施也是根据利益塑造起来的，长期以来一直热衷于自由市场意识形态的银行，在叫嚣着祈求数千亿美元的大规模救市时，很容易就把这种问题搁置一旁。利益和意识形态不仅拯救了银行，还挽救了债券持有人和股东。当奥巴马总统被问及为什么美国没有遵循经济理论（某些方面，甚至涉及美国法律）——遵循标准破产程序，即保护储户和机构，让股东和债券持有人去承担相应的破产成本，他回应了对意识形态的呼吁：那是社会主义的道路。当然，他错了：美国的所作所为违反了资本的基本规则。[19]

尽管全球化不是主要议题，但这一插曲，尤其是在未能充分帮助那些失去家园和工作的人的情况下，对人们在政府和全球化的态度方面产生了深远影响。因为它强化了这样一种观点，即政府和掌权精英不可信，而现有体系正被操纵，这种态度恰恰为特朗普鼓吹保护主义和内向型政策的煽动者开辟了道路。

宏观管理：金融危机暴露出的虚伪

2008 年的全球金融危机不仅瓦解了民众对自由市场和掌权精英的信心，而且还暴露出西方的虚伪：在应对这场危机时，尽管实施政策的人物阵容有所相似，美国和欧洲奉行的政策与它们施加在东亚和其他地区的政策全然不同。[20] 举例来说，在东亚金融危机（如 *GAID* 中所描述）期间，国际货币基金组织和美国财政部坚持认为，危机国家应该提高利率，削减开支，而不是救助银行（在印度尼西亚，国际货币基金组织实行不救助政策的拙劣管理，直接导致银行出现挤兑，从而加剧了该国的经济

衰退）。²¹

2008年的危机中，欧洲和美国却反将利率降至零点，而不是将利率提高到对韩国和印度尼西亚所要求的过高水平。它们最大限度地扩大政府开支，造成了前所未有的财政赤字。它们还实施了人类历史上规模最大的救助之一——尽管像我这样的批评家指出，这样的救助对于经济复苏来说并无必要。²²

就连西方对东亚金融危机起因的论证都是虚伪的：在东亚金融危机期间，美国还在畅通无阻地进行着关于透明度和良好公司治理的演讲，这些国家在上述领域都是失败的。然而，2008年的危机却是由美国缺乏透明度造成的，其中就包括那些曾向危机国家说教的银行和银行家。此次危机真正的罪魁祸首是"华盛顿共识"政策，特别是过早推动资本市场自由化。在"华盛顿共识"所强调的其他方面——低财政赤字、高国民储蓄和低通胀，东亚的评级都为A+。按理来说，这些方面的良好表现应该能够防范危机。然而，事实显然并不是这样。

毫不奇怪，所有这些都给经历了许多不必要的强加于亚洲国家的苦难的人们留下了苦涩。西方对西方小国和不太强大的国家也采取强硬措施，如希腊和葡萄牙，它们被要求不断地实施紧缩的政策，这同样毫无道理，但这一事实为那些10年前遭受痛苦的东亚国家提供了冷酷的安慰。它只是印证了西方强国的表里不一：它们的规则一套适用于富国和强国，另一套则适用于其他人。

危机的后果

在我写 *GAID* 的时候，东亚国家就已经明显地走上了复苏之路。谴责它们的批评者指出东亚国家在经济和政治制度上存在严重的缺陷，但事实证明这些是错误的指责。如果真如批评者所说，这些国家就不可能复苏得如此迅猛。尽管其增长率还是略低于东亚奇迹时的强劲速度，但这仍令人印象深刻，其增速超乎半个世纪以前大多数人的想象：2016年韩国经济规模比2000年扩大了84%左右，泰国经济增长约87%，印度尼西亚经济增长约132%，马来西亚经济增长约111%。

这场危机表明了资本和金融市场自由化的危害，即使是在管理相对良好的经济体中：资金也可能流入，然后迅速流出，从而造成严重破坏。

正如我在前言中所提到那样，国际货币基金组织和美国财政部对东亚金融危机管理不善的最大后果之一是发展中国家和新兴市场积累了大规模储备。这场危机表明了没有足够储备所带来的危险。一国可能失去其经济主权并且会被强加一些无谓的经济条件，而这些经济条件可能会帮助到那些制造这场危机的西方银行，但对该国人民来说却是毁灭性的。[23]

外汇储备的增加削弱了全球总需求——原本可以用于花费的资金被搁置在储备中，甚至造成了美国经济的疲软。这使得美国更容易依赖于债务。资金的流入（储备增加的另一面）导致美元走强，损害了制造业，助长了第1章所述的"新不满"情绪。

发展——埃塞俄比亚：案例研究

当我去世界银行工作时，我曾期望把重点放在贫穷国家的发展上，而不是东亚金融危机。埃塞俄比亚是我成为世界银行首席经济学家后访问的第一个国家，也是我离开该职位前最后一次访问的国家。这建立起一个传统，后来我的继任者也遵循了这一传统。

冷战的结束改变了非洲的面貌。在埃塞俄比亚，提格雷人民解放阵线的领导人梅莱斯·泽纳维很快就意识到了这一政治影响，并于1991年迫使他的军队结束了长达17年的冲突。这场冲突是主要针对独裁者海尔·马里亚姆·门格斯图政权而发动的，他是世界上最血腥和最无情的独裁者之一。不到5年后，该国试图超越与重建，从而创造一个以农村发展为基础的充满活力的经济体。但它遇到了国际货币基金组织的意识形态监管者，他们不喜欢这个国家在没有遵守国际货币基金组织意识形态的情况下，在发展的道路上前进。

正如我在 *GAID* 中所解释的那样，当我于1997年年初及1998年访问埃塞俄比亚时，该国给我留下了深刻的印象：它们能够清晰地把握本国的经济形势，在与国际货币基金组织争论的大多数关键问题上，我认为埃塞俄比亚政府是正确的。国际货币基金组织很严厉地批评了埃塞俄比亚，甚至削减了在埃塞俄比亚的计划项目；这通常是死亡之吻——其他多边组织不会向一个没有国际货币基金组织良好计划项目的国家提供贷款。它们担心对该国提供资助或借款会"白费心机"。但我认为不然，并且说服了世界银行（一次对先例的重大突破）将其贷款增加两倍。

后来发生的情况表明，我对埃塞俄比亚的信任是完全有道理的。在2000～2016年期间，埃塞俄比亚是世界上经济增长最快的国家之一，年增长率达9%，[24]比大多数东亚国家鼎盛时期的增长速度还要高。埃塞俄比亚仔细研究了东亚的发展模式，发现政府在其中发挥了核心作用，这一模式非常重要，以至于有时东亚国家被称为"发展国家"。埃塞俄比亚还采用了产业政策，并利用这些政策发展出一系列充满活力的新出口产业，如鞋业。其他国家，如卢旺达，着眼于东亚的成功经验和发展状况，也取得了类似成果。这样看来，东亚模式——这种与"华盛顿共识"截然不同的模式，即使在完全不同的情况下也可以发挥作用。[25]

其他大多数非洲国家的表现都不太好，但随着放弃或至少是削弱"华盛顿共识"的"结构调整"政策，撒哈拉以南的非洲地区总体上终于实现增长——2000～2016年期间的年均增长率为4.9%[26]，而"华盛顿共识"政策下的长期非工业化进程也停止了。然而，许多人担心，随着全球制造业就业人数的下降和非洲人口的激增（预计到2050年会达到25亿[27]），出口导向型的增长模式将不足以推动非洲摆脱贫困。

转型之争

在一些国家从计划经济向市场经济转型的过程中，我们可以看到这条转型之路几乎比大家想象的还要困难和不确定，尤其在转型之初更是如此。

关键的政策争议点在于，"华盛顿共识"政策通常是通过休克疗法实现的——不惜一切代价的迅速变革，而另一种更渐进的做法是从建立市场经济基础开始,我将其称之为体制基础设施,其中包括法律框架。

在 GAID 一书中,仅仅通过转型经济体 10 多年的数据,就可以看出"华盛顿共识"政策几乎是失败的。通过采取更广泛的经济学研究方法,可以更确切地知道上述证据强烈支撑着渐进主义者的言论。然而,休克治疗师并没有再次辩解。

这一直是龟兔赛跑的问题:休克疗法在短期内可能会表现得更好,但这并不是真正最为关键的。重要的是长远来看。渐进主义者认为,最好的办法是缓慢而谨慎地建设市场经济。这些投资,虽然在短期内付出了高昂代价,但是耐心等待后,从长远来看就会有回报。像我这样赞同渐进方式的人认为,市场经济的成功取决于是否拥有合适的法律框架。例如,通过完善的公司治理法以确保管理者不会为了一己私利而窃取公司资产。那些呼吁快速转型的人则认为,可以跳过这些"细节"。正如休克治疗师所说,人们必须迅速摧毁过去的遗迹,才能通过快速私有化来开启市场经济。有了明确目标,就有动力去建立必要的体制基础设施。相反,我担心那些行窃的人,会尽一切努力去确保他们可以继续盗窃;而那些靠垄断力量赚钱的人,会阻碍竞争法的完善。

如今,在开启转型的 1/4 个世纪后,答案显而易见:休克疗法和"华盛顿共识"政策似乎比 GAID 出版时还更加失败,而渐进主义却更加成功,这正如我们在中国和越南这些国家身上所看到的那样。[28]

中国和越南持续显著增长——在转型的前 30 年间,中国平均增速超过 10%,使近 8 亿人摆脱了贫困。自 1990 以来,越南的平均增长率达 6.9%。[29] 同时,那些以休克疗法为基础的转型经济体浅薄的根基也暴露出来。其中,许多看似发展不错的国家其实都是因为房地产行业,它们根本就没有实体经济,随着 2008 年危机的爆发,房地产泡沫破灭,这些经济体出现崩溃。拉脱维亚曾一度被誉为休克疗法的成功案例:在过去 25 年(1991~2016 年),拉脱维亚的平均增长率仅为 1%。去工业化的俄罗斯,其国民财富的多寡主要取决于资源价格的变动,尤其是石油。随着 2014 年油价的暴跌,俄罗斯也陷入衰退。

正如我在 *GAID* 中所指出的那样，计划经济体制在组织生产方面效率低下，在由低效制度向高效、动态市场体系的转变过程中，收益无疑会提高。因此，那些在计划经济体制统治期落后的国家应该能够迎头赶上——这样的转型总是以极高的增长率为标志。当然，转型之路可能会出现一些波折（就像在柏林墙倒塌后，许多国家曾出现过转型衰退），但在 25 年后，这些波折都已成为过去式。在柏林墙倒塌 25 周年之际，与我在世界银行期间曾密切合作过的布兰科·米兰诺维奇对此做了一个测算：这 7 个国家，总人口达到 8000 万——占所有转型国家的 1/5，其实际收入尚未达到它们在 1990 年的水平。"基本上，这些国家至少有 3～4 代人的时间被浪费。按照目前的增长速度，它们可能还需要 50～60 年的时间（比它们的计划经济时代还长！）才能恢复到计划经济衰落时期的收入水平。"[30]40% 的人生活在人均国内生产总值持续落后于经济合作组织的资本主义国家中。最重要的是，其中包括了俄罗斯。只有 1/3 的人生活在那些实际赶超的国家中。这些国家包括拥有丰富自然资源的国家（阿塞拜疆和哈萨克斯坦）、一些非民主国家（白俄罗斯）以及具有强劲改革动力的国家。

波兰，一个在大多数方面都表现得较为出色的大国，1989～2016 年，该国年平均增长率为 3.2%。[31] 休克治疗师和渐进主义者都声称，波兰的胜利就是他们的胜利。波兰副总理莱谢克·巴尔舍诺维奇强制实行宏观休克疗法——紧缩的货币和财政政策使得波兰陷入严重的经济衰退中，从 1989～1991 年间，其国内生产总值下降近 14%。但随后，作为副总理兼财政部长的格雷戈里·科洛德科辅助构建了一套渐进私有化的体系，这才逐步向市场经济转型。在我看来，波兰的成功显然是归功于科洛德科的渐进主义。如果波兰没有被迫接受痛苦的宏观休克疗法，其实它会更加成功。

在接受休克疗法的国家中，几乎没有一个国家在转型初期实现了许多人所预期的爆发式增长，除此之外，还有 3 个方面让人失望，而 *GAID* 预见到了其中两方面。首先是不平等的加剧：国际货币基金组织和美国财政部在俄罗斯和其他国家进行转型管理时造就了寡头。在短短一段时间内，俄罗斯、格鲁吉亚、爱沙尼亚、拉脱维亚和立陶宛的基尼系数提高了整整10个百分点（就数值的增长来看，这比里根时代的不平等加剧还严重两倍，而里根时代美国经历了史无前例的不平等激化）。

其次，人们希望政治可以转向民主，并且希望实现经济转型。在多数情况下，前者要比后者更为重要。因为民主化的成功必将带来市场的转变。与之相比，我担心经济转型失败会削弱社会对民主的支持。我尤其担心国际货币基金组织、世界银行和美国财政部在俄罗斯推行私有化，以及俄罗斯的普遍转型会使民主发展遭到破坏，而事实的确如此。正如俄罗斯干预2016年美国大选那样，专制的俄罗斯仍然是对民主的全球威胁。我们无法确定成功的经济转型是否会有助于塑造一个更加民主的俄罗斯；但很显然的是，GAID所描述的经济转型失败确实对该国这令人失望的政治演变产生了一定影响。

同样，匈牙利于1991～2009年期间的年增长率仅为1.2%，而在2010年选举欧尔班·维克托为总理后，他很快表现出自己的专制倾向，比如，竭力控制媒体。实际上，所有的欧盟国家都应该致力于实现民主；而他对规则以及其他国家执行这些规则的意愿提出了挑战。[32]

还有一个出乎意料并且特别令人失望的一点：我原以为加入欧盟的转型国家在经济和政治转型方面都会比现在做得更好。然而它们长期增长的表现很令人失望，它们在组建透明和负责机构方面民主的承诺更令人失望。欧盟实际上提供了在上述两方面取得成功所必需的体制基础设施。从这两方面来看，那些表现得更好的国家很幸运地进入了欧盟之列。靠近欧盟强国——德国，会有所帮助。德国公司经常在波兰和捷克共和国设立工厂，以利用其低薪资以及劳工相对较高的教育和技能水平。

总之，无论从政治上还是经济上，由计划经济向市场经济和民主的转型都并不顺利。我在GAID中描述的一些不祥预兆，都已经成为现实。最后，当然，各国自己必须对发生的事情负责。然而，国际社会的

"帮助"（包括国际货币基金组织、世界银行和美国政府）最终还是毫无益处。

全球治理之战

GAID 论证了治理的重要性——执政党的决策很重要。长期以来，发达国家一直治理着全球化，这是出于对自身利益的考量，特别是发达国家中金融部门和企业的利益。在 *GAID* 出版以来的这些年里，人们对全球治理的不满情绪蔓延开来。21 世纪的经济现实与 1944 年世界银行和国际货币基金组织创建的治理结构之间的差距越来越明显，在 2008 年之后更是如此。东亚金融危机期间，美国财政部长说，危机国家在不断抱怨强加给它们的条件，然而这本就该由借款给它们的人说了算。随着 2008 年危机的爆发，这些钱都投向了亚洲。鉴于此，亚洲国家现在觉得该轮到它们来做主了。这说明旧的治理结构越来越难以被接受。

然而，自 *GAID* 出版以来，治理革新的进展一直非常缓慢。G20 集团是由 20 个主要国家组成的集团，约占世界人口的 2/3，占全球 GDP 的 80%，它取代了由 7 个发达国家组成且试图"运行"全球经济的 G7 集团。[33] 这是一种进步；但是，G20 集团的 20 个国家同样没有按照任何一套国际规则来进行筛选。这些国家不具代表性，且缺乏合法性。小国几乎没有发言权。2016 年非洲大陆人口达到 12 亿，却未被充分代表。[34] 事实上，就治理而言，国际货币基金组织在这些方面的表现还算差强人意。

发展筹资和全球税收

联合国已经认识到其中的一些局限性。2002 年 3 月，联合国在墨西哥蒙特雷组织了一次有关全球发展筹资的会议。在我看来，联合国的看法是正确的，发展筹资的确很重要，以至于不能只留给财政部长来解决，因为他们太依赖于本国的金融市场，所以难以信任。

2015 年 7 月在埃塞俄比亚的首都亚的斯亚贝巴举行了第三次发展筹

资会议，这次会议探讨了全球治理中长期存在的问题。发展中国家已经拒绝了发达国家所提供的财政援助（资助）。[35] 它们知道必须建立自己的资金来源渠道。在发达国家的推动下，它们向发达国家的跨国公司开放了市场。现在，人们担忧的是跨国公司具有强大的逃避税收的能力——它们来到发展中国家，要求并使用这里的基础设施和其他公共服务，但它们却拒绝缴纳税款。跨国公司的精明律师利用国际税收制度来逃避发达国家和发展中国家的税收。而这些公司不会对免费搭便车感到一点羞愧。

针对跨国公司的税收制度确实有必要进行改革。作为 20 世纪 90 年代经济顾问委员会的主席，我曾主张改革，然而事情不但没有进展，反倒变得更糟。以苹果为典型实例，它利用美国税法的漏洞，通过爱尔兰子公司进行利益输送，最终使其在美国所缴税款远低于按法定税率 35% 计算的额度。该公司首席执行官傲慢地说道，如果美国将税率降到合理的水平（他认为的合理水平），苹果公司就会在美国纳税：[36] 一些人认为这意味着"当且仅当"。

在亚的斯亚贝巴，辩论的焦点是讨论全球税务改革——一个全球治理问题。美国是一些避税者和逃税者的乐土，而它希望能够成为发达国家"俱乐部"经济合作组织的成员，在那里美国可以发挥巨大的影响力。以印度为首的发展中国家则表示，联合国才是最合适的论坛，在那里所有国家都有发言权。权力问题至关重要；但是美国得逞了。[37]

美国阻碍了全球经济结构的重大改革

美国阻碍了全球经济结构的其他重大改革，这一事实反映了全球治理方面确实存在缺陷。[38] 因此，急需以下改革措施：

- 用一个更具代表性和合法性的全球经济协调委员会（GECC）取代 G20。正如我所指出的，相比只包括像加拿大这样的小国在内的 G7，但仍未将中国和印度这样的大国涵盖在内，G20 显然更具有全球代表性。但 G20 中依然缺少来自较贫穷国家的代表，甚至在较富裕的国家中，其筛选规则也存在某种随机性——这仅仅是小布什总统邀请参加首次会议的国家名单。

G20 在应对 2008～2009 年全球金融危机的过程中发挥了重要作用。对每个国家来说，进行经济刺激很重要。随着各国经济的扩张，其他国家也能受益于由此带来的贸易增长。但自危机以来，G20 在促进使全球经济良好运转所需的各种合作方面效果相对不佳。

GECC 反映出我们在高度一体化的全球经济中显然需要更广泛的全球经济合作。而联合国充斥着太多的声音——我们需要一个少于 193 个成员的小组来推动对话。国际货币基金组织是扭曲的：它历来无法充分保护债权人的利益和观点；美国作为唯一拥有否决权的国家，深刻地影响着国际货币基金组织的决策。然而，GECC 却可以为解决世界经济问题提供一个更具有合法性和代表性的大平台。在此平台上，希望各国能够发展共识，在最需要全球合作的领域采取一致行动。

- 为那些无力偿贷的国家建立债务重组框架。在 2001～2002 年阿根廷危机后，我们明白显然需要这样一个框架，而美国法院的裁决对长期以来的国际法原则造成了破坏，从而加剧了这一问题的紧迫性。其中一个受到挑战的是"主权豁免"原则，一般而言，各国不能在未经他国同意的情况下对他国提起诉讼。这样一来，美国法院几乎不可能实行债务重组。在 2015 年，联合国以压倒性多数通过了一套债务重组原则——136 票赞成，6 票反对，41 票弃权。美国强烈反对通过上述原则，在美国，政府似乎受制于少数对冲基金，而这些对冲基金在阿根廷违约之后以低价买入了阿根廷债券，而当时美国正试图收回款项，就好像他们是借款给了阿根廷一样（更糟糕的是，它们利用法律特性，试图以高额利率收取利息）。简言之，美国政府试图利用阿根廷，由此剥削处于危机中国家遭受苦难的人。[39]

当然，当全球增长强劲而稳定时，很少有国家会面临这种无法偿债的极端情况。2008 年全球金融危机进一步加强了这一问题的重要性，因为确实出现了一些国家无法履行其债务承诺的情况（塞浦路斯、希腊和塞舌尔纷纷进行了债务重组。）

- 建立全球储备体系，以取缔美元作为世界最主要储备货币的地位。我们已经描述了以美元为基础的货币体系中所存在的不平等现象（包括从发展中国家和新兴市场向美国大规模转移资金）以及美元如何抑制全球需求，从而导致全球经济总体表现欠佳。此外，以美元为基础的货币体系还可能导致全球不稳定。然而，美国政府拒绝正式讨论改革全球储备体系的问题。[40]

国际货币基金组织和世界银行的治理

自 *GAID* 出版以来，全球金融市场规模大幅增长，[41] 倘若世界银行和国际货币基金组织想继续发挥其关键作用，就必须拥有更多的资源。2008～2009年危机爆发时，国际货币基金组织成功地获得了大量额外资金。而世界银行却行动缓慢，直至如今，由于其资源的稀缺愈加明显，世界银行似乎已不再可能获得足额资金。部分问题的根源在于，美国国会不再提供资金（而且，在特朗普担任总统期间，甚至不可能要求他们去提供资金）。但显然，世界银行可以从亚洲和中东获取资金。然而，资金和治理之间存在必然联系：提供更多资金的国家自然希望能有更多的话语权。但是美国和其他发达国家不太情愿这样。美国宁愿看到这些机构失去影响力，也不愿在这些机构中失去自己的影响力。

在关于谁应该领导布雷顿森林机构的争辩中，美国所拥有的维持其影响力的优先权展现得淋漓尽致。G20集团所呼吁的改革之一是，世界银行行长和国际货币基金组织总裁的任命仅凭业绩——在当今时代，这几乎是不值一提的建议。然而，这是一项针对美国狭隘利益的建议，即美国总统可以极大程度地影响世界银行行长的人选。从历史上看，自国际货币基金组织和世界银行成立以来，一直是由美国去任命世界银行行长和国际货币基金组织的总裁。令人失望的是，即使是在奥巴马的领导下，美国决定不关注G20的新改革。奥巴马最初计划任命前美国财政部长兼美国国家经济委员会主席为世界银行行长，我在 *GAID* 一书论述了很多有关于他的故事，他作为财政部长期间的伟大成就是放松了对金融衍生品（那些对全球金融危机有很大贡献的高风险产品）的监管。据报道，世界上其他许多国家都明确表示，它们不会这样做——它们愿意对美国表示仅有的有限尊重。紧接着，奥巴马政府提名了金墉，他的背景是医学博士，而不是经济或金融领域。美国的实力再次显现出来：金博士超过其他两位来自发展中国家的优秀候选人，当选为新一任世界银行行长。

旧机构的变化

GAID 一书批评了管理全球化的核心全球机构，希望这些机构能够主动变革。这些国际机构着实进行了有力的变革——在我设想到的一些领域中，变革较大，而在其他领域，变革比我预期的要小。而这些变革都有一个共同点：似乎当国际机构愿意自己出击，减少对美国的依赖时，变革就会取得成功；而当一个机构不能或不愿意改变的情况下，变革就会失败。

国际货币基金组织

GAID 探讨的其中一个主题是，在总体上，国际货币基金组织的项目对不平等的影响关注得太少，对贫困人口这一特殊群体也缺乏关注——没有承受其言辞。但从多米尼克·斯特劳斯·卡恩的管理开始，以及在他的继任者克里斯蒂娜·拉加德的领导下，情况发生了变化。当斯特劳斯·卡恩的研究人员指出，研究结果显示不平等可能不利于经济发展时，他不仅对这些结果表示赞同，还将不平等植入国际货币基金组织项目的核心问题。他为这一行动辩护，称国际货币基金组织的目标是促进经济增长和稳定，而不平等对这两方面都不利。

从那时起，国际货币基金组织就成为一名不知疲倦的斗士——不仅打击一般性的不平等现象，还对性别不平等等特殊现象发起攻击。它帮助全世界的人们认识到我的书《不平等的代价》中的核心论点：这个社会为我们如今所经历的高度不平等付出了高昂的经济、社会和政治代价——各个方面的代价。

国际货币基金组织也经历了其他改革。危机之后，国际货币基金组织积极剖析自己的思维错误。国际货币基金组织两次会议突出说明了其思维的变化。[42] 在 GAID 中，我讨论了过度关注通货膨胀的问题，但在 GAID 出版之后的几年里，随着全世界各国的中央银行家们越来越多地采用"通胀目标"，情况变得更糟。然而，通货膨胀并不是这些年来大多数国家才面临的核心问题，在某些地方这个问题已经有 15 年甚至更长时间了。国际货币基金组织已经开始认识到对通胀关注过度，而对金融稳定关注太少。

金融稳定委员会

东亚金融危机后，人们意识到需要更好地进行监管。事实上，正如我在 GAID 中所指出的那样，一些全球性法规同样也导致金融危机的爆发。实际上，银行鼓励进行借贷短期，使得资金能够更容易地流入和流出。全球规则（《巴塞尔协议 I》）旨在保护发达国家个别银行的安全和稳健，很少或根本不关注其系统性风险，尤其是发展中国家的系统性风险。

应对措施是创建了所谓的金融稳定论坛（FSF），它是一个论坛，一个供中央银行家们进行商讨的地方。正是由于银行家们没有"系统思维"，所以从某种程度上说，出现的问题甚至比《巴塞尔协议 I》的情况更加糟糕。所以，新的框架要求银行自我监管，这不仅意味着它们必须关注自身的风险（而不是系统风险），还要求它们使用自己的模型来进行风险判断。从定义上来看，自我监管存在矛盾。然而，我们的监管者"艺术大师"艾伦·格林斯潘似乎没有意识到这个矛盾。每个银行在评估自身行动时，并不会充分考虑到这些操作对整个经济体系的影响。格林斯潘和那个时代的其他监管机构似乎根本不明白为什么我们要进行监管——是为了防止银行转嫁风险，这种情况发生时，纳税人必须救助银行，如果像 2008 年那样银行系统性破产导致经济崩溃，数百万人就会失去工作和住房。[43] 正如我所指出的那样，这些影响被称为外部性，只要存在重大的外部性，市场就会失效。[44] 我曾预料过自我监管体系会失败，而且事实的确如此，然而我却完全没有预测到失败的严重程度。[45]

不言而喻，金融稳定论坛并没有把世界从全球金融危机中拯救出来。再次的应对措施之一是将金融稳定论坛的名称改为金融稳定委员会。我可以理解，但也怀疑这一更名是否会带来真正的改变。然而，事实证明，名称的改变伴随着其任务范围的扩大，加上2008年危机的警醒，金融稳定委员会对造成系统脆弱和不稳定的因素进行了反思。[46]

2008年的危机清楚地表明，在这个全球互联的体系中，任何部分的问题都可能导致全球性后果。国际社会一直在努力制定标准，如最低资本要求等，以降低危机发生的概率，以及减少让纳税人为银行错误埋单的可能性。尽管如此，银行，特别是美国的银行，仍在回击。它们一直在争论废除2010年通过的金融改革法案《多德—弗兰克法案》，尽管该法案的执行力度还没有强大到足以确保不会发生另一次大规模危机。美国银行已尽其所能去破坏《多德—弗兰克法案》，阻碍其实施，以及废除关键条款。随着特朗普当选为总统，它们找到了盟友。[47]

世界银行

国际货币基金组织已经进行了重大改革，其他国际机构也是如此。在我担任世界银行首席经济学家期间，从1995～2005年担任行长的詹姆斯·沃尔芬森辞职后，世界银行进入了艰难时期。他的继任者是曾担任美国国防部副部长的保罗·沃尔福威茨，他被认为是伊拉克战争以及促成该战争的新保守主义理论误区的"精神教父"。

据报道，布什总统"解决"如何将沃尔福威茨踢出内阁的方式是把他逼到世界其他地方。沃尔福威茨曾试图让世界银行为美国的外交政策利益服务——这样的做法也许比以前更透明。在他被任命3年后，在同僚和世界银行成员强烈不满的情况下，他因腐败丑闻被迫辞职。世界银行（在我看来）从未完全恢复其在沃尔福威茨领导下的影响力和可接受性,"华盛顿共识"的毁誉失信也使它的政策建议失去了很大的可信度。

世贸组织和发展回合

世界贸易组织也许是全球增长和下降幅度最大的机构。最初构想是建设由世界银行、国际货币基金组织和管理贸易的机构(当时称为国际贸易组织)共同来维持第二次世界大战后的经济秩序。美国的保守派担心国家主权的丧失,阻碍了该贸易机构的成立,直到1986年在乌拉圭蒙特维迪亚举行的一轮谈判中重新成立。这些谈判最终促成1995年成立了世界贸易组织,并建立了明确的司法体系,以裁定任何签署国均未遵守的争端。然而,一个主要的缺陷是对不遵守行为的有限惩罚,它只限于实施报复性关税的权利。当一个大国起诉另一个大国时,这种纪律已经被证明是有效的,但是当一个小国(比如加勒比海上的一个小国)起诉美国并获胜时,就没有有效的补救办法。例如,对从美国进口的食品征收关税来进行报复,只会导致生活费用的增加。受害国受到的损害超过了美国。

乌拉圭回合的规定是不平等的。发达国家得到了它们想要的东西。尽管多哈回合的一大成就是将发展中国家和新兴市场纳入考虑范围,但这些国家被告知要有耐心:它们所需要的(例如,减少西方扭曲性的农业政策,降低它们生产的产品的价格)只能随着时间的推移逐步实现。

因此,作为开始新一轮贸易谈判的一个条件,发展中国家规定任何此类谈判都必须是发展回合,其核心是制定最有利于发展的规则。[48] 从殖民时代继承下来的许多规则、关税和条例,目的是确保前殖民地继续专注于生产原材料,然后在发达国家进行加工。发展中国家的人认为这些规定不合理也就不足为奇了。

2001年9月11日后,全球合作使得新的"发展回合"得以启动,但合作时间并没有持续太久。发达国家忽视了更大范围的情况,忽视了乌拉圭回合中所包含的不平等现象,以及为启动发展回合所做的承诺很快被打破。政府的迅速更替使这一点特别变得容易。在坎昆(2003年)

和香港（2005年）举行的会议进展甚微。最后，2015年12月，世界贸易组织放弃了发展回合谈判。到那时，美国显然不会做出必要的让步，以创造一个更加公平的全球化。尽管根据以前的贸易协定，美国被认定为不遵守世界贸易组织规则，它也不会放弃它的棉花补贴。事实上，当巴西对美国提起诉讼并胜诉时（并且再一次获胜，就像美国试图绕过世贸组织的裁决那样），美国就直接回报了巴西。它对巴西给该国造成的损害进行了赔偿，但保留了棉花补贴，伤害了印度和撒哈拉以南非洲数百万贫困农民。

美国和欧洲已经放弃了全球多边进程，希望在双边或区域协定中能够更有效地发挥作用，并使协定更有利于它们。事实证明，中国、印度和巴西是有效的谈判者，他们希望，有了中国、印度和巴西，美国和欧洲就会制定符合自身利益的"标准"，迫使新兴大国最终遵守这些标准。特朗普虽然没有完全意识到他正在做的事情，但他正在进一步推动这种做法，把重点放在双边贸易协定和谈判上。这种做法很可能会导致一种比目前的贸易制度更加偏袒发达国家公司利益的全球贸易制度。如果出现这种情况，发达和发展中世界中对全球化的不满只会增加。

然而，尽管WTO不会成为新贸易协定的中心，事实上，近期达成重大全球协定的希望仍然很低，但它正在发挥真正关键的作用。在一定程度上，甚至在很大程度上，是WTO驯服了特朗普：美国单方面行动的代价太高了。当这本书即将出版的时候，他还没有对中国和墨西哥征收他所承诺的全面关税。迄今在贸易谈判中做出的"让步"确实是微不足道的。例如，中国已经向美国牛肉开放了市场。没有人预计这些变化会对美国对华贸易逆差产生任何重大影响。[49]

创建新机构

世界变化如此之快，自然要建立新的机构来应对这种演变。全球变暖的重要性只是在过去的25年里才被认识到。这是一个全球性问题，必须在全球范围内加以解决。但是，国际货币基金组织和世界银行等国际机构成立时，这个问题并没有列入议程。联合国负责就共同对策进行谈判。2015年12月在巴黎达成的协议向前迈进了重要一步（比人们期待的要小得多，相对于自己来说也很小，来阻止不断上升的全球气温，但是依然是一个减少温室气体排放的真正承诺）。正如我在前言中指出的那样，世界上的其他国家（包括美国在内的许多国家）决心继续履行其减少温室气体排放的承诺，这表明了该协定的力量，尽管特朗普宣布美国将在2020年退出该协定。世界银行和世界银行内的一个特别金融基金，即全球环境基金，正在帮助发展中国家减少排放。由于唐纳德·特朗普政府仍在否认气候变化的现实，并退出《巴黎协定》㊀，必须有一个有效的执行体系。任何国家都不能让整个地球处于危险之中。世界各国将不得不对像美国这样不减少排放的国家的跨境贸易征收高额的碳税。例如，对其碳排放征税。这样的税收是对一个重要的外部性的"纠正"（通过使美国对其污染的全球空气支付成本），而且同时刺激了美国要为气候变化做些什么事，比如，对其碳排放进行征税。[50]

后面描述的设立两个新的全球金融机构的动机之一就是需要更多的资金来帮助发展中国家应对全球变暖的挑战，但还有其他动机。针对变化的世界，现有的机构（特别是世界银行和一些区域开发银行）只是没有做出其应有的迅速反应。发展中国家和新兴市场基础设施需求的大幅增长超出了这些机构的能力范围；它们需要增加资本金，但美国一些共和党人的情绪使这些成为不可能。[51]我在前面描述了这些机构管理方面的缺陷——需要使其更能够反映21世纪的经济现实；尽管G20认识到这一点，但美国的共和党人再次明确表示，治理方面的变革将是困难的。有了这些障碍，就很难使这些机构适应性质迅速变化的全球金融市场，并对这些市场的缺陷做出回应。

这里存在潜在的大量长期投资基金：养老基金和主权财富基金（石油资源丰富的国家积累了数万亿美元的储蓄；挪威有500万人口，几乎

㊀ 当时世界上仅有尼加拉瓜和叙利亚没有加入《巴黎协定》。但是尼加拉瓜已经于2017年10月22日宣布加入《巴黎协定》。

有近 1 万亿美元的储蓄）。同时，对长期投资也有巨大需求。但站在这两者之间的是短期金融市场，对最紧迫的全球问题，如全球变暖问题，几乎不予重视。

因此，进入 21 世纪的第二个 10 年，对新开发银行的需求显而易见。全球的南方——发展中国家自己做这些事情是有意义的。他们已经表明，他们可以：他们的一个长期开发银行——安第斯开发银行（CAF，或者称拉美开发银行）长期以来一直很繁荣。它做得很成功，已从为安第斯地区（哥伦比亚、委内瑞拉、厄瓜多尔、秘鲁和智利）提供服务扩展到为整个拉丁美洲区域服务。

新开发银行

考虑到这些事态的进展以及"气候金融"方面的差距，埃塞俄比亚总理梅莱斯·泽纳维（Meles Zenawi）在 2011 年 1 月与我和我的继任者——世界银行首席经济学家尼古拉斯·斯特恩（Nicholas Stern）进行了接触，以探讨我们能否帮助创建一个新的开发银行。虽然发达国家已承诺提供帮助，为减少排放量和适应气候变化的开支提供资金，而气候变化的影响预计在非洲尤为严重，但承诺与执行之间存在着巨大的差距，正如它们先前承诺将国民总收入的 0.7% 用于帮助穷国一样。

巴西、俄罗斯、印度、中国和南非这 5 个主要新兴市场国家在 2009 年开始举行年度会议，这个被称为"金砖国家"（BRICS）的组织，即使是在布雷顿森林体系（IMF 和世界银行）成立时，其 GDP 也和发达国家的一样多。它们占世界人口的 40% 以上，占全球 GDP 的近 1/4。对它们来说，建立自己的开发银行是有道理的。一个新的开发银行可以成为一个共同的项目，巩固它们之间的合作，这个想法很快就被接受了。2014 年 7 月于巴西福塔莱萨举行的金砖国家峰会上，签署了创建该银行的协议。金砖国家银行（更正式地称为新开发银行）拥有更广泛的授权（尤其关注气候变化）、更好的治理和新的工具，它们比老的多边发展机构更适合于 21 世纪的金融市场。[52]

亚洲基础设施投资银行

或许最引人注目的发展是 2016 年在中国的领导下成立的亚洲基础设施投资银行。截至 2017 年 5 月，亚洲基础设施投资银行有 57 个成员国和 20 个潜在成员国，并且正在扩大。美国人强烈（也是愚蠢地）反对建立亚洲基础设施投资银行，担心它可能给中国带来更大的影响力，特别是考虑到美国不愿意对世界银行进行资本重组，以便使其能够与发展中国家和新兴市场的需求保持同步增长。地缘政治学上的一个教训很简单：不要反对不可避免的事情，也不要做很多你将要失去的事情，除非涉及原则问题。在这方面，原则是站在另一边的：亚洲国家当然应该自己决定。美国也没有任何回报。这让人想起了东亚危机期间的情况。当时，美国财政部反对日本的慷慨提议，为创建亚洲货币基金组织提供资金，帮助危机国家。

在这两种情况下，美国都非常担心自己的影响力可能会被削弱，所以它愿意让这些国家受苦，而不是从其他地方获得帮助。这是自私和短视的行为。在亚洲基础设施投资银行的例子中，即使是美国的长期盟友英国，也出现了分裂。最终的结果是奥巴马政府所担心的美国外交的边缘化。这家银行受益于中国的资源。2016 年，即亚洲基础设施投资银行运营的第一年，它发放了 17.3 亿美元的贷款。[53]

新的贸易协定

特朗普已经明确表示，如果他按自己的方式行事，他将从多边体系转向一个双边体系。他说得对，在这些双边谈判中，美国可能拥有更大的权力。但他错就错在他认为从全球的角度来看，甚至从美国的角度来看，这样的体系是好的。正如我在前面解释过的，重要的是多边贸易赤字。双边赤字（例如中国和美国之间的赤字）并不重要。创造货币是为了避免易货贸易的需要——避免在任何两个国家（或人民）之间贸易平衡的必要。

此外，在全球化的世界中，双边协定可能变得极其复杂。例如，如果某个货物的一部分是在亚洲制造，那么它还是墨西哥的吗？什么是关键的部分？当某个货物来自于亚洲的部分是由墨西哥或者美国制造的，又将会发生什么？这种协定扭曲了全球经济，导致生活水平下降。

在美国威胁要将自己退到保护主义的时候，中国已经走上了这个位置。它不仅是亚洲基础设施投资银行的召集人和最大的贡献者，还成功地推动了区域全面经济伙伴关系（RCEP），以替代中国被排除在外的跨太平洋伙伴关系（TPP）。[54] 中国不会像美国民主党政府那样，将重点放到人权、劳工权利甚至环境问题上，也不会推动大型制药公司的利益，或试图限制监管的范围。它更有可能坚持它的观点，即贸易协定应该是关于贸易的，并且只要愿意，其他地区的国家也被允许。

但是，中国是最大的经济体（按购买力平价计算）、最大的储蓄国、最大的贸易经济体和最大的制造业经济体，世界将不可避免地走向更加多极化的体系，而中国将在未来的全球体系中拥有很大的发言权。没有哪个国家会制定规则。没有一个国家是占主导地位的。

在其他地方，拉美国家也可能推进新的协定，并加强旧的协定，尤其是特朗普公开表达美国对南方邻国的偏见和敌意。为了加强太平洋联盟，智利、哥伦比亚、墨西哥和秘鲁已经采取了一些措施。如果美国缺席，新的《美洲自由贸易协定》可能实际上会出现。

具有讽刺意味的是特朗普简单的、短视的保护主义，将重点放在双边协定上，其预期效果将适得其反。当他试图奉行"美国优先"政策时，美国在世界（包括贸易世界）的影响力只会减弱。他将在看似最直接的目标上失败，[55] 那就是减少贸易逆差，改善美国制造业的困境。正如我们在第3章中所解释的，在他的政策下，多边贸易逆差将增加，制造业出口的就业机会将减少。

特朗普之后的全球化

即使在21世纪一开始，我就完成了 *GAID*，但全球化显然会改变，全球化的管理和治理方式也会改变。这种变化有5个基本的驱动因素：

①人口结构的变化,到 2050 年,非洲人口占世界人口的 26%;[56] ②权力转移,如我已经指出的,全球国内生产总值在发达国家中所占的份额明显缩小;[57] ③经济结构的转型,尤其是从制造业向服务部门经济的转变,这一转变在大多数发达国家已经发生,并将在今后几十年成为世界其他地区未来的一部分;④变化,特别是在制造业,但在其他部门,也采用"赢家通吃"的模式,在这种模式下,(全球化的)赢家更有可能不在富国之一;⑤意识形态的转变和分歧,特别是对以规则为基础的全球体系优点的共同信念的削弱以及民族主义和本土主义的增强。

当然,这些变化是相互关联的:美国民族主义和本土主义的发展可能直接与美国全球经济实力的削弱及其大部分人口的经济福祉有关,而美国的结构转型、制造业的衰落(正如我们在第 1 章中所看到的)本身就是造成这种状况的原因。

在最后一节,我想指出这些变化对未来全球化直接和间接的重大影响。

转移权力

美国和欧洲必须将权力拱手让给快速增长的新兴市场。我曾希望美国能做得比克林顿时期更优雅、更有建设性;但奥巴马几乎没有,如果有一点这种倾向的话,会更好(当然,他们的行动要比帝国主义企图通过军事实力来扩大美国的势力要好得多,而这正是布什和新保守主义的特点[58])。我没有料到特朗普的"美国优先"政策——对过去政策的飞跃(尽管我担心,如果不解决一部分与全球化管理不善有关的极端不平等问题,美国就会成为特朗普式煽动者的牺牲品)。但特朗普登场的时机再糟糕不过了。甚至在 2016 年大选前,美国就一直处于守势,毫无结果地反击中国扩大影响力的努力,试图说服其他国家不要加入亚洲基础设施投资银行,并在太平洋地区建立自己的企业驱动的贸易协定,将主要参与者中国排除在外,而这是被特朗普破坏的首批举措之一。

后特朗普时代的全球化

无论特朗普执政期间发生什么,特朗普之后的全球化都将有所不同。

美国已经失去了领导地位，失去了作为渴望和灵感源泉的地位：如果布什的失败表明了"硬"（军事）实力的局限性，那么特朗普就彻底摧毁了美国的软实力，其影响力来自于钦佩或尊重，尽管有时是出于对其经济实力的恐惧。

特朗普厚颜无耻地呼吁美国人自私自利。他在保护主义问题上的立场很明确：如果美国没有得到它想要的东西，它就会（用那个老比喻）卷铺盖走人。但为了确保它得到了特朗普所要求的"美国优先"交易，他不会与发展中国家和新兴国家作为一个整体进行谈判，而是一个个地进行双边谈判，在这种情况下，权力平衡的位置就很清楚了，尤其是针对较穷的国家的时候。然而，正如我们先前的讨论所表明的那样，美国所最关心的整体贸易逆差，将不会受到这些势力的影响。贸易逆差，由该国的宏观经济（包括其预算赤字）所决定，必将变得更糟。

尽管如此，美国依然将自己奉为善治的典范；但有一位总统会宣布，在总统任期内，没有任何利益冲突。在他的富豪内阁中，利益的冲突是显而易见的，但这个国家对此却无动于衷。

在世界各地，特朗普都是幽默和媒体娱乐的来源。在意大利，我听说，"特朗普让贝卢斯科尼看起来很好。"在非洲，"特朗普甚至让我们的独裁者相形见绌。"领导能力很重要。如果不是因为美国的领导，我们就不会有我们现有的基于规则的全球体系，而这种体系在很大程度上为维持和平与繁荣发挥了很好的作用。但是，任何国家要发挥这种领导作用，就必须被视为不仅仅服务于其自身的利益，还必须具备一种眼光，即不使用或者威胁使用武力，而是看到合作的好处。

国际法治

美国在世界上的表现将因特朗普而改变：所造成的损害将是长期的。美国将不再被视为一直以来受到信任的伙伴。但这也会给世界带来长期的后果。早些时候，我描述了法治对任何经济体的重要性，以及法治对全球经济的重要性。特朗普已经宣布，他甚至不会遵守过去的协定——他会无视世界贸易组织的规则。美国公开宣布，它实际上背离了法治，这对社会的运作非常重要,同时对保护弱者尤其重要。它将利用其军事和经济实力来得到它想要的东西。在一个以规则为基础的国际体系(美国在创造中起到了关键作用)中,如果最强大的国家宣布:顺便说一句,规则是为你们而不是为我们而制定的。如果当且仅当规则使我们受益,我们才会遵守它们。是否他的"吠叫比咬得更厉害"目前尚不清楚:由于这本书即将出版,在某些领域,他的表现和他在竞选总统时承诺的一样糟糕,或者更加糟糕,而在其他方面,他已经放弃了一些极端的立场。

边境很重要

特朗普也提醒我们,在一个高度相互依存、没有全球政府的世界里,边境仍然很重要。美国(或任何其他国家)可以选举出一位异常的领导人,而且除了战争,还有许多事情是一个国家可以对另一个国家做的。相互依赖越多,就越有可能造成伤害。政府可以由非理性的领导人领导,这些领导人可以使国家本身受到所采取政策的伤害。

正如我在本书前面指出的那样,世界一直在进行经济全球化,就好像边界并不重要。建立了全球供应链,货物在边境之间来回流动。各国被告知不要担心能源和粮食安全,不要担心在自己的国界内生产这些必需品的能力;我们不应该为之奋斗。这样效率低下。它忽视了比较优势的原则。但那些针对能源或粮食安全政策的批评忽视了风险,正如各国现在正在学习的。

但可能特朗普没那么重要

不过,我们不应该过分看重特朗普。世界正在走向多极化,而特朗普可能只是加速了这一进程。随着一些不平等现象的减少,发展中国家和新兴市场在这一多极全球化中可能会比过去做得更好。不过,发达国家在减少伤害发展中国家最贫穷者的农业补贴方面将行动缓慢,它们可能会想办法延长一些陷入困境的制造业部门的寿命。

同样,每个人都始终认识到边境问题,在危机或冲突时,美国将随心所欲,几乎不受它所签署的协定的约束。不过,正如我们在特朗普当政期间所看到的,规则也是重要的。WTO 规则几乎肯定会限制他实施他在竞选期间倡导的极端主义保护主义政策。

新地理学

当美国宣布一项内向型的美国优先战略时,中国正在创建一个"新丝绸之路倡议",也被称为"一带一路",涵盖了大约 60 个亚洲国家,将它们与中国联系在一起。它寻求用人造的基础设施来克服经济地理上的障碍,这将会缩短中国与所有国家的经济距离。与此同时,这些建设项目正在为以前奄奄一息的地区带来经济利益。中国已经理解西方经济学家几十年来一直在说的话:一个零利率的世界已经成熟,可以进行大规模的基础设施建设。

中国言辞的吸引力

在世界的许多地方,中国的言辞都比特朗普的"美国优先"或者之前的"条件性"要好得多,在这些条件下,我们与那些屈从于我们公司利益的国家签订贸易协定,我们通过国际货币基金组织和世界银行来帮助那些遵守我们所要求的良好政府和市场经济规则的贫穷国家。中国国家主席习近平在 2016 年 5 月 14 日举行的 29 国领导人第一次聚会上,他谈到了一个以友谊和伙伴关系为基础的世界。他重申,中国呼吁各国"尊重彼此的主权、尊严和领土完整,尊重彼此的发展道路和社会制度,尊重彼此的核心利益和重大关切"。[59]

中国倡导的全球化有何不同

在外交术语中,这些词具有某些含义。中国和发展中国家对西方援助附带的条件持高度批评态度,就劳动和环境标准问题而言,尽管中国的人口要求更有力的环境保护,随着收入的增加,劳动标准也随之提高。在美国工人面临的重要问题中(比如加班费),在特朗普的领导下,存在倒退趋势;因此,美国共和党政府对建立较高的全球标准的挑战可能与中国一样大。[60] 西方国家对在低于标准条件下商品生产的抵制(例如服装)仍然无法奏效。

随着中国对巴黎气候变化协定的承诺,人们希望,最终将演变为碳排放的标准可能会被纳入他们签署的贸易协定中——他们有这样做的动机。

这些例子说明了一般的原则。奥巴马说的没错,谁来写规则很重要。这就是为什么谁坐到谈判桌旁是很重要的。贸易谈判的结构本身使民间社会和公司以外的任何团体的代表很少有机会出席。结果反映了这一点。

我注意到贸易协定如何超越贸易,纳入了投资保护——鼓励美国公司在海外创造就业机会,办法是使投资更加安全,并取消美国最大的相对优势之一,即影响纠纷解决方式的法律规则,以及以偏重公司的裁决程序取而代之。在第 2 章,我指出,这些投资本可以以美国所说的方式提供重要的保护,使其免遭歧视,同时又不威胁公司针对政府在保护环境、健康、安全和经济稳定的法规方面提出诉讼。商界对这种直接改变的抵制表明,他们真正想要的是削弱监管。这是他们的议程。它只是用关于公平和不歧视的语言来掩饰(实际上,正如我在第 2 章中指出的那样,这些规定给予外国公司比国内公司更多的权利)。他们把天平倒向了另一边。

但在这个舞台上,不管有没有特朗普,变化都是特别不可避免的:欧洲和美国的数万名抗议者抗议这些看似晦涩难懂的条款,这表明隐藏的公司议程终于暴露出来了。2017 年 5 月,欧洲法院(European Court of Justice)裁定,至少欧盟每个成员国的议会必须通过投资协定的某些关键条款,与贸易条款不同的是,没有一个国家的议会拥有否决权。[61]

地缘政治影响

经济全球化的结构(根据投资和贸易协定的货物和资本流动)具有地缘政治含义。对奥巴马来说,TPP 是"转向亚洲"的一部分,是对美国在该地区作用的重申。

如果全球化要奏效,就必须有解决争端的办法,在某些情况下,根据《联合国宪章》在海牙设立了一个国际法院,并就许多涉及跨国争端,包括边界争端的案件做出裁决。各国对这一司法制度的喜爱程度,在很大程度上取决于它们是否认为自己会赢。[62]

转变中的全球经济结构

虽然在全球化辩论中,我们的注意力过多地集中于曾经的工业——农业和制造业,但一些最困难的问题将出现在未来的某些部门,如高科技领域。

数字经济

人们已经开始担心 5 家美国公司(苹果、谷歌、Facebook、亚马逊和 Twitter)在全球占据主导地位(除了中国)——它们目前在工业领域的份额。在经济许多部门中一个公司独占鳌头的事实,就是"赢家通吃"的一个例子,有时被称为"超级经济体"。对于普通的工业产品,并不是每个人都会同意什么是最好的——产品有许多特性,也不是每个人都会同意什么是适合一个人而不适合另一个人的。然而,情况发生了重大变化,尤其是在我们迈向数字经济的时候。前期成本在总成本中的比例越来越大,最重要的是研究成本。在这些情况下,生产限制通常是次要的,竞争的重点是价格。在竞争激烈的情况下,竞争对手竞相压价,直到将价格压到企业的最低边际成本价格。这家企业就成为占主导地位的企业。随着时间的推移,该公司能够扩大其相对于其他公司的优势,因为它继续从事研究工作,收集数据,以便能够更好地满足特定客户的需要,同时它还利用富有经验的营销和产品战略来"锁定"客户。

正在出现的是一个远非竞争的市场。占支配地位的公司能够拥有强大和不断增长的市场力量。[63] 欧洲和其他地区当局限制他们的市场势力,甚至迫使他们纳税的行为,受到那些指责反美主义的欢迎。

对隐私和数据所有权(以及数据所有权集中将会造成市场力量上涨的长期问题)的合理担忧也是如此。欧洲的许多人关心隐私问题;许多经济学家担心,对数据的控制可能会进一步增强某些公司的市场力量。

但是，反映美国科技巨头利益的美国政府希望制定符合这些公司利益的数据和数据所有权规则。在贸易谈判中，政府权衡各种生产者利益。因此，如果欧洲想要得到一些回报，比如汽车业，欧洲可能愿意屈服于美国对数据的要求。但在这场大交易中牺牲的是原则问题和普通公民的利益。这是自古以来贸易协定达成的方式。但是，以这种方式制定规则的全球化不仅缺乏合法性，而且缺乏公民的支持。它们为反全球化运动提供了素材。

问题在于，随着这些企业在美国施加不适当的影响力以及美国的政治倾向，政府在确保竞争或解决隐私问题方面几乎什么都没做。考虑到这些企业的规模（苹果2017年的现金储备超过了加拿大和英国的总和），只有主要国家的政府才能接手这些企业。如果他们不这样做，不平等问题以及对全球化的广泛不满只会越来越深。不足为奇的是，美国政府（以美国贸易代表处的形式）基本上代表了美国生产者的利益，就像他们在其他领域所做的那样，因此，美国的贸易议程（他们加入的制定数字经济标准的）是一个垄断公司的议程，不仅不重视隐私，也不重视数据所有权可能带来的市场力量积累的危险。

幸运的是，在欧洲，经济利益（占支配地位的美国公司及其垄断行为使欧洲竞争对手和进入者处于不利地位[64]）和社会价值观（迄今为止，欧洲人似乎更关心隐私和垄断的内在危险，至少在这方面要胜于美国）的结合意味着，他们的贸易谈判者承受着巨大的压力，要他们不要屈服于美国的要求，至少要给欧洲提供追求自己的"数字标准"的空间。

零工经济和共享经济

另一个重要的发展就是零工经济，比如像优步（Uber）和爱彼迎（Airbnb）这样的企业。这给全世界带来了棘手的监管问题。在某种程度上，它们的成功是以创新为基础的，提供了以前没有的服务。但它们也很成功，因为在面对提供类似服务的传统生产者时，它们利用了它们规避监管和税收的能力（经济学家将此称为监管和税收套利）。需要新的法规（例如，拿优步的例子来说，要确保避免过度拥挤，并确保车手的安全以及足够的保险，以便在发生事故时进行补偿），甚至要该领域提供新的税收形式。原则上，有了投资协定，这些公司可以就任何此类新条例的利润损失提起诉讼，这表明投资协定在允许税收和监管制度适应不断变化的情况方面过于严格。

转向服务经济的广义含义

最重要的结构性转变是从制造经济向服务经济的转变，我们在本书中经常提到这一转变。新不满者所表达的压力往往是这种转变的结果，也是全球化本身的结果。在服务经济中，全球化是不同的。大多数正在发展的服务都是针对具体地点的：大多数情况下，教育和保健服务是在个人居住的地方提供的。管理提供服务的人将在提供服务的地方履行其职责。当然，其中有些服务将会全球化：数据处理可能在印度发生，学生会来美国接受更高的教育，医疗旅游可能会继续增长。但这只是全球GDP的一小部分。

有几个重要的含义，其中之一我已经提到。制造业出口带动增长的模式，这种模式在缩小亚洲和西方之间的差距方面产生了如此显著的效果，但在未来几十年内，这种模式将不会发挥同样的作用。不过，亚洲已经学会了如何学习，并将继续缩小生产率方面的差距。非洲会出现问题，它们发展的时间很短。正如我所指出的，即使中国所有的制造业岗位都转移到非洲（这是不可能的），它也不会为其迅速增长的人口创造足够的工作岗位，而且可能也不足以启动非洲大陆所需要的结构性变革。如果收入水平的差距持续存在，移民压力将持续存在。

接下来就是第二个含义：我注意到，制造业主导的全球化带来了强大的下行压力，特别是对发达国家的技术工人的工资。今后几年，这种力量将减弱。的确，由于服务是劳动密集型的，发达国家的工资（占国内生产总值的比例）有可能增加。但这将在很大程度上取决于公共政策。一些最重要的增长部门是健康和教育，可理解的是，用于这些部门的资金不成比例地来自公众。如果我们优先为所有年龄的公民提供高质量的护理和教育，我们将创造更多的高薪工作。但是，如果我们让这些新的资金部门处于饥饿状态，结构改革将更加艰难，全球化更有可能被归咎于缺乏就业，不平等现象将更加严重。

"新经济"中不平等可能会更加严重的另一个原因是，世界正在向"新经济"移动。在当地提供服务，而且在许多领域，地方提供的服务主要由少数公司提供：美国每个地区有两家或三家健康保险供应商、一家为每个汽车或拖拉机品牌提供服务的公司、一家或两家因特网供应商、一家或两家有线电视公司、几家向小企业提供资金的公司。这意味着，除非政府在地方一级进行难以管理的反托拉斯政策，否则垄断势力可能会比制造业主导的经济体更高，而这又意味着更多的不平等，除非政府采取补贴措施。

然而，另一个含义是增长可能放缓，至少按照我们的惯例来进行的衡量，尤其是在发达国家。当然，可能有一些特定的行业会做得很好——虽然美国的科技创新值得庆祝，但整体GDP增长已经放缓（2016年仅为1.6%）。从历史上看，服务业生产率增长缓慢，这种现象与鲍莫尔病有关。[65]考虑到20年前，心脏手术死亡的概率很高，长期恢复的概率很低，与今天大不相同。但即便如此，我们在制造业中看到的创新也不复存在。[66]理发师用现代理发刀可能会稍微快一点，但也只是稍微快一点。新技术对教育的影响很小。[67]我们不必过分哀叹。收入的进一步增加（也就是说，超过上中等收入的美国人的收入）对幸福的影响可能是有限的。[68]现在的问题是如何分享一个国家的财富。即便在全球化程度下降的情况下，不平等的概率甚至可能会继续提高，这意味着需要按照第4章所讨论的方针采取更强有力的政府行动。

新兴市场仍有充裕的机会迎头赶上：例如，中国的GDP约为美国的1/5，因此它增加GDP的空间是巨大的。但服务行业迎头赶上的过程可能更加艰难。采用先进技术的中国新制造厂可能达到与美国或欧洲相同的生产率。但向众多的小型服务部门企业传播有关技术和商业惯例的知识要困难得多。

最后一个含义是：贸易相对于 GDP 的增长将放缓，而且，我们不需要哀叹这一点。一些人认为，最近的统计数字表明，这种情况已经发生，表明已经开始从全球化后退。一些认为贸易和增长之间存在相关性的人将会担心，贸易的下降将意味着增长的下降。正如我所说的那样，这种下降将会发生，但这并不是因为贸易放缓，而是因果关系混淆的一个重要教训。收入增长的下降和贸易与收入比率的下降都是由于服务部门在经济中的作用增加造成的。

全球化、不平等和市场力量

本书是关于发展中国家和发达国家对全球化的不满，以及这种不满如何与不平等的增长联系在一起的。我认为，今后几年关于全球化的辩论的焦点将继续是发达国家和发展中国家工人的福祉，以及全球化对他们的影响。正如我在第 1 章中解释的那样，即使全球化不是发达国家中不平等和中产阶级被剥夺的主要原因，即使失去工作更多的是与技术而不是与全球化相关，但全球化将首当其冲地承受愤怒的冲击：那些由于全球化遭受损失的人认为全球化是他们能够做些什么的对象。这就是为什么那些相信保持市场开放的人应该问，我们能做些什么来帮助处于底层和中层的人呢？虽然我在第 4 章中谈到了这一点，但要想得到全面的答复，就需要进行比我在这里所能进行的更广泛的讨论，从全球经济的角度来审视这一问题可能是有益的。

从全球来看，至少目前的情况是劳动力和资本过剩[69]与高失业率和真实收益率接近于零的安全资产（美国国债）共存。一个很自然的问题是，这怎么可能呢？部分原因是全球经济运行不佳：全球总需求不足。这本书主要讲的是全球化的微观经济学，讲的是开放市场，即使它提高了收入水平，是如何通过改变收入分配，从而造成更大群体的状况恶化。但存在全球化宏观经济学。如果像德国这样的国家坚持出口大于进口，坚持贸易顺差，那么他们的行动可能会导致全球总需求不足，这将给世界其他地区带来巨大的代价。因为在全球总需求不足的情况下，世界的某个地方就会出现失业。一些国家可能会保护自己的就业机会，但只能通过让其他地方的就业机会稀缺来实现。这就是为什么凯恩斯建议要对贸易盈余征税。[70] 过去，盈余国家造成的全球总需求疲软被其他国家（往往是发展中国家）肆无忌惮的财政赤字所抵消。相反，当前的紧缩浪潮加剧了全球总需求的疲软。很难说引起全球紧缩的时尚潮流是否会消失，何时会消失：更通情达理的人早就会得出这样的结论：当前的低利率时刻是政府为长期需要的基础设施、教育和技术投资而借款的时候。

不平等也发挥很大的作用。那些收入最高的人花费其收入比例要比收入低的人更小，因此，当不平等增加时，需求就会减少。这就形成一个恶性循环：经济疲软导致工资降低，不平等加剧，从而进一步削弱经济。如果政府通过刺激经济来做出反应，就可以抵消这些不利的结果；但较弱的经济通常会导致较低的工资和较大的财政赤字。如果政府采取另一种紧缩措施，经济将进一步下滑。

但这只是对当今日益加剧的不平等和经济疲软的解释的一部分：越来越多的人一致认为，全球收入蛋糕的更大份额正通过行使市场力量而被用于或更广泛地用于垄断租金。[71] 市场力量的增加以两种方式减少了需求。更多的钱流向了垄断企业的所有者。这些人通常是我们社会中最富有的人，他们的消费低于普通公民，因此总需求减少了。同时，各公司削减产量（从竞争水平看），因为它们知道产出的增加将导致价格和利润的降低。其结果是，规模庞大、利润丰厚的公司坐拥大量现金，几乎没有再投资的动机——这正是近年来所观察到的情况。

多极全球化的替代选择路线

我想回到这本书的一个中心主题：全球化具有提高生活水平的潜力。斯密和李嘉图认为，可以通过专业化（利用规模经济）和比较优势来提高全球效率，这种观点仍然正确。因此，社会上的每一个人都可以过得更好。但是，不受约束的全球化的结果可能适得其反：至少降低大部分人的生活水平。

21世纪多极全球化有可能创造一个更具竞争性的全球格局，限制市场力量，例如发达国家的跨国公司。美国和欧洲的国内政治力量限制市场力量的可能性更小。如果全球化得到更好的管理，总需求也有可能不会出现长期不足。

但是，21世纪的多极全球化也有可能不会像近年来那样对普通公民产生多大的好处。没错，中国主导的全球化再平衡将增加第三世界许多国家的总体收入。多极化（中国在全球前景中的存在）可能会限制发达国家及其公司滥用市场支配力。不过，随着中国大公司的发展，它们将认为自己的利益将与西方同胞的利益相一致，这至少也是同样可能的。没有过度的竞争，利润更高、生活更舒适；它们将发现合作（一个更准确的词可能是"串通"）的方式会更有趣，也更有利可图。跨国石油公司将被迫让来自中国的新成员加入它们的俱乐部，其他地区的公司也将如此。但竞争将仍然有限，价格仍将保持在高位。西方公司的利润将有所降低，但总的来说，在多极全球化的情况下，全球化可能与美国主导的全球化没有什么不同。

政治回应

反全球化的选民在一件事上是对的：虽然技术（更低的运输和通信成本）在过去3个世纪提供了全球化增长的条件，但全球化是由政策和政治决定的。人们可能希望，发达国家和发展中国家对全球化的不满将导致对全球化的重新思考、更好地管理全球化的决心以及确保公平分享潜在的成果。这很可能发生。

然而，这并不容易。全球化倡导者广泛支持的简单战略是"补偿全球化"，也就是说，我们需要认识到，没有适当的政府政策，全球化就会造成输家，我们必须确保，至少充分地帮助脆弱者，使之不至于发生。每个人都需要成为赢家。这项战略有两个问题。首先，它本身不可能得到那些在全球化中处于失败一方的支持。他们为什么会对过去曾向他们承诺全球化将使他们受益的精英们有信心，相信他们现在——不仅在今年，而且永远会履行诺言？当政客们同时主张削弱社会保护、支持新的贸易和投资协定及全球化的扩张时，选民对"补偿全球化"的承诺会特别怀疑，这是可以理解的。一项新的贸易协定要求他们开放，但任何未来的政府都可以轻易地剥夺承诺的"补偿"。即使是协定本身范围内做出的承诺，它们是否会得到执行？信任的丧失是不容易恢复的。只有深刻的结构变化才可能使这种补偿具有可信性，即第 4 章中所描述的 21 世纪福利国家的重构。

此外，对全球化的一些支持，可能主要来自因工人谈判权削弱而获益的公司。良好的社会保护制度实际上提高了工人为自己的权利讨价还价的能力。几乎可以肯定的是，这将导致更高的市场工资。不清楚这些公司利益是否会真正支持这种全球化。当然，全球化的输家会感觉到这一点，这也是他们对补偿承诺持怀疑态度的原因之一。

然而，需要恢复对全球化的信心，而不仅仅是"补偿"。全球化的倡导者正确地指出建立国际法治的关键作用（以规则为基础的全球化体系受到特朗普的挑战），这在遏制权力泛滥方面尤其重要。本书有力地论证了这样一个基于规则的体系的好处，即使对像美国这样一个强大的国家也是如此。但规则本身很重要。它们必须具有合法性，但它们只有以公开、公平和透明的方式产生，才能具有合法性。例如，不能以最近进行的贸易协定谈判的方式出现。

因此，在实现全球化的潜在利益方面有一条狭窄的道路。这需要对共同繁荣做出坚定承诺，这反映在第 4 章所述的常设机构和政策中，也需要对更民主、公开和透明的进程做出坚定承诺，以达成贸易协定，并管理负责全球治理的全球机构。

不过，还有另一种情况，在这种情况下，像特朗普这样的政治家利用不满情绪，将全球化的失灵归咎于其他人的不端行为（"不公平"），并试图为自己的利益重新定义全球化的规则。这就是世界目前的发展方向，世界将在这一方向上去除全球化，全球化的潜在成果将丧失。

最可能出现的情况也许是勉强度日，持续管理不善的全球化带来了许多不满。随着中国重新描绘全球化的轮廓，西方的跨国公司将不再像过去那样是全球化的支持者。事实上，它们将继续它们虚伪的立场——

相信自由市场,并制定规则,以赢得胜利,并敦促它们的政府采取强有力的行动来代表它们。但西方的威胁听起来将更加空洞,而它得到它想要的东西的能力将更加有限。尽管西方跨国公司的全球影响力可能会下降,但全球经济将继续以目前的方式发展,西方大型跨国公司(现在还有来自世界其他国家的跨国公司)在收益中所占比例过大,普通公民,特别是发达国家的普通公民,都不知道全球化的承诺何时会到来?如果出现这种情况,对全球化的不满将继续下去,而维护一个开放的全球体系将是一场艰难的政治斗争。

没有持续的共同繁荣,就不可能有持久的全球化,而混日子也不可能使我们达到这个目标。如果不相信可持续的全球化,全球化的充分利益就不可能实现——如果在任何时候出现去全球化的威胁,就不可能建立起有效的全球供应链。温和的政治领导人,总是力求达到平衡和妥协,不能也不会使我们达到目的。它们不能使我们实现可持续的共同繁荣,因此也不能使我们实现可持续的全球化。具有讽刺意味的是,只有致力于建设 21 世纪福利国家的政治领导人才能使我们实现 21 世纪的可持续全球化。

结束语

在过去的 3/4 个世纪中,世界为管理全球化建立了一个以规则为基础的制度。创建这个系统并不容易,它还是一个不完善的系统。在美国和其他国家,有许多人反对说,任何国际法体系都意味着放弃某些主权。世界贸易组织可以(而且确实)宣布美国的一些贸易做法违反了世界贸易组织的原则,美国改变了政策,或向提出申诉的人提供了赔偿。但美国也获得了巨大的收益,因为当其他国家违背自己的承诺时,美国可以提出同样的要求。不需要一场贸易战就能解决这场争端,而且双方都通过避免贸易战得到了好处。

在 *GAID* 中,我批评了全球化体系的建立,因为它不公正地偏向了美国和其他发达国家。我所看到的违反了社会正义的基本概念。我认为,我们可以建立一个更公平、更有效的全球化制度。从长远来看，即使是美国也会从这一更公平和管理更好的全球化制度中获益。作为一个美国人，我相信尽我们所能去创造一个更好的系统是明智的，也是符合我们自身利益的。在 GAID 中，甚至在我后来的著作中，例如《让全球化造福全球》，我列出了可以做什么和应该做什么。我正在努力使全球化更好地为所有人服务。我相信另一个世界是可能的，美国积极参与其中。我不是主张撤军。

特朗普的当选、英国的脱欧公投，以及其他地区保护主义政治的兴起，都颠覆了这一切。尤其是特朗普，迅速推动了一种新保护主义，要求美国奉行"美国优先"政策，在不方便遵守这些政策时无视国际承诺。

一个国家的行动能够而且确实对其他国家产生重大影响。国际经济以多种非常复杂的方式联系在一起。现代技术所需的稀有矿物只分布在少数几个国家；一个没有贸易的世界是不可想象的。恐怖分子和病毒悄悄地跨越国界。气候变化是真实的：美国、中国和其他国家排放的温室气体对居住在数千英里以外的人们造成了巨大的影响。在非洲和印度，荒漠化正在把人们从他们长期占据的土地上赶走。太平洋岛国将沉入海底，这些国家的公民将成为非自愿移民。因此，全球化是我们必须面对的现实。但我们如何处理全球化的问题非常重要。如果我们以正确的方式处理这一问题，未来的世界可以实现共同繁荣。

我们不知道这一切将在哪里结束，但有一点很清楚：如果特朗普得逞，美国将失去其全球影响力，美国人的生活水平将下降，包括那些支持他的人，世界将不再更加安全、更加保险或更加繁荣。

希望美国和世界能够在这一事件结束后更坚定地创造一个更公平、更美好的全球化——我在 21 世纪初写 GAID 时想到的这种全球化。

注　释

前言

1. 资料来源：国际货币基金组织（IMF），世界经济展望数据库（WEO），2017年4月，使用2016年GDP（现价美元）和人口数据，以及国际货币基金组织对"新兴和发展中经济体"的定义。
2. 2016年人均国内生产总值（现价美元）。资料来源：世界银行，世界发展指标数据库。
3. 当然，斯密和李嘉图并没有把它称为"全球化"，这个术语出现在20世纪中叶，直到20世纪80年代才开始广泛使用。
4. 经常使用复杂模型的分析师为我们衡量国内生产总值和收入的方法争吵不休，特别是价格平减指数，即由于通货膨胀而进行的调整。虽然我们的指标不完善，并且低估了技术变革的一些好处，但这些分析师也低估了由于不安全感增加而导致的福利减少。在网络上，我认为事情可能比最常被引用的统计数字暗示的情况更糟糕。我在经济表现和社会进步衡量委员会担任要职，这一委员会调查了这些问题。例如，参见其2010年的报告：*Mismeasuring Our Lives: Why GDP Doesn't Add Up*, with J. Fitoussi and A. Sen (New York: New Press, 2010)。
5. A. Case and A. Deaton, "Rising Morbidity and Mortality in Midlife Among White Non-Hispanic Americans in the 21st Century", *Proceedings of the National Academy of Sciences* 112（49）（2015）, pp.15078-83. 他们随后在2017年3月23～24日为布鲁金斯经济活动讨论小组编写的"21世纪死亡率和发病率"中更新了他们的研究结果。
6. 美国国家卫生统计中心（2016），*Mortality in the United States*, 2015, NCHS数据简报267。

7. 米兰诺维克按照收入把世界各地的人们划分了等级。全球 50% 左右的人代表了新兴市场的新中产阶级，他们的收入在 1988～2011 年间增长了约 100%。参见 Branko Milanovic, Global Inequality: *A New Approach for the Age of Globalization* (Cambridge, MA: Harvard University Press, 2016)。
8. 资料来源：世界银行关于中国的概况，http://www.worldbank.org/en/country/china/overview。
9. 基于国际货币基金组织《世界经济展望》（WEO）和世界银行截至 2017 年 8 月的数据进行对比。这一比较使用生产者价格指数来平减贸易增长的名义价值。若使用消费者价格指数（这是衡量通胀的常用方法，但不太适用于衡量贸易增长）会得出一个较低的数字。但是这一点表明贸易增速远超全球经济增速。
10. 资料来源：国际货币基金组织，《世界经济展望》（WEO）和国际金融统计（IFS），2017 年 4 月。
11. 有大量文献表明：过于强大和设计不当的知识产权制度会阻碍创新。最有说服力的例子是当美国最高法院裁定不能申请基因专利时发生的事情。一家美国公司 Myriad 拥有两项基因专利，这两项基因的存在显著增加了乳腺癌的可能性。该公司不允许其他人提供这两项基因是否存在的测试，但它自己的测试方法不如其他人研究的方法准确。法院做出裁定后，出现了一系列创新，降低了测试方法的成本并提高了准确度。在其他地方，我已经解释了严格的知识产权如何减少可供其他人借鉴学习的知识存量规模，从而阻碍创新的情况。参见 "Intellectual Property Rights, the Pool of Knowledge, and Innovation", NBER 工作文件 20014, 2014 年 3 月，http://www.nber.org/papers/w20014.pdf?new_window=1。想要更深入地了解创新如何受到伤害，参见 Claude Henry and J. E. Stiglitz, "Intellectual Property, Dissemination of Innovation, and Sustainable Development", *Global Policy* 1 (1), pp. 237-51。
12. 全球化时代最高边际税率显著下降，从 1980 年的 70% 下降到 1988 年的最低点 28%，2017 年税率达到 39.6%。1997 年，资本收益税（富人收入的主要形式）显著减少，布什总统出台相关政策后进一步削减税率，最终只有 15%。这导致了美国税收的递减性质，顶层人士税收占收入的比重小于底层人士。
13. 尽管存在一些不平等可能对提供激励措施有所帮助，但现在已达成共识——包括国际货币基金组织和经济合作组织等主流机构（发达国家的"智库"）也认为，过度的不平等会带来较差的经济效益，破坏民主制度，并导致社会分裂。参见 Josphe E.Stiglitz, *The Price of Inequality: How Today's Divided Society Endangers Our Future* (New York: W. W. Norton, 2012).

14. 当然情况并非总是如此，但对于许多管理良好的公司来说，情况确实如此，并且是资本主义倡导者所描绘的"故事"。

15. Sean F. Reardon and Kendra Bischoff, "Income Inequality and Income Segregation", *American Journal of Sociology* 116 (4) (January 2011), pp.1092-1153; Richard Fry and Paul Taylor, "The Rise of Residential Segregation by Income", *Pew Research Center*, August 1, 2012, http://www.pewsocialtrends.org/2012/08/01/the-rise-of-residential-segregation-byincome/.

16. 与德国的钢铁生产商不同，美国没有通过生产高质量的特种钢材来参与竞争，因为生产这些钢材需要高技术工人，而且涉及先进技术。美国没有对所需要的人才和技术进行投资，它试图用大量生产钢材这种方式来参与竞争，但中国很快就学会了并且超越了美国。

17. 谷歌图片搜索会找到许多令人难忘的照片（http://bit.ly/2hmTJ3B）。关于学校和周边社区发生的事情的图片可以在我出版 *GAID* 后的电影中生动地看到，它以图片的方式展示了全球化对世界各地的影响：*Around the World with Joseph Stieglitz*, directed by Jacques Sarasin (Les Productions 100 Faire Bleu, Swan Productions, ARTE France, with the participation of île-de-France), available at https://vimeo.com/153222282.

18. 例如在我撰写 *GAID* 的时候，许多重要决定都是由最富有的发达国家（美国、德国、法国、加拿大、意大利、日本和英国）组成的七国集团（G7）制定的。尽管中国和印度拥有世界人口的 40%，但它们被 G7 排除在外。自 *GAID* 出版以来，全球治理发生了一些重大变化。

19. 我强调"大部分"是因为，例如，标准经济模型低估了资本市场自由化的危险并高估了收益。参见 Joseph E. Stiglitz, "Capital Market Liberalization, Globalization, and the IMF", in Joseph E. Stiglitz and José Antonio Ocampo, eds., *Capital Market Liberalization and Development* (New York: Oxford University Press, 2008), pp.76-100. (Revised and updated

version of an article with the same title originally published in Oxford Review of Economic Policy 20 [1] [2004], pp. 57-71.）正如我在第 1 章和第 2 章中强调的那样，对于全球化的其他某些方面也是如此。

20. 我在我的论文中以相同的名称详细阐述了这个想法："Social Protection Without Protectionism", in Mary aldor and Joseph E. Stiglitz, eds., *The Quest for Security: Protection Without Protectionism and the Challenge of Global Governance*（New York: Columbia University Press, 2013）, pp.24-47.

21. 一个常用的指标是联合国开发计划署每年提出的经过不平等调整的人类发展指数（HDI），其中斯堪的纳维亚地区的挪威、丹麦、冰岛和瑞典分别在 2015 年排名第 1、5、9 和 14。（Source: *Human Development Report 2016: Human Development for Everyone*, UNDP, March 2017, available online at http://hdr.undp.org/sites/default/files/2016_human_development_report.pdf）.

22. 这是我近期著作中的一个主题。*The Great Divide: Unequal Societies and What We Can Do about Them*（New York: W. W. Norton, 2015）and *The Price of Inequality: How Today's Divided Society Endangers Our Future*, op. cit.

23. 华盛顿共识的想法最初是由约翰·威廉姆森在 1989 年提出的。这些术语演变成包含国际货币基金组织/世界银行所有正统的核心原则，即使它们没有包含在威廉姆森的原始构想中。因此，即使威廉姆森本人对此也持批评态度，资本账户开放也成为华盛顿共识的一部分。为了更广泛地讨论该术语的演变，见 Joseph E.Stiglitz, "Is there a Post-Washington Consensus Consensus?" in Narcis Serra and Joseph E. Stiglitz, eds., *The Washington Consensus Reconsidered: Towards a New Global Governance*（New York: Oxford University Press, 2008）, pp. 41-56; and John Williamson, "A Short History of the Washington Consensus" in the same volume, pp. 14-30.

24. 这一术语即使在工业部门以外的政策中也适用，例如在农业中。

25. 正如我在后面解释的那样，即使在国际货币基金组织和世界银行内部，这些想法中的许多内容在今天都受到质疑，这是大约 20 年前开始的一次转变。例如，《为了发展的知识，世界发展报告 1998》——如果要解决先进国家和发展中国家之间的知识鸿沟问题,就要认识到中等教育、大学教育以及初等教育的重要性。在后面的部分中,我还解释了在过去的1/4个世纪中,华盛顿共识已经变得不足信赖。出现了新的共识,即斯德哥尔摩共识。(总结,见 https://www.sida.se/globalassets/sida/eng/press/stockholm-statement.pdf)。

26. 这些被称为"不断上涨的关税",其对高附加值产品征收更高的关税。参见 J. E. Stiglitz and A. Charlton, *Fair Trade for All* (New York: Oxford University Press, 2005)。

27. 现在有一个称为行为经济学的经济学大分支,探索个人"非理性"行为的系统方式。最近的发展强调,经济体系塑造个人的偏好和行为(与标准理论相反,它假定偏好是给定的)。例如,使个体比自己更加自私或者更加短视。例如,请参阅畅销书,见 Daniel Kahneman, *Thinking, Fast and Slow* (New York: Farrar, Straus & Giroux, 2011); Michael J. Sandel, *What Money Can't Buy: The Moral Limits of Markets* (New York: Farrar, S traus & Giroux, 2012); and Richard H.Thaler, *The Winner's Curse: Paradoxes and Anomalies of Economic Life* (Princeton, NJ: Princeton University Press, 1992)。讨论偏好如何形成,见 Karla Hoff and Joseph E. Stiglitz, "Striving for Balance in Economics: Towards a Theory of the Social Determination of Behavior", *Journal of Economic Behavior and Organization* 126 (B) (2016), pp. 25-57.

28. 当然,在一本简短的书中,我不可能真正回到历史:全球化事实上已经存在了很长一段时间。例如,我们吃的食物就是证明,这些食物源于世界许多不同的地区。过去几个世纪的经济活动的关键驱动力是创建新的贸易路线和新殖民地。

29. 幸运的是,特朗普的竞选言论和他的政府所做的事情似乎有很大差距。在本书后面,我解释了为什么这不应该是一个惊喜。

30. 事实上,证据是这种协定对增长的影响可以忽略不计。请参阅第1章中的讨论。

31. 这在历史上一直如此,尽管近年来发展中国家和新兴市场的温室气体排放量较大。尽管如此,美国的人均排放量最高。

32. 见 J. E. Stiglitz, "Sharing the Burden of Saving the Planet: Global Social Justice for Sustainable Development", in Mary Kaldor and Joseph E. Sti-

glitz, eds., *The Quest for Security: Protection Without Protectionism and the Challenge of Global Governance* (New York: Columbia University Press, pp. 161-90).

33. 2009年6月，联合国召开世界金融和经济危机及其对发展的影响会议，会议成果见 http://www.un.org/esa/ffd/documents/Outcome_2009.pdf.
34. 然而，美国为这个优势付出了高昂的代价。随着外国购买更多的美国债券，美元升值，出口下降和进口增加，这是特朗普排斥的贸易赤字的部分原因。

    我一直积极推动全球储备体系，我主持的一个国际委员会强烈支持这一体系，其主要建议得到了联合国大会的支持。当我和奥巴马总统讨论这个问题时，他似乎理解当前储备安排对美国经济的成本，但他也看到了优势，低利率借款能力，而这些优势似乎与美国在试图摆脱2008年危机时出现巨额赤字时尤为相关。此外，全球储备体系的变化是一个彻底的变化，对本质上是保守主义的奥巴马来说太过激进。见 *The Stiglitz Report: Reforming the International Monetary and Financial Systems in the Wake of the Global Crisis*, with Members of the Commission of Experts on Reforms of the International Monetary and Financial System appointed by the president of the United Nations General Assembly (New York: New Press, 2010); Bruce Greenwald and Joseph E. Stiglitz, "A Modest Proposal for International Monetary Reform", in Stephany Griffith-Jones, José Antonio Ocampo, and Joseph E. Stiglitz, eds., *Time for a Visible Hand: Lessons from the 2008 World Financial Crisis* (Oxford: Oxford University Press, 2010), pp. 314-44; and Bruce Greenwald and Joseph E.Stiglitz, "Towards a New Global Reserves System", *Journal of Globalization and Development* 1(2), article 10.
35. 2015年，中国城市制造业就业人数约为8000万人，而撒哈拉以南非洲人口在25～64岁之间的人口预计到2050年将增加5.81亿人。资料来源于《中国统计年鉴》和联合国（世界人口展望，中位生育率变量）。
36. 无论如何，只有在2020年才会生效，就像他的任期即将结束一样。
37. 根据国土安全部的报告，整个南部与墨西哥边界的入境口岸间成功的非法入境（包括多次尝试）人数从2005年的170万人下降到2015年的17万人。资料来源：Associated Press (October 6, 2016), "Barely Half of

Illegal Border Crossers from Mexico Caught", http://www.latimes.com/local/lanow/la-me-border-cross-20161006-snap-story.html.

38. 参见 Joseph E. Stiglitz, *Freefall: America, Free Markets, and the Sinking of the World Economy* (New York: W. W. Norton, 2010).

39. 参见 David Autor et al., "A Note on the Effect of Rising Trade Exposure on the 2016 Presidential Election", MIT working paper, 2016; Betsy Cooper et al., "The Divide over America's Future: 1950 or 2050? Findings from the 2016 American Values Survey", Public Religion Research Institute Report, 2016; and Brian F. Schaffner, Matthew MacWilliams, and Tatishe Nteta, "Explaining White Polarization in the 2016 Vote for President: The Sobering Role of Racism and Sexism", University of Massachusetts Amherst working paper, 2017。

40. 我早期就注意到中国已经减少了 8 亿贫困人口。标准经济学理论指出，欠发达世界的非技术工人将从全球化中获益。它并没有指出，受过良好教育的技术工作同样会收益。他们所做的是这些国家如何管理全球化贡献的一部分。

41. 将注意力集中在从事掠夺性贷款的抵押贷款发起人身上颇具吸引力。但是使整个腐败体系"发挥作用"所必需的谎言和欺骗行为进入了大多数投资银行及其他一些行业的评级机构。见 JosephE.Stiglitz 的著作 *Freefall: America, Free Markets, and the Sinking of the World Economy*；金融危机调查委员会于 2011 年 2 月 25 日提交的金融危机调查报告：*The Financial Crisis Inquiry Report: Final Report of the National Commission of the Causes of the Financial and Economic Crisis in the United States*，见 https://www.gpogov/fdsys/pkg/GPO-FCIC/pdf/GPO-FCIC.pdf。

42. 本节的思想在 JosephE.Stiglitz 的《重构美国经济规则》中有详细阐述，内容包括 NellAbernathy, AdamHersh, SusanHolmberg 和 MikeKonczal, 罗斯福研究所书籍（纽约：WW 诺顿，2015），在 http://www.rewritetherules.org 可以查阅。

43. 自 *GAID* 出版以来，我广泛地撰写了全球化各个方面的成果，其中最引人瞩目的就是 *Making Globalization Work* (NewYork: W.W.Norton, 2006)；与 Andrew Charlton 共同编著的 *Fair Trade for All*, (New York: Oxford University Press, 2005); 2004 年与 Andrew Charlton 为英联邦秘

书处编写 *An Agenda for the Development Round of Trade Negotiations in the Aftermath of Cancún*。我关于欧元的书涉及全球化的一个方面——一组国家试图分享某一共同货币。请参阅我的著作 "*The Euro: How a Common Currency Threatens the Future of Europe*"（New York: W.W.Norton，2016）。

致谢

1. 该委员会的报告以及专员名单可在联合国网站上查询（http://www.un.org/ga/econcrisissummit/docs/FinalReport_CoE.pdf），并已发布为 *The Stiglitz Report: Reforming the International Monetary and Financial Systems in the Wake of the Global Crisis*（New York: New Press，2010）。该委员会的核心建议得到联合国世界金融和经济危机及其对发展的影响会议的支持（2009年6月24-30日，纽约）——"Outcome of the Conference on the World Financial and Economic Crisis and Its Impact on Development" 可在 http://www.un.org/esa/ffd/documents/Outcome_2009.pdf 查阅。该报告得到大会2009年7月9日第63/303号决议的赞同。
2. 甚至危机爆发前，我们就已经开始研究相关性如何导致风险的扩散（"蔓延"）这个问题，尽管我们最重要的工作是在后期发布的。例如，"Credit Chains and Bankruptcy Propagation in Production Networks"（与 D.Delli-Gatti 和 B.Greenwald 合著），*Journal of Economic Dynamic and Control* 31（6），pp.2061-84页（2007年6月）；"Default Cascades: When Does Risk Diversification Increase Stability?" *Journal of Financial Stability* 8（3），pp.138-49；和 "Liaisons Dangereuses: Increasing Connectivity, Risk Sharing, and Systemic Risk"，*Journal of Economic Dynamic and Control*，36（8），pp.1121-41。（最后两篇论文也与 Delli Gatti, Greenwald 和 Mauro Gallegati 合著）。造成大部分公司破产的东亚危机，已经带来了由相互关联性引起的复杂性，这对于理解金融全球化尤其重要，因为全球化增加了相互关联性。我们终于开始更充分地理解这种相互关联的后果。参见 "Interconnectedness as a Source of Uncertainty in Systemic Risk"（与 Tarik Roukny 合著），*Journal of Financial Stability*，DOI10.1016/j.jfs.2016.12.003。
3. 牛津大学出版社，2010年。
4. 该委员会的报告 *A Fair Globalization: Creating Opportunities for All*（Swit-

zertand: ILO Publications, 2004）及其委员名单可在网上查询：http://www.ilo.org/fairglobalization/report/lang--en/index.htm。

5. 该委员会的报告可在网上查询：http://ec.europa.eu/eurostat/documents/118025/118123/Fitoussi+Commission+report，也被发表为"*Mismeasuring Our Lives: Why GDP Doesn't Add Up*（New York: New press, 2010）。

6. 该委员会的报告可在线获取：https://www.carbonpricingleadership.org/report-of-the-highlevel-commission-on-carbonprices/。

7. 与 Mark Pieth 合作的"Overcoming the Shadow Economy"，在弗里德里希艾伯特基金会国际政策分析论文，2016年11月，可在线获得：http://library.fes.de/pdf-files/iez/12922.pdf。

8. *In the Wake of the Crisis*, Olivier Blanchard et al., eds.（Cambridge, MA: MIT Press, 2012）; and *What Have we Learned? Macroeconomic Policy after the Crisis*, George Akerlof et al., eds（Cambridge, MA, and London: MIT Press, 2014.）

9. New York: Oxford University Pres, 2005. 我们还撰写了关于贸易和援助的其他几篇文章。

10. 我和他一同写了"Intellecutal Property, Dissemination of Innovation, and Sustainable Development", *Global Policy*, 1（1）（10月），pp.237-51。

11. 我与GiovanniDosi, KeithE.Maskus, RuthL.Okediji和JeromeH.Reichman合编了一本书，详细描述了对发展中国家的影响（*Intellectual Property Rights: Legal and Economic Challenges for Development*, Oxford: Oxford University Press, 2014），其中包括与Dosi合作的一篇关于这个主题的论文。最近，我与DeanBaker和ArjunJayadev一起撰写了一篇论文，""Innovation, Intellectual Property and Development: A Better Set of Approaches for the 21st Century"，阐述了他们设计知识产权机制的含义（Baker, Dean, Arjun Jayadev和Joseph Stiglitz（2017），这篇论文代表Access Azure项目，Azim Premji大学、开普敦大学和Oswaldo Cruz基金会发布）。Jayadev和我撰写了几篇论文，提出全球药物检测系统改革的建议（"Two Ideas to Increase Innovation and Reduce Pharmaceutical Costs and Prices", *Health Affairs*, 28[1][2009年1～2月]，第165-68页；以及"Medicine for Tomorrow: Some Alternative Proposals to Promote Socially Beneficial Research and Development in Pharmaceuticals",

Journal of Generic Medicine 7（3）, pp.217-26。

12. 与 Martin Guzman 和 J.A.Ocampo 合著的 *Too Little, Too Late: The Quest to Resolve Sovereign Debt Crises*，哥伦比亚政策对话倡议（New York: Columbia University Press, 2016）。

13. 我和他合著了一本书，*The Industrial Policy Revolution II: Africa in the 21st Century*（林毅夫也参与合写）（Houndmills, UK, and New York: Palgrave Macmillan, 2014）。

14. 我与他合著了几本关于非洲的书籍（包括 *Good Growth and Global Governance in Africa*（K.Botchwey 和 H.Stein 也参与）（New York: Oxford University Press））；"*Efficiency, Finance, and Varieties of Industrial Policy: Guiding Resources, Learning, and Technology for Sustained Growth*", Joseph E.Stiglitz 和 AkbarNoman 合著（New York: Columbia University Press），并与 E.Aryeetey 等合著了 *African Development Prospects and Possibilities*，牛津非洲经济学（Oxford: Oxford University Press）第 33-40 页；*Economics and Policy: Some Lessons from Africa's Experience*，载于牛津非洲经济学手册第二卷：政策与实践，Célestin Monga 和 Justin Yifu Lin 合著（Oxford and New York: Oxford University Press), pp. 830-48。

15. *The Washington Consensus Reconsidered: Towards a New Global Governance*（New York: Oxford University Press, 2008）。

16. Mary Kaldor, Joseph E.Stiglitz, *The Quest for Security: Protection Without Protectionism and the Challenge of Global Governance*（New York: Columbia University Press, 2013）。

第一部分　全球化及其新的不满

1. 为罗斯福研究所所做：S.Greenberg 和 N.Zdunkewicsz，"The Unheard Winning and Bold Economic Agenda"，*Democracy Corps Memorandum*，2016 年。

2. 虽然特朗普的票数比克林顿少 290 万票，但结果是由美国特殊的选举制度造成的。

3. 举例来说，美国代表了转基因种子生产者利益，认为这种披露是一种不公平的贸易行为，因为欧洲消费者将避开含有转基因的产品。因此，美国不仅反对限制转基因生物，而且还要求限制对个人有价值的信息。

第1章

1. P. A. Samuelson, "Welfare Economics and International Trade", *American Economic Review* 28（2）（1938）, pp. 261-66.
2. 见 David Ricardo, *On the Principles of Political Economy and Taxation*, 1817, 和 Adam Smith, *The Wealth of Nations*, 1776。值得注意的是，在过去的两个半世纪里，贸易政策一直是公共政策争论的焦点。
3. 这并不是他们唯一的责任：他们必须把这和其他目标相平衡，最重要的是确保价格稳定。欧元区的央行——欧洲中央银行，因授权关注通货膨胀而受到批评（见 Joseph E. Stiglitz, *The Euro: How a Common Currency Threatens the Future of Europe*, op. cit.）。但最近，在马里奥·德拉吉（Mario Draghi）的领导下，这一授权得到更广泛的解释。
4. 任何理论给予的假设一样好——就像俗语所表达的，进去是垃圾，出来也是垃圾。如果这些假设是不现实的，那么结论可能是错误的或者至少是误导性的。
5. 见 D. Autor, D. Dorn, and G. H. Hanson, "The China Syndrome: Local Labor Market Effects of Import Competition in the United States", *American Economic Review* 103（6）（2013）, pp. 2121-68.
6. 经济学家区分贸易货物和服务（如汽车和电视），在一个国家制造，在另一个国家购买；以及非贸易货物，一些服务，如大学教育，也可以被交易，比如许多学生在国外学习。向外国人出售这些服务创造了就业机会，就像制成品的销售一样。正如我在后面提到的，特朗普和他的一些顾问痴迷于货物，而忽视了美国具有比较优势的一部分高薪服务。
7. 我在前言中简要讨论的以及作为我在 GAID 中对全球化批判焦点的华盛顿共识政策就是基于这样的模型。我经常把这些政策称为市场原教旨主义，因为它们对市场的推崇近乎宗教信仰。亚当·斯密谈到了市场的优点，但他也认识到了市场的局限性。从那时起，经济学的进步主要集中在加深我们对市场局限性的认识上，例如，当信息不完全时，市场通常是无效的。我在这个领域的成果是我 2001 年获得诺贝尔经济学奖的基础（见 Bruce Greenwald 和 J.E.Stiglitz, "Externalities in Economies with Imperfect Information and Incomplete Markets", *Quarterly Journal of Economics* 101

(2)(1986年5月), pp. 229-64)。过去，人们认为市场是有效的；在有限的情况下，比如失业或污染，需要政府干预。现在，这种假设被推翻了：市场通常效率低下。政府的任务是找出哪里是最无效率的、哪里进行选择性的干预最有可能改善问题。

8. 这是我与剑桥大学的 David Newbery 教授在 1/3 世纪前的研究中得出的结论。参见 Pareto Inferior Trade,"*Review of Economic Studies*", 51(1)(1984), pp.1-12. Partha Dasgupta 教授（也是剑桥大学的教授）和我能够证明，限制进口的绝对数量可能比关税更好，颠覆了过去半个世纪的贸易政策的一个关键支柱，就是将配额转换为关税。见"Tariffs vs. Quotas as Revenue Raising Devices Under Uncertainty", *American Economic Review* 67(5)(1977), pp. 975-81.

9. 我在《让全球化造福全球》一书中警示了这些问题，这本书是我在 GAID 之后写的关于全球化的书。GAID 解释了全球化出了什么问题。在《让全球化造福全球》中，我试图解释如何才能使其正确运作。本书的第 4 章可以看作这一作品的延伸。

10. 这是南非的一个令人担忧的问题，南非采取措施保护非洲的小型生产商，并坚称沃尔玛将他们纳入它的供应链。充分披露：我是南非政府针对沃尔玛案件指定的专家证人。

11. 在这些情况下，贸易并不是源于标准理论中的相对能力而是源于相对市场力量。在墨西哥，沃尔玛展示了另一种不需要为社会福利做出贡献的力量：更愿意和有能力行贿。关于揭露这一丑闻的故事，请参阅 David Barstow, "Vast Mexico Bribery Case Hushed Up by Wal-Mart after Top-Level Struggle", *New York Times*, April 21, 2012。

12. 也就是说，他们担心的是小生产商总是声称有一个来自国外的大公司拥有市场势力，这就是为什么它可以抛售的原因。

13. 这仅是 Bruce Greenwald 和 Joseph E. Stiglitz 的著作 *Creating a Learning Society: A New Approach to Growth, Development, and Social Progress* (New York: Columbia University Press, 2014, Reader's Edition, 2015) 的主要观点之一。

14. 一些人指出德国及其在保留制造业岗位方面的成功，表明如果美国只效仿德国的做法，便可以恢复制造业的工作岗位。这是错误的，有一些原因。正如我在后面（第 3 章）所讨论的那样，全球制造业的总就业岗位将会减少，而美国将很难保持目前的份额。德国之所以这么做，一定程度上是因为它的汇率被低估了，这是它成为欧元一部分的结果。但德国之所以这么做，部分原因在于它有一个良好的学徒制度和教育体系，如果美国能做到这一点，那将需要数年的时间才能实现。此外，德国"幸运"地专注于制造业中的利基，比如复杂的机床，中国目前还没有这项技术。随着中国逐步融入"价值链"，生产越来越复杂的货物，德国可能会发现，在全球制造业的就业岗位中保持其份额将越来越困难。

15. 事实上，美国在保留就业方面已经取得了成功，比如说制造业在某些情况下必须大幅削减 2/3 的工资。把重点放在制造业上的一个理由是，这些工作是"好的"高薪工作。但是，如果要保留制造业，这些工作就被转换成低薪的工作，这种观点的价值显然就被削弱了。

16. 当政府收入超过支出时，政府就有盈余，即储蓄。相反，当支出超过收入时，就会出现赤字。国家储蓄是私人储蓄与政府储蓄的总和。当政府出现赤字时，政府有负储蓄，明显减少国民储蓄。资金是可替代的，因此政府是否从国外借款来为其赤字融资，还是政府从美国的私营部门借款，私人部门又从国外借款来为其投资提供资金，这并不重要。

17. 值得注意的是，服务出口（向游客或者学生出售）与制成品出口一样多。服务出口同货物出口一样创造了就业机会。

18. 直到克林顿政府时期，巨额财政赤字才得以扭转。但当这种情况发生时，美国经历了一场投资热——科技泡沫。由于私人储蓄有限，企业部门不得不向国外借款，因此即使财政赤字被消除，贸易赤字依然存在。布什在 2001 年和 2003 年的减税政策中恢复了财政赤字，在他的任期内，我们既有财政赤字又有房地产繁荣。最后，奥巴马继承了大衰退，即使投资缩水，也导致了巨额的财政赤字。因此，国内投资与国内储蓄之间的差距依然存在。

19. 尽管美国确实限制了对中国的高科技产品出口。中国认为，美国对中国没有购买足够的美国货物的抱怨是不公平的：美国拒绝出售一些美国具有比较优势的关键产品。

20. 较低的利率降低了购买美国国债的吸引力。货币从美国转移到欧洲，降低了美元相对于欧元的价值。美国的辩护是，汇率下跌是附带的副作用。当然，在现实中，汇率调整是利率具有宏观经济效应的主要机制之一。

如果其他国家同时降低利率，这些好处是不会发生的。但在 2017 年 4 月和 2011 年 7 月，在让－克洛德·特里谢领导下的欧盟央行，实际上提高了利率；它担心初期的通货膨胀，并且把它的任务狭窄地看作是对抗通货膨胀。后来，欧洲将利率降至接近美国的水平，消除了这一优势。

21. 这相当于下降了 25%。资料来源：Bloomberg。
22. 就像他对墨西哥移民的抱怨一样，特朗普的时代很糟糕。
23. 在现代经济中，决定比较优势的因素很复杂。大卫·李嘉图分析的简单农业经济中，天气：葡萄牙在生产葡萄酒方面相对于英国具有相对优势，因为它的气候更适合生产葡萄酒。但是资本，是相对流动的，甚至是熟练的劳动力、企业内部的知识都可以很容易地跨越国界，比较优势就存在于那些不可流动的生产领域，比如法律机构。
24. 然而，这些支出可能会影响一个国家具有比较优势的部门。
25. 见 Joseph E. Stiglitz, *Making Globalization Work*, op. cit, chapter 6。
26. 贸易协定并没有解决市场势力带来的问题，但一些国家运用了自己的竞争法。例如，当沃尔玛进入南非时，竞争主管部门要求其采取某些行动（包括进行某些付款），以确保南非的小生产商不会受到负面影响。
27. 这被称为要素价格均等化定理。货物贸易（在规定的条件下）是人口流动的完美替代品。如果担心发展中国家大量的非技术工人移民造成非技术工资的后果，人们应该同样担心与发展中国家的自由贸易。见 Paul Samuelson,"International Trade and the Equalisation of Factor Prices", *Economic Journal* 58 (230) (1948), pp.163-84.
28. Wolfgang Stolper 和 Paul Samuelson 表明，自由贸易——降低关税会使得非熟练工人的工资降低。见 W. Stolper 和 P. A. Samuelson, "Protection and Real Wages", *Review of Economic Studies* 9 (1) (1941), pp. 58-73.
29. John F. Kennedy 在他的各种演讲中所提到的格言，最知名的演讲是在 1963 年。见"Remarks in Heber Springs, Arkansas, at the Dedication of Greers Ferry Dam", October 3, 1963.
30. 见 Joseph E. Stiglitz, *The Price of Inequality*, op. cit.
31. 见 Joseph E. Stiglitz 等, *Rewriting the Rules of the American Economy*, op. cit。
32. 后来，沃伦·巴菲特会说："这是阶级斗争，好吧，但这是我的阶级，富人阶级正在发动战争，我们赢了。"引用 Ben Stein, New York Times,

November 26, 2006, available at: http://www.nytimes.com/2006/11/26/business/yourmoney/26 every.html.http://www.nytimes.com/2006/11/26/

33. 虽然 GAID 关注的是全球化对发展中国家贫困人口的影响，但在《让全球化造福全球》中，我解释了发达国家的非熟练工人的利益是如何受到损害的。但是，正如我所解释的，潜在的想法可以追溯之前提到的 Stolper 和 Samuelson 成果。

34. 这位特别的总统是一名医生，当他问我是否应该签署贸易协定时，我回答说他是否遵守了希波克拉底誓言（要求所有医生），其中包括：不伤害其他人。他说他有。我回答说，他不能签署贸易协定，特别是因为拟定的协定会减少获得挽救生命的药物的机会。无论是因为这些争论还是更可能的国内政治，他都决定不推动与美国达成协定。

35. 正如我在这里和其他地方所解释的那样，或许更重要的是，在过去的 30 年里，市场经济的规则已经被重塑了，这削弱了工会和工人的讨价还价的地位。这是 Joseph E. Stiglitz 等人重塑美国经济规则的核心主题之一，Joseph E. Stiglitz et al., *Rewriting the Rules of the American Economy*, op. cit.。

　　技术的变化带来了经济结构和规则的变化，并提高了许多部门的市场集中度，由此导致的价格上涨反过来又降低了工人的生活水平。

　　一些人认为，服务业的工资差距比制造业更大，随着经济向服务业转型，工资不平等现象将会加剧。然而，这并不能解释劳动力总数的下降，也不能解释工人的薪酬没有跟上生产率的增长。参见 Josh Bivens and Lawrence Mishel, " Understanding the Historic Divergence Between Productivity and a Typical Worker's Pay: Why It Matters and Why It's Real ", Economic Policy Institute Briefing Paper #406, 2015, http://www.epi.org/publication/understanding-the-historic-divergencebetween-productivity-and-a-typical-workers-pay-why-it-matters-andwhy-its-real/.

36. 见 Bruce Greenwald and Judd Kahn, *Globalization: in the Irrational Fear that Someone in China will Take Your Job*（Hoboken, NJ: Wiley, 2009）。

37. 也许这是因为他相信美国的例外主义，那是因为美国的经济实力，它可以做别人不能做的事情而不受惩罚。但尽管这又一次是真的，今天它也不总是真的，至少在其他大型经济体（如中国和欧盟）受到影响的时候。

38. 在一个关键问题上,全球化有着模糊的影响——发达国家和发展中国家在知识上的差距。发展中国家和发达国家的区别在于知识的差距,甚至超过资源的差距(参见 Stiglitz 和 Greenwald, *Creating a Learning Society*, op. cit., and World Bank, *Knowledge for Development*, World Development Report, 1998.)。那些在发达国家享有巨大的"知识租金"、因知识优势而获得的额外收入不具有普遍性。虽然全球化促进了技术跨国界的流动,从而减少了这种优势,但下文讨论的现代全球化的一个重要部分是全球知识产权,其设计的目的是阻止知识的跨国流动,并确保发达国家的知识产权维护他们的知识租金。

但是,生产地对于与生产相关的学习非常重要,边干边学。这种学习对整个经济有重要的溢出效应。这种学习对中国和东亚其他一些国家的成功起到了重要的作用。

39. 当然,特朗普从来没有解释过他是如何计算的;事实上,在竞选期间和选举后的几个月里,他甚至拒绝提出他想改变的内容。

40. 1994~2013年,墨西哥的玉米种植面积从800万公顷减少到680万公顷,而美国的玉米种植面积则从2930万公顷增加到3550万公顷。美国的补贴有很多种形式,其中一些比其他国家的更加扭曲。美国关于汽车使用乙醇和美国乙醇生产补贴的要求在扩大生产方面发挥了重要作用。见 G.C.Hufbauer, C. Cimino-Isaacs, and T. Moran, "NAFTA at 20: Misleading Charges and Positive Achievements", *Peterson Institute for International Economics*, PB14-13(2014)。

41. 威尔逊中心(Wilson Center)2016年的一项调查显示,墨西哥依赖的就业岗位为490万个,而美国商会(U.S. Chamber of Commerce)2012年的一份报告估计有600万个就业机会也经常被引用。见 Christopher Wilson, "Growing Together: Economic Ties Between the United States and Mexico", Mexico Institute at the Wilson Center, November 2016 以及"Enhancing the US-Mexico Economic Partnership", U.S. Chamber of Commerce, April 2012。

42. 资料来源:United States Census Bureau's 2016 Foreign Trade statistics, retrieved from https://www.census.gov/foreign-trade/index.html。

43. 例如,2016年,美国与加拿大的货物贸易赤字为120亿美元,服务贸易顺差为250亿美元。资料来源:United States Trade Representative, retrieved

from https://ustr.gov/ countries-regions/americas/Canada。

44. 在国际体系中，一个国家如何对待进出口、关于这些规则的争议如何解决都有互惠协议，这通常被称为"全球以规则为基础的体系"。尊重这些协议，实际上是遵守协定，是尊重国际法治的一部分。

    有些人可能会说，既然各国都可以退出这样的协定，他们就没有真正放弃任何主权（可以将美国和欧盟做对比，美国的各州无法退出联盟，但欧盟的成员国可以退出欧盟）。然而，事实上，这是主权的弱化（这是签署世界贸易组织协定的方式，尤其是美国保守派的观点）。美国尊重世界贸易组织对其大多数判罚决定，要么改变其行动，要么向被侵犯的一方赔偿，让其撤回申诉。在被 WTO 授权作为对被裁定不符合世界贸易组织规则的行动的回应对某个国家进行制裁时，还没有出现这个国家进行报复的情况。因此，世界贸易组织避免了贸易战。

45. 一种广受欢迎的解释，见 D. Acemoglu and J. A Robinson, *Why Nations Fail: The Origins of Power, Prosperity, and Poverty* (New York: Crown Business, 2013。

46. 见 President Xi's speech in Davos, January 17, 2017, available at https://ww.weforum.org/agenda/2017/01/full-text-of-xi-jinping-keynoteat-the-world-economic-forum.

47. 这一原则是长期存在的，并体现在世界贸易组织以及 1948 年生效的关税与贸易总协定中。

48. 例如，参见 *The Stiglitz Report: Reforming the International Monetary and Financial Systems in the Wake of the Global Crisis*, Report of the Commission of Experts on Reforms of the International Monetary and Financial System appointed by the President of the United Nations General Assembly (New York: New Press, 2010)。

49. 因此，TPP 被视为"转向亚洲"的一部分。事实上，正如我后来所指出的，评估的经济利益可以忽略不计。

50. 奥巴马不仅高估了 TPP 的贸易利益，还高估了外交政策的利益。中国已经在该地区与大多数国家签署了多元的贸易协定，其贸易规模远远大于与美国的贸易。很多人相信，美国应该大力鼓励与中国的合作，而不是 TPP 所代表的那种对抗。早些时候，克林顿政府已经从遏制和对抗政策转向参与和合作。在其他领域，如气候变化，奥巴马政府确实进行了合作，如果没有这种合作，巴黎气候变化全球协定就不可能达成。
51. 美国经济衰退对阻碍移民也发挥了作用。
52. 稍后我将对此进行更为详细的讨论。
53. 资料来源："Trans-Pacific Partnership: Likely Impact on the U.S. Economy and on Specific Industry Sectors", United States International Trade Commission, 2016, 网址: https://www.usitc.gov/publications/332/ pub4607.pdf
54. J. Capaldo, A. Izurieta, and J. K. Sundaram, Trading Down: Unemployment, Inequality, and Other Risks of the Trans-Pacific Partnership Agreement, GDAE Working Paper 16-01, Tufts University, 2016。
55. 与其他管辖区没有显著的外部性相一致。不幸的是，欧盟委员会常常似乎忘记了追求监管一致性这一原则。

第2章

1. 里格尔—尼尔州际银行和分支银行效率法案（The Riegle-Neal Interstate Banking and Branching Efficiency Act）取消了以前的限制。这些限制最初是出于担心大型货币中心银行会把从其他国家流出转向它们。有人认为，这种限制会鼓励该国不同地区的发展，并且有证据表明事实就是如此。（例如参见 Bruce Greenwald and Joseph E. Stiglitz, Towards a New Paradigm in Monetary Economics（Cambridge: Cambridge University Press, 2003）。该法案的一个论据是，银行已经找到了很多方法来规避这些限制。
2. 参见 Stiglitz and Greenwald, Creating a Learning Society, op. cit.。
3. 亚当·斯密的一本很著名的书：《国富论》，出版于美国独立的1776年。
4. 大约半个世纪前，我曾指出，当税法规定可以抵扣利息时（正如美国法典所规定的那样），当折旧率与"真正"的经济折旧相对应时，企业所得税对投资没有影响。事实上，大多数的税法（包括美国的税法）都规定了更快的折旧，因此企业所得税的效果实际上是鼓励投资，因为减税的边际收益低于边际成本。见："Taxation, Corporate Financial Policy and the Cost of Capital", Journal of Public Economics 2（February 1973), pp. 1-34.
5. 资料来源：Data from the Bureau of Economic Analysis, U.S. Department of Commerce。
6. 由于汇率的影响，整个分析稍微复杂了一些。

7. 这些被称为宏观经济外部性。Bruce Greenwald 和我(我们 1986 年发表的论文"Externalities in Economies with Imperfect Information and Incomplete Markets", op. cit)表明,无论何时,市场信息都是不完全的,市场风险是不完全的(即基本上总是),市场并不是完全有效的;政府的干预措施总能使人们在不损害他人利益的情况下处境更好。随后,许多经济学家指出,这些影响可以显著地表现在宏观经济层面和公司层面。例如,过度借贷的外币计价债务(例如,见 Markus Brunnermierer and Yuliy Sannikov, "International Credit Flows and Pecuniary Externalities", *American Economic Journal: Macroeconomics* 7[1] [January 2015])。
8. 更糟糕的是:补偿机制扭曲了会计系统,使其看起来似乎利润高于实际水平。更详细的解释,请参阅我写在 21 世纪早期丑闻之后的书:*The Roaring Nineties: A New History of the World's Most Prosperous Decade* (New York: W. W. Norton, 2003),特别是创造性会计的讨论(第 5 章)。关于美国经济规则的变化对补偿机制的改变的一些讨论,见 Joseph E.Stiglitz et al., *Rewriting the Rules of the American Economy*, op. cit。
9. 在民主社会中,政府频繁更迭,这也催生了"短期主义",即关注政策的短期后果,而对长期政策的关注不够。但是,虽然有明显的短期主义倾向,但它可以而且已经受到打击,但只有当人们认识到这个问题时,这种趋势才会出现。因此,挪威将近 1 万亿美元的石油收入用于其未来的主权财富基金。简而言之,一些制度机制可以解决短期问题。
10. 1959 年,巴基斯坦和德国签署了第一个此类协定。近年来,协定的数量急剧增长,而且世界也认识到由此带来的问题。参见我的论文"Regulating Multinational Corporations: Towards Principles of Cross-Border Legal Frameworks in a Globalized World Balancing Rights with Responsibilities", *American University International Law Review* 23 (3), pp. 451-558。2007 年 3 月 28 日,在华盛顿特区举行美国国际法学会第 101 届年会上的格劳秀斯讲座。
11. 特朗普须重新审视用来描述谎言的词汇。谎言表达出一种恶意欺骗的意图。
12. 世界银行集团从事该项业务的分支机构叫作多边投资担保机构(MIGA)。美国政府有一个叫作"海外私人投资公司"(OPIC)的机构。
13. 资料来源:Duff Wilson, "Cigarette Giants in Global Fight on Tighter

Rules", *New York Times*, November 13, 2010。

14. 国际投资争端解决中心（International Center for Settlement of Investment Disputes）2013。菲利普·莫里斯公司诉乌拉圭：Award, ICSID Case No.ARB/10/7, http://icsidfiles.worldbank.org/icsid/ICSIDBLOBS/OnlineAwards/C1000/DC9012_En.pdf. 如果乌拉圭输了，它可能不得不向菲利普·莫里斯公司支付高达20亿美元的赔款，这对这个小国来说是一个巨大的数目。（Center for Public Integrity, "Uruguay vs. Philip Morris", https://www.publicintegrity.org/2010/11/15/4036/part-iii-uruguay-vs-philip-morris）。

15. 限制规制的投资协定的条款有时被称为"规制征收"条款。理由是规制剥夺了产权；这样的行为类似于没收，除非业主只是被部分地剥夺了资产的使用。美国的法院和国会一再申明业主不会因规制对其资产价值造成的影响而得到补偿，因为这样做会完全削弱政府规制的能力。事实上，这是反环保主义者的意图，他们是这些条款最强有力的倡导者。

16. 因此，想象一下如果发现了石棉对健康的危害，导致石棉在建筑中被禁止，将会出现什么情况。政府将不得不补偿石棉制造商的损失，而不是由石棉制造商赔偿损失。批判烟草的人士认为，菲利普·莫里斯公司在针对乌拉圭的诉讼中，实际上是在主张自己"杀人的权利"。尽管菲利普·莫里斯公司最终败诉了，但事实是，这是一个2:1的决定，这表明在其他一些案件中，裁决可能会以另一种方式进行。

17. 巴拿马政府要求我领导委员会，为其改革提供建议，从而使他们成为一名优秀的全球公民。当他们拒绝承诺报告透明度时，我和另一位来自巴塞尔的非巴拿马委员、反腐专家Mark Pieth，别无选择，只能辞职。随后，我们写了一份报告，描述巴拿马和其他避税天堂需要做的事情。参见"Overcoming the Shadow Economy", Friedrich Ebert Stiftung International Policy Analysis Paper, November 2016。其他关于避税天堂的讨论，请参见N. Shaxson（2011）, *Treasure Islands: Uncovering the Damage of Offshore Banking and Tax Havens*（New York: Macmillan, 2011）; and G. Zucman, *The Hidden Wealth of Nations: The Scourge of Tax Havens*（Chicago: University of Chicago Press, 2015）。

18. 美国参议院常设调查小组委员会的听证会"Offshore Profit Shifting and the U.S. Tax Code—Part 2（Apple Inc.）", May 21, 2013, https://www.

hsgac.senate.gov/subcommittees/investigations/hearings/offshore-profit-shifting-and-the-us-tax-code_-part-2. 欧委会（European Commission），August 30，2016，http://europa.eu/rapid/press-release_IP-16-2923_en.htm.

19. 避税和逃税之间的区别在于，后者不缴纳法律要求的税款，而前者则利用税收的漏洞和不同地区的税率和法规来减轻个人的纳税义务。两者之间的界限可能很小。

20. 美国民主党人和共和党人都认同的为数不多的几件事之一是，这些协定需要改变，但他们在如何改变的观点上存在分歧。他们都认为应该对海外利润征税——这些税金为基础设施投资提供了资金，或者为企业（共和党代表的）或中产阶级（民主党代表的）减税更多。被遣返的资金将以低于目前35%的税率征税，但共和党人所谈论的税率要比民主党提出的要低得多。共和党人（大多数）信奉一种领土所得税制度，即美国不会征收海外利润。民主党人认为，美国公司在国外赚钱的税率应该与在美国生产的税率相同，否则就会鼓励企业把国外的钱转移到税率较低的地区。

21. 这被称为税收倒置。奥巴马政府颁布法令来阻止这些试图避税的做法。随着本书的出版，特朗普似乎正在努力取消这些限制。

22. 我在前面（前言）强调过，美国大幅减少公司税（国内生产总值的百分比）。在欧洲，人们可以很容易地在各国之间转移，选择一个较低税率的住宅，使得它很难征收累进所得税。相比之下，美国公民不管他们住在哪里，都要按自己的收入纳税。更充分地讨论，请参见 Joseph E. Stiglitz, *The Euro: How a Common Currency Threatens the Future of Europe*，op. cit.

23. 资料来源：David Riker, "Intellectual Property Rights and International Receipts of Royalties and Licensing Fees", Office of Economics Working Paper, U.S. International Trade Commission, August 2014.

24. 发展中国家知识产权的实际成本要远远高于这一数额，因为知识产权会被企业作为垄断被利用，而发展中国家必须为知识产权保护下的货物支付更高的价格。在没有这种垄断的情况下，发展中国家的企业可以进入，而这个国家不仅会受益于较低的价格，而且会受益于由此产生的学习活动。在更强大的知识产权法律限制其范围之前，印度拥有蓬勃发展的仿制药行业。见 Stiglitz 和 Greenwald, *Creating a Learning Society*, op. cit.

25. 经济学家区分两种类型的补偿：一种是通过努力（工资）获得的；另一种

是来自资产（土地）的所有权，与人的努力没有任何关系。租金也包括从垄断的所有权中获得的收益。经济学家们拓宽了这一概念：寻租是一种试图增加收入的做法，而这与人们为了增加国家蛋糕的规模而进行的努力无关。为了说明这一点，请参见 Joseph E. Stiglitz，*The Price of Inequality*, op. cit.

26. 正如我在其他地方指出的那样，发展中国家和发达国家的区别在于知识差距，甚至超过资源差距。过度知识产权阻碍了知识差距的缩小，迫使发展中国家的资源流向发达国家。

27. Association for Molecular Pathology et al. v. Myriad Genetics, Inc., et al. Case No. 12-398. Argued April 15, 2013-Decided June 13, 2013. 我很荣幸写这份庭审顾问简述，来支持美国公民自由协会（Case 1：09-cv-04515-RWS，Document 224，Filed 01/20/2010）。

28. 2009～2014年，有140000人从墨西哥移民到美国。"更多的人从墨西哥离开来到美国"，http://www.pewhispanic.org/2015/11/19/more-mexicans-leaving-than-coming-to-the-u-s/。

29. 货物贸易几乎是劳动力流动的完美替代品。在这样一个世界里，如果我们从中国进口更多的非熟练劳动密集型产品，中国对非熟练劳动力的需求就会增加，而美国的需求会减少，从而提高前者的非熟练工资，降低后者的工资。这种来回会持续下去，直到两个国家的非熟练工人的工资相同。这是我们之前关于贸易自由化讨论的核心。

30. 有一些"限制"情况下可能不会有全要素价格均等。例如，一个非熟练劳动力非常多的国家专门生产非熟练劳动密集型产品。

31. Branko Milanović, *Global Inequality: A New Approach for the Age of Globalization* (Cambridge, MA: Harvard University Press, 2016)。

32. 特别是公共服务，比如国防，当另一个人进入这个国家时，不会带来成本的增加。此外，增加非熟练工人的供应可以提高熟练工人的生产力和工资。从技术上讲，经济学家会说，如果非熟练和熟练的工人是互补品，这种情况就会发生。人们通常认为他们是。当然，如果移民所使用的直接公共服务超过他的全部税收（直接和间接），那么那些已经生活在这个国家的人就会有负担。

33. 这次讨论的焦点在于讨论移民对"接收国"的影响。派遣国也有类似的收益和成本。大量文献分析了寄回的汇款带来的好处。一些人认为还有"文化汇款"：海归会带回他们在国外所学的技能。也会对派遣国产生负面影响：当最有才能的年轻人离开时，导致他们社会的"空心化"，这可能会阻碍派遣国的成长和发展。发展中国家理所当然地抱怨，在教育上投入大量资金后，一些最有才华的移民流向了发达国家，这些国家得到了好处，但却没有向发展中国家提供任何补偿。马来西亚前总理称这是对该国知识产权的盗窃（见 Joseph E.Stiglitz, *Making Globalization Work*, op. cit.)。有些人认为可能会有其他不利影响，例如，从中东返回孟加拉国、巴基斯坦和其他一些国家的工人被激进化。

34. 美国政府的进出口银行（有时被称为"波音银行"）给波音公司贷款来帮助它，公平地说，欧洲也对其生产商提供补贴，但形式不同。事实上，整个行业都充斥着补贴。

    空客（Airbus）的组装工厂是位于亚拉巴马州莫里的欧洲主要飞机制造商，它展示了标准比较优势所发挥的次要作用。大多数零件是从欧洲运往亚拉巴马州的。那里的工人并不具备空客组装工厂所需要的相关技能。事实上，美国工人的心态——不要担心第一次就把事情做好，我们可以以后修正，被认为是一个问题。相反，有一个工厂，可能还有其他买者。来自政府的援助（它为培训工人提供了大量的费用）很重要，由于没有工会，导致工资高达每小时 23 美元。Binyamin Appelbaum, "Politics Rives Epic Assembly Line Project", *New York Times International Edition*, May 9, 2017, p. 1.

35. 参见 M. Mazzucato, *The Entrepreneurial State: Debunking Public vs. Private Myths* (London: Anthem Press, 2013)。

36. 资料来源：2015 National Health Expenditure Accounts, United States Government Centers for Medicare and Medicaid Services。

37. 的确，在跨太平洋伙伴关系协定谈判中，美国贸易代表办公室要求给大型制药公司的保护比总统在其他情况下给予的保护更强大。

38. 事实上，当美国贸易代表在一项技术条款（某些产品的数据专有权的长度）上妥协时，甚至连总统都主张，其中一名关键参议员威胁要破坏整个协定，并将其重新提交重新谈判。

    该行业在确保美国公司在研发投资方面获得公平回报方面的要求是合理的。美国在1984年颁布的《药品价格竞争与专利期补偿法》（Hatch-Waxman Act）解决了获得药品的机会与确保创新的回报之间的斗争。该法案使大型制药公司保持了很高的利润水平，而仿制药占据了80%以上的市场份额。如我所指出的，如果没有仿制药，药品价格将比现在高得多。大型制药公司试图再次闭门谈判，通过贸易协定——试图在《药品价格竞争与专利期补偿法》上找到对自己更好的交易。

39. 有两个容易接受的观点：他们说，为什么那些因全球化失业的人会被挑选出来？那些因技术而失去工作的人不是同样应该得到帮助吗？当然，答案是肯定的，作为一个社会，我们应该帮助两者。但共和党的立场是谁都不帮。

    另一种说法是，这些就业援助项目有时行不通。这是事实，尤其是在经济远未充分就业的情况下。我们不能为不存在的工作重新培训人们。但在这里，正确的答案是改变宏观经济政策，以确保经济在劳动力市场紧缩的情况下运行：即使这意味着温和的通货膨胀；从瑞典等国学习如何让就业再培训项目运转良好。

40. 经济在这些政治趋势中扮演着重要的角色，但也有其他力量在发挥作用。那些支持本土主义政策的人，包括许多因全球化或科技变革而遭受苦难的人，也包括那些受教育程度较低的人，至少美国和欧洲各有自己的政治历史。

第3章

1. 仅能够选择一个人的"替代事实"具有深远的影响。在特朗普的世界里，什么是"正当程序"，或者是构成我们法学体系的许多其他术语？据推测，总统可以编造一些其他事实，表明他已经做了法律规定的事情。
2. 关于这些观点的论述，参见 J. Mokyr, *The Gifts of Athena: Historical Origins of the Knowledge Economy*（Princeton, NJ: Princeton University Press, 2002）; J. Mokyr, *The Enlightened Economy: An Economic History of Britain, 1700-1850*（New Haven, CT: Yale University Press, 2009）; and Greenwald and Stiglitz, *Creating a Learning Society*, op.cit.
3. 即使当他们被击败了，就像勒庞在2017年法国大选中那样，投票的票数——大约有1/3的人投给了勒庞，这令人感到不安。
4. 对危机及其后果更广泛的论述，请参见我的书：*Freefall: America, Free Markets, and the Sinking of the World Economy*, op. cit。
5. 资料来源：World Wealth & Income Database. Income going to the top 1

percent in 2012, compared to the trough of 2009。

6. 当然，有些商人从事经济学的深入研究，他们的实践经验无疑具有一定的价值。这里的要点很简单：知道如何买卖房地产本身对我们全球经济体系的运作几乎没有什么作用。更糟糕的是，它缩小了一个人看世界的眼界。房地产开发商自然会赋予房地产很大的价值，并认为降低土地资本利得税是一件好事，因为这能使他的生意做得更好。事实上，长期以来，土地税被认为是最有效的税种之一，因为它对土地供应没有任何影响。还有许多例子，其中一个例子就是通过一个特定行业的视角来理解经济可能是危险的。

7. 自从担任总统以来，他似乎已经摆脱了这些极端威胁，但是随着本书的出版，他将继续强烈的保护主义言辞。

8. 参见 World Bank, *The East Asian Miracle: Economic Growth and Public Policy* (Oxford: Oxford University Press, 1993)。

9. 在标准化测试中，OECD 的 35 个国家中，美国的科学成绩大约为平均水平。在阅读方面，它的表现也是平均水平，但在数学上低于平均水平。资料来源：OECD 2015 Programme for International Student Assessment (PISA) findings.OECD 2015 Programme for International Student Assessment (PISA) findings.

10. 资料来源：2014 的数据（最新的）来源于劳工统计局。

11. "U.S. Energy and Employment Report"，美国能源部，2017 年 1 月。能源部承认，它收集的太阳能产业数据与其他行业不完全相同。但不管怎样，这些数字验证了一个行业的优势，而煤炭的投资和就业却明显下降。这也表明在奥巴马执政期间，由美国太阳能制造商推动的，对中国太阳能电池板征税的做法是愚蠢的。面板价格下跌导致更多地使用太阳能电池板——有利于环境和创造就业。它所创造的新工作几乎可以确定超过制造太阳能电池板所创造的有限的工作。

12. 这些想法在我之前与 D. Delli Gatti, M. Gallegati 合作的论文中有更详尽的阐述。Joseph E. Stiglitz, D. Delli Gatti, M. Gallegati, B .C. Greenwald and A. Russo: "Sectoral Imbalances and Long Run Crises", in F. Allen et al., *The Global Macro Economy and Finance*, IEA Conference Volume No. 150-III (Houndmills, UK, and New York: Palgrave, 2012), pp. 61-97（最初于 2014 年在约旦提交给国际经济协会世界大会）;" Mo-

bility Constraints, Productivity Trends, and Extended Crises", *Journal of Economic Behavior and Organization* 83(3), pp. 375-93。

一种更通俗的解释，参见 Part VIII in Joseph E. Stiglitz, *The Great Divide: Unequal Societies and What We Can Do About Them*, op. cit.

13. 最令人震惊的例子是，西方列强对中国保持鸦片市场开放的需求，这对中国造成了毁灭性的影响。从西方的角度来看，纠正贸易不平衡是非常重要的。当中国拒绝贸易时，鸦片战争（1839～1860年）接踵而至。正如我已经指出的那样，旨在鼓励发展中国家生产原材料的关税结构（称为关税升级），在较发达国家进行增值，仍然是当今以规则为基础的贸易体制的一部分。见 Charlton and Stiglitz, *Fair Trade for All*, op. cit。

14. 据国际货币基金组织的数据，2016年的收入为 37 240 亿美元，高于美国的 36 430 亿美元。

15. 据国际货币基金组织的数据，2016年为 52 450 亿美元，美国为 32 620 亿美元。

16. *GAID* 中大部分都在解释华盛顿共识以及它失败的原因。

17. 例如，关于概述，参见 Akbar Noman and J. E. Stiglitz, "Economics and Policy: Some Lessons from Africa's Experience", in Célestin Monga and Justin Yifu Lin, eds., *The Oxford Handbook of Africa and Economics, Volume II: Policies and Practices* (Oxford and New York: Oxford University Press, 2015), pp. 830-48; and Akbar Noman and Joseph E.Stiglit, eds., *Efficiency, Finance, and Varieties of Industrial Policy: Guiding Resources, Learning, and Technology for Sustained Growth* (New York: Columbia University Press, 2016)，尤其是"概述"部分，pp. 1-20。关于坦桑尼亚或莫桑比克的案件，见 Brookings Institution, 2014, Learning to Compete: Industrialization in Africa and Emerging Asia, https://www.brookings.edu/research/learning-to-compete-industrialization-in-africa-and-emerging-asia。

18. 见 World Bank, *The East Asian Miracle: Economic Growth and Public Policy* (New York: Oxford University Press, 1993); and J. E. Stiglitz, "Some Lessons from the East Asian Miracle", *World Bank Research Observer 11*(2)(August 1996), pp. 151-77。

19. 事实上，就在这个时候，诺贝尔经济学奖得主冈纳·缪尔达尔（Gun-

nar Myrdal）曾预言亚洲会继续他们已经深陷数百年的贫困生活。见 G. Myrdal, *Asian Drama: An Inquiry into the Poverty of Nations*（New York: Twentieth Century Fund, 1968）。
20. 在前言中，我描述了这种怀旧情绪的其他方面，这在美国和其他一些国家可能起到了特别重要的作用：对一个世界的怀念，其中某些群体（白人男性）比今天更具有统治力。那个世界再也不会回来了。
21. 我们在第1章中解释了它的工作原理。简而言之：当一个国家的储蓄少于投资时，它必须从国外借款（或者以其他方式通过资本流入获得差额）。但资本流入反过来又等于一国的进出口差额。因此，国内投资与储蓄之间的差距增加导致更多的资本流入，这必然意味着贸易赤字的增加。最后，要分析贸易赤字的变化，我们必须回过头来分析国内储蓄和投资的变化。如果国内储蓄和投资没有变化，那么贸易赤字就不会有变化。
22. 更高的价格可能会促使家庭减少储蓄（直到他们能够调整他们的生活水平），如果是这样的话，这将导致更高的贸易赤字。
23. 见 J. Furman, K. Russ and J. Shambaugh, "US Tariffs Are an Arbitrary and Regressive Tax", VOX Column, 2017。http://voxeu.org/article/us-tariffs-are-arbitrary-and-regressive-tax.
24. 事实上，正如我在前言中所指出的那样，在全球陷入大萧条的时候基于规则的制度防止了"以邻为壑"的保护主义的爆发。
25. 正如我在前面所提及的，他的政府已经宣布不会履行世界贸易组织对其不利的裁决。
26. 资料来源：IMF World Economic Outlook, April 2017。除非另有说明，这是第一部分和后面的GDP数据的来源。
27. 资料来源：中国人民银行。
28. 例如，如果一个国家提供"非法"补贴，就可以征收所谓的反补贴税。美国声称中国已经对太阳能电池板提供补贴——尽管廉价的太阳能电池板在应对气候变化方面对世界具有巨大的利益。具有讽刺意味的是，虽然诉讼的理由是中国正在窃取美国的制造业就业机会（据称如果中国没有补贴，美国将有更多的制造业就业机会），但中国间接地帮助美国创造了更多的就业岗位。安装太阳能电池板的工作要比制造太阳能电池板的工作要多得多，降低太阳能电池板的价格促进了这个新行业的发展。

　　美国法律中有规定允许在进口威胁美国安全时实施关税。随着本书的出版，特朗普威胁要在钢铁业使用这种很少用到的条款，尽管美国目前的钢铁产能似乎已经足以满足任何安全需求。

29. 即使是长期友好的贸易伙伴，比如加拿大，当我们开始采取敌对态度时，情况也是如此。特朗普威胁要对加拿大木材征收关税，声称政府分配伐木权的方式有效地补贴了它。加拿大对此予以否认（美国被指责以不同方式补贴木材产业）。加拿大的一个省长回应禁止肮脏的美国煤炭经过它的港口，这是环保主义者长期追求的措施。见 Sunny Dhillon and Wendy Stuek, "Christy Clark Calls on Ottowa to Ban Coal Exports After Softwood Lumber Duties", April 26, 2017。available at http://www.theglobeandmail.com/news/british-columbia/christyclark-calls-on-ottawa-to-ban-coal-exports-after-softwood-lumber-duties/article34822276/.

30. M. Angeles Villareal, "U.S.-Mexico Economic Relations: Trends, Issues, and Implications", *Congressional Research Service*, 2017. https://fas.org/sgp/crs/row/RL32934.pdf. Data source is the Global Trade Atlas.

第 4 章

1. 这一点在两个诺贝尔经济学奖得主的一本书中有所体现：George Akerlof and Rob Shiller, entitled *Phishing for Phools: The Economics of Manipulation and Deception*（Princeton, NJ: Princeton University Press, 2015）。

2. 正如我们在后记中所讨论的那样，自 GAID 首次出版以来，全球化的显著变化之一就是国际货币基金组织对资本管制或旨在稳定短期资本流动的其他措施所采取的立场。虽然我在国际货币基金组织的主要争论中坚决反对这些措施，但它们现在的官方"体制"观点是，至少在某些情况下，这种措施是可取的。

3. 对市场的过度信任，加上特殊利益，加剧了我在 GAID 中对私有化描述的热情。GAID 出版以来的发达国家和发展中国家在私有化方面的失败更加验证了这一结论。在 GAID 中，我描述了美国生产浓缩铀的上市公司 USEC 私有化的故事。这家私有化公司非常失败，并在 2014 年第一季度申请破产。在美国最受批评的私有化之一是其监狱的私有化，这被证明是伊拉克战争中侵犯人权行为的训练场。其他被广泛视为失败的私有化包括英国的铁路和墨西哥的公路私有化。

4. 药物公司反驳说,这些高价格对于资助他们的研究是必要的,但这种反驳几乎是无效的。事实上,我在第 2 章提到,在美国,知识产权保护被从自然产生的基因中剥离,其结果不仅降低了价格,还提升了创新速度,更好的是相关基因的测试成本很低。
5. 在欧洲,三巨头(国际货币基金组织、欧洲中央银行和欧盟委员会共同管理救助和救援一揽子计划)一贯地、大规模地低估了它们的计划的影响——导致 2009～2013 年间希腊国内生产总值 25% 的下滑。人们可能会认为,一旦错了一两次,它们就会开始质疑它们设计的模式。但是并没有,它们甚至以更具活力的方式抓住了机会,并且将造成欧洲许多国家陷入萧条的政策加倍。
6. 有关这些改变更充分的解释见 Joseph E. Stiglitz et al., *Rewriting the Rules of the American Economy*, op. cit.
7. 这是对 Thomas Piketty 对不平等发展根源分析进行批判的一部分。请参阅他的著作 *Capital in the Twenty-First Century*(Cambridge MA: Belknap Press of Harvard University Press, 2014)和我的书 *The Great Divide*, op. cit.
8. 见 Joseph E. Stiglitz et al., *Rewriting the Rules of the American Economy*, op. cit。
9. 见 S. F. Reardon and K. Bischoff, "Income Inequality and Income Segregation", *American Journal of Sociology* 116(4)(2011), 1092-1153。
10. 通过所得税抵免,低收入者按照工资收入的比例从政府那里收到钱。
11. 除这个简要概述外,还有很多关于如何完成这些工作的细节。例如,美国可能会实行全球最低的企业所得税。根本的问题是所谓的转移价格体系,它允许跨国公司在很大程度上弥补价格——允许他们假装大部分利润来源于低税收的地区。前面章节中讨论过的苹果公司提供了一个例子,说明如何以几乎消除欧洲利润税的方式完成这项工作。
12. 根据经济合作与发展组织 2015 年最新的劳动力数据。
13. 回顾我们之前所讨论的,产业政策并不仅是促进产业的政策。政府推动特定行业的任何政策都被称为产业政策,包括旨在将经济从制造业转型为服务业的政策。
14. 见 Greenwald and Stiglitz, *Creating a Learning Society: A New Approach to Growth, Development, and Social Progress*, op. cit.
15. Joseph E. Stiglitz and Mary Kaldor, eds., *The Quest for Security: Protec-*

tion Without Protectionism and the Challenge of Global Governance（New York: Columbia University Press，2013）

16. 我们也需要管理贸易赤字，比如里根时代贸易赤字的突然变化（贸易赤字占国内生产总值的百分比从 1981 年的 0.5% 增加到 1987 年的 3.1%，或布什时代的从 2000 年的 3.6% 左右增加到 2006 年的 5.5%）给经济带来的巨大压力。

17. 例如，我们可以逆向设计我们所需要的以实现所有这些目标。以美国在大萧条爆发后所面临的最艰难情况为例，当时的利率设定为零，因此没有进一步的货币政策空间。即使利率为零，也有一定程度的政府支出可以支持充分就业。在这个零利率、充分就业的均衡中，我们可以计算贸易和财政赤字，以及与贸易赤字相一致的汇率。

  现在假设，担心降低贸易赤字以坚守对工业工人的影响，美国政府希望降低一些。政府可以利用这些工具来实现这一目标——同时继续保持充分就业。例如，假设政府将维持阿富汗军事基地的支出转移到支持国内教育。因为前者远远少于后者的数量，贸易赤字将会下降，这将使政府能够减少总开支并仍然保持充分就业。因此，财政赤字也会下降。

18. 也就是说，如果是在充分就业的情况下，国内储蓄相对于投资增加，汇率下降，这将有助于制造业的发展。

19. 这是国际货币和金融体系改革专家委员会的一项重要建议。详见 discussion in the afterword, p. 000. [X-ref TK; ms. p. 219.]。

20. Warren Buffett,"Here's How I Would Solve the Trade Problem", Fortune, April 29, 2016, http://fortune.com/2016/04/29/warren-buffett-foreigntrade/.

21. 见 the discussion of trade chits in J.E. Stiglitz, *The Euro: How a Common Currency Threatens the Future of Europe*, op. cit., and J.E. Stiglitz, "Macro-Economic Management in an Electronic Credit/Financial System", NBER Working Paper 23032, January 2017.

22. 然而，正如我所指出的那样，根据允许短期资金自由进出该国的全球化规则，如果金融市场上的那些人认为赤字将引发问题，他们将会把资金撤出该国。这种信念本身就是造成问题的原因——无论这种信念是否基于理论或经验证据。

  美国的一些共和党人反对增加赤字，或者更准确地说，在民主党执政期间反对增加赤字；他们在里根、小布什和最近的特朗普等共和党总统任期内都支持这一计划。但即便如此，他们也并不是因为早先所描述的结构转变或解决不平等问题提供资金而支持该计划，而是为富人减税和扩大军费开支。

23. 国家贫困线上的人口占总人口的比率，来源：World Bank。
24. 欧盟施加的限制措施，效果可能更加糟糕。详见 Joseph E. Stiglitz, *The Euro*, op. cit.
25. 见：Joseph E. Stiglitz et al., *Rewriting the Rules of the American Economy*, op. cit.
26. 例如，见：Jonathan D. Ostry, Andrew Berg and Charalambos G. Tsangarides, "Redistribution, Inequality and Growth", *IMF Staff Discussion Notes*, 2014。
27. 在 *The Great Divide*, *Part I: Big Think*, "Of the 1 Percent, by the 1 Percent, for the 1 Percent", p. 88（originally published in Vanity Fair, May 2014）中，我更充分地描述追求无知的自我利益的危险。在这本书的前言中，我描述了一场亿万富翁的晚宴，在那里，话题一再转向"记住断头台"，这表示忽视大多数公民正在发生的事情的风险。
28. 详见 Stiglitz, *The Great Divide*, op. cit.

第二部分

第5章

1. 雅克·克拉克，1996年6月在国际劳工大会上做了题为"The Economy Must Be Made to Serve People"的讲话。
2. 1990年，有27.18亿人每天的生活费用低于2美元；1998年，每天生活费用低于2美元的人口数目估计达到28.01亿——世界银行，*Global Economic Prospects and the Developing Countries 2000*,（Washington, DC: World Bank, 2000），第29页。其他数据参见世界银行年度出版物 *World Development Report and World Economic Indicators*。健康数据见联合国艾滋病规划署/世界卫生组织（UNAIDS/WHO），*Report on the HIV/AIDS Epidemic 1998*。然而，对于这些数字，也存在一些争议，主要存在三个方面：在消除贫困方面的进展很小；几乎所有的进展都发生在亚洲，尤其是中国；在世界的其他地方，贫困的情况更为糟糕。在非洲南部地区（撒哈拉沙漠以南的非洲地区），46%的人口生活在绝对贫困中（每天生活费用低于1美元）；在拉美地区和苏联，贫困（按照非常严格的定义）人口的比例分别为16%和15%。

3. 见 Gerard Caprio, Jr., et al.eds., *Preventing Bank Crises: Lessons from Recent Global Bank Failures Proceedings of a Conference Co-Sponsored by the Federal Reserve Bank of Chicago and the Economic Development Institute of the World Bank*，芝加哥联邦储备银行和世界银行经济发展机构联合主办的会议记录，电子数据交换发展研究（Washington, DC: World Bank 1998）。

4. 然而，存在大量对结构调整方案的批评，甚至国际货币基金组织对该方案进行审议时也提到它的许多缺陷。该审议包括三个部分：国际货币基金组织员工的内部审议（国际货币基金组织员工，*The ESAF at Ten Years: Economic Adjustment and Reform in Low Income Countries*，不定期论文156号，1998年2月12日）；独立审议者进行的外部审议（K.Botchwey等，*Report by a Group of Independent Experts Review: External Evaluation of the ESAF*, [Washington, DC: IMF, 1998]；由国际货币基金组织向国际货币基金组织执行委员会提交的从这两项审议中吸取的教训的报告（国际货币基金组织成员，*Distilling the Lessons from the ESAF Reviews* [Washington, DC: IMF, 1998]）。

第6章

1. 据《人权观察》报道，门格斯图政体因为至少屠杀20万人并迫使大约75万公民成为难民而遭受谴责。

2. 关于埃塞俄比亚这一插曲，存在更广泛的讨论，可参见 Robert Hunter Wade, "Capital and Revenge: The IMF and Ethiopia", *Challenge* 44（5）（2001年9月1日），第67-75页。

3. T.Lane, A.Ghosh, J.Hamann, S.Phillips, M.Schulze-Ghattas 和 T.Tsikata, "IMF Supported Programs in Indonesia, Korea, and Thailand: A Preliminary Assessment"，专刊178，国际货币基金组织，1999年1月。

4. 以下关于限制性批评讨论的清单，并不一定全面。见 M.Goldstein, "IMF Structural Conditionality: How Much Is Too Much", 发表于2000年NBER

会议的会议论文"Economic and Financial Crises in Emerging Market Economies",修订版本,伍德斯托克,佛蒙特州,10月,第19～21页。国际货币基金组织和世界银行开始质疑限制性,不仅质疑它的有效性,而且也质疑过多条件的一致性。比如,参见,国际货币基金组织,"Strengthening Country Ownership of Fund-Supported Programs",2001年12月5日;世界银行,*Assessing Aid: What Works, What Doesn't Work, and Why*(牛津:牛津大学出版社,1998年)。

5. 对于中央银行是否应该更独立,存在相当多的争论。有证据表明(建立在跨国界关联分析的基础上)通胀率可以更低,但是却没有表明诸如增长或失业率这些真实变量可以得到改善。在这里,我的观点不是要解决这些争论,而是要强调,在存在诸多争论的情况下,特定的观点同样不应该被强制施加给该国。

第7章

1. 举例,参见Peter Waldman和Jay Solomon,"How U.S. Companies and Suharto's Circle Electrified Indonesia Power Deals That Cut in First Family and Friends Are Now Under Attack",*Wall Street Journal*, December 23, 1998, p.1。

2. 亚当·斯密在其经典著作《国富论》中提出市场本身能够导致有效的产出这一观点。《国富论》于1776年出版,而同年美国发表《独立宣言》。两位诺贝尔经济学奖获得者美国加利福尼亚大学伯克利分校的杰拉德·德布鲁(Gerard Derard,1983年获得诺贝尔经济学奖)和斯坦福大学的肯尼斯·阿罗(Keneth Arrow,1972年获得诺贝尔奖)提供了正式的数学证明,详细解释了如果亚当·斯密的观点正确应该满足的条件。其基本结论表明,当信息不完全或者市场不完善时,竞争性均衡是无效的(在帕累托限制下),参见B.Greenwald and J.E.Stiglitz, "Externalities in Economies with Imperfect Information and Incomplete Markets", *Quarterly Journal of Economics* 101(2)(May 1986), pp.229-64。

3. 见W.A.Lewis, "Economic Development with Unlimited Supplies of Labor", *Manchester School* 22(1954), pp.139-91, and S.Kuznets, "Economic Growth and Income Inequality", *American Economic Review* 45(1)(1995), pp.1-28。

第 8 章

1. 其他一些对比的观点，见 Paul Krugman, "The Myth of Asia's Miracle: A Cautionary Fable", *Foreign Affairs* (November 1994), and J.E.Stiglitz, "From Miracle to Crisis to Recovery: Lessons from Four Decades of East Asian Experience", in J.E.Stiglitz and S.Yusuf, eds., *Rethinking the East Asian Miracle* (Washington, DC. and NewYork: World Bank and Oxford University Press, 2001) pp.509-26; or J.E.Stiglitz, "Some Lessons from the East Asian Miracle", *World Bank Research Observer* 11(2)(August 1996), pp.151-77；也见 World Bank, *The East Asian Miracle: Economic Growth and Public Policy* (New York: Oxford University Press, 1993); Alice Amsden, *The Rise of "the Rest": Challenges to the West from Late Industrialization Economies* (New York: Oxford University Press, 2001); and, Masahiko Aoki, Hyung-Ki Kim, Okuno Okuno-Fujiwara, and Masahjiro Okuno-Fjujiwara, eds, *The Role of Government in East Asian Economic Development: Comparative Institutional Analysis* (New York: Oxford University Press, 1998)。关于东亚危机特别可读的文献，见 Paul Blustein, *The Chastening: Inside the Crisis that Rocked the Global Financial System and Humbled the IMF* (NewYork: Public Affairs, 2001); 更多的技术讨论可在 Morris Goldstein, *The Asian Financial Crisis: Causes, Cures, and Systemic Implications* (Washington, DC: International Institute for Economics, 1998) 和 Jason Furman and Joseph E.Stiglitz, *Brookings Papers on Economic Activity*, presented at Brookings Panel on Economic Activity, Washington, DC, September 3, 1998, vol.2, pp.1-114.
2. 因为美国经济没有受到影响，因此美国没有提供任何援助，这与其在墨西哥最近一次危机中慷慨解囊的做法形成鲜明对比，也引起泰国巨大的怨恨。尤其是在越南战争期间泰国给美国提供强大支持后，泰国认为它应该得到更好的待遇。
3. 参见 E.Kaplan 和 D.Rodrik, "Did the Malaysian Capital Controls Work?", 美国国家经济研究局 (Ntational Bureau of Economic Research, NBER) 工作论文 no.W8142, Cambridge, Mass., 2001 年 2 月。在 Rodrik 教授的个人网页上有可能找到这篇文章，网址为：http://ksghome.harvard.edu/～.

drodrik.academic.ksg/papers/html)。

4. 韩国收到了 550 亿美元，印度尼西亚收到 330 亿美元，泰国收到 170 亿美元。

5. 见 J.Sachs，"The Wrong Medicine for Asia"，*New York Times*，November 3, 1997, 和 "To Stop the Money Panic: An Interview with Jeffrey Sachs"，*Asiaweek*，February 13, 1998。

6. 1990 年，外商直接投资为 241.3 亿美元；1997 年，外商直接投资为 1702.58 亿美元；1998 年外商直接投资为 1709.42 亿美元；1990 年有价证券投资额为 39.35 亿美元，1997 年上升到 791.28 亿美元，1998 年为 552.25 亿美元。银行和与投资有关的贸易在 1990 年为 145.41 亿美元，1997 年为 545.07 亿美元，在 1998 年为 415.34 亿美元。全部私有资本流动 1990 年为 426.06 亿美元，1997 年为 3038.94 亿美元，1998 年为 2677.00 亿美元。来自世界银行，Global Development Finance 2000。

7. 有关涉及金融和银行危机的因素，可参见：D.Beim 和 C.Calomiris，*Emerging Financial Markets*（New York: McGraw-Hill/Irwin, 2001）第 7 章；A.Demirguc-Kunt 和 E.Detragiache，*The Determinats of Banking Crises: Evidence from Developing and Developed Countries*，IMF Staff Papers, vol.45, no.1（1998 年 3 月）；G.Caprio 和 D.Klingebiel, "Episodes of Systemic and Borderline Financial Crises"，*World Bank*，1999 年 10 月；世界银行成员，"Global Economic Prospects and the Developing Countries 1998/99: Beyond Financial Crisis"，世界银行，1999 年 2 月。

8. 迈克尔·康德苏（M.Camdessus），"Capital Account Liberalization and the Role of the Fund"，在国际货币基金组织资本账户自由化研讨会上的评论，华盛顿特区，1998 年 3 月 9 日。

9. 美国 2000～2001 年的衰退也被认为是由于市场的过度繁荣，对互联网和电信的过度投资部分地导致股票价格飙升而引起的。即使不存在金融机构和货币政策的管理不善，经济也会出现显著的波动。

10. 围绕韩国的争论主要是有关资本市场自由化以及在事情错误时随之而来的救援行动的更广泛的争论，正如他们必然做的那样，该争论在国际货币基金组织和美国政府内部几乎完全是关着门进行的。比如，当我们准备进行地区贸易协议和七国进行会谈时，这种情况再次出现。一次偶然的机会（1995 年墨西哥危机），当美国财政部将救援计划提交给国会时，国会拒绝了该提案，财政部又返回到以往的关着门的程序，策划出在美国国会批准下的救援行动方案，并强制其他政府采纳。（以一种在欧洲许多地区产生极大敌意的方式——对美国财政部强制实施的政策的所有分歧在随后几年慢慢地消失，虽然在各种背景下，美国的立场遭到微妙的反对，例如，国际货币组织负责人的选择）。这些问题比较复杂，但是美国财政部看起来几乎对其强于国会的能力而狂欢。

11. 国际货币基金组织的 *Annual Report of the Executive Board for the Financial Year Ended April 30, 1998*（华盛顿特区）第 25 页，有些国际货币基金组织理事对亚洲危机期间需要采取严格的财政政策表示怀疑，因为这些国家并没有出现财政不平衡。有趣的是，国际货币基金组织在 2000 年相似的报告（第 14 页）中意识到，扩张性财政政策是韩国、马来西亚和泰国从危机中复苏的主要原因。同时可参见：T.Lane、A.Ghosh、J.Hamann、S.Phillips、M.Schulze-Ghattas 和 T.Tsikata，"IMF-Supported Programs in Indonesia, Korea, and Thailand: A Preliminary Assessment"，Occasional Paper178，国际货币基金组织，1999 年 1 月。

12. Stanley Fischer，"Comment & Analysis: IMF—The Right Stuff. Bailouts in Asia Are Designed to Restore Confidence and Bolster the Financial System"，*Financial Times*，1997 年 12 月 16 日。

13. 过去多年中，我从未听到过国际货币组织的职员为国际货币基金组织对那些拥有高杠杆作用企业的国家提高利率的战略进行前后一致的辩护。我所听到的唯一好的辩护来自大通证券公司的首席经济学家 John Lipsky，他非常明确地关注资本市场的不完善。他观察到国内商人通常将大量资金存到国外，但却在国内借钱。国内贷款的高利率将"迫使"他们取回部分国外资金用以偿还其贷款和避免支付如此高的利率。这一假设依然没有得到验证。但可以确定的是，对于诸多处于危机的国家，净资本是按照相反的方向流动的。很多商人假定他们只是不能够被"强迫"支付高利率和必须进行再谈判。实际上，高利率根本不可信。

14. 财政部主管官员 Esiuke Sakakibara 在他的演讲"The End of Market Fundamentalism"中阐述了自己对这些事件的解释，该演讲于 1999 年 1 月 22 日在东京外国记者俱乐部进行。

15. 有关进一步的细节，见 E.Kaplan 和 D.Rodrik，"*Did the Malaysian Capital Controls Works？*"，op.cit.

16. 在危机期间，马来西亚的外国直接投资呈现出与其他受危机影响的国家和地区相似的格局。虽然如此，这一证据对于得出可靠的结论依然显得太粗浅。为了把资本控制对外国直接投资的影响和其他影响因素分离出来，需要进行更深入的经济研究（和更多的数据）。

第 9 章

1. 本章和以下两章的大部分内容建立在更广泛地在其他地方发表的文章基础之上。参见以下的论文：J.E.Stiglitz, "Whither Reform? Ten Years of the Transition" (Annual World Bank Conference on Development Economics, 1999), in Boris Pleskovic and Joseph E. Stiglitz, eds., The World Bank (Washington, DC, 2000), pp.27-56; J.E.Stiglitz, "Quis Custodiet Ipsos Custodes? Corporate Governance Failures in the transition", in Pierre-Alain Muet and J.E.Stiglitz, eds., *Governance, Equity and Global Markets, Proceedings from the Annual Bank Conference on Development Economics in Europe*, June 1999 (Paris: Conseil d'Analyse economique, 2000), pp.51-84；也发表在 *Challenge* 42 (6) (November/December 1999), pp.26-67. 法文版："Quis custodiet ipsos custodes? Les defaillances du gouvernement d'entreprise dans la transition", *Revue d'Economie du Developpement* 0 (1-2) (2000年6月), pp.33-70。另外，参见：D.Ellerman 和 J.E.Stiglitz, "New Bridge Across the Chasm: Macro- and Micro-Strategies for Russia and other Transitional Economies", *Zagreb Inernational Review of Economics and Business* 3 (1) (2000), pp.41-72, 和 A.Hussain, N.Stern, and J.E.Stiglitz, "Chinese Reforms from a Comparative Perspective", in Peter J.Hammond and Gareth D.Myles, eds., *Incentives, Organization, and Public Economics, Papers in Honour of Sir James Mirrlees* (Oxford and New York: Oxford University Press, 2000), pp.243-77。

有关俄罗斯转型最优秀的新闻报告可参见：Chrystia Freeland, *Sale of the Century* (New York: Crown, 2000); P.Klebnikov, *Godfather of the Kremlin, Boris Berezovsky and the Looting of Russia* (New York: Harcourt, 2000); R.Brady, Kapitalizm: *Russia's Struggle to Free Its Economy* (New Haven: Yale University Press, 1999): and John Lloyd,

"Who Lost Russia？", *New York Times Magazine*, August 15, 1999。

大批政治科学家进行了一些分析，这些分析支持了我在此提供的解释。可特别参见：A.Cohen, *Russia's Meltdown: Anatomy of the IMF Failure*, Heritage Foundation Backgrounders No.1228, October 23, 1998; S.F.Cohen, *Failed Crusade* (New York: W.W.Norton, 2000); P.Reddaway, and D.Glinski, *The Tragedy of Russia's Reforms: Market Bolshevism Against Democracy* (Washington, DC: United Statts Institute of Peace, 2001); Archie Brown and Lillia Fedorovna Shevtskova, eds., Gorbachev, Yeltsin and Putin: Political Leadership in Russia's Transition (Washington, DC: Carnegie Endowment for International Peace, 2000); and Jerry F.Hough and Michael H.Armacost, *The Logic of Economic Reform in Russia* (Washington, DC: Brookings Institution, 2001)。

毫不奇怪，很多改革者提供了与这些列示的观点明显不同的报道，虽然这些解释在早期更为频繁，尽管那时对转型充满更多的希望，但很多文章的观点看起来与随后的事件并不一致。可参见：Anders Aslund, *How Russia Became a Market Economy* (Washington, DC: Brookings Institution 1995) or Richard Layard and John Parker, *The Coming Russian Boom: A Guide to New Markets and Politics* (New York: The Free Press, 1996); 更多的批评观点，见 Lawrence R.Klein and Marshall Pomer, eds.(Joseph E.Stiglitz 写的序言), *The New Russia: Transition Gone Awry* (Palo Alto, Calif: Stanford University Press, 2001)。

本章所引用的数据大部分来源于世界银行，World Development Indicators and Global Development Finance (various years)。

2. Jnnine R."Wedel, Aid to Russia", *Foreign Policy in Focus* 3 (25), Inter﹣hemispheric Resource Center and Institute Policy Studies, September 1998, pp.1-4。

3. 进一步的阅读，可参见：P.Murrell,"Can Neo-Classical Economics Underpin the Economic Reform of the Centrally Planned Economies？", *Journal of Economic Perspectives* 5 (4)(1991), pp.59-76。

4. 参见国际货币基金组织，"IMF Approves Augmentation of Russia Extended Arrangement and Credit UnderCCFF, Activates GAB", Press release no.98/31, Washington DC, July 20, 1998。

5. 有一种观点认为，国际货币基金组织的确没有忽视这一点。实际上，一些人相信国际货币基金组织正试图阻止贬值的选择，所采用的方法就是将贬值的代价提高到该国不愿意进行贬值的程度。如果果真如此，那么国际货币基金组织就打错了算盘。
6. 当然，8月17日俄罗斯政府的宣言更多，但这些都是我们目标的核心内容。另外，俄罗斯政府实施了临时资本控制，例如禁止非俄罗斯居民对短期卢布资产进行投资以及给予外汇信贷和保险支付9天的延期偿付期。俄罗斯政府也宣布将支持由俄罗斯最大的银行建立支付联盟以维持支付流动性；并且颁布法规以保证给政府雇员和银行人员进行及时的偿付。有关细节可参见 www.bisnis.doc.gov/bisnis/country/980818ru.htm，该网页提供了1998年8月17日两份宣言的原始文本。
7. 见转型经济研究所（the Institute for Economy in Transition），即 http://www.iet.ru/trend/12-99/3_e.htm。
8. 见 Chrystia Freeland, op.cit: Richard Layard and John Parker, op.cit; and Anders Aslund, op.cit。
9. 有关对俄罗斯经济强加的易货贸易的含义和代价，可参见：C.G.Gaddy and B.W.Ickes, "Russia's Virtual Economy", *Foreign Affairs* 77（September-October 1998）。
10. 转型看来并没有惠及穷人。例如，就处于最底层的人们其收入所占的比例来说，1998年俄罗斯的比例为8.6%，1999年乌克兰的比例为8.8%，1996年哈萨克斯坦的比例为6.7%（世界银行，*World Development Indicators 2001*）。
11. 利用测度不平等的标准方法（基尼系数），到1998年，俄罗斯的不平等水平是日本的两倍，比英国和其他欧洲国家高出50%，其不平等水平相当于委内瑞拉和巴拿马的水平。与此同时，那些采取渐进性政策的国家，比如波兰和匈牙利，它们能够将其不平等保持在较低的水平——匈牙利的不平等水平甚至低于日本；而波兰的不平等水平低于英国。参见 Angus Maddison, *The World Economy: A Millienial Perspective*（Paris: Organization for Economic Cooperation and Development, 2001）。
12. 见 J.E.Stiglitz, "Quis Custodiet Ipsos Custodes？" op.cit。
13. 例如，如果某个国家在国内尚未建立有吸引力的投资环境之前就开始实施资本市场自由化，就像国际货币基金组织推荐的那样，它实际上导致资本外逃；如果一个国家在国内尚未建立有效的市场之前就对其企业开始私有化，即将所有权或控制权交到最近退休的人手中，那么就不会存在长期财富创造的动机，而存在资产掠取的动机。如果某个国家在建立规制和法制架构以保证竞争之前就开始私有化，那么就存在创造垄断的动机，而且存在阻止建立有效竞争机制的政治动机。如果某个国家在联邦体系下进行私有化，但是却给予州和地方政府随意增加税收和规制的自由，那么该国就没有消除公共机构寻租的权力和动机，该国根本没有真正实现私有化。

14. 关于科斯定理本身，可参见 R.H.Coase,"The Problem of Social Cost", *Journal of Law and Economics* 3（1960），pp.1-44。该定理只有在不存在交易成本、不存在信息不完全的条件下才是正确的。科斯自己意识到这些限制条件的力量。此外，完全清晰地明确产权永远不可能，尤其对转型经济体来说更是如此。即使在发达工业国家，产权也受到对环境的关心、工人权利、分区制等的限制。虽然法律试图尽可能使这些问题变得清晰，但是频繁地引起争论，不得不通过各国法律程序来解决。幸运的是，在既定的"法律规则"下，总体上相信这是按照公正和平等的方式在执行。但在俄罗斯并不是这样。参见：A.Shelifer and R.Vishny, *The Grabbing Hand: Government Pathologies and Their Cures*（Boston: Harvard University Press, 1999），该书清晰地表明了这样一种观点：即一旦赋予了产权，那么就具备建立法制规则的强大力量。关于科斯定理和其在合适的私有化战略中发挥的明智作用更广泛的讨论，可参见：J.E.Stiglitz, *Whither Socialism*（Cambridge: MIT Press, 1994）；J.E.Stiglitz, "*Whither Reform? Ten Years of the Transition*", op.cit；J.E.Stiglitz, *Quis Custodiet Pisos Custodes*, op.cit ; and J.Kornai,"Ten Years After 'The Road to a Free Economy', The Author Self-Evaluation", in Boris Pleskovic and Nicholas Stern, eds., *Annual World Bank Conference on Development Economics 2000*（（Washington, DC: World Bank, 2001），pp.49-66。

第 10 章

1. 正如我在前面提到的那样，虽然这是假定的辩护，但它甚至也是可疑的。寡头执政者并没有利用这些资金支持叶利钦再次当选。但是他们的确向他提供了其所需的组织基础（和电视台支持）。

2. 详情可参见：M.Du Bois and E.Norton,"Foiled Competition: Don't Call It a Cartel, But World Aluminum Has Forged a New Order", *Wall Street Journal*, June 9, 1994。这篇文章指出 O.Neill 和 Bowman Cutter（当时任克林顿国家经济委员会的副主任）之间的紧密关系，这对达成交易至关重要。俄罗斯得到的好处就是海外私人投资公司保证的相当于 2.5 亿美元的权益投资。美国铝业管理者们尽其所能照顾自己的形象，以避免反托拉斯检查；并且，根据这篇文章所说，包括 3 名反托拉斯律师在内的美国政府起草了这份协议，协议中他们谨慎地含糊其辞，以使司法部满意。

1995 年，随着全球对铝需求的增加以及强迫俄罗斯生产者遵循卡特尔协议的难度逐渐增大，卡特尔开始土崩瓦解。参见 S.Givens,"Stealing an Idea from Aluminum", *The Dismal Scientist*, July 24, 2001。另外，美国铝业公司和其他美国铝生产商被控告共谋限制贸易；但是该案件在法院上被撤销了。参见 J.Davidow,"Rules for the Antitrust/Trade Interface", Miller & Chevalier, September 29, 1999, 见网页：www.ablondifoster.com/library/article.asp?pubid=143643792001&groupid=12。有关与此观点相似的社论，可参见 *Journal of Commerce*, February 22, 1994。

事情并没有结束，2000 年 4 月，新闻爆料两个俄罗斯寡头执政者（Boris Berezovsky 和 Roman Abramovich）如何成功地形成私人垄断，成立了全球第二大铝业公司（仅排在 Alcoa 之后），控制俄罗斯每年铝产量的 75%～80%。参见"Russian Aluminum Czars Joining Forces", *The Sydney Morning Herald*, 2000 年 4 月 19 日；A.Meier 和 Y.Zarakhovich,"Promises, Promises", *Time Europe* 155(20), 2000 年 5 月 22 日。也可参见 R.Behar,"Capitalism in a Cold Climate", *Fortune* (June 2000)。尽管结果相反，但 Boris Berezovsky 强烈否认在俄罗斯问题上的任何错误做法。

第 11 章

1. 在《纽约时报》中，克劳特科（Kolodko，波兰前副总理兼财政部长）写道："但是，我们国家的成功还有另外同样重要的方面。波兰的确没有指望获得国际金融界的认可。相反，我们希望波兰公民赞同这些改革。因此，工薪和养老金得到支付并且针对通货膨胀进行调整，另外还有失业福利。在与国际投资者和金融机构进行艰难的谈判时,我们尊重自己的社会。"George W.Kolodko,"Russia Should Put Its People First",*New York Times*,1998年7月7日。

2. 波兰也表明某个国家能够维持国家对资产的所有权,不仅阻止资产被掠取,而且能够真正地提高生产率。在西方国家,生产率的最大收益不是与私有化有联系,而是与公司化相关,例如,在他们依然保持国有企业的同时对企业实施强硬的预算约束和商业实践。参见J.Vickers和G.Yarrow,*Privatization: An Economic Analysis*(Cambridge, MA: MIT Press, 1998),第2章;J.Vickers和G.Yarrow,"Economic Perspectives on Privatization",*Journal of Economic Perspective* 5(2)(Spring 1991),pp.111-32。

3. 1990年,中国的净私有资本流入为80亿美元。到1999年,中国的资本流入飙升到410亿美元,是同一年俄罗斯吸引资金数目的10倍多(世界银行,*World Development Indicators 2001*)。

4. 如参见世界银行,*World Development Report 1996: From Plan to Market*(London and New York: Oxford University Press, June 1996)。

5. 俄罗斯激进改革者对他们的失败最好的辩护是:我们并不知道在不同条件下有可能发生违反现存事实的情况。其他国家可以获得的选择但俄罗斯却不能获得。在激进改革者接管时,像中国那样由中央指导的改革已经不可能了,因为俄罗斯中央政府的权力已经崩溃了。由当权人物(即现有管理者,无论如何,他们在很多情况下都出现了)对企业进行接管就是替代选择。相反,我认为,对这些问题的认识使其不按照已经实施的方式来引导私有化和自由化战略更为重要。中央权力的崩溃应该使将大型国有企业(尤其是自然资源企业)分解为竞争性的部分更为容易并且更为重要,这将造成对经济权力更大的扩散。与此同时,在收益产生的来源被出卖之前,保证建立有效的税收体系将会更迫切。中国的改革涉及经济决策制定权的大量转移。替代的战略最终可能并没有效果,但很难相信这些问题会变得更糟。

第12章

1. 参见:S.Fisher,"On the Need for an International Lender of Last Resort",*Journal of Economic Perpectives* 13(1999),pp.85-104。费希尔像许多提倡最后出借人观点的其他人一样,将某个国家内部中央银行的作用和国

家之间国际货币基金组织的作用进行了类比。但是，该类比是具有欺骗性的。在一个国家内部要求最后出借人是基于存款的先到先得原则，该援助造成了挤兑的可能性——参见：D.Diamond and P.Dibvig, "Bank Runs, Deposit Insurance, and Liquidity", *Journal of Political Economy* 91 (1983), pp.401-19。尽管那样，如同美国强力表现出的经验一样，这依然无法避免挤兑。只有存在强力的银行规制和存款保险，最后出借人才能应对挤兑。并且，没人——即使是国际货币基金组织最热心的支持者也认为国际货币基金组织应该提供任何类似的存款保险。此外，国际货币基金组织僵化地实施很多政策使很多国家在放弃自己的诸多规制权力时持有戒心（即使能够定义规制权力的合适领域，即使国家主权问题并不极为重要时）。值得注意的是，美国规制部门经常认为，设计很好的债务偿还期延展是宏观经济管理极其重要的部分，而国际货币基金组织通常反对延长债务偿还期。在其他地方，我指出过国际货币基金组织时常不能够考虑其合成的基本谬误：存在系统问题时，当每个银行都不够增加额外的资本时，它就会收回它的贷款，没有债务偿还期的延展也许弄巧成拙，造成更广泛的违约行为，进一步加深经济衰退。
2. 这就是我称做的"超级 11 章"。详情可参见：M.Miller and J.E.Stiglitz, "Bankruptcy Protection Against Macroeconomic Shocks: The Case for a 'Super Chapter 11'", World Bank Conference on Capital Flows, Financial Crises, and Policies, April 15, 1999; and J.E.Stiglitz, "Some Elementary Principles of Bankruptcy", in *Governance, Equity and Global Markets: Proceedings from the Annual Bank Conference on Development Economics in Europe*, June 1999 (Paris: Conseil d'Analyse economique, 2000), pp.605-20。
3. 虽然很难说是因为缺乏透明度而引发危机，但缺乏透明度的确具有巨大的成本。一旦危机发生，信息的缺乏意味着债权人将不计后果地从所有借款人手中回收资金。债权人只是缺乏必要的信息将好的和坏的借款人区分开来。

第 13 章

1. 公司治理这个词是指决定股东（包括小股东）。在虚弱的公司治理情况下，经理可能会有效地窃取股东的利益，并且大股东也可能有效地窃取小股东的利益。
2. 世界银行的研究，包括与我的前任迈克尔·布鲁诺（Michael Bruno，世界银行首席经济学家、前爱尔兰中央银行的行长）合作的研究，有助于提供这一视角的经验性证据。参见：Michael Bruno and W.Easterly, "Inflation Crises and Long-run Growth", *Journal of Monetary Economics* 41（1998年2月），pp.3-26。
3. 经济学家已经分析了此类货物的本质属性；向增加的个人消费者提供该种货物的边际成本很小或者为零，而且排除他们获益的成本是巨大的。
4. 经济学家已经深度地分析了为什么这样的市场可能不存在，例如，作为信息不完全（信息不对称）问题的结果，通常会出现逆向选择和道德风险。
5. 具有讽刺意味的是，对透明度的呼吁来自国际货币基金组织和美国财政部。国际货币基金组织因为其本身缺乏开放度而长期受到批评；美国财政部则是美国政府最保密的机构，我发现即使是白宫也经常为他们所获得的信息而大伤脑筋。
6. 对透明度的认识只体现在，国内的人们能够决定的一些事情，诸如学校什么时候开学、什么时候放假等。
7. 国际货币基金组织关于机构绝对不会犯错的立场使其要改变该立场非常困难。在这个例子中，资深人士可以试图板着脸表面上宣称，长期以来他们已经警告过与资本市场自由化相关的风险。这种主张充其量是无诚意的（并且它本身也破坏机构的可信性）。如果他们意识到这些风险，就会使他们的政策姿态显得更不可原谅。但是，对那些屈服于他们压力的那些人来说，这些担心充其量是微小的告诫，是以后再考虑的问题；他们被告诉要继续进行，继续快速地进行自由化。
8. 正如我们在第12章提到的，多重目标和不愿意公开讨论委任（反映了金融界的利益）中默许的改变，导致很多知识不一致性的实例；这又反过来使改革的连续进行更加困难。
9. 正如其名，临时信贷最高限额在特定的偶然情况下（与危机相联系的）自动提供了信贷。
10. 存在更深刻的问题。虽然临时信贷最高限额保证在危机出现的情况下能够获得新的资金，但是，它不能阻止其他短期贷款不会以新的债券来替代旧的债券；银行愿意承担的风险大概已经考虑了可能在临时信贷最高限额工具下产生的新贷款。因此，在危机情况下获得的资金净供给可能没那么大的影响。
11. 这些条款允许债权人在特定环境下要求支付，一般情况下恰好是其他债权人正在回收资金的情况。
12. 在欧洲，诸多的注意力集中于一个特定的税收提案上，即所谓的托宾税——有关跨国金融交易。比如，可参见：H.Williamson,"Kohler Says IMF Will Look Again at Tobin Tax", *Financial Times*, 2001 年 9 月 10 日。如今有大量的文献从理论和实践上对该税收进行分析。可见网址：www.ceedweb.org/iirp/biblio.htm。有趣的是，前财政部长撰写的一篇文章可以用来解释支持该税收的原则——L.H.Summers and V.P.Summers,"When Financial Markets Work Too Well: A Cautious Case for a Securities Transactions Tax", *Journal of Financial Services Research* 3（1989）, pp.261-86。但是存在重要的执行问题，尤其是在该税收并没有被普遍强制实施的世界中，而且，该世界中，金融衍生品和其他复杂的金融工具变得非常流行。也可参见：J.E.Stiglitz,"Using Tax Policy to Curb Speculative Short-Term Trading", *Journal of Financial Services Research* 3（2/3）（December 1989）, pp.101-15。原始文件见：J.Tobin,"A Proposal for International Monetary Reform", *Eastern Economic Journal* 4（1978）, pp.153-59, 和 B.Eichengreen, J.Tobin, and C.Wyplosz,"Two Cases for Sand in the Wheels of International Finance", *Economic Journal* 105（May 1995）, pp.162-72。另外，参见论文集 M.ul Haq, I.Kaul, and I.Grunberg, eds., *The Tobin Tax: Coping with Financial Volatility*（London and NewYork: Oxford University Press, 1996）。
13. 虽然东亚危机后期，这些提议受到一定的关注，但在阿根廷危机中，涉及公共债务时，这种关注被转变成至高无上的债务重建机制，而根本不考虑当前的危机涉及更多的是私人而不是至高无上的债务。
14. 正如我们看到的，一个国家对外国银行的开放可能不会导致更多的贷款，尤其是对中小型国有企业来说更是如此。这些国家需要强加要求，与那些在《美国社会再投资法案》中强制的要求类似，以保证在它们开放市场时，它们的小商人不会忍受资本之饥。
15. 债务危机在 1981 年打击了阿根廷，1982 年打击了智利和墨西哥，1983 年打击了巴西。在 20 世纪 80 年代的 10 年内，它们的产出增长率一直较低。

16. 在日本的压力下,正如我们已经提及的,实际上早早地就开始了重估,并反映在世界银行 1993 年出版的具有里程碑意义的研究出版物中,即 *The East Asian Miracle: Economic Growth and Public Policy*。思维的变化反映在发展的年度报告中,即 World Development Report。比如,1997 年的报告重新评估了政府的作用;1998 年的报告关注于知识(包括技术的重要性)和信息(包括与不完全信息相关的市场不完善);1999 年和 2001 年的报告强调机构的作用,不仅仅是政策;2000 年的报告对贫困问题进行了更为广泛的观察。

17. 毫不奇怪,世界银行依然没能如其应该的那样认真考虑对贸易全球化在理论上和实践上的批评,可参见:F.Rodríguez 和 D.Rodrik,"Trade Policy and Economic Growth: A Skeptic's Guide to the Cross-National Evidence", Ben Bernanke and Kenneth S.Rogoff 等, in *Macroeconomics Annual 2000*(Cambridge, MA: MIT Press for NBER, 2001)。无论这一立场的知识价值如何,它与美国及 G7 政府的"官方"立场——贸易是好的)背道而驰。

18. 这一转变存在很多方面——包括接受变化(认识到事情不能按照世世代代的方式来做),接受社会的基本原则和科学的思维方式,接受企业家所需要承担的风险。我深信,在正确的条件下,这些改变能够在相对较短的时间内发生。对于"作为转变的发展"的观点更广泛的表达,参见:J.E.Stiglitz,"Towards a New Paradigm for Development: Strategies, Policies and Processes",1998 年 10 月 19 日,联合国贸易与发展会议在日内瓦万国宫举行的第 9 次普雷维什讲座上的演讲。

19. 在很多国家,债务服务超过出口额的 1/4;也有很多国家,债务服务几乎达到出口额的一半。

20. 这样的债务有时是指"恶意逃债"。

21. 重要的例外是詹姆斯·沃尔芬森,他已经在世界银行推动了文化创意。

22. 最近,发展中国家已经不断地被推动要与标准(比如银行标准)一致,在制定这些标准时,发展中国家几乎不发挥作用。事实上,这时常被宣称是为改革全球经济结构努力中少有的"成就"之一。无论它们在提高全球经济稳定性中做得多么好,它们发生的方式已经在发展中世界产生了极大的怨恨。

后记

1. 由盖洛普国际协会对45个国家近5万人进行的一项调查发现,希拉里·克林顿将在除俄罗斯以外的每个国家以压倒性优势击败唐纳德特朗普。盖洛普国际协会在全球进行的对美国大选的投票结果可以在 http://www.wingia.com/web/files/richeditor/filemanager/WINGIA_Global_Poll_on_US_Election_-_FINALIZED_Revised_Global_Press_Release.pdf 中找到。

2. 出版了 *GAID* 后,我在2003年出版的《*The Roaring Ninetie*》一书中描述了这一点。我在这些问题上的立场,部分是基于我搬到华盛顿之前所做的理论工作,另外一些工作是由美国(the S&L bailout of 1989)和其他地方的金融危机推动的。见"The Role of the State in Financial Markets", *Proceedings of the World Bank Annual Conference on Development Economics* (Washington, DC: World Bank, 1994), pp. 19-52; "Introduction: S&L Bailout", in J.Barth and R.Brumbaugh, eds., *The Reform of Federal Deposit Insurance: Disciplining the Government and Protecting Taxpayers* (New York: HarperCollins, 1992), pp.1-12; "Financial Restraint: Toward a New Paradigm", with T.Hellmann and K.Murdock, in M.Aoki, H.Kim, and M.Okuna-Fujiwara, eds., *The Role of Government in East Asian Economic Development* (Oxford: Clarendon Press, 1997), pp.163-207; 以及 "Liberalization, Moral Hazard in Banking and Prudential Regulation: Are Capital Requirements Enough?" with T.Hellmann and K.Murdock, *American Economic Review* 90(1)(March 2000), pp.147-165.

    我在世界银行时和 Bill Easterly, Roumeen Islam 写的两篇文章证明金融市场深化(通常与放松管制相关)可能会导致更大的波动。"Shaken and Stirred: Explaining Growth Volatility", *Annual Bank Conference on Development Economics 2000*, (Washington, DC: World Bank, 2001), Notes 443, pp.191-212; 以及 "Shaken and Stirred: Volatility and Macroeconomic Paradigms for Rich and Poor Countries", in Jacques Drèze, ed., *Advances in Macroeconomic Theory*, IEA Conference Volume 133 (Houndsmill, UK: Palgrave, 2001), pp.353-72。

3. 金融危机的故事在我一本书中讲得更加具体: *Freefall* (New York:

W.W.Norton，2010）。
4. 中国 9.2%，美国 −2.8%。
5. 这包括巴西（美国占巴西出口的 13%，中国占巴西出口的 18%；美国占巴西进口的 15%，中国占巴西进口的 18%）以及阿根廷（美国占阿根廷出口的 6.1%，中国占阿根廷出口的 8.9%，美国占阿根廷进口的 13%，中国占阿根廷进口的 20%）。来源：The Observatory of Economic Complexity from UN COMTRADE data，2015（http://atlas.media.mit.edu）。
6. 见"Capital controls"on p. 000. [X-ref TK；ms. p. 202.] 中的讨论。
7. 当然，还有许多其他人在经济问题上向总统提出建议，但通常都是从经济的某一个角度来说的——劳工部长 Robert Reich 对于工人们的处境和令人担忧的不平等现状都有更权威的发言权；财政部长 Robert Rubin 反映了代表金融市场的观点，特别是像高盛集团和花旗银行这样的大型跨国银行；商务部长 Ron Brown 代表了各种商业利益。经济顾问委员会则独一无二地采用了全国性而且往往是全球性的视角。我在 1997 年 1 月的美国经济协会发表的演讲中解释了这些差异，随后发表了"Looking Out for the National Interest: The Principles of the Council of Economic Advisers"，*American Economic Review* 87（2）(May 1997)，pp.109-13。
8. 我和 George Akerlof，Michael Spence 共同获得了诺贝尔经济学奖，另外还有许多在过去一年中一起工作的合著者，包括 Michael Rothschild，Bruce Greenwald，Andy Weiss，Carl Shapiro，Patrick Rey，Yungyoll Yun，Andrew Kosensko，Thomas Hellman，Kevin Murdoch，Sanford Grossman，Richard Arnott，and Thomas Hellmann。
9. 为了纪念伟大的意大利经济学家维弗雷多·帕累托（Vilfredo Pareto，1848—1923），效率的特殊概念被称为帕累托效率——不可能改善一方的利益而不损害其他人的利益。
10. 见 D. Newbery 和 J. E. Stiglitz 的"Pareto Inferior Trade"，*Review of Economic Studies* 51（1）（1984），第 1 页—12 页。
11. 见"Capital-Market Liberalization, Globalization, and the IMF"，*Oxford Review of Economic Policy* 20（1）（Spring 2004）"，pp.57-71。后来，作为对 IMF 试图捍卫他们的模型的回应，我扩展了这种分析：见 J. E. Stiglitz and J. A. Ocampo, eds., *Capital Market Liberalization and Development*（New York: Oxford University Press，2008）第 2 章，pp.76-100，

这卷包含了对资本市场的批判——自金融危机之后成为主流。

12. 请参见关于华盛顿共识起源的讨论,以及关于它所涉及的一些争议。*GAID*(第二部分)当然是华盛顿共识政策中所批判的焦点。

13. 正如我在 *GAID* 中解释的那样,亚当·斯密敏锐地意识到了市场的一些局限性,远比现代自由市场的倡导者们更清楚。

14. 我和 Michael Rothschild 一起在 2001 年获得诺贝尔奖的成果证明了,即使是一点的信息不完全就可以彻底改变初始的均衡。(Equilibrium in Competitive Insurance Markets: An Essay on the Economics of Imperfect Information), *Quarterly Journal of Economics* 90[4] [November 1976], pp. 629-49;同 Carl Shapiro(目前在加州大学贝克利分校)一起,我证明竞争的市场可能会持续失业,事实显然是这样。("Equilibrium Unemployment as a Worker Discipline Device", *American Economic Review* 74 [3] [June 1984], pp. 433-44);和 Andy Weiss 一起,我发现即使在竞争激烈的市场,也可能存在信贷分配。("Credit Rationing in Markets with Imperfect Information", *American Economic Review* 71[3][June 1981], pp.393-410);和 Bruce Greenwald(目前在哥伦比亚大学)一起,我发现,对于不完全信息和不完备的风险市场,一般而言,竞争市场是无效的。("Externalities in Economies with Imperfect Information and Incomplete Markets", Quarterly Journal of Economics 101 [2] [May 1986], pp.229-64)。

15. 在 2016 年 9 月 16 日和 17 日由世界银行和瑞典援助机构赞助的在瑞典 Saltsjöbaden 举办的会议中,该项共识被讨论。详见 https://www.wider.unu.edu/news/stockholm-statement-%E2%80%93-towards-new-consensus-principles-policy-making-contemporary-world.

16. 例如,在第 10 章,我描述了美国铀浓缩的私有化。当时,它似乎注定要失败。后来发生的事证实了我的预测。

17. Michael Seigel and Elliott Young, "Privatization in Mexico Is a Road to Nowhere", *Quartz*, August 9, 2013, 可在 qz.com/113017/privatization-in-mexico-is-a-road-to-nowhere 中查看。他们继续引用前外交部部长 Jorge casta neda 的话说,私人通道是"一个没用的愚蠢想法"。

18. 可见"The Liberalization and Management of Capital Flows—An Institutional View", November 14, 2012.(具体摘要请见 http://www.imf.org/

external/pubs/ft/survey/so/2012/POL120312A.htm）

19. 本书的其他部分（见第 5 章"增加的风险"一节及其引用的参考文献）。我们已经注意到，如果没有一套完整的风险市场，市场就没有效率。市场的问题比它们没有有效地管理风险更糟糕。这是因为他们承担了过多的风险，没有考虑到他们的行动对其他人的影响。此外，在缺乏足够的政府监管的情况下，它们容易产生信贷和资产泡沫。关于一个历史讨论，请见 C. P. Kindleberger and R. Z. Aliber, "Manias, Panics, and Crashes: A History of Financial Crises", 6th ed. (New York: Palgrave Macmillan, 2011)。一个更广泛的理论分析，详见 Joseph E.Stiglitz, Towards a General Theory of Deep Downturns (New York: Palgrave Macmillan, 2016)。另外见，NBER Working Paper 21444, August 2015，最初作为第十七届世界经济大会上总统的演讲。

20. 特别是，在 *GAID* 所描述的事件中，时任财政部副部长兼财政部长的拉里·萨默斯，以及奥巴马总统领导的国家经济委员会主席，以及蒂姆·盖特纳，克林顿时期的财政部副部长和奥巴马政府的财政部长。当然，他们会争辩说，情况不同，不同的情况需要不同的政策。

21. 通过宣布将关闭一些私人银行，储户没有得到救助，但没有披露哪些银行，导致了几乎所有私人银行都被挤兑。

22. 见 Joseph E.Stiglitz, *Freefall*, op. cit. 在我写 *GAID* 的时候，紧急救援（迫使储户承受银行破产的成本）和救市计划在当时受到的关注很少，因此，大部分的政策建议都是基于最不完整的分析，没有充分考虑到市场参与者对政府宣布的任何政策的反应。

此后，有了大量的文献，包括 Olivier Jeanne and Anton Korinek, "Macroprudential Regulation Versus Mopping Up After the Crash", NBER Working Paper 18675, 2012; Martin Schneider 446 Notes and Aaron Tornell, "Balance Sheet Effects, Bailout Guarantees, and Financial Crisis", *Review of Economic Studies*, 2004, 71 (3), pp. 883-913; Emmanuel Farhiand Jean Tirole, "Collective Moral Hazard, Maturity Mismatch, and Systemic Bailouts", *American Economic Review* 102 (1) (2012), PP.60-93; and A.Caproni, B. Bernard, and J.E.Stiglitz, "Bail-ins and Bail-outs: Incentives, Connectivity, and Systemic Stability", Columbia University working paper, 2017.

23. 正如我在导言中指出的那样，增加数万亿美元的外汇储备有一个非常特殊的原因：因为大部分外汇储备储备是以美元（美国国债）持有的，这意味着穷国以非常低的利率向美国放贷，同时往往以高得多的利率向美国借钱。
24. 资料来源：IMF World Economic Outlook（WEO），April 2017。
25. 东亚一些经济上成功的国家在过渡到民主方面经历了困难，非洲也出现了类似的困扰。
26. 资料来源：World Bank，World Development Indicators（WDI），August 2017。
27. 资料来源：UN World Population Prospects. Median estimate。
28. 在离开世界银行几年后，我额外使用了近10年的数据，重新审查了执行这两种不同战略的国家的相对业绩数据，结果加强了在 *GAID* 中得出的结论。详见 S.Godoy and J.E.Stiglitz, "Growth, Initial Conditions, Law, and Speed of Privatization in Transition Countries: 11 Years Later", in S.Estrin et al., eds., *Transition and Beyond*（Hampshire, UK: Palgrave Macmillan, 2007), pp.89-117。最近，随着更多的数据可以使用，我重新审视此事和结果是否仍然有着较强的关系。我后来也注意到，许多休克疗法国家从未成功地建立起多样化的经济，使它们受到2008年金融危机的打击更严重。
29. 中国在1980～2010年和越南在1990～2016年的年均增长率。资料来源：IMF World Economic Outlook（WEO），April 2017, and World Bank。
30. 见他的博客文章 "For Whom the Wall Fell? A Balance-Sheet of Transition to Capitalism, glineq.blogspot.com, November 3, 2014, http://glineq.blogspot.com/2014/11/for-whom-wall-fell-balance-sheet-of.html。
31. 资料来源：IMF World Economic Outlook（WEO），April 2017。
32. 事实上，即使在波兰，人们越来越担心宪政民主的原则遭到破坏，这表明经济并不是这些政治演进的唯一决定因素。
33. 七国集团包括美国、英国、法国、德国、加拿大、意大利和日本。
34. 二十国集团中唯一的非洲国家是南非。其他国家也以"客人"的身份参加。
35. 在2005年的 Gleneagles G-8 会议上，发达国家承诺每年向非洲提供500

亿美元的财政援助，并将其国内生产总值的 0.7% 用于援助。但是几乎没有哪个国家能达到他们的承诺。

36. U.S. Senate, Committee on Homeland Security and Governmental Affairs, "Offshore Profit Shifting and the U.S. Tax Code—Part 2 (Apple Inc.)", May 21, 2013, p.47, https://www.gpo.gov/fdsys/pkg/CHRG-113shrg81657/pdf/CHRG-113shrg81657.pdf. 没有迹象表明苹果在美国做了违法的事情。然而，在欧洲，欧盟委员会辩称，苹果和爱尔兰秘密合作规避欧洲法律，苹果公司欠了大约 146 亿美元（合 130 亿欧元）的债务。

37. 在联合国内部有一个税收委员会，它的地位亟待提高，以使它能够解决这些问题。经济合作组织在其审议过程中引入了新兴市场，但他们认为，在经济合作与发展组织内部，发达国家，尤其是美国，占主导地位。

38. 如前言所述，在 2009 年 7 月 9 日举行的一次联合国大会特别会议上，继其主席在全球金融危机后任命的国际货币和金融体系改革专家委员会的报告之后，发表了绝大多数支持委员会的建议（A/RES/63/303）。尽管连美国也支持该决议，但也有人对全球储备问题是货币基金组织应负责的一个领域持保留意见。专家委员会及联合国大会主席任命的国际货币和金融体系改革专家委员会成员的报告可见 *The Stiglitz Report: Reforming the International Monetary and Financial Systems in the Wake of the Global Crisis*。（New York: New Press, 2010）。

39. 奥巴马政府的立场特别特殊，因为人们担心这可能导致世界各国对美国市场的借贷持怀疑态度。这又是发达国家治理无能的另一个例子，也是我在 *GAID* 中所批判的又一次胜利。在对冲基金的说客中，有一位曾在奥巴马国家安全委员会担任高级职务的人。对冲基金不仅在阿根廷人民的利益之上，而且对于金融部门的其他部门也有着优先的地位。

　　实际上，游说起到了作用。2015 年 12 月，在阿根廷新政府上台后，它与秃鹰基金达成和解，其中一些基金的投资获得了巨大回报。主要诉讼当事人 NML Capital Ltd. 的估计收益为 1270%。参见 Martin Guzman, "An Analysis of Argentina's 2001 Default Resolution", Centre for International Governance Innovation (CIGI) Papers No. 110, October 2016。

40. 这里我不能充分对待的改革这个问题是如此重要，以至于在 *Making Globalization Work* 中我整整用了一章（第九章）来论述。

41. 2002～2016年期间，世界外国直接投资流入和证券投资净流入分别比1988～2002年高2.6倍和2.1倍。资料来源：世界银行。证券投资组合权益包括除直接记录外的股本证券的净流入。证券投资组合权益和外国直接投资流入量每一年的波动很大。
42. 参见Olivier J. Blanchard et al., eds., *In the Wake of the Crisis* (Cambridge, MA: MITPress, 2012); and George Akerlof et al., eds., *What Have We Learned? Macroeconomic Policy After the Crisis* (Cambridge, MA, and London: MIT Press, 2014)。
43. 1987～2006年间担任美联储主席的艾伦·格林斯潘常常被认为是表面上长期稳定的人，有时也被称为"大温和派"。这本传记的顶峰是鲍勃·伍德沃德的一本书，书名是*Maestro: Greenspan's Fed and the American Boom*，2001年在科技泡沫破裂前出版，作为回应，格林斯潘释放了几年后将导致全球经济下滑的房地产泡沫。
44. 宏观经济外部性是另一个领域，正如我在*GAID*中所写的那样，我觉得有必要进行更多的研究——传统的模型很少考察这个问题，有时错误，有时是矛盾的政策建议。考虑传染的问题。包括IMF在内的所有人都在谈论这个问题以及它带来的危险：一个国家的经济衰退可能很快蔓延到其他国家。这显然是一个极端外部性的例子。但当金融一体化时，危机就会蔓延开来，这正是IMF一直倡导的。危机前，国际货币基金组织宣扬金融多样化和一体化的好处；之后，他们担心后果。他们的建议显然在逻辑上是不连贯的——危机发生前他们使用的模型只关注利益，而不是成本。事实上，在这方面，整个经济学领域都是薄弱的。他们所关注的多样化理论意味着，如果100个接触埃博拉病毒的人抵达纽约，他们的反应将是将这100名患者分散到各个州，以分散风险。全球金融危机为我们提供了很大的动力来对这一领域进行进一步深入研究。（在危机前，我已经开始与一群欧洲经济学家合作，讨论什么时候多样化会增加风险（通过传染），而大多数结果都是在2008年危机之后公布的。详见"Credit Chains and Bankruptcy Propagation in Production Networks", with S.Battiston, D. Delli Gatti, and B.Greenwald, *Journal of Economic Dynamics and Control* 31 (6) (2007), pp.2061-84; and two papers with S.Battiston, D.Delli Gatti, M.Gallegati, and B. Greenwald: "Default Cascades: When Does Risk Diversification Increase Stability", *Journal of Fi-*

nancial Stability 8（3）（2012），pp.138-49，and "Liaisons Dangereuses: Increasing Connectivity, Risk Sharing, and Systemic Risk", *Journal of Economic Dynamics and Control* 36（8）（2012），pp.1121-41。我在2008年危机的余波中发表了2篇关于传染的论文："Risk and Global Economic Architecture: Why Full Financial Integration May Be Undesirable", *American Economic Review 100*（2）（2010），pp.388-92；"Contagion, Liberalization, and the Optimal Structure of Globalization", *Journal of Globalization and Development* 1（2）（2010），Article 2。

45. 监管者可能会受到他们应该监管的人的过度影响，这种观点被称为认知捕捉。在国会的证词中，格林斯潘承认他的推理有一个"缺陷"，这个缺陷使经济损失了数万亿美元。他原以为银行能更好地管理风险。在谈到这一点时，他承认，他对现代经济学中强调公司治理的关键发展之一不够重视。显而易见的是，银行给了他们的高管激励，让他们参与过度冒险。因此，过度的冒险行为是可以预测的。即使如此，他似乎也没有认识到外部性的关键作用。伯南克的情况不同。他受到他和其他人建立的模型的过度影响，这些模型通常排除了银行和破产，并且简单地忽略了系统外部性。这也能部分解释为什么美联储对雷曼兄弟破产的后果毫无准备。雷曼兄弟破产的可能性，在事件发生前几个月在金融市场上已被广泛讨论。由于美联储有更好的数据来对形势做出判断，所以没有能做好准备是不可原谅的。

46. 在我写 *GAID* 的时候，这仍然是另一个研究不足的领域，即使是对系统脆弱性的概念以及对金融结构设计的影响（我在2010年的论文 financial architecture 中提到的，也很少有人关注）。详见 the work of Franklin Allen and Douglas Gale（"Financial Contagion", *Journal of Political Economy* 108 [1] [2000]，pp.1-33）及我与 Bruce Greenwald 的工作，Towards a New Paradigm in Monetary Economics（Cambridge: Cambridge University Press, 2003）（第7章）。我的工作灵感部分来自东亚危机，以及第12章所描述的解决系统性破产的挑战——当企业彼此欠下钱，而每个企业的偿还能力取决于它得到的回报。显然关联程度与在破产时的成本存在明显的非线性关系。直到最近才做出合理的全面的分析。详见 Tarik Roukny, Stefano Battiston, and J.E.Stiglitz, "Interconnectedness as a Source of Uncertainty in Systemic Risk", *Journal of Financial Stability*,

2017。

系统性金融风险之后最引人注目的著作是 Andy Haldane 和他的合作者 P. Gai，A.Haldane 以及 S. Kapadia，"Complexity, Concentration and Contagion"，*Journal of Monetary Economics* 58（5）（2011），pp.453-70；或者 A.G. Haldane and R.May，"Systemic Risk in Banking Ecosystems"，Nature 469（7330）（2011），pp. 351-55）；也见 S. Battiston，G. Caldarelli，R. Maye，T. Roukny，and J.E.Stiglitz，"The Price of Complexity in Financial Networks"，PNAS（Proceedings of the National Academy of Sciences of the United States of America）113（36）（2016），pp.10031-36.

47. 我在纽约参加的一次晚宴上，特朗普的一位首席经济顾问对特朗普将如何迅速撤销监管法规唱赞歌，包括尤其是金融领域，显然他并不完全理解监管被采纳、废止或取代的过程。有人问了一个问题并没有被回答：2008 年没有发生过严重的金融危机吗？为了避免再次发生，特朗普政府提出了什么建议？

48. 克林顿总统曾希望在 1999 年 11 月西雅图举行的一次会议上开始新一轮的谈判。但是大规模的街头抗议（被称为"西雅图之战"）导致了谈判的失败。

49. 正如我们在第 3 章中所解释的那样，即使美中贸易逆差有所改善，多边贸易逆差也不会受到影响，因为这是由宏观经济决定的。鉴于贸易壁垒水平低，缺乏新贸易协定对全球 GDP 的影响可能有限。正如我前面提到的，被描述为有史以来最大的贸易协定是 TPP（特朗普在其首次担任总统职务时退出），估计对增长的影响可以忽略不计。

50. 我在 *Making Globalization Work* 谈到这种跨境税实际上符合 WTO 的规定。越来越多的人支持这种行动，特别是应对气候变化国家的公司辩称，美国未能采取任何行动，使其公司具有竞争优势；因为他们不需要支付这种生产成本（碳排放成本），实际上他们得到了补贴，而且这种补贴不符合世界贸易组织规则。各国可以征收反补贴税。

51. 正如我早些时候指出的那样，他们同时拒绝提供必要的额外资金，也拒绝改变治理规则，让那些提供资金的人在治理方面有与其贡献相称的发言权。其他人自然仍然不愿意提供额外资金，除非他们在治理（投票权）中占有更大份额。

52. 我之前提到了巨大的潜在资金供应。其中一些"资助者"不愿承担过高的风险，但现代金融市场的一个进步是能够转移和重新分配风险。预计新开发银行将利用这些新发展。
53. 2016 年 1 月 16 日正式运营，协议条款于 2015 年 12 月 25 日生效。
54. 特朗普上任之后的第一件事就是退出 TPP，但 TPP 还没有完全走向消亡，因为剩下的 11 个成员已经表示，他们将会重振 TPP。但 TPP 的许多规则是在美国的领导下提出的（例如关于知识产权，特别是关于药品的规定）。没有美国，它们就没有理由保留这些规定。如果 TPP 重新启动，那么就需要重新谈判。
55. 我说"看起来"是因为所有的保护主义可能只不过是竞选口号。尽管他继续使用同样的措辞，但他任命的那些人似乎更符合美国寻租富豪的利益，而不是帮助那些在制造业失去工作的人。
56. 资料来源：United Nations, Department of Economic and Social Affairs, Population Division（2017）. World Population Prospects: The 2017 Revision, Key Findings and Advance Tables. ESA/P/WP/248. 可在线获得：https://esa.un.org/unpd/wpp/Publications/Files/WPP2017_KeyFindings.pdf.
57. 2016 年，美国和欧盟占全球 GDP 的 32%。预计到 2050 年，它们将占世界 GDP 的 21%。中国和印度在 2016 年占世界 GDP 的 25%，到 2050 年将占世界 GDP 的 35%。资料来源："The World in 2050"，PWC，可在线获得：https://www.pwc.com/gx/en/issues/economy/the-world-in-2050.html.
58. 如上所述，这些都反映在保罗·沃尔福威茨领导下的重塑世界银行的政策上。
59. 对中国来说，"核心利益"包括它声称在南海的岛屿上拥有主权。"习近平主席在'一带一路'论坛开幕式上的讲话全文"，可在中华人民共和国常驻联合国代表团网站上找到，http://www.china-un.org/eng/zgyw/t1465819.htm.
60. 穷国不以支付低工资来利用贸易协定；他们的劳动成本低是因为贫穷。劳动力成本的差异是比较优势的一部分。不能说有人只有在公平贸易，以及支付与美国劳动标准/工作条件相当的工人工资的情况下，才赞成自由贸易。贫穷国家可能会有更长时间的工作，就像 100 年前美国的工作时间一样。因此，除了几起极端恶劣的案件外（例如使用监狱劳工），很难确定"不公平"的劳动条件意味着什么。有些协定只是说政府必须履行他们指定的任何条件。但这实际上可能产生不利影响。在一些国家，在法律上设定劳动条件起到了"规范"的作用；它定义了企业应该追求的目标。与这些准则有很大差异的人将受到惩罚。如果要求在很小差别的情况下就惩罚，那么他们就会降低标准。

61. 比利时曾在 2016 年搁置了加拿大——欧盟贸易协定一段时间。
62. 当美国在其针对该国的秘密战争中败诉时，美国仅决定在个案基础上接受法院的管辖权。
63. 这种竞争形式被称为"伯特兰竞争"。在伯特兰竞争的情况下，（边际）成本的微小差异可能导致市场份额的巨大差异，而在更常见的古诺竞争中，成本略有不同的公司占有市场份额，而成本较低的公司占有稍大的市场份额。分析的一个重要部分是企业能够保护自己。约瑟夫·熊彼特（1883—1950），伟大的创新学者，他认为人们不应该担心重要的创新市场由单一公司主导。垄断权力是暂时的；会有一连串的垄断者；为市场而竞争将取代市场中的竞争。过去 20 多年的研究表明，他错了；占支配地位的公司有机制来确保其地位得到巩固，这种均衡在静态或是动态上都是无效的。对于全球化来说，当美国或其他发达国家垄断势力占了不成比例的份额，然后美国和其他发达国家努力制定全球规则，一方面允许垄断势力继续根深蒂固，扼杀其他地方的创新；另一方面，在发展中国家或是新兴市场中，经常发生垄断企业偷税漏税的行为。
64. 微软的反竞争政策非常明智，但在三大洲都被裁定是非法的。但这些反竞争行为产生了深远的影响；在它停止了一些糟糕的做法之后，它的市场统治地位仍然持续了数年。
65. 鲍莫尔病是指自身劳动生产力并没有提高而是其他部门劳动生产率的提高所带来的实际工资的提高。鲍莫尔是第一个在表演艺术部门（在剧院、歌剧、音乐等）做这种观察的人。尽管该行业生产率没有真正提高，但 20 世纪上半叶该行业的实际工资有所增加。详见 W. Baumol and W. Bowen, *Performing Arts—the Economic Dilemma: A Study of Problems Common to Theatre, Opera, Music and Dance* (New York: Twentieth Century Fund, 1966)。
66. 在某些方面，我们的指标高估了增长；例如，它们没有考虑到大多数现代零售店中提供的服务质量较低,在这些零售店中,顾客可能不得不花费更多的时间自己寻找合适的产品,并且获得的关于所购买产品质量的信息较少。
67. 例如,大型在线开放课程MOOCS提供了多种方式接近世界上一些最优秀的教师,即使在免费的情况下,达到的人数仍然有限,他们融入标准教学计划的程度也很有限。当然,这可能会在未来发生变化。
68. 有大量文献可以证实主观幸福感和收入之间确实有关系。
69. 虽然美国和英国的失业率较低,但全球2016年仍有约2亿人失业,比2008年危机前高出约15%。资料来源:World Bank(来自劳工组织模型的估计)。
70. 详见J.M.Keynes, *Proposals for an International Clearing Union*(1942—1943)。"The Keynes Plan", reproduced in J.Keith Horsefield, ed., The International Monetary Fund 1945-1965: Twenty Years of International Monetary Cooperation, Vol.III: Documents(Washington, D.C.: International Monetary Fund, 1969), pp. 3-36。
71. 我在前面(第4章)指出,美国许多重要行业的集中度有所提高。即使有两三家公司,也可以行使市场力量。价格将远高于成本,并且可以有持续的利润。

华章经典 · 经济

书号	书名	定价	丛书名
978-7-111-59616-5	普惠金融改变世界：应对贫困、失业和环境恶化的经济学	49.00	华章经典·经济
978-7-111-42278-5	自由选择（珍藏版）	49.00	华章经典·经济
978-7-111-42200-6	生活中的经济学	49.00	华章经典·经济
978-7-111-42426-0	增长的极限	40.00	华章经典·经济
978-7-111-52435-9	共享经济：市场设计及其应用	49.00	华章经典·经济
978-7-111-42617-2	不平等的代价	49.00	华章经典·经济
978-7-111-51971-3	金色的羁绊：黄金本位与大萧条	69.00	华章经典·经济

马特·里德利系列丛书

创新的起源：一部科学技术进步史
ISBN：978-7-111-68436-7

揭开科技创新的重重面纱，开拓自主创新时代的科技史读本

基因组：生命之书 23 章
ISBN：978-7-111-67420-7

基因组解锁生命科学的全新世界，一篇关于人类与生命的故事，华大 CEO 尹烨翻译，钟南山院士等 8 名院士推荐

先天后天：基因、经验及什么使我们成为人（珍藏版）
ISBN：978-7-111-68370-9

人类天赋因何而生，后天教育能改变人生与人性，解读基因、环境与人类行为的故事

美德的起源：人类本能与协作的进化（珍藏版）
ISBN：978-7-111-67996-0

自私的基因如何演化出利他的社会性，一部从动物性到社会性的复杂演化史，道金斯认可的《自私的基因》续作

理性乐观派：一部人类经济进步史（典藏版）
ISBN：978-7-111--69446-5

全球思想家正在阅读，为什么一切都会变好？

自下而上（珍藏版）
ISBN：978-7-111-69595-0

自然界没有顶层设计，一切源于野蛮生长，道德、政府、科技、经济也在遵循同样的演讲逻辑

飞行家系列

一人，一书，一段旅程，插上文字的翅膀，穿越大海与岁月

繁荣的背后：解读现代世界的经济大增长
ISBN：978-7-111-66966-1
探寻大国崛起背后的逻辑，揭示现代世界格局的四大支柱

世界金融史：泡沫、战争与股票市场（珍藏版）
ISBN：978-7-111-71161-2
从美索不达米亚平原的粘土板上的借贷记录到雷曼事件，一部关于金钱的人类欲望史；一部"门外汉"都能读懂的世界金融史。

左手咖啡 右手世界：一部咖啡的商业史
ISBN：978-7-111-66971-5
一颗咖啡豆穿越时空的故事，翻译成15种语言，享誉世界的咖啡名著，咖啡是生活、是品位、是文化、更是历史，本书将告诉你有关咖啡的一切。

宽客人生：从物理学家到数量金融大师的传奇（珍藏版）
ISBN：978-7-111-69824-1
一位科学家的金融世界之旅，当你研究物理学的时候，你的对手是宇宙；而在研究金融学时，你的对手是人类。

推荐阅读

经济增长的代价

作者：(英) E.J. 米香　ISBN：978-7-111-35220-4　定价：36.00元

人口的密集、城市的拥堵、环境的污染、资源的消耗……在人均收入增长的同时，人类的福利也许正在下降，过度强调单一的经济增长将付出巨大的代价。米香针对这一问题，提出了促进福利增长的重要建议。

ISBN: 978-7-111-30154-7　定价: 36.00元

ISBN: 978-7-111-30878-2　定价: 38.00元

ISBN: 978-7-111-30879-9　定价: 32.00元

ISBN: 978-7-111-29384-2　定价: 39.00元

ISBN: 978-7-111-19263-3　定价: 39.80元

ISBN: 978-7-111-24079-2　定价: 48.00元